会社法決算書完全作成ガイド

スリー・シー・コンサルティング
開示統制支援コンサルティングチーム 著

清文社

はじめに

1．本書の特徴

　会社法における決算プロセスは、例えば上場会社（大会社）の場合、１．個別会計（簿記論）⇒２．連結会計（連結財務諸表論）⇒ 3．会社法開示書類の作成（※１）⇒４．会社法監査（監査役・会計監査人）⇒５．取締役会の承認⇒６．招集通知の清書・校正・印刷（印刷会社）⇒７．招集通知の封入・発送（信託銀行など）⇒８．株主総会での報告・説明⇒決算公告（上場会社の場合、金融庁へのEDINET開示により省略可）という流れで構成されています。

　この中で、「３．会社法開示書類の作成」プロセスについては、個別会計における「簿記論」、連結会計における「連結財務諸表論」にあたる「基本作成理論」が存在しておりません。会社法開示法令等（※２）により、最終の法定開示書類のフォーマットは提示されていますが、**「どのような手順で作成していけば適法な会社法開示書類が作成できるか」という基本作成理論がないのです。**

　会社法開示書類は、「会計数値」だけから作成されるわけではありません。保証債務等の「オフバランス金額」、株式や従業員数等の「非会計数値」、文章等の「定性情報」を組み合わせて行う、総合情報への加工作業です（この一連の決算プロセスを、私は「開示決算」と定義しました）。

　例えば、「１株当たりの当期純利益」は、分子は会計数値（損益計算書または連結損益計算書の当期純利益）ですが、分母は非会計数値（期中平均発行済株式数－期中平均自己株式数）です。会計数値がいくら正しくても、分母の株式計算を誤れば「不適正」となるのです。

　もし売上高の数値を１箇所修正すると、基本財務諸表の経常利益などの関連数値、１株当たりの当期純利益や文章中の数値、前期比率などの多くの関連箇所を正しく修正していかなければなりません。

　決算に関する取締役会の承認、法定監査、株主総会の承認・報告といった法的手続きは会社法開示書類で行いますから、この会社法開示書類を基礎として「税務申告書」や「決算短信」や「有価証券報告書」が作成されます。

　したがって、会社法開示書類の決算数値に記載ミスがあり、これを訂正すると、「税務申告書」や「決算短信」や「有価証券報告書」を訂正しなければなりません。

　また、旧商法から会社法へと、頻繁に会社法開示法令等の改正が続いております。この開

示法令改正をタイムリーに正確に把握しなければ、正しい会社法開示書類を作成することができません。

株主は、企業の姿を見ることができません。会社法開示書類という限られた情報によって、企業の姿を想像し、投資意思決定を行っています。もし、招集通知の添付書類である会社法開示書類の決算数値に間違いがあったら、株主はどう思うでしょうか？　また、会社債権者はどう思うでしょうか？

「レベルの低い会社だな。財務報告の内部統制なんてできていない会社だな。経営者のコンプライアンス意識が低い会社なんだな。こういう会社の財務諸表数値は本当かどうかも疑わしいな。関係を見直したほうが良いかもしれないな。」と感じるかもしれません。

したがって、企業にとっては、「会社法開示書類が正確に作成されているか」が極めて重要な経営課題となっております。

※1　「会社法開示書類」は、以下の開示書類から構成されています。

<個別計算書類等>	<連結計算書類>
すべての株式会社	資本金5億円以上または負債総額200億円以上である会社法の大会社であり、かつ有価証券報告書を提出している会社（上場会社など）であり、連結子会社を有する場合
会435②、会施規2③十～十二、会計規2③二・同91①	会444①、会施規2②五十五、会計規2②二十・同93
1．事業報告	
2．貸借対照表	9．連結貸借対照表
3．損益計算書	10．連結損益計算書
4．株主資本等変動計算書	11．連結株主資本等変動計算書
5．個別注記表	12．連結注記表
6．事業報告の附属明細書	
7．計算書類に関する附属明細書	
8．決算公告	
<監査報告書>	<監査報告書>
A．監査役の監査報告書	C．監査役の監査報告書
B．会計監査人の監査報告書	D．会計監査人の監査報告書

※2　ここで「会社法開示法令等」とは、会社法・会社法施行規則・会社計算規則、全国株懇連合会（全株懇）等のひな型、および企業会計基準等をいいます。

2．開示制度の変革

　国際会計基準では、開示書類は「年次報告書・四半期報告」の1つしかありませんが、日本の場合は、株主総会等への提出用の「①会社法開示書類」、証券取引所への提出用の「②決算短信」、および株主総会後に金融庁へ提出する「③有価証券報告書」の3つに分かれています。国際的な開示制度の標準化の流れから、この3つの開示書類が一本化する方向で変革が進んでいます。

　旧商法で連結計算書類制度が導入され、平成18年5月1日に施行された会社法により会社法開示書類が有価証券報告書化する方向で改正が行われました。

　主な改正ポイントは以下の点です。

1．国際会計基準との整合性の観点から、従来の利益処分案に変わり、「株主資本等変動計算書」が導入された。連結計算書類にも「連結株主資本等変動計算書」が加わった。
2．子会社・親会社概念が従来の形式基準（議決権50％超）から有価証券報告書の財務諸表等規則と同様に支配力基準および影響力基準（意思決定機関を実質的に支配している）に変更になった。
3．会社法開示書類の「個別注記表」は有価証券報告書に関する財務諸表等規則とほぼ同様の内容に拡大した。
4．会社法開示書類の「連結注記表」は有価証券報告書に関する連結財務諸表等規則とほぼ同様の内容に拡大した。
5．証券取引所の経営者宣誓書制度で要請されている内部統制の整備状況、金融商品取引法における財務報告の内部統制監査制度（平成20年4月1日開始する事業年度より適用）の流れに呼応して、内部統制の基本方針が取締役会の決議事項となり、事業報告での記載が義務づけられ、株主総会の報告事項となった。
6．一定の条件のもと、取締役会の決議でいつでも剰余金の配当（四半期配当）ができるようになり、臨時計算書類制度により会社法開示書類も四半期開示することが可能になった。
7．配当規制について、連結配当規制を行うことができるようになった。
8．上場会社の場合には、金融庁への有価証券報告書のEDINET開示が義務づけられており、招集通知も一般公開されているので、決算公告が省略できるようになった。

　上場会社の場合には、「②決算短信」の他に、「①会社法開示書類」を添付した招集通知を証券取引所に提出しなければなりません。また、「③有価証券報告書」の他に、「①会社法開示書類」を添付した招集通知も金融庁に提出しなければなりません。さらに、金融庁のホームページでは、全上場企業の「③有価証券報告書」が公開されており、「①会社法開示書類」

を添付した招集通知も一般公開されております。

　もし、「②決算短信」や「③有価証券報告書」の内容が「①会社法開示書類」の内容と異なっている場合には、原則として②の「訂正短信」や③の「訂正報告書」を提出することになります。

　上場会社は、「有価証券報告書の適正性に関する確認書」を取引所に提出する義務があります。経営者は、「有価証券報告書を適正と判断した理由」を明記して、「自署・捺印」しなければなりません。

　もし、「訂正短信」や「訂正報告書」が提出されると、結果として投資家は「宣誓書に違反している」と判断するでしょう。「経営者は、法定開示書類の作成において善管注意義務を果たしているのか」、「法定開示書類の作成過程での内部統制が有効に機能していたのか」が投資家から問われます。

　金融商品取引法（旧証券取引法）は、投資者保護の観点から、2008年4月1日以降開始する事業年度より、全上場会社にSOX法（※3）第302条に対応する「有価証券報告書の適正性に関する確認書」制度と、同第404条に対応する「財務報告に関する内部統制監査」制度を義務づけます。また、同時に「四半期報告書（45日以内にEDINET開示）」制度も義務づけます。

　証券取引所は、「②決算短信」を早期に発表することを求めています。

　従来の商法では、「取締役会の承認の後に商法監査」でしたが、会社法では「会社法監査の後に取締役会の承認」に変わりました。したがって、会社法開示書類に対する会社法監査が終わらないと、「取締役会の承認」にかけられません。

　また、海外株主の増加などにより、議決権行使のための期間を十分にとる必要があり、招集通知の発送の早期化要請が強まっております。

　上記の開示制度の動向より、「①会社法開示書類、②決算短信、③有価証券報告書の3つの開示書類をいかに早くかつ正確に作成するか」が重要な実務上の課題になります。

　中でも、取締役会の承認や会社法監査や株主総会の報告・承認の手続きの対象である「①会社法開示書類」が極めて重要なポイントになります。

　※3　SOX法（サーベンス・オクスリー法）：企業会計や財務報告の透明性・正確性を高めることを目的に、コーポレートガバナンスのあり方と監査制度を抜本的に改革するとともに、投資家に対する企業経営者の責任と義務・罰則を定めた米国連邦法。

3．開示実務の課題

開示実務上の主な課題をあげると以下のとおりです。
1. 監査法人の監査が厳格化されるなか、経理責任者の監査対応時間が急速に増えており、開示書類作成の効率化が鍵になってきている。

2．株主総会において適切な説明を行うためには、経営者が、対象である会社法開示書類を正しく理解していることが前提であるが、十分な理解がされていないケースが多い。

3．会社法の開示書類は、1～2名のトップスキルを持っている経理責任者しか作成・チェックできず、手作業の属人作業で行っている。その経理責任者が退社すると、会社法開示書類作成業務が崩壊する危険性があり、ローテーション可能な内部統制の構築が急務である。

4．相互牽制のために、会社法開示書類を理解しているスタッフの育成が必要である、そのための学習プログラムがない。

5．監査役の責任が厳格化されているが、会社法開示書類の作成実務を理解している方は少ない。

6．会社法の計算書類等の取締役会承認の日を早期化するために、会計監査人（監査法人）の会社法監査報告書の受領時期を早めなければならない。そのためには、会社法の開示書類を早く、正確に監査法人へ提出するための仕組みが必要であるが、その方法が明らかでない。

7．連結子会社は、会社法開示書類を早期に親会社へ提出することが求められているが、その対応に苦慮している。

8．財務報告の内部統制構築にあたって、会社法開示書類作成過程の「フローチャート」、「作業手続書」、「リスクコントロールマトリックス」や「開示書類チェックリスト」といったドキュメント化作業が必要となるが、どのように作成すれば良いかがわからない。

9．中小企業の場合、税務申告書の添付書類である基本財務諸表が、「財務会計（商法）の貸借対照表、損益計算書および利益処分案」から「会社法の貸借対照表、損益計算書、および株主資本等変動計算書」に変わったため、どのように作成すれば良いかがわからない。

10．中小企業の場合、関係金融機関から「中小企業の会計に関する基準」に従って、適正な会社法の事業報告および計算書類を作成することを要請されているが、どのように作成したら良いかがわからない。

11．将来の上場を目指している企業は、上場準備に必要となる会社法開示書類を適法に作成しておく必要があるが、どのように作成したら良いかがわからない。

12．会計参与を目指す専門家は、会社の決算修正、税務申告の手続きには精通しているものの、会社法の事業報告および計算書類をどのように作成すれば良いのかがわからない。また、その学習プログラムがない。

4．会社法上の会社分類と本書の設例会社の関係

会社法上の会社には、株式会社・持分会社（合名会社・合資会社・合同会社）・特例有限会

社があります。このうち、株式会社は下表のように分類されます（本書の設例は、紙幅の関係上、点線で囲んだ会社を前提に説明しております）。

	大会社以外の会社 （資本金5億円未満かつ 負債総額200億円未満の会社）				大会社 （資本金5億円以上または 負債総額200億円以上の会社）	
（1）会社の規模						
（2）委員会設置会社か否か	×		○		×	○
（3）会計監査人設置会社か否か	△ 任意		○ 強制		◎ 強制	◎ 強制
（4）譲渡制限規定の有無 （公開会社か否か）	× 非公開	○ 公開	△ 任意	× 非公開	○ 公開	△ 任意
（5）取締役の設置の有無	◎ 強制	◎ 強制	◎ 強制	◎ 強制	◎ 強制	◎ 強制
（6）取締役会の設置の有無	△ 任意	◎ 強制	◎ 強制	△ 任意	◎ 強制	◎ 強制
（7）監査役設置の有無	◎ 強制	◎ 強制	×	◎ 強制	◎ 強制	×
（8）監査役会の設置の有無	△ 任意	△ 任意	×	△ 任意	◎ 強制	×
（9）会計参与の設置の有無	×	×	×	×	×	×
	○	○	○	○	○	○
＜その他の開示関係区分＞						
有価証券報告書の提出会社か否か	○	○	○	○	○	○
	×	×	×	×	×	×
連結計算書類作成会社か否か	○	○	○	○	○	○
	×	×	×	×	×	×
事業報告を連結ベースで開示するか否か	○	○	○	○	○	○
	×	×	×	×	×	×

5．本書の目的とポイント

　これまで、平成15年10月に発刊した『[新版]商法決算ガイドブック』（共著）、さらに平成18年1月に発刊した『開示決算ガイドブック』（共著、いずれも清文社）において、法定開示書類の作成実務の解説を行ってきました。

　これに続く本書は、「会社法開示書類の作成実務」と「財務報告の内部統制構築のドキュメント化」という2つの視点から、次の点を特徴としています。

1. 上場会社（大会社・連結子会社有）の場合を例に、具体的数値をもとに、事業報告、貸借対照表、損益計算書、株主資本等変動計算書、個別注記表、事業報告の附属明細書、計算書類に関する附属明細書、連結貸借対照表、連結損益計算書、連結株主資本等変動計算書、連結注記表、および決算公告の作成実務を解説している。
2. 対応する関連の法令条文を明示している。
3. 会社法開示書類チェックリストの基礎となるよう、開示書類のすべてのデータに「ガ

イドNo.」を付番し、番号ごとのデータがどの証憑等から作成されるかを明示している。

上記の点を踏まえて、「会社法、会社法施行規則および会社計算規則に準拠して、会社法開示書類をどのように作成するか」をできるだけ詳細に解説することを目的として執筆しました。

開示書類ごとにすべての記入・チェック箇所を洗い出してみると、**会社法開示書類を正確に作成するためには、実に「2,011箇所」を正しく処理しなければなりません。**

▼本書における会社法開示統制フレームワーク

No.	会社法開示書類	記入・チェック箇所	参照頁
1	事業報告	378	P28〜97
2	連結貸借対照表	64	P101〜121
3	連結損益計算書	27	P122〜134
4	連結株主資本等変動計算書	63	P135〜160
5	連結注記表	197	P161〜198
6	貸借対照表	76	P205〜232
7	損益計算書	26	P234〜249
8	株主資本等変動計算書	74	P250〜280
9	個別注記表	441	P281〜346
10	事業報告の附属明細書	69	P353〜362
11	計算書類に関する附属明細書	121	P363〜378
12	決算公告（有価証券報告書提出会社以外の大会社で、電子公告で個別注記表も開示する場合＊）	475	P381〜389
	合　計	2,011箇所	

＊　設例では、貸借対照表の要旨、損益計算書の要旨および個別注記表（便宜上、当期純利益も含む）の単純合計を示しています。

本書は主な読者対象として、次の方々を想定しています。
・上場会社の経理スタッフ、総務スタッフ
・上場会社の内部統制プロジェクトスタッフ
・上場会社の監査役
・連結子会社の経理スタッフ、総務スタッフ
・連結子会社の監査役
・非上場大会社の経理スタッフ、総務スタッフ
・非上場大会社の監査役
・会計参与
・税理士

・会計事務所の職員
・財務報告の内部統制構築コンサルタント

なお、本書は、会社法開示書類の作成手順の全体的イメージの理解に重点を置いておりますので、他の詳細な説明はできるだけ省略しております。決算実務においては、担当の公認会計士・弁護士等の方々のご指示に従ってください。

また、連結決算の時代において、会社法大会社以外の連結子会社も会社法大会社である親会社と同じの公開情報を構成している点に鑑み、本書の記述は上場会社である会社法大会社を前提ならびにモデルとしております。

6．スリー・シー・コンサルティングの開示支援サービス

本書の内容は、株式会社スリー・シー・コンサルティングが開発し、6年間の法改正に対応してきた「決算報告エクスプレス（開示決算自動化システム）」［特許出願中］のリーガルチェックノウハウ、既存ユーザー様の実務ヒアリング情報、および『［新版］商法決算ガイドブック』、『開示決算ガイドブック』の3つの要素をまとめて作成したものです。

弊社は、次の3つのサービスを行っています。

1．システム開発：

会社法開示書類、決算短信、および有価証券報告書の自動作成システム「決算報告エクスプレス」［特許出願中］の開発・販売

2．コンサルティング：

「決算報告エクスプレス」を軸とする「フローチャート」「作業手続書」「リスクコントロールマトリックス」「開示書類チェックリスト」等の統制ドキュメント化支援サービス

3．開示実務教育：

会社法開示書類、決算短信、および有価証券報告書をどのように作成するかの理論を、演習形式を含めて学習する実務教育サービス

＜お問い合わせ＞㈱スリー・シー・コンサルティング
URL http://www.3cc.co.jp/　TEL03-3276-3255

本書の執筆にあたっては、株式会社清文社の矢島祐治氏をはじめ関係スタッフの皆様に多大なご協力をいただきました。心から厚く御礼申し上げます。

平成18年12月
株式会社スリー・シー・コンサルティング
代表取締役（公認会計士）　児玉　厚

会社法決算書 完全作成ガイド 目次

はじめに

第I部　決算スケジュール

1．3月決算会社の決算スケジュール例（上場会社の場合）……3
2．根拠条文……11

第II部　招集通知／報告書の目次

第1章　招集通知

1．作成上のポイント……17
2．記載例（表紙）……18
3．根拠条文……19

第2章　報告書の目次

1．作成上のポイント……21
2．記載例……21

第III部　事業報告の作成プロセス

第1章　事業報告の目次

1．作成上のポイント……25
2．記載例……26

第2章　事業報告

1．企業集団の現況に関する事項―（1）事業の経過およびその成果―①全般的事業の状況

1．作成上のポイント……28
2．記載例［適用会社＝公開会社（非譲渡制限会社）］……30
3．記載項目別作業一覧……30
4．根拠条文……31

1．企業集団の現況に関する事項
－（1）事業の経過およびその成果─②事業の種類別セグメントの状況

- 1．作成上のポイント……31
- 2．記載例その1……32
- 3．記載項目別作業一覧……32
- 4．記載例その2（売上高を表形式で記載する方法）……33
- 5．記載項目別作業一覧……33
- 6．記載例その3（受注高・売上高を表形式で記載する場合）……34
- 7．記載項目別作業一覧……34
- 8．記載例その4（生産高を表形式で記載する場合）……35
- 9．記載項目別作業一覧……37

1．企業集団の現況に関する事項─（2）設備投資等の状況

- 1．作成上のポイント……37
- 2．記載例……38
- 3．記載項目別作業一覧……38

1．企業集団の現況に関する事項─（3）資金調達の状況

- 1．作成上のポイント……38
- 2．記載例……38
- 3．記載項目別作業一覧……39

1．企業集団の現況に関する事項
－（4）事業の譲渡、吸収分割または新設分割および事業の譲受けの状況

- 1．記載例（事業の譲受けの場合）……39
- 2．記載項目別作業一覧……40

1．企業集団の現況に関する事項
－（5）他の会社の株式その他持分または新株予約権等の取得の状況

- 1．記載例（業務提携に伴って株式を取得する場合）……41
- 2．記載項目別作業一覧……42

1．企業集団の現況に関する事項
－（6）吸収合併または吸収分割による他の法人等の事業に関する権利義務の承継の状況

- 1．記載例（吸収合併の場合）……43
- 2．記載項目別作業一覧……44
- 3．根拠条文……45

1．企業集団の現況に関する事項　－（7）対処すべき課題

- 1．作成上のポイント……46
- 2．記載例……46

3．記載項目別作業一覧……46
　　　4．根拠条文……46

1．企業集団の現況に関する事項　―（8）財産および損益の状況の推移
　　　1．作成上のポイント……47
　　　2．記載例……47
　　　3．記載項目別作業一覧……48
　　　4．根拠条文……50

1．企業集団の現況に関する事項　―（9）重要な親会社および子会社の状況
　　　1．作成上のポイント……51
　　　2．記載例……51
　　　3．記載項目別作業一覧……52
　　　4．根拠条文……53

1．企業集団の現況に関する事項　―（10）主要な事業内容
　　　1．作成上のポイント……53
　　　2．記載例……54
　　　3．記載項目別作業一覧……54

1．企業集団の現況に関する事項　―（11）主要な営業所および工場
　　　1．作成上のポイント……54
　　　2．記載例……55
　　　3．記載項目別作業一覧……55

1．企業集団の現況に関する事項　―（12）従業員の状況
　　　1．作成上のポイント……55
　　　2．記載例……56
　　　3．記載項目別作業一覧……56
　　　4．根拠条文……57

1．企業集団の現況に関する事項　―（13）主要な借入先
　　　1．作成上のポイント……57
　　　2．記載例……58
　　　3．記載項目別作業一覧……58
　　　4．根拠条文……59

2．会社の株式に関する事項
　　　1．作成上のポイント……59
　　　2．記載例……60
　　　3．記載項目別作業一覧……60
　　　4．根拠条文……62

3．会社の新株予約権等に関する事項
　　1．作成上のポイント……62
　　2．記載例……63
　　3．記載項目別作業一覧……64
　　4．根拠条文……67

4．会社役員に関する事項　―（1）取締役および監査役の氏名等
　　1．作成上のポイント……68
　　2．記載例……68
　　3．記載項目別作業一覧……69
　　4．根拠条文……71

4．会社役員に関する事項　―（2）取締役および監査役の報酬等の額
　　1．作成上のポイント……72
　　2．記載例……73
　　3．記載項目別作業一覧……74

4．会社役員に関する事項　―（3）社外役員に関する事項
　　1．作成上のポイント……77
　　2．記載例……78
　　3．記載項目別作業一覧……79
　　4．根拠条文……81

5．会計監査人の状況
　　1．作成上のポイント……82
　　2．記載例……83
　　3．記載項目別作業一覧……84
　　4．根拠条文……85

6．会社の体制および方針
　　―（1）取締役の職務の執行が法令および定款に適合することを確保するための体制その他業務の適正を確保するための体制
　　1．作成上のポイント……86
　　2．記載例……87
　　3．記載項目別作業一覧……91
　　4．根拠条文……91

6．会社の体制および方針―（2）株式会社の支配に関する基本方針
　　1．作成上のポイント……92
　　2．記載例……93
　　3．記載項目別作業一覧……95

4．根拠条文……95

6．会社の体制および方針―（3）剰余金の配当等の決定に関する方針
　　　1．作成上のポイント……96
　　　2．記載例（定款に基づく取締役会の決議により、配当ができる会社の場合）……96
　　　3．記載項目別作業一覧……96
　　　4．根拠条文……97

第Ⅳ部　連結計算書類の作成プロセス

第1章　連結貸借対照表
　　　1．作成上のポイント……101
　　　2．記載例……102
　　　3．作成手順……103
　　　4．記載項目別作業一覧……112
　　　5．根拠条文……118

第2章　連結損益計算書
　　　1．作成上のポイント……122
　　　2．記載例……123
　　　3．作成手順……124
　　　4．記載項目別作業一覧……128
　　　5．根拠条文……132

第3章　連結株主資本等変動計算書
　　　1．作成上のポイント……135
　　　2．記載例……136
　　　3．作成手順……138
　　　4．記載項目別作業一覧……151
　　　5．根拠条文……159

第4章　連結注記表

1．継続企業の前提に関する注記
　　　1．記載例（該当する場合の例）……161
　　　2．記載項目別作業一覧……161

　　　　　３．根拠条文……162
　２．連結計算書類作成のための基本となる重要な事項に関する注記
　　　　　１．記載例……162
　　　　　２．記載項目別作業一覧……165
　　　　　３．根拠条文……167
　３．連結計算書類作成のための基本となる重要な事項の変更に関する注記
　　　　　１．記載例……168
　　　　　２．記載項目別作業一覧……168
　　　　　３．根拠条文……169
　４．表示方法の変更に関する注記
　　　　　１．記載例……170
　　　　　２．記載項目別作業一覧……170
　　　　　３．根拠条文……170
　５．連結貸借対照表に関する注記―（１）有形固定資産の減価償却累計額
　　　　　１．記載例……171
　　　　　２．記載項目別作業一覧……171
　　　　　３．根拠条文……171
　５．連結貸借対照表に関する注記―（２）担保提供資産
　　　　　１．記載例……172
　　　　　２．記載項目別作業一覧……172
　　　　　３．根拠条文……172
　５．連結貸借対照表に関する注記―（３）手形割引残高、（４）手形裏書残高、（５）保証債務
　　　　　１．記載例……173
　　　　　２．記載項目別作業一覧……173
　　　　　３．根拠条文……174
　５．連結貸借対照表に関する注記―（６）金額の表示単位
　　　　　１．記載例……174
　　　　　２．記載項目別作業一覧……174
　　　　　３．根拠条文……175
　６．連結損益計算書に関する注記＜任意記載事項＞
　　　　　１．記載例……175
　　　　　２．記載項目別作業一覧……175
　　　　　３．根拠条文……175
　６．連結損益計算書に関する注記―（２）金額の表示単位＜任意記載事項＞
　　　　　１．記載例……176

    2．記載項目別作業一覧……176
    3．根拠条文……176
 7．連結株主資本等変動計算書に関する注記
    1．記載例……176
    2．記載項目別作業一覧……178
    3．根拠条文……184
 8．税効果会計に関する注記＜任意記載事項＞
    1．記載例……184
    2．記載項目別作業一覧……185
    3．根拠条文……187
 9．リース取引に関する注記＜任意記載事項＞
    1．記載例……187
    2．記載項目別作業一覧……188
    3．根拠条文……189
 10．1株当たり情報に関する注記
    1．記載例……190
    2．記載項目別作業一覧……190
    3．根拠条文……191
 11．重要な後発事象に関する注記
    1．作成上のポイント……193
    2．記載例……193
    3．記載項目別作業一覧……194
    4．根拠条文……194
 12．退職給付に関する注記＜任意記載事項＞
    1．記載例……194
    2．記載項目別作業一覧……195
    3．根拠条文……197
 13．その他の注記
    1．記載例……198
    2．記載項目別作業一覧……198
    3．根拠条文……198

第5章　監査報告書

  1．記載例その1（連結計算書類に関する「会計監査人の監査報告書」謄本）……199
  2．根拠条文……200

3．記載例その2（監査役会の「連結計算書類に係る監査報告書」謄本）……200

　　　4．根拠条文……201

第V部　個別計算書類の作成プロセス

第1章　貸借対照表

　　　1．作成上のポイント……205
　　　2．記載例……206
　　　3．作成手順……207
　　　4．記載項目別作業一覧……216
　　　5．根拠条文……232

第2章　損益計算書

　　　1．作成上のポイント……233
　　　2．記載例……234
　　　3．作成手順……235
　　　4．記載項目別作業一覧……241
　　　5．根拠条文……248

第3章　株主資本等変動計算書

　　　1．作成上のポイント……250
　　　2．記載例……251
　　　3．作成手順……253
　　　4．記載項目別作業一覧……258
　　　5．根拠条文……273
　　　6．分配可能額に関する考察……273

第4章　個別注記表

1．継続企業の前提に関する注記

　　　1．記載例（該当する場合の例）……282
　　　2．記載項目別作業一覧……282
　　　3．根拠条文……282

2．重要な会計方針に関する注記

　　　1．記載例……283

2．記載項目別作業一覧……285

3．根拠条文……286

3．会計の方針の変更に関する注記

1．記載例……286

2．記載項目別作業一覧……287

3．根拠条文……288

4．表示方法の変更に関する注記

1．記載例……288

2．記載項目別作業一覧……288

3．根拠条文……289

5．貸借対照表に関する注記—（1）有形固定資産の減価償却累計額

1．記載例……289

2．記載項目別作業一覧……289

3．根拠条文……289

5．貸借対照表に関する注記—（2）流動資産の関係会社株式のうち、親会社株式

1．記載例……290

2．記載項目別作業一覧……290

3．根拠条文……290

5．貸借対照表に関する注記—（3）関係会社に関する債権および債務

1．作成上のポイント……290

2．記載例……294

3．記載項目別作業一覧……294

4．根拠条文……294

5．議決権に関する考察……294

5．貸借対照表に関する注記—（4）担保提供資産

1．記載例……301

2．記載項目別作業一覧……301

3．根拠条文……302

5．貸借対照表に関する注記—（5）手形残高割引、（6）手形裏書残高、（7）保証債務

1．記載例……302

2．記載項目別作業一覧……302

3．根拠条文……303

5．貸借対照表に関する注記—（8）取締役および監査役に対する金銭債権、（9）取締役および監査役に対する金銭債務

1．記載例……303

2．記載項目別作業一覧……304
　　　3．根拠条文……304
　5．貸借対照表に関する注記―（10）金額の表示単位
　　　1．記載例……304
　　　2．記載項目別作業一覧……304
　　　3．根拠条文……305
　6．損益計算書に関する注記―（1）関係会社との取引高
　　　1．作成上のポイント……305
　　　2．記載例……307
　　　3．記載項目別作業一覧……307
　　　4．根拠条文……307
　6．損益計算書に関する注記―（2）金額の表示
　　　1．記載例……308
　　　2．記載項目別作業一覧……308
　　　3．根拠条文……308
　7．株主資本等変動計算書に関する注記
　　　1．作成上のポイント……308
　　　2．記載例（連結計算書類を作成している場合）……309
　　　3．記載項目別作業一覧……309
　　　4．根拠条文……310
　8．税効果会計に関する注記
　　　1．記載例……311
　　　2．記載項目別作業一覧……312
　　　3．根拠条文……313
　9．リース取引に関する注記
　　　1．記載例……314
　　　2．記載項目別作業一覧……315
　　　3．根拠条文……316
　10．関連当事者との取引に関する注記
　　　1．作成上のポイント……316
　　　2．作成手順……317
　10．関連当事者との取引に関する注記
　　　―属性：（1）財務諸表提出会社の親会社および法人主要株主等
　　　1．記載例……322
　　　2．記載項目別作業一覧……323

10. 関連当事者との取引に関する注記
　　—属性：（2）財務諸表提出会社の役員および個人主要株主等

　　　1．記載例……325
　　　2．記載項目別作業一覧……325

10. 関連当事者との取引に関する注記—属性：（3）財務諸表提出会社の兄弟会社等

　　　1．記載例……327
　　　2．記載項目別作業一覧……328

10. 関連当事者との取引に関する注記—属性：（4）財務諸表提出会社の子会社等

　　　1．記載例……329
　　　2．記載項目別作業一覧……332
　　　3．根拠条文……335

11. 1株当たり情報に関する注記

　　　1．記載例……336
　　　2．記載項目別作業一覧……336
　　　3．根拠条文……336

12. 重要な後発事象に関する注記

　　　1．作成上のポイント……338
　　　2．記載例……339
　　　3．記載項目別作業一覧……339
　　　4．根拠条文……340

13. 連結配当規制適用会社に関する注記

　　　1．作成上のポイント……340
　　　2．記載例……341
　　　3．記載項目別作業一覧……341
　　　4．根拠条文……342

14. 退職給付に関する注記＜任意記載事項＞

　　　1．記載例……342
　　　2．記載項目別作業一覧……343
　　　3．根拠条文……345

15. その他の注記

　　　1．記載例……345
　　　2．記載項目別作業一覧……346
　　　3．根拠条文……346

第5章　監査報告書

- 1．記載例その1（「会計監査人の監査報告書」謄本）……347
- 2．根拠条文……348
- 3．記載例その2（「監査役会の監査報告書」謄本）……348
- 4．根拠条文……350

第VI部　附属明細書の作成プロセス

第1章　事業報告の附属明細書

1．取締役および監査役の兼務の状況の明細
- 1．記載例……354
- 2．記載項目別作業一覧……354
- 3．根拠条文……354

2．取締役、監査役または支配株主との間の取引の明細
- 1．記載例……357
- 2．記載項目別作業一覧……358
- 3．根拠条文……361

第2章　計算書類に関する附属明細書

1．有形固定資産および無形固定資産の明細
- 1．記載例……363
- 2．記載項目別作業一覧……364
- 3．根拠条文……371

2．引当金の明細
- 1．記載例……372
- 2．記載項目別作業一覧……372
- 3．根拠条文……375

3．販売費及び一般管理費の明細
- 1．記載例……375
- 2．総勘定科目から会社法計算書類科目への組替表（販売費及び一般管理費関係）作成の例……376
- 3．記載項目別作業一覧……377
- 4．根拠条文……378

第VII部　決算公告の作成プロセス

1．作成上のポイント……381
2．記載例……382
3．記載項目別作業一覧……385
4．根拠条文……387

<凡例>

本書では法令等の名称について、とくに記載のある場合を除き、以下の略語を使用しています。

会社法	会
会社法施行規則	会施規
会社計算規則	会計規
法人税法	法
金融商品取引法（証券取引法）	金商法
租税特別措置法施行令	措令
株券等の保管及び振替に関する法律	株券保管振替
企業内容等の開示に関する内閣府令	開示府令
計算書類	個/計
連結計算書類	連/計
事業報告	事/報
貸借対照表または連結貸借対照表	B/S
損益計算書または連結損益計算書	P/L
株主資本等変動計算書または連結株主資本等変動計算書	株/変
総勘定科目	G/L
連結精算表科目	連/精

○条文略記の例

会社法施行規則第120条第1項第4号　　会施規120①四

※　本書の記述は、平成18年11月現在の法律等によっています。

第 I 部
決算スケジュール

はじめに、3月決算の上場会社とその連結子会社を想定した決算スケジュールの例を紹介します。正しい決算書をつくるための第一歩として、作業の全体像を把握し、「いつ、何をすれば良いのか」を理解してください。

1．3月決算会社の決算スケジュール例（上場会社の場合）

　以下、「個別決算の手続き」【個別決算】、「税務申告書の作成手続き」【税務決算】、「連結決算の手続き」【連結決算】、「事業報告、個別計算書類、連結計算書類、事業報告の附属明細書、計算書類に関する附属明細書の作成・監査手続き、決算公告の作成手続き」【会社法決算】、「決算短信の作成手続き」【短信決算】、および「有価証券報告書の作成・監査手続き」【有報決算】のスケジュール例を見てみましょう。

日程	連結計算書類作成会社〔上場会社〕：㈱スリー・シー・コンサルティング			連結子会社：㈱ライン
	決算関係の業務	その他業務	根拠法令等	決算関係の業務
平成〇9年2月12日	□決算日程の打合せを行う。	□定時総会会場の借用を再確認する。		
2月14日	□取締役会を開催する（定時総会の日を確定）。			
同上		□総会議決権等基準日の公告を発注する。		
3月15日		□総会議決権等基準日を公告する（定款の公告による）。	会124③	
3月26日		配当落ち（当日の取引以降は配当受領権はない）	取引所業務規程25条、同施行規則18条	
3月31日	事業年度末日（決算日）	議決権および配当基準日	会124③	事業年度末日（決算日）
同上	□取締役会を開催する（役員賞与を決定）			
同上	【個別決算①】 □実査・実地棚卸を実施する。			【個別決算①′】 □実査・実地棚卸を実施する。
4月8日		□実質株主通知を保管振替機構から受理する。	株券保管振替31条、保振業務規程82条、同施行規則67条	
4月10日	【個別決算②】 □会計システムより、修正前試算表に決算整理仕訳・税金仕訳を加味した「修正後残高試算表」を作成する。 □「株主資本等変動計算書」を作成する。			【個別決算②′】 □会計システムより、修正前試算表に決算整理仕訳・税金仕訳を加味した「修正後残高試算表」を作成する。 □「株主資本等変動計算書」を作成する。
同上	【税務決算①】 □法人税等申告書の原稿を作成す			【税務決算①′】 □法人税等申告書の原稿を

日程	連結計算書類作成会社〔上場会社〕：㈱スリー・シー・コンサルティング			連結子会社：㈱ライン
	決算関係の業務	その他業務	根拠法令等	決算関係の業務
	る。 □法人住民税等申告書の原稿を作成する。 □消費税等申告書の原稿を作成する。 □税効果会計管理表を作成する。			作成する。 □法人住民税等申告書の原稿を作成する。 □消費税等申告書の原稿を作成する。 □税効果会計管理表を作成する。
同上	【会社法決算①】 □会計監査人監査を開始する。 □「修正後残高試算表」、「税務申告書関係資料」および「株主資本等変動計算書」を会計監査人（監査法人）へ提出する。			【会社法決算①′】 □監査役監査を開始する。 □「修正後残高試算表」および「株主資本等変動計算書」を会計監査人（監査法人）へ提出する。
同上	【連結決算①】 □連結会計システムの「連結会社の個別財務諸表等の集計用のシート」に上記「修正後残高試算表」および「株主資本等変動計算書」のデータを入力する。			【（親会社）連結決算①′】 □連結会計システムの「連結会社の個別財務諸表等の集計用のシート」に上記「修正後残高試算表」および「株主資本等変動計算書」のデータを入力する。
4月11日～ 4月21日	【会社法決算②】 □「修正後残高試算表」その他の基礎資料より、法定監査用の下記の個別開示書類原稿を作成する。 ・事業報告（P25～97） ・事業報告の附属明細書（P353～362） ・計算書類（貸借対照表、損益計算書、株主資本等変動計算書、個別注記表）（P205～346） ・計算書類に関する附属明細書（P363～378）			【会社法決算②′】 □「修正後残高試算表」その他の基礎資料より、法定監査用の下記の個別開示書類原稿を作成する。 ・事業報告 ・事業報告の附属明細書 ・計算書類（貸借対照表、損益計算書、株主資本等変動計算書、個別注記表） ・計算書類に関する附属明細書
同上	【短信決算①】 □「修正後残高試算表」、「計算書類」その他の基礎資料より、下記の個別決算短信原稿を作成する。 ・個別決算短信表紙 ・比較財務諸表（貸借対照表、損益計算書、株主資本等変動計算書） ・個別注記事項 ・その他記載事項			【会社法決算③′】 □監査役が計算書類、計算書類に関する附属明細書、事業報告、事業報告の附属明細書の監査を行う（チェック・修正指示・修正原稿作成・チェックに戻る）。 □監査役から監査報告書を代表取締役へ提出する。
4月16日		□株主名簿と実質株主名簿の名寄せ作業を行う。	株券保管振替33条	【会社法決算④′】 □取締役会で計算書類を承認する。

日程	連結計算書類作成会社〔上場会社〕:㈱スリー・シー・コンサルティング			連結子会社:㈱ライン
	決算関係の業務	その他業務	根拠法令等	決算関係の業務
				□連結精算表の個別財務諸表の照合用資料として、計算書類を親会社へ提出する。
4月22日	【会社法決算③】 □代表取締役が計算書類、計算書類に関する附属明細書を、監査役、会計監査人に提出する。		会435②・436②一、会計規153	
同上	【会社法決算④】 □代表取締役が事業報告、事業報告の附属明細書を監査役に提出する。		会435②・436②二	
4月22日～ 5月10日	【会社法決算⑤】 □会計監査人が計算書類、計算書類に関する附属明細書の監査を行う（チェック・修正指示・修正原稿受領・チェック）。 □下記資料をレビューする。 ・事業報告(連結部分を除く)、事業報告の附属明細書 ・個別決算短信など			
同上	【会社法決算⑥】 □監査役が計算書類、計算書類に関する附属明細書、事業報告、事業報告の附属明細書の監査を行う（チェック・修正指示・修正原稿受領・チェック）。			
4月12日～ 4月24日	【連結決算②】 □連結会社の個別財務諸表を集計する。 □連結会社の計算書類と照合する。 □連結仕訳を計上する。 □連結精算表を完成させる。 □連結キャッシュ・フロー精算表を作成する。			
4月17日～ 4月24日	【会社法決算⑦】 □連結会社の計算書類の注記事項を合算・調整して、連結計算書類の注記事項を算定する。			
4月23日		□定時総会会場の最終確認を行う（会場のレイアウトを内定）。		
同上		□招集通知など印刷全体の打合せを行う。		

日程	連結計算書類作成会社〔上場会社〕：㈱スリー・シー・コンサルティング 決算関係の業務	その他業務	根拠法令等	連結子会社：㈱ライン 決算関係の業務
4月25日～ 4月29日	**【会社法決算⑧】** □「連結精算表」、「連結キャッシュ・フロー精算表」その他の基礎資料より、法定監査用の下記の連結開示書類原稿を作成する。 ・事業報告（連結部分）(P25～97) ・連結計算書類（連結貸借対照表、連結損益計算書、連結株主資本等変動計算書、連結注記表）(P101～198)			
4月25日～ 4月29日	**【短信決算②】** □「連結精算表」、連結計算書類、その他の基礎資料より、下記の連結決算短信原稿を作成する。 ・連結決算短信表紙 ・比較連結財務諸表（連結貸借対照表、連結損益計算書、連結株主資本等変動計算書、連結キャッシュ・フロー計算書） ・連結注記事項 ・その他記載事項			
4月30日	**【会社法決算⑨】** □代表取締役が連結計算書類を、監査役、会計監査人に提出する。		会444③・④、 会計規162	
4月30日～ 5月10日	**【会社法決算⑩】** □会計監査人が連結計算書類の監査を行う（チェック・修正指示・修正原稿作成・チェック）。 □下記資料をレビューする。 ・連結決算短信など			
同上	**【会社法決算⑪】** □監査役が連結計算書類、事業報告（連結部分）の監査を行う（チェック・修正指示・修正原稿作成・チェック）。			
5月4日		株主提案権の行使期限	会303～305	
5月12日	**【会社法決算⑫】** □監査法人が会社法監査の審査を行う（計算書類、計算書類に関する附属明細書、連結計算書類）。			
5月13日	**【会社法決算⑬】** □会計監査人（監査法人）が監査		会計規158	

日程	連結計算書類作成会社〔上場会社〕：㈱スリー・シー・コンサルティング			連結子会社：㈱ライン
	決算関係の業務	その他業務	根拠法令等	決算関係の業務
5月13日	報告（連結分を含む）（計算書類および計算書類に関する附属明細書に対する監査報告書：P347、連結計算書類に対する監査報告書：P199）を代表取締役へ提出する（提出期限は5月27日）。			
5月14日	**【会社法決算⑭】** □監査役が監査報告（連結分を含む）（事業報告、事業報告の附属明細書、計算書類、および計算書類に関する附属明細書に対する監査報告書：P348～349、連結計算書類に対する監査報告書：P200～201）を代表取締役へ提出する（提出期限は5月27日）。		会計規160	**【会社法決算⑤′】** □招集通知を発送する。
5月15日	**【会社法決算⑮】** □会社法上の取締役会(計算書類、事業報告、事業報告の附属明細書、計算書類に関する附属明細書、連結計算書類の承認、定時株主総会招集事項および総会付議案の決定)を開催する。	□株主提案に対する取締役会の意見を決定する。	会298・436③・444⑤、会施規63	**【会社法決算⑥′】** □計算書類、事業報告、事業報告の附属明細書、計算書類に関する附属明細書、監査役会および会計監査人の監査報告（原・謄本）を本店・支店に備置く。
同上	**【短信決算③】** □決算取締役会の決算内容を上場証券取引所へ通知する。		適時開示規則2条1項(1)1・5条	
同上	**【短信決算④】** □決算発表（決算短信を上場証券取引所および記者クラブへ提出）を行う。		東証より上場会社への要請（決算日から45日以内に発表）	
5月16日～ 5月25日	**【会社法決算⑯】** □招集通知(事業報告、計算書類、連結計算書類、監査報告書)の監査済の原稿を印刷会社へ送付する。	（印刷会社による校正作業）		
5月16日～ 5月31日	**【有報決算①】** □計算書類、連結計算書類、事業報告、事業報告の附属明細書、計算書類に関する附属明細書、および個別決算短信・連結決算短信を基礎として、有価証券報告書の監査用原稿を作成する。	（印刷会社によるチェック）		
5月26日		□招集通知等を最終確定し、印刷を開		

日程	連結計算書類作成会社〔上場会社〕:㈱スリー・シー・コンサルティング			連結子会社:㈱ライン
	決算関係の業務	その他業務	根拠法令等	決算関係の業務
		始する(6月2日に終了)。		
5月27日		□議決権行使書の株主氏名・議決権数の印字を開始する(6月2日に終了)。	会298②、会施規66	
5月30日				【会社法決算⑦′】 □定時株主総会を開催する。
5月31日	【税務決算②】 □消費税等申告書を税務署へ提出・納付する。 □法人税・法人住民税・事業税の見込納付を行う。		消費税法45	【税務決算②′】 □法人税申告書を税務署へ提出・納付する。 □法人住民税・事業税申告書を都税事務所(または都府県税事務所・市役所)へ提出・納付する。 □消費税等申告書を提出・納付する。
同上				【会社法決算⑧′】 □決算公告(貸借対照表・注記事項)を行う。 ※ 非上場会社で大会社の場合は、損益計算書も含まれる。
6月1日～6月3日	【有報決算②】 □監査法人による金融商品取引法(旧証券取引法)に基づく有価証券報告書の監査を行う。		金商法193の2	
6月9日	【有報決算③】 □有価証券報告書の金融商品取引法監査の監査法人審査を行う。		同上	
6月10日	【短信決算⑤】 □上場証券取引所へ招集通知等の株主あて発送物を提出する(通知発送前に提出)。		適時開示規則13条	□変更登記を行う(役員等)。
同上	【会社法決算⑰】 □招集通知(通知書、添付書類、参考書類、議決権行使書)を発送する(発送期限6月13日)。	□総会の招集手続き、議決権の行使等につき、ITの導入を決定した会社は、その旨を株主に通知し、これを承諾する場合の手続きを案内する。	会299・301・302、会施規11・73	
同上		□役員退職慰労金内規の備置き等の適	会施規82②	

日程	連結計算書類作成会社〔上場会社〕：㈱スリー・シー・コンサルティング			連結子会社：㈱ライン
	決算関係の業務	その他業務	根拠法令等	決算関係の業務
		切な措置を行う。		
6月13日	【会社法決算⑱】 □計算書類、事業報告、附属明細書、監査役会および会計監査人の監査報告（原・謄本）を本店・支店に備置きする。		会442	
6月15日		□決議通知・配当金関係書類・事業報告書の印刷を開始する（6月23日に終了）。		
6月21日		□配当金振込テープを全銀協へ引き渡し、同時に発行会社へ総括表を提出する。		
6月23日		□株主総会のリハーサルを行う。		
同上		□質問書を整理し（到着分のみ）、説明の準備を行う。		
6月24日	【短信決算⑥】 □経営者は、取引所向けの「有価証券報告書の適正性に関する確認書」へサインする。		適時開示規則4条の4	
6月26日		□質問書の最終整理を行い、説明要領の調整を行う。		
同上		□議決権行使書の最終集計を行う。		
6月27日	【会社法決算⑲】 □定時株主総会で事業報告、計算書類、連結計算書類を報告する。		会124・296・309・438・444・454	
同上		□取締役会を開催する。	会362	
同上		□監査役会を開催する（各監査役の役員分担、監査方法等の決議、報酬配分の協議）。	会335・387・390	
同上		□上場証券取引所へ決議通知・事業報告書等の株主あて発送物を提出する。	適時開示規則13条	

日程	連結計算書類作成会社〔上場会社〕：㈱スリー・シー・コンサルティング			連結子会社：㈱ライン
	決算関係の業務	その他業務	根拠法令等	決算関係の業務
同上		□決議通知・事業報告書・配当金関係書類を発送する（総会終了後）。		
同上	【有報決算④】 □監査法人より、有価証券報告書の金融商品取引法監査報告書を受領する。			
6月27日	【有報決算⑤】 □有価証券報告書を提出（電子開示システム（EDINET）により財務局長に提出、写しを上場証券取引所に提出）する。 □招集通知・決議通知・定款も提出（決算公告は不要）する。		金商法24①・27の30の2以下・193の2、開示府令15以下、会440④	
6月27日		□配当金の支払を開始する。	会457	
同上		□委任状・議決権行使書を備置きする（期限9月28日）。	会311等	
同上	【短信決算⑦】 □「有価証券報告書の適正性に関する確認書」を取引所へ提出する。		適時開示規則4条の4	
同上	【会社法決算⑳】 □有価証券報告書提出会社以外の場合、決算公告（P379～389）を行う。		会440①・②・③	
6月28日	【税務決算③】 □法人税申告書を税務署へ提出・納付する（差額）。 □法人住民税・事業税申告書を都税事務所（または都府県税事務所・市役所）へ提出・納付する。		法74・75の2（期限延長）	
7月3日		□定時株主総会の議事録の作成を完了・備置きする。	会318、会施規72	
同上		□取締役会の議事録作成を完了・備置きする。	会369・371・会施規101	
同上		□監査役会の議事録作成を完了・備置きする。	会393・394・会施規109	
7月4日		□本店による変更登記を行う（期限7	会915	

日程	連結計算書類作成会社〔上場会社〕：㈱スリー・シー・コンサルティング			連結子会社：㈱ライン
	決算関係の業務	その他業務	根拠法令等	決算関係の業務
		月12日)。		
7月10日		□配当金源泉税徴収分（第1回）を納付する。	所得税法225①二、措令4の3⑤	
7月21日		□配当金支払調書を提出する（代行機関より会社渡し、所轄税務署へ）。	所得税法225①二、措令4の3⑤	
7月27日		配当金支払期間の終了		
8月10日		□配当金支払基金の最終決済を行う。		
9月28日		決議取消の提訴期限	会831	

＜参考文献＞別冊商事法務編集部編『平成18年版・新会社法対応 株主総会日程』商事法務、2006年

※ 会社法の決算スケジュールについては、実例も限定的であること等により、本書の事例は、あくまで私見としてまとめたものです。実際の決算スケジュール策定にあたっては、公認会計士、弁護士等の専門家の指導に従ってください。

紙幅の関係上、スケジュールに関しての詳細な説明は割愛しますが、次の2点は留意を要します。

1．従来の商法決算スケジュールは、「取締役会承認の後が監査」でしたが、会社法では、「監査の後が取締役会承認」に変更になっていること（会436③）。
2．監査報告の通知期限が設定されていますが、会計監査人設置会社の特定監査役が通知期限までに通知をせずに、監査を受けたものとみなされた場合には、計算書類は株主総会の報告事項ではなく、承認事項になること（会計規163①四）。

2．根拠条文

＜会社計算規則＞
第158条（会計監査報告の通知期限等）　会計監査人は、次の各号に掲げる会計監査報告の区分に応じ、当該各号に定める日までに、特定監査役及び特定取締役に対し、当該会計監査報告の内容を通知しなければならない。
一　各事業年度に係る計算書類及びその附属明細書についての会計監査報告　次に掲げる日のいずれか遅い日
　イ　当該計算書類の全部を受領した日から4週間を経過した日
　ロ　当該計算書類の附属明細書を受領した日から1週間を経過した日
　ハ　特定取締役、特定監査役及び会計監査人の間で合意により定めた日があるときは、その日
二　臨時計算書類についての会計監査報告　次に掲げる日のいずれか遅い日
　イ　当該臨時計算書類の全部を受領した日から4週間を経過した日
　ロ　特定取締役、特定監査役及び会計監査人の間で合意により定めた日があるときは、その日
三　連結計算書類についての会計監査報告　当該連

結計算書類の全部を受領した日から４週間を経過した日（特定取締役、特定監査役及び会計監査人の間で合意により定めた日がある場合にあっては、その日）

…略…

第159条（会計監査人の職務の遂行に関する事項）　会計監査人は、前条第１項の規定による特定監査役に対する会計監査報告の内容の通知に際して、当該会計監査人についての次に掲げる事項（当該事項に係る定めがない場合にあっては、当該事項を定めていない旨）を通知しなければならない。ただし、すべての監査役（委員会設置会社にあっては、監査委員会）が既に当該事項を知っている場合は、この限りでない。
一　独立性に関する事項その他監査に関する法令及び規程の遵守に関する事項
二　監査、監査に準ずる業務及びこれらに関する業務の契約の受任及び継続の方針に関する事項
三　会計監査人の職務の遂行が適正に行われることを確保するための体制に関するその他の事項

<会社法>

第436条（計算書類等の監査等）監査役設置会社（監査役の監査の範囲を会計に関するものに限定する旨の定款の定めがある株式会社を含み、会計監査人設置会社を除く。）においては、前条第２項の計算書類及び事業報告並びにこれらの附属明細書は、法務省令で定めるところにより、監査役の監査を受けなければならない。
2　会計監査人設置会社においては、次の各号に掲げるものは、法務省令で定めるところにより、当該各号に定める者の監査を受けなければならない。
一　前条第２項の計算書類及びその附属明細書　監査役（委員会設置会社にあっては、監査委員会）及び会計監査人
二　前条第２項の事業報告及びその附属明細書　監査役（委員会設置会社にあっては、監査委員会）
3　取締役会設置会社においては、前条第２項の計算書類及び事業報告並びにこれらの附属明細書（第１項又は前項の規定の適用がある場合にあっては、第１項又は前項の監査を受けたもの）は、取締役会の承認を受けなければならない。
第439条（会計監査人設置会社の特則）会計監査人設置会社については、第436条第３項の承認を受けた計算書類が法令及び定款に従い株式会社の財産及び損益の状況を正しく表示しているものとして法務省令で定める要件に該当する場合には、前条第２項の規定は、適用しない。この場合においては、取締役は、当該計算書類の内容を定時株主総会に報告しなければならない。

<会社計算規則>

第160条（会計監査人設置会社の監査役等の監査報告の通知期限）会計監査人設置会社の特定監査役は、次の各号に掲げる監査報告の区分に応じ、当該各号に定める日までに、特定取締役及び会計監査人に対し、監査報告（監査役会設置会社にあっては、第156条第１項の規定により作成した監査役会の監査報告に限る。以下この条において同じ。）の内容を通知しなければならない。
一　連結計算書類以外の計算関係書類についての監査報告　次に掲げる日のいずれか遅い日
　イ　会計監査報告を受領した日（第158条第３項に規定する場合にあっては、同項の規定により監査を受けたものとみなされた日。次号において同じ。）から１週間を経過した日
　ロ　特定取締役及び特定監査役の間で合意により定めた日があるときは、その日
二　連結計算書類についての監査報告　会計監査報告を受領した日から１週間を経過した日（特定取締役及び特定監査役の間で合意により定めた日がある場合にあっては、その日）
2　計算関係書類については、特定取締役及び会計監査人が前項の規定による監査報告の内容の通知を受けた日に、監査役（委員会設置会社にあっては、監査委員会）の監査を受けたものとする。
3　前項の規定にかかわらず、特定監査役が第１項の規定により通知をすべき日までに同項の規定による監査報告の内容の通知をしない場合には、当該通知をすべき日に、計算関係書類については、監査役（委員会設置会社にあっては、監査委員会）の監査を受けたものとみなす。
第163条　法第439条及び第441条第４項（以下この条において「承認特則規定」という。）に規定する法務省令で定める要件は、次のいずれにも該当することとする。
一　承認特則規定に規定する計算関係書類についての会計監査報告の内容に第154条第１項第２号イに定める事項が含まれていること。
二　前号の会計監査報告に係る監査役、監査役会又は監査委員会の監査報告（監査役会設置会社にあっては、第156条第１項の規定により作成した監査役会の監査報告に限る。）の内容として会計監査人の監査の方法又は結果を相当でないと認める意見がないこと。
三　第156条第２項後段又は第157条第１項後段の規定により第１号の会計監査報告に係る監査役会又は監査委員会の監査報告に付記された内容が前号の意見でないこと。
四　承認特則規定に規定する計算関係書類が第160条第３項の規定により監査を受けたものとみなされたものでないこと。
五　取締役会を設置していること。

<会社法施行規則>

第132条（監査役監査報告等の通知期限）　特定監査役

は、次に掲げる日のいずれか遅い日までに、特定取締役に対して、監査報告（監査役会設置会社にあっては、第132条第1項の規定により作成した監査役会の監査報告に限る。以下この条において同じ。）の内容を通知しなければならない。

一　事業報告を受領した日から4週間を経過した日
二　事業報告の附属明細書を受領した日から1週間を経過した日
三　特定取締役及び特定監査役の間で合意した日
　　　　　　　…略…

第 II 部
招集通知／報告書の目次

個人株主や機関投資家の増加で、株主総会の様子も変わりつつあります。決算書は、その株主総会における重要な報告事項です。株主からの信頼を得るためにも、招集通知に正しい決算書を添付することが求められます。

第 1 章 招集通知

1．作成上のポイント

　株式譲渡制限のない上場会社においては、定時株主総会の日から２週間前までに「招集通知」を発送しなければなりません。定時株主総会の日時・場所・議案などを取締役会で決議し、招集通知に記載する必要があります。

　さらに、株主が千名以上の場合には、株主総会に出席できない株主が書面で議決権の代理行使ができる旨も記載しなければなりません。

　招集通知には、下記の添付書類を添付します。

① 事業報告
② 貸借対照表
③ 損益計算書
④ 株主資本等変動計算書
⑤ 個別注記表
⑥ 会計監査人の監査報告書謄本
⑦ 監査役会の監査報告書謄本

株主が千名以上の場合には、下記の書類も含まれます。

⑧ 議決権の行使についての参考書類
⑨ 議決権行使書面
⑩ 委任状
⑪ （株主総会会場ご案内図）

連結ベースで有価証券報告書を金融庁へ提出している上場会社等の場合には、さらに下記の書類も含まれます。

⑫ 連結貸借対照表
⑬ 連結損益計算書
⑭ 連結株主資本等変動計算書
⑮ 連結注記表
⑯ 連結計算書類に係る会計監査人の監査報告書謄本

⑰　連結計算書類に係る監査役会の監査報告書謄本

２．記載例（表紙）

〔※２〕平成○9年6月10日

株　主　各　位

東京都中央区日本橋2丁目1番21号
株式会社　スリー・シー・コンサルティング
代表取締役　安田　浩一

第12回定時株主総会招集ご通知
〔※１〕　　〔※２〕

拝啓　ますますご清栄のこととお慶び申し上げます。
　さて、当社第12回定時株主総会を下記のとおり開催致しますので、ご出席くださいますようご通知申し上げます。
　なお、<u>当日ご出席願えない場合は、書面によって議決権を行使することができます</u>〔※５〕ので、お手数ながら後記の<u>参考書類</u>〔※６〕をご検討いただいて、<u>同封の議決権行使書用紙に議案に対する賛否をご記入いただき</u>、ご捺印のうえ、ご返送くださいますようお願いします。
〔※７〕

敬　具

記

1. 日　　時　平成○9年6月27日（○曜日）午前10時〔※３〕
2. 場　　所　東京都中央区日本橋2丁目1番○号　○○ホテル本館1階「○○の間」
　　　　　　　（同封地図をご参照ください。）〔※３〕
3. 会議の目的事項〔※４〕

　報告事項
　　1．第12期（平成○8年4月1日から平成○9年3月31日まで）事業報告、連結計算書類ならびに会計監査人および監査役会の連結計算書類監査結果報告の件〔※11〕
　　2．第12期（平成○8年4月1日から平成○9年3月31日まで）計算書類報告の件〔※12〕
　決議事項
　　第1号議案　剰余金処分の件〈定款変更により、取締役会決議で可能な場合は除く〉
　　第2号議案　定款の一部変更の件
　　第3号議案　取締役2名選任の件
　　第4号議案　退任取締役に対する慰労金贈呈の件
　　第5号議案　役員賞与支給の件
　　第6号議案　当社従業員に譲渡するための自己株式取得の件

　議案の要領は、後記の「議決権行使についての参考書類」○頁から○頁に記載のとおりであります。

…略…

以　上

────────────────────────────────
◎当日ご出席の際は、お手数ながら同封の<u>議決権行使書用紙</u>を会場受付にご提出下さいますようお願い申し上げます。　〔※７〕
　株主総会参考書類および添付書類に修正が生じた場合は、インターネット上の当社ウェブサ

イト（http//www.3cc.co.jp）に掲載させていただきます。〔※13〕

＜添付書類＞
1．（連結ベース）事業報告〔※9〕
2．連結貸借対照表〔※11〕
3．連結損益計算書〔※11〕
4．連結株主資本等変動計算書〔※11〕
5．連結注記表〔※11〕
6．連結計算書類に係る会計監査人の監査報告書謄本〔※11〕
7．連結計算書類に係る監査役会の監査報告書謄本〔※11〕
8．貸借対照表〔※8〕
9．損益計算書〔※8〕
10．株主資本等変動計算書〔※8〕
11．個別注記表〔※8〕
12．会計監査人の監査報告書謄本〔※10〕
13．監査役会の監査報告書謄本〔※10〕
14．議決権の行使についての参考書類〔※6〕
15．議決権行使書面〔※7〕
16．委任状
(17．株主総会会場ご案内図〔※3〕)

3．根拠条文

＜会社法＞
第296条（株主総会の招集）　定時株主総会〔※1〕は、毎事業年度の終了後一定の時期に招集しなければならない。
第298条（株主総会の招集の決定）　取締役（前条第4項の規定により株主が株主総会を招集する場合にあっては、当該株主。次項本文及び次条から第302条までにおいて同じ。）は、株主総会を招集する場合には、次に掲げる事項を定めなければならない。
　一　株主総会の日時及び場所〔※3〕
　二　株主総会の目的である事項があるときは、当該事項〔※4〕
　三　株主総会に出席しない株主が書面によって議決権を行使することができることとするときは、その旨〔※5〕
　四　株主総会に出席しない株主が電磁的方法によって議決権を行使することができることとするときは、その旨
　五　前各号に掲げるもののほか、**法務省令で定める事項**
2　取締役は、株主（株主総会において決議をすることができる事項の全部につき議決権を行使することができない株主を除く。次条から第302条までにおいて同じ。）の数が千人以上である場合には、**前項第3号に掲げる事項を定めなければならない。**〔※5〕ただし、当該株式会社が証券取引法第2条第16項に規定する証券取引所に上場されている株式を発行している株式会社であって法務省令で定めるものである場合は、この限りでない。
3　取締役会設置会社における前項の規定の適用については、同項中「株主総会において決議をすることができる事項」とあるのは、「前項第2号に掲げる事項」とする。
4　取締役会設置会社においては、前条第4項の規定

により株主が株主総会を招集するときを除き、第1項各号に掲げる事項の決定は、取締役会の決議によらなければならない。

第299条（株主総会の招集の通知）　株主総会を招集するには、取締役は、**株主総会の日の2週間**（前条第1項第3号又は第4号に掲げる事項を定めたときを除き、公開会社でない株式会社にあっては、1週間（当該株式会社が取締役会設置会社以外の株式会社である場合において、これを下回る期間を定款で定めた場合にあっては、その期間））前までに、**株主に対してその通知を発しなければならない。**〔※2〕

第301条（株主総会参考書類及び議決権行使書面の交付等）　取締役は、第298条第1項第3号に掲げる事項を定めた場合には、**第299条第1項の通知に際し**て、法務省令で定めるところにより、株主に対し、議決権の行使について参考となるべき事項を記載した書類（以下この款において「株主総会参考書類」という。）〔※6〕及び株主が議決権を行使するための書面（以下この款において「議決権行使書面」という。）〔※7〕を交付しなければならない。

第437条（計算書類等の株主への提供）　取締役会設置会社においては、取締役は、**定時株主総会の招集の通知に際して**、法務省令で定めるところにより、株主に対し、前条第3項の承認を受けた**計算書類**〔※8〕**及び事業報告**〔※9〕（同条第1項又は第2項の規定の適用がある場合にあっては、**監査報告又は会計監査報告を含む。**〔※10〕）を提供しなければならない。

第438条（計算書類等の定時株主総会への提出等）　次の各号に掲げる株式会社においては、取締役は、当該各号に定める計算書類及び事業報告を定時株主総会に提出し、又は提供しなければならない。
　一　第436条第1項に規定する監査役設置会社（取締役会設置会社を除く。）　第436条第1項の監査を受けた計算書類及び事業報告
　二　会計監査人設置会社（取締役会設置会社を除く。）　第436条第2項の監査を受けた計算書類及び事業報告
　三　取締役会設置会社　第436条第3項の承認を受けた計算書類及び事業報告
　四　前三号に掲げるもの以外の株式会社　第435条第2項の計算書類及び事業報告
2　前項の規定により提出され、又は提供された計算書類は、定時株主総会の承認を受けなければならない。
3　取締役は、第1項の規定により提出され、又は提供された事業報告の内容を定時株主総会に報告しなければならない。〔※11〕

第439条（会計監査人設置会社の特則）　会計監査人設置会社については、第436条第3項の承認を受けた計算書類が法令及び定款に従い株式会社の財産及び損益の状況を正しく表示しているものとして法務省令で定める要件に該当する場合には、**前条第2項の規定は、適用しない。**この場合においては、取締役は、当該計算書類の内容を定時株主総会に報告しなければならない。〔※12〕

第444条　…略…
6　会計監査人設置会社が取締役会設置会社である場合には、取締役は、定時株主総会の招集の通知に際して、法務省令で定めるところにより、株主に対し、前項の承認を受けた連結計算書類を提供しなければならない。
7　次の各号に掲げる会計監査人設置会社においては、取締役は、当該各号に定める連結計算書類を定時株主総会に提出し、又は提供しなければならない。**この場合においては、当該各号に定める連結計算書類の内容及び第4項の監査の結果を定時株主総会に報告しなければならない。**〔※11〕
　一　取締役会設置会社である会計監査人設置会社　**第5項の承認を受けた連結計算書類**
　二　前号に掲げるもの以外の会計監査人設置会社　第4項の監査を受けた連結計算書類

＜会社法施行規則＞

第73条　株主総会参考書類には、次に掲げる事項を記載しなければならない。
　一　議案
　二　議案につき法第384条又は第389条第3項の規定により株主総会に報告すべき調査の結果があるときは、その結果の概要
2　株主総会参考書類には、この節に定めるもののほか、株主の議決権の行使について参考となると認める事項を記載することができる。
　…略…
4　同一の株主総会に関して株主に対して提供する招集通知又は法第437条の規定により株主に対して提供する事業報告の内容とすべき事項のうち、株主総会参考書類に記載している事項がある場合には、当該事項は、株主に対して提供する招集通知又は法第437条の規定により株主に対して提供する事業報告の内容とすることを要しない。

第133条　…略…
6　取締役は、事業報告の内容とすべき事項について、定時株主総会の招集通知を発出した日から定時株主総会の前日までの間に修正をすべき事情が生じた場合における修正後の事項を株主に周知させる方法を、当該招集通知と併せて通知することができる。〔※13〕

第2章 報告書の目次

1．作成上のポイント

　以下の設例は、紙幅の関係上、会計監査人設置会社の大会社かつ連結計算書類作成会社であり、事業報告を連結開示ベースで記載することを前提としております。

　設例の記載は、「事業報告モデルおよび招集通知モデル、株主総会参考書類モデル、決議通知モデルの制定について」（平成18年8月25日全国株懇連合会理事会決定）を基礎として作成しております。

2．記載例

平成○9年5月10日

第12期　報告書
（平成○8年4月1日から平成○9年3月31日まで）

事 業 報 告 ………………………………………………………	＜連結＞
連結貸借対照表 …………………………………………………	＜連結＞
連結損益計算書 …………………………………………………	＜連結＞
連結株主資本等変動計算書 ……………………………………	＜連結＞
連 結 注 記 表 …………………………………………………	＜連結＞
貸 借 対 照 表 …………………………………………………	＜個別＞
損 益 計 算 書 …………………………………………………	＜個別＞
株主資本等変動計算書 …………………………………………	＜個別＞
個 別 注 記 表 …………………………………………………	＜個別＞

株式会社スリー・シー・コンサルティング

第Ⅲ部
事業報告の作成プロセス

会社法施行により、従来の営業報告書に代えて事業報告を作成することになりました。ここでは、記入すべき1つひとつの項目について、記載例を掲げ、使用する基礎資料や根拠法令を示しながら説明していきます。

第1章 事業報告の目次

1．作成上のポイント

　事業報告とは、会社法施行前の営業報告書にあたるもので、当事業年度の活動状況および事業年度末日現在の会社の概況を平易な表現でまとめたものです。

　会社法施行前の営業報告書との主な相異点は下記のとおりです。

1．営業報告書は計算書類の構成要素でしたが、事業報告は計算書類の枠外になりました（会435②）。

2．会計監査人設置会社の場合、会社法施行前は営業報告書の会計数値部分は会計監査人の監査対象でしたが、会社法施行後の事業報告は会計監査人の監査対象外となり、監査役監査のみとなりました。

3．「財産および損益の状況の推移」については、連結計算書類作成会社で、連結ベースで営業報告書を作成する場合には、個別と連結の両建て表示が求められていましたが、会社法施行後は個別ベースの記載が任意となりました。

4．内部統制の基本方針についての記載が新設されました。

5．社外役員その他事項が新設されました（目次参照）。

2．記載例

目　次

1．企業集団の現況に関する事項
　（1）事業の経過およびその成果　　【連結開示】（会施規120①四）：P30
　（2）設備投資等の状況　　【連結開示】（会施規120①五ロ）：P38
　（3）資金調達の状況　　【連結開示】（会施規120①五イ）：P38
　（4）事業の譲渡、吸収分割または新設分割および事業の譲受けの状況〈該当がある場合〉
　　　　　　　　　　　　　　　【個別開示】（会施規120①五ハ・ニ）：P39〜40
　（5）他の会社の株式その他の持分または新株予約権等の取得の状況
　　　〈該当がある場合〉　　【個別開示】（会施規120①五ホ）：P41〜42
　（6）吸収合併または吸収分割による他の法人等の事業に関する権利義務の承継の状況
　　　〈該当がある場合〉　　【個別開示】（会施規120①五ヘ）：P43〜44
　（7）対処すべき課題　　【連結開示】（会施規120①八）：P46
　（8）財産および損益の状況の推移　　【連結開示】（会施規120①六）：P47〜48
　（9）重要な親会社および子会社の状況【個別開示】（施規120①七）：P51〜52
　　　① 親会社との関係
　　　② 重要な子会社の状況
　　　③ その他
　（10）主要な事業内容　　【連結開示】（会施規120①一）：P54
　（11）主要な営業所および工場　　【連結開示】（会施規120①二）：P55
　（12）従業員の状況　　【連結開示】（会施規120①二）：P56
　（13）主要な借入先　　【連結開示】（会施規120①三）：P58

2．会社の株式に関する事項　　【個別開示】（会施規122）：P60
　（1）発行可能株式総数
　（2）発行済株式の総数
　（3）株主数
　（4）一単元の株式
　（5）発行済株式の総数の10分の1以上の数の株式を保有する大株主
　（6）その他重要な事項

3．会社の新株予約権等に関する事項　　【個別開示】（会施規123）：P63〜64
　（1）当社役員が保有している職務執行の対価として交付された新株予約権の状況
　（2）当事業年度中に職務執行の対価として使用人等に対し交付した新株予約権の状況
　（3）その他新株予約権等に関する重要な事項

4．会社役員に関する事項　　【個別開示】（会施規121）：P68〜79
　（1）取締役および監査役の氏名等（P68〜69）
　（2）取締役および監査役の報酬等の額（P73〜74）

>   （3）社外役員に関する事項　　　　　　【個別開示】（会施規124）：P78～79
>
> 5．会計監査人の状況　　　　　　　　　【連結＋個別開示】（会施規126）：P83～84
>   （1）会計監査人の名称
>   （2）責任限定契約の内容の概要
>   （3）当事業年度に係る会計監査人の報酬等の額
>   ①　公認会計士法第2条第1項の監査業務の報酬
>   ②　当社および当社子会社が支払うべき金銭その他の財産上の利益の合計額
>   （4）非監査業務の内容
>   （5）会計監査人の解任または不再任の決定の方針
>
> 6．会社の体制および方針
>   （1）取締役の職務の執行が法令および定款に適合することを確保するための体制その他業務の適正を確保するための体制　【個別開示】（会施規118）：P87～91
>   （2）株式会社の支配に関する基本方針　【個別開示】（会施規127）：P93～95
>   （3）剰余金の配当等の決定に関する方針【個別開示】（会施規126）：P96
>   ＜定款で取締役会の決議により配当が可能な場合の例＞

　なお、平成18年5月1日以後最初に到来する事業年度の末日に係る事業報告であって、法務省令（会社法施行規則）の施行後最初に開催する株主総会において報告すべきものについては、下記条文の6項目は適用されません。

　上場会社の場合についてみると、2月決算の株式会社は平成18年5月1日以後に最初の株主総会が行われるので、原則として平成19年1月決算までは下記の6つの項目について省略でき、平成19年2月決算からは省略できません。なお、臨時株主総会が行われる場合等には変わりますのでご留意ください。

> ＜会社法施行規則＞
> **附則第6条**（事業報告に関する経過措置）　次に掲げる規定は、この省令の施行後最初に到来する事業年度の末日に係る事業報告であって、この省令の施行後最初に開催する株主総会において**報告すべきものについては、適用しない。**
> 一　第118条第2号【内部統制の基本方針】
> 二　第121条第7号及び第8号【会社役員の重要な兼務状況・監査役の財務および会計に関する相当程度の知見を有している場合のその事実】
> 三　第124条【社外役員関係】
> 四　第125条【会計参与の責任限定契約関係】
> 五　第126条第3号から第7号まで【会計監査人報酬関係】
> 六　第127条【支配に関する方針】

第2章 事業報告

本書では、事業報告の完成までに記入すべき箇所として、合計378箇所を設定しました。
以下、その378箇所（ガイドNo.【事1】～【事378】）について、記載例、作成のために使用する基礎資料、根拠法令の条文等を示しながら、説明していきます。

> １．企業集団の現況に関する事項－（１）事業の経過およびその成果－①**全般的事業の状況**

１．作成上のポイント

全般的な事業の状況の説明として、当連結会計年度における次のような内容を記述します。
① 企業集団をめぐる経済環境
② 業界の状況
③ 企業集団の状況（売上高、受注高、損益の状況を含む）

上記の「事業の経過およびその成果」に加え、部門別の売上高、生産高（受注高）を記載します。ただし、部門別の損益の状況は記載する必要はありません。

なお、連結計算書類を作成している場合には、「連結計算書類に基づいて作成する方法」（以下、「連結開示ベース」という）か、「個別計算書類に基づいて作成する方法」（以下、「個別開示ベース」という）のいずれかを選択します。

「連結開示ベース」の場合には、連結計算書類の連結損益計算書（P123）の売上高、経常利益、当期純利益の連結数値（円単位）を所定の表示単位・端数処理して、転記します。

＜例＞連結開示を選択した場合の「売上高」の計算・転記処理

・「連結計算書類の連結損益計算書の売上高」から「事業報告の事業の経過およびその成果の連結開示の売上高」への転記作業を組替仕訳で表すと、下記のようになります。

（当期：連/計 P/L 売上高） 34,861,116,000円
　　／（事/報　経過およびその成果：連結開示の売上高）　34,861,116,000円…①
　　　　　　　　　　　　　　　　　　　　　　　　　　　　　↓
　　　　　　　　　　　　　　　　　　　売上高348億61百万円【事２】

増減差額＝当期連結売上高①－前期連結売上高31,740,998,000円②＝3,120,118,000円
　　　　　　　　　　　　　　　　　　　　　　　　　　　　　　　　　　　　　　　…③
　　増減比率＝③÷②×100％＝9.8％⇒ 9.8％増加【事3】

　「個別開示ベース」の場合には、個別計算書類の損益計算書（P234）の売上高、経常利益、当期純利益（円単位）を所定の表示単位・端数処理して、転記します。

＜例＞個別開示を選択した場合の「売上高」の計算

・「個別計算書類の損益計算書の売上高」を「事業報告の事業の経過およびその成果の個別開示の売上高」への組替仕訳

　　（当期：個/計 P/L 売上高）32,361,116,000円
　　　／（事/報　事業の経過およびその成果：個別開示の売上高）32,361,116,000円…①′
　　　　　　　　　　　　　　　　　　　　　↓
　　　　　　　　　　　　　　　　 売上高323億61百万円【事2′】

増減差額＝当期売上高①′－前期売上高29,250,998,000円②′＝3,110,118,000円…③′
増減比率＝③′÷②′×100％＝10.6％⇒ 10.6％増加【事3′】

　下記の計算式（円単位）により算定して、端数処理し、「前期比率（％）」を転記します。
　　（当期決算数値－前期決算数値）÷（前期決算数値）×100％＝前期比率（％）
　プラスの場合は「増加」、マイナスの場合は「減少」と表示します。
　端数処理は、「切捨て」または「四捨五入」のいずれかを統一的に選択してください。

　事業報告の「財産および損益の状況の推移」で計算した概数値（％）との整合性を図ります。
　　（当期決算数値－前期決算数値）÷（前期決算数値）×100％
　　＝（34,861百万円【事93】P47－31,740百万円【事92】P47）÷31,740百万円【事92】×100％
　　＝＋9.8％（小数点第1位未満四捨五入）
　「9.8％増加【事3】」との一致を確認してください。

　なお、上場会社の場合には、決算短信表紙の「売上高・増減比率」、「経常利益・増減比率」、「当期純利益・増減比率」の数値との整合性を図ります。
　「全般的事業の状況」の文章は、日銀短観、シンクタンク等の業界情報、当期の「予算実績差異分析情報」、「前事業年度の事業報告の記載内容」等を基礎資料として作成します。

2．記載例［適用会社＝公開会社（非譲渡制限会社）］

1．企業集団の現況に関する事項
（1）事業の経過およびその成果
　① 全般的事業の状況【事1】
　　　当連結会計年度におけるわが国の経済は、中国市場の成長により設備投資が回復の兆しを見せ始めました。
　　　当業界におきましても、機械事業においては中国進出企業からの発注が増え、受注減少傾向に一定の歯止めがかかりました。また、情報システム事業においては、財務パッケージA商品の導入が金融機関を中心に加速しました。
　　　このような状況の中で、当グループは「創造、信頼、思いやり」の3つのCの経営理念に基づき、お客様のお困りの点を丹念に精査し、問題解決の為の提案営業を全社一丸となって実行してまいりました。
　　　この結果、当連結グループにおける売上高は、348億61百万円【事2】（前期比9.8％増加【事3】）、営業利益は、66億36百万円【事4】（前期比25.8％増加【事5】）、経常利益は、53億79百万円【事6】（前期比22.1％増加【事7】）、当期純利益は、19億円70百万円【事8】（前期比2.9％減少【事9】）となりました。

3．記載項目別作業一覧

ガイドNo.	個別/連結	区分	記載内容	作業内容およびチェック事項
事1	連結	非数値	「当連結会計年度におけるわが国の経済は…。」	□日銀短観、業界シンクタンク情報、「当事業年度の予算実績差異分析」等より作成する。
事2	連結	数値	売上高　　　348億61百万円	□連結損益計算書の「売上高」より転記する。 □連結決算短信の同データと照合する。
事3	連結	数値	前期比　　　9.8％増加	□計算式＝（当期連結売上高－前期連結売上高）÷前期連結売上高×100％ □連結決算短信の同データと照合する。
事4	連結	数値	営業利益　　　66億36百万円	□連結損益計算書の「営業利益」より転記する。 □連結決算短信の同データと照合する。
事5	連結	数値	前期比　　　25.8％増加	□計算式＝（当期連結営業利益－前期連結営業利益）÷前期連結営業利益×100％ □連結決算短信の同データと照合する。
事6	連結	数値	経常利益　　　53億79百万円	□連結損益計算書の「経常利益」より転記する。 □連結決算短信の同データと照合する。
事7	連結	数値	前期比　　　22.1％増加	□計算式＝（当期連結経常利益－前期連結経常利益）÷前期連結経常利益×100％ □連結決算短信の同データと照合する。
事8	連結	数値	当期純利益　　　19億70百万円	□連結損益計算書の「当期純利益」より転記する。 □連結決算短信の同データと照合する。
事9	連結	数値	前期比　　　2.9％減少	□計算式＝（当期連結当期純利益－前期連結当期純利益）÷前期連結当期純利益×100％

ガイド No.	個別 /連結	区分	記載内容	作業内容およびチェック事項
				□連結決算短信の同データと照合する。

4．根拠条文

```
＜会社法施行規則＞
第118条（事業報告の内容）事業報告は、次に掲げる
　事項をその内容としなければならない。
　一　当該株式会社の状況に関する重要な事項（計算
　　書類及びその附属明細書並びに連結計算書類の内
　　容となる事項を除く。）
　　　　　　　　…略…
第119条（公開会社の特則）株式会社が当該事業年度
　の末日において公開会社である場合には、前条各号
　に掲げる事項のほか、次に掲げる事項を事業報告の
　内容としなければならない。
　一　株式会社の現況に関する事項
　　　　　　　　…略…
第120条（株式会社の現況に関する事項）前条第１号
　に規定する「株式会社の現況に関する事項」とは、
　次に掲げる事項（当該株式会社の事業が２以上の部
　門に分かれている場合にあっては、部門別に区別す
　ることが困難である場合を除き、その部門別に区別
　された事項）とする。
　　　　　　　　…略…
　四　当該事業年度における事業の経過及びその成果
　五　当該事業年度における次に掲げる事項について
　　の状況（重要なものに限る）
　　イ　資金調達
　　ロ　設備投資
　　　　　　　　…略…
　八　対処すべき課題
　　　　　　　　…略…
２　株式会社が当該事業年度に係る連結計算書類を作
　成している場合には、前項各号に掲げる事項につい
　ては、当該株式会社及びその子会社から成る企業集
　団の現況に関する事項とすることができる。この場
　合において、当該事項に相当する事項が連結計算書
　類の内容となっているときは、当該事項を事業報告
　の内容としないことができる。
```

1．企業集団の現況に関する事項－（1）事業の経過およびその成果－②**事業の種類別セグメントの状況**

1．作成上のポイント

以下の組替仕訳を行います。

・「当期連結売上高」から「連結セグメント別売上高」への組替仕訳

　　（当期：連/計 P/L 売上高）34,861,116,000円

　　　　　　　／（当期：機械事業売上高）　　　　27,055,016,000円 **【事11】**…①

　　　　　　　　（当期：情報システム事業売上高）7,806,100,000円 **【事14】**…②

・前期連結売上高を連結セグメント別売上高への組替仕訳

　　（前期：連/計 P/L 売上高）31,740,998,000円

　　　　　　　／（前期：機械事業売上高）　　　　24,740,998,000円 ………①′

　　　　　　　　（前期：情報システム事業売上高）7,000,000,000円 ………②′

　　増減差額：機械事業売上高　　　　＝①－①′＝2,314,018,000円…①″

増減差額：情報システム事業売上高＝②－②′＝　806,100,000円…②″
増減比率：機械事業売上高＝①″÷①′×100%　　　＝ 9.4%増加【事12】 （四捨五入）
増減比率：情報システム事業売上高＝②″÷②′×100% ＝ 11.5%増加【事15】 （四捨五入）

2．記載例その1

② 事業の種類別セグメントの状況
〔機械事業〕【事10】
　当連結会計年度の機械事業は、中国市場の成長に支えられ、中国進出企業の工作機械および医療器械需要が下期より回復し、さらには、中国全土の日系企業への拡販を図りつつあります。
　この結果、当該事業の売上高は、270億55百万円【事11】（前期比9.4%増加【事12】）となりました。
〔情報システム事業〕【事13】
　当連結会計年度の情報システム事業は、金融機関の合併に伴うシステムの統一化のニーズを受け、大幅に受注を伸ばしてきております。
　この結果、当該事業の売上高は、78億6百万円【事14】（前期比11.5%増加【事15】）となりました。

3．記載項目別作業一覧

ガイドNo.	個別/連結	区分	記載内容	作業内容およびチェック事項
事10	連結	非数値	「当連結会計年度の機械事業は、…。」	□業界シンクタンク情報、「当事業年度の連結事業予算実績差異分析」等より作成する。
事11	連結	数値	機械事業の売上高　270億55百万円	□連結精算表のセグメント別連結損益計算書の「機械事業売上高」より転記する。 □連結決算短信のセグメント注記と照合する。
事12	連結	数値	前期比　9.4%増加	□計算式＝（当期機械事業売上高－前期機械事業売上高）÷前期機械事業売上高×100% □連結決算短信の同データと照合する。
事13	連結	非数値	「当連結会計年度の情報システム事業は、…。」	□業界シンクタンク情報、「当事業年度の連結事業予算実績差異分析」等より作成する。
事14	連結	数値	情報システム事業の売上高　78億6百万円	□連結精算表のセグメント別連結損益計算書の「情報システム事業売上高」より転記する。 □連結決算短信のセグメント注記と照合する。
事15	連結	数値	前期比　11.5%増加	□計算式＝（当期情報システム事業売上高－前期情報システム事業売上高）÷前期情報システム事業売上高×100% □連結決算短信の同データと照合する。

4．記載例その2（売上高を表形式で記載する場合）

② 事業のセグメント別売上高

事業別	売上高	構成比率	前期増減比率
機械事業	（【事11】） 27,055百万円	【事16】 77.6%	（【事12】） 9.4%増加
情報システム事業	（【事14】） 7,806百万円	【事17】 22.4%	（【事15】） 11.5%増加
合　計	（【事2】） 34,861百万円	【事18】 100.0%	（【事3】） 9.8%増加

※　個別開示の場合は、「事業」を「部門」に置き換えます。

5．記載項目別作業一覧

ガイド No.	個別 /連結	区分	記載内容	作業内容およびチェック事項
事16	連結	数値	機械事業 売上高の構成比率 ：77.6%	□計算式＝当期機械事業売上高÷当期連結売上高×100% 　　　　＝27,055,016,000円÷34,861,116,000円（四捨五入） 　　　　＝77.6%（事業売上高構成比率の合計が100%になるように調整する）
事17	連結	数値	情報システム事業 売上高の構成比率 ：22.4%	□計算式＝当期情報システム事業売上高÷当期連結売上高×100% 　　　　＝7,806,100,000円÷34,861,116,000円（四捨五入） 　　　　＝22.4%（事業売上高構成比率の合計が100%になるように調整する）
事18	連結	数値	当期連結売上高の 構成比率 ：100.0%	□100.0%を記入する。 □合計計算の照合を行う。

6．記載例その3（受注高・売上高を表形式で記載する場合）

②' 事業のセグメント別受注高

事業別	前期繰越高	当期受注高	当期売上高	次期繰越高
機械事業	百万円 【事19】 5,859	百万円 【事20】 26,000	百万円 (【事11】) 27,055	百万円 【事21】 4,803
情報システム事業	【事22】 1,400	【事23】 10,000	(【事14】) 7,806	【事24】 3,593
合　計	【事25】 7,259	【事26】 36,000	(【事2】) 34,861	【事27】 8,397

※　個別開示の場合は、「事業」を「部門」に置き換えます。

【機械事業の受注高】

　前期繰越高5,859,002,000円【事19】＋当期受注高26,000,000,000円【事20】－当期売上高27,055,016,000円【事11】＝次期繰越高4,803,986,000円【事21】

【情報システム事業の受注高】

　前期繰越高1,400,000,000円【事22】＋当期受注高10,000,000,000円【事23】－当期売上高7,806,100,000円【事14】＝次期繰越高3,593,900,000円【事24】

7．記載項目別作業一覧

ガイドNo.	個別/連結	区分	記載内容	作業内容およびチェック事項
事19	連結	数値	機械事業　前期繰越高 ：5,859百万円	□前期事業報告の機械事業「次期繰越高」より転記する。 □受注管理台帳の機械事業の「前期繰越高」より転記する。
事20	連結	数値	機械事業　当期受注高 ：26,000百万円	□受注管理台帳の機械事業の「当期受注高」より転記する。
事21	連結	数値	機械事業　次期繰越高 ：4,803百万円	□受注管理台帳の機械事業「次期繰越高」より転記する。 □計算式＝前期繰越高＋当期受注高－当期売上高 　　　　　＝次期繰越高（機械事業）
事22	連結	数値	情報システム事業 前期繰越高 ：1,400百万円	□前期事業報告の情報システム「次期繰越高」より転記する。 □受注管理台帳の情報システム事業の「前期繰越高」より転記する。
事23	連結	数値	情報システム事業 当期受注高 ：10,000百万円	□受注管理台帳の情報システム事業の「当期受注高」より転記する。

ガイドNo.	個別/連結	区分	記載内容	作業内容およびチェック事項
事24	連結	数値	情報システム事業 次期繰越高 ：3,593百万円	□受注管理台帳の「次期繰越高」より転記する。 □計算式＝前期繰越高＋当期受注高－当期売上高 　　　　＝次期繰越高（情報システム事業）
事25	連結	数値	前期繰越高 ：7,259百万円	□前期事業報告の「次期繰越高」より転記する。 □受注管理台帳の「前期繰越高」（合計）より転記する。
事26	連結	数値	当期受注高 ：36,000百万円	□受注管理台帳の「当期受注高」（合計）より転記する。
事27	連結	数値	次期繰越高 ：8,397百万円	□受注管理台帳の「次期繰越高」より転記する。 □計算式＝前期繰越高＋当期受注高－当期売上高 　　　　＝次期繰越高（合計）

8．記載例その4（生産高を表形式で記載する場合）

②″事業のセグメント別生産高

事業別	生産高	構成比率	前期増減比率
機械事業	【事28】 ②　16,805百万円	【事31】 73.6%	【事34】 4.2%減少
情報システム事業	【事29】 ③　6,025百万円	【事32】 26.4%	【事35】 100.0%増加
合　計	【事30】 ①　22,831百万円	【事33】 100.0%	【事36】 11.1%増加

※　個別開示の場合は、「事業」を「部門」に置き換えます。

【当期：合計】

　　生産高＝連/計 P/L 売上原価22,278,875,000円－（前期B/S製品1,355,000,000円＋前期B/S仕掛品80,000,000円＋前期B/S原材料600,000,000円）＋（当期B/S製品1,790,864,000円＋当期B/S仕掛品91,127,000円＋当期B/S原材料705,620,000円）
　　　　　＝22,831,486,000円（生産高合計）【事30】…①（P/L：P123・B/S：P102〜103）

【当期：機械事業】

　　生産高＝（セグメント別）：P/L売上原価17,377,522,500円－（前期B/S製品1,056,900,000円＋前期B/S仕掛品62,400,000円＋前期B/S原材料468,000,000円）＋（当期B/S製品393,990,080円＋当期B/S仕掛品71,079,060円＋当期B/S原材料550,383,600円）
　　　　　＝16,805,675,240円（機械事業合計）【事28】…②

【当期:情報システム事業】
　生産高＝(セグメント別):P/L売上原価4,901,352,500円－(前期B/S製品298,100,000円＋前期B/S仕掛品17,600,000円＋前期B/S原材料132,000,000円)＋(当期B/S製品1,396,873,920円＋当期B/S仕掛品20,047,940円＋当期B/S原材料155,236,400円)
　　　　＝6,025,810,760円（情報システム事業合計）【事29】…③

【前期:合計】
　生産高＝連計P/L売上原価20,345,794,000円－(前期B/S製品1,360,000,000円＋前期B/S仕掛品70,000,000円＋前期B/S原材料400,000,000円)＋(当期B/S製品1,355,000,000円＋当期B/S仕掛品80,000,000円＋当期B/S原材料600,000,000円)
　　　　＝20,550,794,000円（生産高合計）…①′

【前期:機械事業】
　生産高＝(セグメント別):P/L売上原価17,377,522,500円－(前期B/S製品1,060,800,000円＋前期B/S仕掛品54,600,000円＋前期B/S原材料312,000,000円)＋(当期B/S製品1,056,900,000円＋当期B/S仕掛品62,400,000円＋当期B/S原材料468,000,000円)
　　　　＝17,537,422,500円（機械事業合計）…②′

【前期:情報システム事業】
　生産高＝(セグメント別):P/L売上原価2,968,271,500円－(前期B/S製品299,200,000円＋前期B/S仕掛品15,400,000円＋前期B/S原材料88,000,000円)＋(当期B/S製品298,100,000円＋当期B/S仕掛品17,600,000円＋当期B/S原材料132,000,000円)
　　　　＝3,013,371,500円（情報システム事業合計）…③′

【増減比率:合計】
　増減差額＝①－①′＝22,831,486,000円－20,550,794,000円＝2,280,692,000円①″
　増減比率＝①″÷①′×100％＝2,280,692,000円÷20,550,794,000円×100％（四捨五入）
　　　　＝ 11.1％増加 【事36】

【増減比率:機械事業】
　増減差額＝②－②′＝16,805,675,240円－17,537,422,500円＝△731,747,260円②″
　増減比率＝②″÷②′×100％＝△731,747,260円÷17,537,422,500円×100％（四捨五入）
　　　　＝ 4.2％減少 【事34】

【増減比率:情報システム事業】
　増減差額＝③－③′＝6,025,810,760円－3,013,371,500円＝3,012,439,260円③″
　増減比率＝③″÷③′×100％＝3,012,439,260円÷3,013,371,500円×100％（四捨五入）
　　　　＝ 100.0％増加 【事35】

9．記載項目別作業一覧

ガイド No.	個別/連結	区分	記載内容	作業内容およびチェック事項
事28	連結	数値	機械事業　生産高 ：16,805百万円	□連結精算表のセグメント別製造原価報告書より、機械事業の「当期製造原価」②を転記する。
事29	連結	数値	情報システム事業　生産高 ：6,025百万円	□連結精算表のセグメント別製造原価報告書より、情報システム事業の「当期製造原価」③を転記する。
事30	連結	数値	合計　生産高 ：22,831百万円	□連結精算表の製造原価報告書より、「当期製造原価」①を転記する。
事31	連結	数値	機械事業 生産高の構成比率 ：73.6％	□計算式＝当期機械事業製造原価÷当期連結製造原価×100％ ＝16,805,675,240円÷22,831,486,000円×100％ ＝73.6％（事業生産高構成比率の合計が100％になるように調整する）
事32	連結	数値	情報システム事業 生産高の構成比率 ：26.4％	□計算式＝当期機械事業生産高÷当期連結製造原価×100％ ＝6,025,810,760円÷22,831,486,000円×100％ ＝26.4％（事業生産高構成比率の合計が100％になるように調整する）
事33	連結	数値	当期連結生産高の構成比率 ：100.0％	□100.0％を記入する。 □合計計算照合する。
事34	連結	数値	機械事業　生産高 ：4.2％増加	□計算式＝(当期機械事業生産高－前期機械事業生産高)÷前期機械事業生産高×100％
事35	連結	数値	情報システム事業　生産高 ：100.0％増加	□計算式＝(当期情報システム事業生産高－前期情報システム事業生産高)÷前期情報システム事業生産高×100％
事36	連結	数値	合計　生産高 ：11.1％増加	□計算式＝(当期連結生産高－前期連結生産高)÷前期連結生産高×100％

１．企業集団の現況に関する事項－(２) 設備投資等の状況

１．作成上のポイント

ここでは、以下の項目を記載します。
① 当連結会計年度中に完成した主要設備
② 当連結会計年度継続中の主要設備の新設、拡充
③ 生産能力に重要な影響を及ぼすような固定資産の売却、撤去または災害による滅失など全社的に見た生産能力の大幅な増減につながる設備の状況

事業部門が分かれている場合には、その属する事業部門の名称を明示します。

2．記載例

> （2）設備投資等の状況
> 　当連結会計年度における主な設備投資額は19,517百万円【事37】で、その内容は次の通りです。
> 　　当社工場予定の土地　　18,000百万円【事38】

3．記載項目別作業一覧

ガイドNo.	個別/連結	区分	記載内容	作業内容およびチェック事項
事37	連結	数値	「当連結会計年度における主な設備投資額は19,517百万円で、…。」	□連結会社の附属明細書の固定資産明細を基礎として連結固定資産明細を作成（連結上の未実現損益等の調整を含む）し、当期増加欄の内訳金額との整合性を図る。 □設備投資に関する取締役会議事録より転記する。 □（上場会社）決算短信のセグメント情報注記の資本的支出額との関係を確認する。
事38	連結	数値	当社工場予定の土地　18,000百万円	□連結会社の附属明細書の固定資産明細を基礎として連結固定資産明細を作成（連結上の未実現損益等の調整を含む）し、当期増加欄の内訳金額との整合性を図る。 □設備投資に関する取締役会議事録、土地売買契約書、不動産登記簿謄本より記入する。

1．企業集団の現況に関する事項−（3）資金調達の状況

1．作成上のポイント

　主要な設備投資に充当するための増資、社債発行および巨額の長期借入について記述します（経常的な資金調達は含めない）。
　事業部門が分かれている場合には、その属する事業部門の名称を明示します。

2．記載例

> （3）資金調達の状況
> 　当連結会計年度における主な資金調達の内容は次の通りです。
> 　・償還期限　　平成○13年3月31日【事39】の第1回無担保転換型新株予約権付社債
> 　　　　　　　　　　　　　　　　　　　　　　　　　　　4,000百万円【事40】
> 　・償還期限　　平成○14年3月31日【事41】の第3回無担保社債　5,000百万円【事42】

3．記載項目別作業一覧

ガイド No.	個別/連結	区分	記載内容	作業内容およびチェック項目
事39	連結	数値（日付）	償還期限　平成○13年3月31日	□社債目論見書より転記する。 □有価証券報告書の社債明細表と照合する。
事40	連結	数値	第1回無担保転換型新株予約権付社債　4,000百万円	□連結会社の社債の補助元帳および社債の総勘定科目内訳書、社債目論見書、社債目論見書より転記する。 □有価証券報告書の社債明細表と照合する。
事41	連結	数値（日付）	償還期限　平成○14年3月31日	□社債目論見書より転記する。 □有価証券報告書の社債明細表と照合する。
事42	連結	数値	第3回無担保社債　5,000百万円	□連結会社の社債の補助元帳および社債の総勘定科目内訳書、社債目論見書より転記する。 □有価証券報告書の社債明細表と照合する。

> 1．企業集団の現況に関する事項－(4) 事業の譲渡、吸収分割または新設分割および事業の譲受けの状況（該当がある場合に記載します）

1．記載例（事業の譲受けの場合）

(4) 事業の譲渡、吸収分割または新設分割および事業の譲受けの状況【事43】
　当社は、平成○8年12月20日、株式会社ABCシステムとの間で同社の金融システム部門に係る事業譲受けの契約を締結し、平成○9年3月31日に同事業を譲受けております。
〔事業譲受けの趣旨〕【事44】
　当社の情報事業における金融機関向けの情報開発力強化の為、株式会社ABCシステムの金融システム部門を譲受け、当社の情報システム事業との相乗効果を含め、収益向上に寄与すると判断しました。
〔事業譲受けの内容〕
（事業譲受け部門の内容）【事45】
　金融機関向け会計システム開発チーム
（事業譲受け部門の売上高および経常利益）【事46】
　・事業譲受け部門の年間売上高（平成○8年12月期）　360百万円
　・事業譲受け部門の年間経常利益（平成○8年12月期）△20百万円
（譲受けている資産および負債）【事47】
　譲受ける資産および負債は該当ありません。のれんとしての対価として29百万円が発生しております。
（譲受け価格）【事48】
　のれんとしての対価として29百万円
〔事業譲受けする会社の概要〕
（商号）　　　　　株式会社　ABCシステム【事49-1】

(代表取締役)	鈴木三郎【事49－2】	
(本店所在地)	東京都中央区…【事49－3】	
(設立年月日)	昭和32年9月【事49－4】	
(取引所上場の有無)	非上場会社【事49－5】	
(資本金)	1,000百万円【事49－6】	
(主たる事業)	ソフトウェアの開発【事49－7】	
(株主構成)	鈴木三郎　90.0%【事50】	
(決算期)	12月31日【事51】	
(従業員数)	320名【事52】	
(売上高)	3,500百万円【事53－1】	
(経常利益)	310百万円【事53－2】	
(当社との関係)	開発外注先【事54】	

2．記載項目別作業一覧

ガイドNo.	個別/連結	区分	記載内容	作業内容およびチェック項目
事43	個別	非数値	「当社は…同事業を譲受けております。」	□事業譲受けに関する取締役会議事録、決算短信の「事業譲受けのお知らせ」、事業譲受け（事業譲渡）契約書、事業譲受完了報告書（控え）を基礎資料として作成する。
事44	個別	非数値	事業譲受けの趣旨	□事業譲受けに関する取締役会議事録、事業譲受け（事業譲渡）契約書、決算短信の「事業譲受けのお知らせ」を基礎資料として作成する。
事45	個別	非数値	事業譲受け部門の内容	□同上
事46	個別	数値	事業譲受け部門の売上高および経常利益	□事業譲受け部門の部門損益計算書（人件費明細を含む）および適正性に関する確認書を基礎資料として作成する。
事47	個別	数値	譲受けている資産および負債	□事業譲受け（事業譲渡）契約書、事業譲受け時の仕訳伝票より転記する。
事48	個別	数値	譲受け価格	□同上
事49－1～7	個別	数値・非数値	事業譲受けする会社の概要：商号・代表取締役・本店所在地・設立年月日・取引所上場の有無・資本金・主たる事業	□事業譲受けする会社の登記簿謄本より転記する。 □取引所上場の有無については、金融庁のEDINET、『会社四季報』などで確認する。
事50	個別	非数値	事業譲受けする会社の概要：株主構成	□事業譲受けする会社の株主名簿より転記する。
事51	個別	非数値（日付）	事業譲受けする会社の概要：決算期	□事業譲受けする会社の定款より転記する。
事52	個別	数値	事業譲受けする会社の概要：従業員数	□事業譲受けする会社の事業報告（従業員の状況）、直近期末現在の従業員名簿（総括表）より転記する。
事53－1～2	個別	数値	事業譲受けする会社の概要：売上高・経常利益	□事業譲受けする会社の計算書類および監査報告書より作成する。

ガイドNo.	個別/連結	区分	記載内容	作業内容およびチェック項目
事54	個別	非数値	当社との関係	□事業譲受けする会社との基本契約書、投資有価証券管理台帳、当社の株主名簿を基礎資料として作成する。

> 1．企業集団の現況に関する事項－（5）他の会社の株式その他持分または新株予約権等の取得の状況（該当がある場合に記載します）

1．記載例（業務提携に伴って株式を取得する場合）

（5）他の会社の株式その他持分または新株予約権等の取得の状況【事55】

当社は、平成〇9年1月20日、株式会社インターナショナルビジネス情報との間で相互の事業発展を目的として提携契約書を締結し、同社の株式を平成〇9年2月10日に取得しております。

〔株式取得および業務提携の理由〕【事56】

株式会社インターナショナルビジネス情報との間で締結した株式売買契約書（平成〇9年1月20日）に基づき、平成〇9年2月10日に同社の普通株式10,000株（発行済株式総数の10%）を対価10百万円として取得しております。本株式取得は、株式会社インターナショナルビジネス情報との円滑な業務提携を実現し、両社の事業発展に寄与することを目的としております。業務提携の理由は、中国向け機械等の販売ルート（10支店）をもつ株式会社インターナショナルビジネス情報との営業協力体制を確立し、当社の機械事業の中国向けの営業力強化につなげることにあります。

〔業務提携の内容〕【事57】
・当社の機械事業の工作機械装置の中国向けの販売代理店
・当社の機械事業の工作機械装置の中国向け納入先の保守サービス

〔株式会社インターナショナルビジネス情報の概要〕
　（商号）　　　　　　　　株式会社インターナショナルビジネス情報【事58－1】
　（代表取締役）　　　　　田中一郎【事58－2】
　（本店所在地）　　　　　東京都港区…【事58－3】
　（設立年月日）　　　　　昭和57年3月【事58－4】
　（取引所上場の有無）　　非上場会社【事58－5】
　（資本金）　　　　　　　2,000百万円【事58－6】
　（主たる事業）　　　　　アジア地域向けの商品の販売【事58－7】
　（株主構成）　　　　　　田中一郎　80.0%【事59】
　（決算期）　　　　　　　3月31日【事60】
　（従業員数）　　　　　　210名【事61】
　（売上高）　　　　　　　45,500百万円【事62－1】
　（総資産）　　　　　　　3,010百万円【事62－2】
　（当社との関係）　　　　なし【事63】

〔所有株式の状況〕
　（異動前の所有株式数）　　　　　0株【事64－1】（所有割合　　0%【事64－2】）
　（取得株式数）　　　　　　10,000株【事64－3】（取得価額　10百万円【事64－4】）
　（取得後の所有株式数）　　10,000株【事64－5】（所有割合　10.0%【事64－6】）

※　「他の会社」には外国会社を含みます。

2．記載項目別作業一覧

ガイドNo.	個別/連結	区分	記載内容	作業内容およびチェック事項
事55	個別	非数値	「当社は…提携契約書を締結し、同社の株式を平成○9年2月10日に取得しております。」	□業務提携および株式取得に関する取締役会議事録、決算短信の「業務提携のお知らせ」、株式取得受領書（控え）、株式取得に関する仕訳伝票、投資有価証券管理台帳、当該株式実査資料を基礎資料として作成する。
事56	個別	非数値	株式取得および業務提携の理由	□業務提携および株式取得に関する取締役会議事録、決算短信の「業務提携のお知らせ」を基礎資料として作成する。
事57	個別	非数値	業務提携の内容	□業務提携契約書を基礎資料として作成する。
事58－1～7	個別	数値・非数値	株式取得および業務提携相手先である会社の概要：商号・代表取締役・本店所在地・設立年月日・取引所上場の有無・資本金・主たる事業	□当該会社の登記簿謄本を基礎資料として作成する。 □取引所上場の有無については、金融庁のEDINET、『会社四季報』などで確認する。
事59	個別	非数値	当該会社の概要：株主構成	□当該会社の株主名簿より転記する。
事60	個別	数値（日付）	当該会社の概要：決算期	□当該会社の定款より転記する。
事61	個別	数値	当該会社の概要：従業員数	□当該会社の事業報告（従業員の状況）、直近期末現在の従業員名簿（総括表）より転記する。
事62－1～2	個別	数値	当該会社の概要：売上高	□当該会社の計算書類より転記する。
事63	個別	非数値	当社との関係	□当該会社との基本契約書、投資有価証券管理台帳、当社の株主名簿を基礎資料として作成する。
事64－1～6	個別	数値	所有株式の状況	□謄写の投資有価証券管理台帳、当該会社の株主名簿、当該会社の事業報告（大株主の状況）を基礎として作成する。

> 1．企業集団の現況に関する事項－（6）吸収合併または吸収分割による他の法人
> 等の事業に関する権利義務の承継の状況 (該当がある場合に記載します)

1．記載例（吸収合併の場合）

（6）吸収合併または吸収分割による他の法人等の事業に関する権利義務の承継の状況【事65】
　平成○8年4月1日付で、100％子会社（非連結子会社）株式会社アクセスを吸収合併しました。
〔合併の目的〕【事66】
　　子会社の株式会社アクセスは、中国での制御装置開発を行ってきましたが、同開発業務を国内に一本化する為に、当社と合併することといたしました。この合併により、当社グループは中国での機械装置開発を国内に集中させ、技術力向上の効率化を図ることを目指しております。
〔合併の要旨〕
　（合併の日程）
　　合併契約書承認取締役会　　平成○8年1月21日【事67－1】
　　合併契約書調印　　　　　　平成○8年1月21日【事67－2】
　　合併期日　　　　　　　　　平成○8年4月1日【事67－3】
　　合併登記　　　　　　　　　平成○8年4月1日【事67－4】
　（合併の方式）【事68】
　　株式会社スリー・シー・コンサルティングを存続会社とする吸収合併方式で、株式会社アクセスは解散しました。
　（合併比率）【事69】
　　当社は、100％子会社の株式会社アクセスの全株式を所有しておりますので、合併による新株式の発行は行っておりません。
　　なお、合併交付金の支払はありません。
〔合併当事会社〕
　（商号）　　　　　㈱スリー・シー・コンサルティング【事70－1】　　㈱アクセス【事71－1】
　（事業内容）　　　　　　　…略…【事70－2】　　　　　　　　…略…【事71－2】
　（設立年月日）　　　　　　…略…【事70－3】　　　　　　　　…略…【事71－3】
　（本店所在地）　　　　　　…略…【事70－4】　　　　　　　　…略…【事71－4】
　（代表取締役）　　　　　　…略…【事70－5】　　　　　　　　…略…【事71－5】
　（資本金）　　　　　　　　…略…【事70－6】　　　　　　　　…略…【事71－6】
　（発行済株式総数）　　　　…略…【事70－7】　　　　　　　　…略…【事71－7】
　（株主資本）　　　　　　　…略…【事72－1】　　　　　　　　…略…【事73－1】
　（総資産）　　　　　　　　…略…【事72－2】　　　　　　　　…略…【事73－2】
　（決算期）　　　　　　　　3月31日【事74】　　　　　　　　　3月31日【事75】
　（従業員数）　　　　　　　…略…【事76】　　　　　　　　　　…略…【事77】
　（主要取引先）　　　　　　…略…【事78】　　　　　　　　　　…略…【事79】
　（株主数）　　　　　　　　…略…【事80－1】　　　　　　　　…略…【事81－1】

> （大株主および持株比率）　　…略…【事80-2】　　　　　　　　　　…略…【事81-2】
> （主要取引銀行）　　　　　　…略…【事82】　　　　　　　　　　　…略…【事83】
> （当事会社の関係）【事84】
> 　当社は被合併会社の発行済株式の100%を所有しておりました。

※　「他の会社」には外国会社を含みます。

2．記載項目別作業一覧

ガイドNo.	個別/連結	区分	記載内容	作業内容およびチェック事項
事65	個別	非数値	「平成○9年4月1日付で、100%子会社(非連結子会社)株式会社アクセスを吸収合併しました。」	□合併に関する取締役会議事録、決算短信の「吸収合併のお知らせ」、合併契約書、登記簿謄本（合併）を基礎資料として作成する。
事66	個別	非数値	合併の目的	□合併に関する取締役会議事録、決算短信の「吸収合併のお知らせ」を基礎資料として作成する。
事67-1～4	個別	数値（日付）	合併の日程	□合併に関する取締役会議事録、決算短信の「吸収合併のお知らせ」、合併契約書を基礎資料として作成する。
事68	個別	非数値	合併の方式	□合併に関する取締役会議事録、決算短信の「吸収合併のお知らせ」、被合併会社の登記簿謄本（解散）を基礎資料として作成する。
事69	個別	非数値	合併比率	□合併契約書より転記する。
事70-1～7	個別	数値・非数値	（当社）合併会社の概要：商号・事業内容・設立年月日・本店所在地・代表取締役・資本金・発行済株式総数	□（当社）合併会社の登記簿謄本より転記する。
事71-1～7	個別	数値・非数値	被合併会社の概要：商号・事業内容・設立年月日・本店所在地・代表取締役・資本金・発行済株式総数	□被合併会社の登記簿謄本より転記する。
事72-1～2	個別	数値	（当社）合併会社の概要：株主資本・総資産	□（当社）合併会社の合併直前の貸借対照表より転記する。
事73-1～2	個別	数値	被合併会社の概要：株主資本・総資産	□被合併会社の合併直前の貸借対照表より転記する。
事74	個別	数値（日付）	（当社）合併会社の概要：決算期	□（当社）合併会社の定款より転記する。
事75	個別	数値（日付）	被合併会社の概要：決算期	□被合併会社の定款より転記する。
事76	個別	数値	（当社）合併会社の概要：従業員数	□（当社）合併会社の事業報告（従業員の状況）、直近期末現在の従業員名簿（総括表）より転記する。
事77	個別	数値	被合併会社の概要：従業員数	□被合併会社の事業報告（従業員の状況）、直近期末現在の従業員名簿（総括表）より転記する。

ガイドNo.	個別/連結	区分	記載内容	作業内容およびチェック事項
事78	個別	非数値	(当社)合併会社の概要：主要取引先	□(当社)合併会社の売上高の総勘定科目内訳書、(当社)合併会社の会社案内(主要取引先)より転記する。
事79	個別	非数値	被合併会社の概要：主要取引先	□被合併会社の売上高の総勘定科目内訳書、被合併会社の会社案内(主要取引先)より転記する。
事80-1〜2	個別	数値・非数値	(当社)合併会社の概要：株主数・大株主・持株比率	□(当社)合併会社の株主名簿、(当社)合併会社の事業報告(株式の状況)より転記する。
事81-1〜2	個別	数値・非数値	被合併会社の概要：主要取引先・株主数・大株主・持株比率	□被合併会社の株主名簿、被合併会社の事業報告(株式の状況)より転記する。
事82	個別	非数値	(当社)合併会社の概要：主要な取引銀行	□(当社)合併会社の事業報告(主な借入先)、借入金の総勘定科目内訳書より転記する。
事83	個別	非数値	被合併会社の概要：主要な取引銀行	□被合併会社の事業報告(主な借入先)、借入金の総勘定科目内訳書より転記する。
事84	個別	非数値	当社との関係	□被合併会社との基本取引契約書、当社の投資有価証券管理台帳、被合併会社の株主名簿を基礎資料として作成する。

3．根拠条文

<会社法>
第2条（定義）…略…
　二十七　吸収合併　会社が他の会社とする合併であって、合併により消滅する会社の権利義務の全部を合併後存続する会社に承継させるものをいう。
　二十九　吸収分割　株式会社又は合同会社がその事業に関して有する権利義務の全部又は一部を分割後他の会社に承継させることをいう。
　二十八　新設合併　2以上の会社がする合併であって、合併により消滅する会社の権利義務の全部を合併により設立する会社に承継させるものをいう。
　三十　新設分割　1又は2以上の株式会社又は合同会社がその事業に関して有する権利義務の全部又は一部を分割により設立する会社に承継させることをいう。

<会社法施行規則>
第118条（事業報告の内容）　事業報告は、次に掲げる事項をその内容としなければならない。
　一　当該株式会社の状況に関する重要な事項（計算書類及びその附属明細書並びに連結計算書類の内容となる事項を除く。）
　　　　…略…
第119条（公開会社の特則）　株式会社が当該事業年度の末日において公開会社である場合には、前条各号に掲げる事項のほか、次に掲げる事項を事業報告の内容としなければならない。
　一　株式会社の現況に関する事項
　　　　…略…
第120条（株式会社の現況に関する事項）　前条第1号に規定する「株式会社の現況に関する事項」とは、次に掲げる事項（当該株式会社の事業が2以上の部門に分かれている場合にあっては、部門別に区別することが困難である場合を除き、その部門別に区別された事項）とする。
　　　　…略…
　五　当該事業年度における次に掲げる事項についての状況（重要なものに限る）
　　　　…略…
　　ハ　事業の譲渡、吸収分割又は新設分割
　　ニ　他の会社（外国会社を含む。）の事業の譲受け
　　ホ　他の会社（外国会社を含む。）の株式その他の持分又は新株予約権等の取得又は処分
　　ヘ　吸収合併（会社以外の者との合併（当該合併後当該株式会社が存続するものに限る。）を含む。）又は吸収分割による他の法人等の事業に関する権利義務の承継
　　　　…略…
　2　株式会社が当該事業年度に係る連結計算書類を作成している場合には、前項各号に掲げる事項につい

ては、当該株式会社及びその子会社から成る企業集団の現況に関する事項とすることができる。この場合において、当該事項に相当する事項が連結計算書類の内容となっているときは、当該事項を事業報告の内容としないことができる。

1．企業集団の現況に関する事項－（7）対処すべき課題

1．作成上のポイント

　企業集団が克服すべき当面の主要課題、および当連結会計年度終了後、計算書類等を会計監査人、監査役会に提出するまでに生じた後発事象（重大な損害の発生、増資または多額の社債発行の決議等）を記述します。

　配当額等を配当の方針等と併せて記載することも考えられます。

　「対処すべき課題」は、独立した項目とせず、「（1）事業の経過およびその成果」の「①全般的事業の状況」の末尾に記載することも考えられます。

　また、後発事象は、「（14）その他の企業集団の現況に関する重要な事実」として記載することも考えられます。

2．記載例

（7）対処すべき課題【事85】
　当グループは、既存機械の更新需要を更に拡大するとともに、インターネットによる情報サービスの確立および環境関係システム開発に着手してゆく所存であります。

3．記載項目別作業一覧

ガイドNo.	個別/連結	区分	記載内容	作業内容およびチェック事項
事85	個別	非数値	「当グループは、…。」	□次期予算編成方針、中期経営計画、経営方針決定に関する取締役会議事録を基礎資料として作成する。

4．根拠条文

＜会社法施行規則＞
第119条（公開会社の特則）　株式会社が当該事業年度の末日において公開会社である場合には、前条各号に掲げる事項のほか、次に掲げる事項を事業報告の内容としなければならない。

一　株式会社の現況に関する事項
　…略…
第120条（株式会社の現況に関する事項）　前条第1号に規定する「株式会社の現況に関する事項」とは、次に掲げる事項（当該株式会社の事業が2以上の部

門に分かれている場合にあっては、部門別に区別することが困難である場合を除き、その部門別に区別された事項）とする。　　　　　　　　　　…略…

八　対処すべき課題　　　　　　　　　　…略…

1．企業集団の現況に関する事項－（8）財産および損益の状況の推移

1．作成上のポイント

①受注高（長期契約または受注に依存している場合）、②売上高、③当期純利益、④１株当たり当期純利益、⑤総資産または純資産につき、当連結会計年度を含めた４会計年度について対比の図表により表示します。

事業成績が著しく変動し、その要因が明らかなときは、その要因を図表に注記します。

2．記載例

（8）財産および損益の状況の推移

項　目	平成○16年度 第9期	平成○17年度 第10期	平成○18年度 第11期	平成○19年度 第12期（当期）
受注高	【事86】 6,150百万円	【事87】 6,950百万円	【事88】 7,259百万円	【事89】 8,397百万円
売上高	【事90】 21,664百万円	【事91】 27,154百万円	【事92】 31,740百万円	【事93】 34,861百万円
営業利益	【事94】 1,156百万円	【事95】 1,556百万円	【事96】 5,726百万円	【事97】 6,636百万円
経常利益	【事98】 1,056百万円	【事99】 1,395百万円	【事100】 4,405百万円	【事101】 5,379百万円
当期純利益	【事102】 226百万円	【事103】 353百万円	【事104】 2,029百万円	【事105】 1,970百万円
１株当たり 当期純利益	【事106】 11円60銭	【事107】 92円09銭	【事108】 101円15銭	【事109】 101円38銭
総資産	【事110】 28,258百万円	【事111】 31,472百万円	【事112】 153,833百万円	【事113】 64,847百万円
純資産	【事114】 4,037百万円	【事115】 4,888百万円	【事116】 4,998百万円	【事117】 6,500百万円

1株当たり 純資産	【事118】 202円41銭	【事119】 269円55銭	【事120】 244円88銭	【事121】 325円91銭

- 「1株当たり当期純利益」について、企業会計基準第2号「1株当たり当期純利益に関する会計基準（平成14年9月25日企業会計基準委員会）に従って算定表示しております。【事122】
- 当期より、「役員賞与に関する会計基準」（企業会計基準第4号　平成17年11月29日企業会計基準委員会）に基づき、1株当たり当期純利益の計算が変更されております。【事123】
- 当期より、会社法施行規則（平成18年2月7日法務省令第12号）第134条に基づき、純資産額の範囲を変更しており、純資産及び1株当たり純資産の計算が変更されております。【事124】

3．記載項目別作業一覧

ガイド No.	個別 /連結	区分	記載内容	作業内容およびチェック事項
事86	連結	数値	受注高 　　　　：第9期：6,150百万円	□長期契約または受注に依存している場合に記載する。 □前期事業報告の前々期数値を転記する。
事87	連結	数値	受注高 　　　　：第10期：6,950百万円	□長期契約または受注に依存している場合に記載する。 □前期事業報告の前期数値を転記する。
事88	連結	数値	受注高 　　　　：第11期：7,259百万円	□長期契約または受注に依存している場合に記載する。 □前期事業報告の当期数値を転記する。
事89	連結	数値	受注高 　　　　：当期：8,397百万円	□長期契約または受注に依存している場合に記載する。 □受注管理台帳の「当期受注高」を転記する（P34）。
事90	連結	数値	売上高 　　　　：第9期：21,664百万円	□前期事業報告の前々期数値を転記する。
事91	連結	数値	売上高 　　　　：第10期：27,154百万円	□前期事業報告の前期数値を転記する。
事92	連結	数値	売上高 　　　　：第11期：31,740百万円	□前期事業報告の当期数値を転記する。
事93	連結	数値	売上高 　　　　：当期：34,861百万円	□連結計算書類の連結損益計算書の「売上高」を転記する（P123）。
事94	連結	数値	営業利益 　　　　：第9期：1,156百万円	□前期事業報告の前々期数値を転記する。
事95	連結	数値	営業利益 　　　　：第10期：1,556百万円	□前期事業報告の前期数値を転記する。
事96	連結	数値	営業利益 　　　　：第11期：5,726百万円	□前期事業報告の当期数値を転記する。
事97	連結	数値	営業利益 　　　　：当期：6,636百万円	□連結計算書類の連結損益計算書の「営業利益」を転記する（P123）。
事98	連結	数値	経常利益 　　　　：第9期：1,056百万円	□前期事業報告の前々期数値を転記する。
事99	連結	数値	経常利益 　　　　：第10期：1,395百万円	□前期事業報告の前期数値を転記する。

ガイドNo.	個別/連結	区分	記載内容	作業内容およびチェック事項
事100	連結	数値	経常利益 　　：第11期：4,405百万円	□前期事業報告の当期数値を転記する。
事101	連結	数値	経常利益 　　：当期：5,379百万円	□連結計算書類の連結損益計算書の「経常利益」を転記する（P123）。
事102	連結	数値	当期純利益 　　：第9期：226百万円	□前期事業報告の前々期数値を転記する。
事103	連結	数値	当期純利益 　　：第10期：353百万円	□前期事業報告の前期数値を転記する。
事104	連結	数値	当期純利益 　　：第11期：2,029百万円	□前期事業報告の当期数値を転記する。
事105	連結	数値	当期純利益 　　：当期：1,970百万円	□連結計算書類の連結損益計算書の「当期純利益」を転記する（P123）。
事106	連結	数値	1株当たり当期純利益 　　：第9期：11円60銭	□前期事業報告の前々期数値を転記する。
事107	連結	数値	1株当たり当期純利益 　　：第10期：92円09銭	□前期事業報告の前期数値を転記する。
事108	連結	数値	1株当たり当期純利益 　　：第11期：101円15銭	□前期事業報告の当期数値を転記する。
事109	連結	数値	1株当たり当期純利益 　　：当期：101円38銭	□連結計算書類の連結注記表「1株当たり当期純利益」を転記する（P190）。
事110	連結	数値	総資産：第9期：28,258百万円	□前期事業報告の前々期数値を転記する。
事111	連結	数値	総資産：第10期：31,472百万円	□前期事業報告の前期数値を転記する。
事112	連結	数値	総資産：第11期：153,833百万円	□前期事業報告の当期数値を転記する。
事113	連結	数値	総資産：当期：64,847百万円	□連結計算書類の連結貸借対照表「資産合計」を転記する（P103）。
事114	連結	数値	純資産：第9期：4,037百万円	□前期事業報告の前々期数値を転記する。
事115	連結	数値	純資産：第10期：4,888百万円	□前期事業報告の前期数値を転記する。
事116	連結	数値	純資産：第11期：4,778百万円	□前期事業報告の当期数値を転記する。
事117	連結	数値	純資産：当期：6,500百万円	□連結計算書類の連結貸借対照表の「純資産合計」を転記する（P103）。
事118	連結	数値	1株当たり純資産 　　：第9期：202円41銭	□前期事業報告の前々期数値を転記する。
事119	連結	数値	1株当たり純資産 　　：第10期：269円55銭	□前期事業報告の前期数値を転記する。
事120	連結	数値	1株当たり純資産 　　：第11期：244円88銭	□前期事業報告の当期数値を転記する。
事121	連結	数値	1株当たり純資産 　　：当期：325円91銭	□連結計算書類の連結注記表「1株当たり純資産」を転記する（P190）。

ガイドNo.	個別/連結	区分	記載内容	作業内容およびチェック事項
事122	連結	非数値	「『1株当たり当期純利益』について、企業会計基準第2号『1株当たり当期純利益に関する会計基準』(平成14年9月25日企業会計基準委員会)に従って算定表示しております。」	□企業会計基準第2号「1株当たり当期純利益に関する会計基準」(平成14年9月25日企業会計基準委員会)に準拠している旨を記載する。
事123	連結	非数値	「当期より、『役員賞与に関する会計基準』(企業会計基準第4号：平成17年11月29日：企業会計基準委員会)に基づき、1株当たり当期純利益の計算が変更されております。」	□「役員賞与に関する会計基準」(企業会計基準第4号 平成17年11月29日企業会計基準委員会)に準拠している旨を記載する。
事124	連結	非数値	「当期より、会社法施行規則(平成18年2月7日法務省令第12号)第134条に基づき、純資産額の範囲を変更しており、純資産及び1株当たり純資産の計算が変更されております。」	□会社法施行規則(平成18年2月7日法務省令第12号)第134条に準拠している旨を記載する。

4．根拠条文

<会社法施行規則>
第118条（事業報告の内容）　事業報告は、次に掲げる事項をその内容としなければならない。
　一　当該株式会社の状況に関する重要な事項（計算書類及びその附属明細書並びに連結計算書類の内容となる事項を除く。）
第119条（公開会社の特則）　株式会社が当該事業年度の末日において公開会社である場合には、前条各号に掲げる事項のほか、次に掲げる事項を事業報告の内容としなければならない。
　一　株式会社の現況に関する事項
　　…略…
第120条（株式会社の現況に関する事項）前条第1号に規定する「株式会社の現況に関する事項」とは、次に掲げる事項（当該株式会社の事業が2以上の部門に分かれている場合にあっては、部門別に区別することが困難である場合を除き、その部門別に区別された事項）とする。
　　…略…
　六　直前3事業年度（当該事業年度の末日において3事業年度が終了していない株式会社にあっては、成立後の各事業年度）の財産及び損益の状況
　　…略…
2　株式会社が当該事業年度に係る連結計算書類を作成している場合には、前項各号に掲げる事項については、当該株式会社及びその子会社から成る企業集団の現況に関する事項とすることができる。この場合において、当該事項に相当する事項が連結計算書類の内容となっているときは、当該事項を事業報告の内容としないことができる。

1．企業集団の現況に関する事項－（9）重要な親会社および子会社の状況

1．作成上のポイント

　親会社の持株数および出資比率、ならびに親会社との事業上の関係を記載します。

　重要な子会社について、その会社名、主要な事業内容、資本金、会社の出資比率を記載します。

　子会社の設立、合併は、当連結会計年度中における実績または公表済みの計画を記載します。

　技術提携先については、極めて重要な相手先（会社の事業の展開にとって特に重要な相手先）を記載します。

　親会社関係については、「被所有議決権50％超基準」から「支配力基準および影響力基準」へ、親会社概念が変更になっているので、「親会社の範囲」について留意してください。

　とくに、以下の項目をチェックしてください。

　① 連結決算短信の支配関係図との整合性
　② 連結決算短信の連結の範囲についての注記との整合性

　子会社関係についても、「所有議決権50％超基準」から「支配力基準および影響力基準」へ、子会社概念が変更になっているので、「子会社の範囲」について留意してください。

　とくに、以下の項目をチェックしてください。

　① 事業報告の大株主の状況の記載内容との整合性
　② 連結決算短信の支配関係図との整合性
　③ 連結決算短信の表紙の親会社名、議決権比率との整合性

2．記載例

（9）重要な親会社および子会社の状況
　① 親会社との関係【事125】
　　株式会社ディスクローズ1は、当社の総議決権数の54.6％を保有しております。
　② 重要な子会社の状況
　　主な子会社は下記の通りです。

名　称	資本金	議決権比率	主要な事業内容
【事126】 株式会社ライン	【事127】 400百万円	【事128】 80.0％	【事129】 工作制御装置開発

当連結グループにおける売上高は348億61百万円【事130】（前期比9.8％増加【事131】）、営業利益は66億36百万円【事132】（前期比25.8％増加【事133】）、経常利益は53億79百万円【事134】（前期比22.1％増加【事135】）、当期純利益は19億70百万円【事136】（前期比2.9％減少【事137】）となりました。
　③　その他【事138】
　平成○9年4月1日付で、100％子会社（非連結子会社）株式会社アクセスを吸収合併しました。
　業務提携の主要な相手先は、株式会社インターナショナルビジネス情報であります。【事139】

3．記載項目別作業一覧

ガイドNo.	個別/連結	区分	記載内容	作業内容およびチェック事項
事125	個別	数値	①　親会社との関係 「株式会社ディスクローズ１は、当社の総議決権数の54.6％を保有しております。」	□当社の株主名簿を基礎資料として作成する。 □事業報告（大株主の状況）との整合性を図る。
事126	個別	非数値	②　重要な子会社の状況 名称：株式会社ライン	□連結子会社管理表、連結精算表（個別財務諸表）より転記する。
事127	個別	数値	②　重要な子会社の状況 資本金：400百万円	□連結子会社の貸借対照表および登記簿謄本より転記する。
事128	個別	数値	②　重要な子会社の状況 議決権比率：80.0％	□連結子会社の株主名簿より転記する。
事129	個別	非数値	②　重要な子会社の状況 主要な事業内容：工作制御装置開発	□連結子会社の登記簿謄本より転記する。
事130	連結	数値	当連結グループにおける売上高 　　　　　　　　348億61百万円	□連結損益計算書の「売上高」より転記する。 □連結決算短信の同データと照合する。
事131	連結	数値	前期比　9.8％増加	□計算式＝（当期連結売上高－前期連結売上高）÷前期連結売上高×100％ □連結決算短信の同データと照合する。
事132	連結	数値	営業利益　66億36百万円	□連結損益計算書の「営業利益」より転記する。 □連結決算短信の同データと照合する。
事133	連結	数値	前期比　25.8％増加	□計算式＝（当期連結営業利益－前期連結営業利益）÷前期連結営業利益×100％ □連結決算短信の同データと照合する。
事134	連結	数値	経常利益　53億79百万円	□連結損益計算書の「経常利益」より転記する。 □連結決算短信の同データと照合する。
事135	連結	数値	前期比　22.1％増加	□計算式＝（当期連結経常利益－前期連結経常利益）÷前期連結経常利益×100％ □連結決算短信の同データと照合する。
事136	連結	数値	当企業グループの当期純利益 　　　　　　　　19億円70百万円	□連結損益計算書の「当期純利益」より転記する。 □連結決算短信の同データと照合する。

ガイドNo.	個別/連結	区分	記載内容	作業内容およびチェック事項
事137	連結	数値	前期比　2.9%減少	□計算式＝(当期連結当期純利益－前期連結当期純利益)÷前期連結当期純利益×100% □連結決算短信の同データと照合する。
事138	個別	非数値	「平成○9年4月1日付で、100%子会社(非連結子会社) 株式会社アクセスを吸収合併しました。」	□事業報告 (吸収合併または吸収分割による他の法人等の事業に関する権利義務の承継の状況)、合併契約書、関係会社株式管理表、被合併会社の登記簿謄本を基礎資料として作成する。
事139	個別	非数値	「業務提携の主要な相手先は、株式会社インターナショナルビジネス情報であります。」	□業務提携契約書、業務提携に関する取締役会議事録を基礎資料として作成する。

4．根拠条文

> ＜会社法施行規則＞
> 第118条（事業報告の内容）事業報告は、次に掲げる事項をその内容としなければならない。
> 　一　当該株式会社の状況に関する重要な事項（計算書類及びその附属明細書並びに連結計算書類の内容となる事項を除く。）
> 第119条（公開会社の特則）株式会社が当該事業年度の末日において公開会社である場合には、前条各号に掲げる事項のほか、次に掲げる事項を事業報告の内容としなければならない。
> 　一　株式会社の現況に関する事項
> 　　　　　　　…略…
> 第120条（株式会社の現況に関する事項）前条第1号に規定する「株式会社の現況に関する事項」とは、次に掲げる事項（当該株式会社の事業が2以上の部門に分かれている場合にあっては、部門別に区別することが困難である場合を除き、その部門別に区別された事項）とする。
> 　　　　　　　…略…
> 　七　重要な親会社及び子会社の状況
> 　　　　　　　…略…

１．企業集団の現況に関する事項－(10) **主要な事業内容**

1．作成上のポイント

　事業部門別に主な製品名または商品名を記載します。

　主要な事業内容は、独立した項目とせず、「1．企業集団の現況に関する事項」の「(1) 事業の経過およびその成果」において部門の名称のみではその事業内容が理解できない場合に限り、簡単にその事業内容を図表に注記することも考えられます。

　セグメント別の主要な事業内容を記載します。

2．記載例

(10) 主要な事業内容
　当グループの主要な事業は、下記の通りです。

事業の種類別セグメント	内容
機械事業【事140】	建設用クレーン制御装置・レントゲン機器制御装置・パソコン・ネットワークシステムの販売、工作制御装置開発
情報システム事業【事141】	医療制御装置システム製造・開発

3．記載項目別作業一覧

ガイドNo.	個別/連結	区分	記載内容	作業内容およびチェック事項
事140	連結	非数値	機械事業：建設用クレーン制御装置、…	□事業別取扱い製品一覧、会社案内を基礎資料として作成する。
事141	連結	非数値	情報システム事業：医療制御装置システム製造・開発	□同上

1．企業集団の現況に関する事項－(11) 主要な営業所および工場

1．作成上のポイント

　連結会社別の主要な営業所および工場について、その名称と所在地を記載します。
　所在地は、都道府県名にとどめます。支店等を多く持つ会社にあっては、地域別店舗数、国別海外事業場数などを記載することも考えられます。

2．記載例

(11) 主要な営業所および工場

企業集団の名称	主な営業所	所在地
株式会社スリー・シー・コンサルティング 【事142】	本社	東京都中央区
	大阪支店	大阪府大阪市
	神奈川工場	神奈川県横浜市
	名古屋営業所	愛知県名古屋市
株式会社ライン 【事143】	本社（子会社）	東京都中央区

3．記載項目別作業一覧

ガイドNo.	個別/連結	区分	記載内容	作業内容およびチェック事項
事142	連結	非数値	株式会社スリー・シー・コンサルティング 本社　東京都中央区	□当社の登記簿謄本および組織図より転記する。
事143	連結	非数値	株式会社ライン 本社　東京都中央区	□連結子会社の登記簿謄本および組織図より転記する。

1．企業集団の現況に関する事項－(12) 従業員の状況

1．作成上のポイント

　連結会計年度末における従業員数および前連結会計年度末比増減、ならびに従業員の平均年齢および平均勤続年数を記載します。
　なお、男女別に記載することも考えられます。
　従業員の構成その他の状況に重要な変動がある場合には、その旨を図表に注記します。
　また、臨時従業員、出向、パートなどの取扱いについて注記することも考えられます。
　「前期比増減の人員数」が「当期の従業員数－前期の従業員数」と一致しているかを確認してください。

2．記載例

(12) 従業員の状況

区　分	従業員数	前期末増減	平均年齢	平均勤続年数
	人	人	歳	年
男　子	【事144】　532	【事147】　－28	【事150】　35.1	【事153】　10.6
女　子	【事145】　164	【事148】　＋11	【事151】　26.5	【事154】　5.2
合　計	【事146】　696	【事149】　－17	【事152】　33.1	【事155】　9.3

(注)【事156】
上記の他、臨時従業員100名が従事しております。

3．記載項目別作業一覧

ガイドNo.	個別/連結	区分	記載内容	作業内容およびチェック事項
事144	連結	数値	従業員数 男子：532人	□連結会社の従業員名簿（総括表）、連結会社の事業報告（従業員の状況）より転記する。
事145	連結	数値	従業員数 女子：164人	□同上
事146	連結	数値	従業員数 合計：696人	□同上
事147	連結	数値	前期末増減 男子：－28人	□前事業年度の事業報告（企業集団の従業員の状況）の従業員数より、増減人員数を計算・転記する。
事148	連結	数値	前期末増減 女子：＋11人	□同上
事149	連結	数値	前期末増減 合計：－17人	□同上
事150	連結	数値	平均年齢 男子：35.1歳	□連結会社の従業員名簿（総括表）、連結会社の事業報告（従業員の状況）より転記する。
事151	連結	数値	平均年齢 女子：26.5歳	□同上
事152	連結	数値	平均年齢 合計：33.1歳	□同上 □「(35.1歳×532人＋26.5歳×164人)÷696人≒33.1歳」との整合性をチェックする。
事153	連結	数値	平均勤続年数 男子：10.6年	□連結会社の従業員名簿（総括表）、連結会社の事業報告（従業員の状況）より転記する。
事154	連結	数値	平均勤続年数 女子：5.2年	□同上

ガイドNo.	個別/連結	区分	記載内容	作業内容およびチェック事項
事155	連結	数値	平均勤続年数 合計：9.3年	□同上 □「(10.6年×532人＋5.2歳×164人)÷696人≒9.3年」との整合性をチェックする。
事156	連結	数値	「(注) 上記の他、臨時従業員100名が従事しております。」	□臨時従業員管理簿、派遣契約書を基礎資料として作成する。

4．根拠条文

<会社法施行規則>
第118条（事業報告の内容） 事業報告は、次に掲げる事項をその内容としなければならない。
　一　当該株式会社の状況に関する重要な事項（計算書類及びその附属明細書並びに連結計算書類の内容となる事項を除く。）
第119条（公開会社の特則） 株式会社が当該事業年度の末日において公開会社である場合には、前条各号に掲げる事項のほか、次に掲げる事項を事業報告の内容としなければならない。
　一　株式会社の現況に関する事項
　　　　　…略…
第120条（株式会社の現況に関する事項） 前条第1号に規定する「株式会社の現況に関する事項」とは、次に掲げる事項（当該株式会社の事業が2以上の部門に分かれている場合にあっては、部門別に区別することが困難である場合を除き、その部門別に区別された事項）とする。
　　　　　…略…
　一　当該事業年度の末日における主要な事業内容（P54）
　二　当該事業年度の末日における主要な営業所及び工場並びに使用人の状況（P55～56）
2　株式会社が当該事業年度に係る連結計算書類を作成している場合には、前項各号に掲げる事項については、当該株式会社及びその子会社から成る企業集団の現況に関する事項とすることができる。この場合において、当該事項に相当する事項が連結計算書類の内容となっているときは、当該事項を事業報告の内容としないことができる。

1．企業集団の現況に関する事項−(13) 主要な借入先

1．作成上のポイント

　銀行等からの借入金がその企業集団の資金調達において重要性を持つ場合（資金調達に占める借入金の割合が大きい場合）に限り、その主要な借入先からの借入額を記載します。
　実質上の無借金会社などは記載する必要はありません。
　なお、連結開示で事業報告を作成する場合には、<u>「主要な借入先」別の借入金額も連結ベースとなります。</u>
　連結会社の借入金の（総勘定科目内訳書を組替えた）会社法計算書類科目内訳書を、相手先ごとに集計した連結計算書類科目内訳書の上位の借入先ごとの金額を転記します。
　以下の手順で作成します。
　① 短期借入金・長期借入金の補助元帳より、「短期借入金・長期借入金」の「総勘定科目内訳書」を作成する。

② 「短期借入金・長期借入金」の「総勘定科目内訳書」の借入金残高を残高確認状と照合する。
③ ①より、「短期借入金・長期借入金」の株主総会想定問答用の「計算書類科目内訳書」を作成する。
④ 連結会社の「短期借入金・長期借入金」の「計算書類科目内訳書」を集計・連結調整を行って、「短期借入金・長期借入金」の「連結計算書類科目内訳書」を作成する（株主総会想定問答用）。
⑤ ④の「短期借入金・長期借入金」の「連結計算書類科目内訳書」より、相手先ごとの短期・長期残高を合算し、「連結計算書類：相手先別借入金残高一覧」を作成する。
⑥ 「連結計算書類：相手先別借入金残高一覧」の主要借入先分を選択し、当該相手先別借入金残高（円単位）を事業報告の主要な借入先へ所定表示単位・端数処理して転記する。

2．記載例

(13) 主要な借入先

借　入　先	借入金残高
	百万円
株式会社 AAA 銀行	【事157】　13,100
株式会社 BBB 銀行	【事158】　4,950
株式会社 CCC 銀行	【事159】　2,800
株式会社 DDD 銀行	【事160】　1,200

3．記載項目別作業一覧

ガイドNo.	個別／連結	区分	記載内容	作業内容およびチェック事項
事157	連結	数値	借入先：株式会社 AAA 銀行：13,100百万円	□連結会社の借入金の総勘定科目内訳書を集計した連結計算書類科目内訳書（借入金）より作成する＜残高確認状確認＞。 □計算式＝㈱スリー・シー・コンサルティング分12,500百万円＋連結子会社㈱ライン600百万円＝13,100百万円
事158	連結	数値	借入先：株式会社 BBB 銀行：4,950百万円	□連結会社の借入金の総勘定科目内訳書を集計した連結計算書類科目内訳書（借入金）より作成する＜残高確認状確認＞。

ガイドNo.	個別/連結	区分	記載内容	作業内容およびチェック事項
事159	連結	数値	借入先：株式会社CCC銀行：2,800百万円	□同上
事160	連結	数値	借入先：株式会社DDD銀行：1,200百万円	□同上

4．根拠条文

＜会社法施行規則＞
第118条（事業報告の内容） 事業報告は、次に掲げる事項をその内容としなければならない。
一　当該株式会社の状況に関する重要な事項（計算書類及びその附属明細書並びに連結計算書類の内容となる事項を除く。）
第119条（公開会社の特則） 株式会社が当該事業年度の末日において公開会社である場合には、前条各号に掲げる事項のほか、次に掲げる事項を事業報告の内容としなければならない。
一　株式会社の現況に関する事項
…略…
第120条（株式会社の現況に関する事項）前条第1号に規定する「株式会社の現況に関する事項」とは、次に掲げる事項（当該株式会社の事業が2以上の部門に分かれている場合にあっては、部門別に区別することが困難である場合を除き、その部門別に区別された事項）とする。
…略…
三　当該事業年度の末日において主要な借入先があるときは、その借入先及び借入額
…略…
2　株式会社が当該事業年度に係る連結計算書類を作成している場合には、前項各号に掲げる事項については、当該株式会社及びその子会社から成る企業集団の現況に関する事項とすることができる。この場合において、当該事項に相当する事項が連結計算書類の内容となっているときは、当該事項を事業報告の内容としないことができる。

2．会社の株式に関する事項

1．作成上のポイント

発行済株式の総数および当期末株主数を記載します。

発行済株式総数（自己株式を除く）の10分の1以上の数の株式を有する株主と、その株式の数を記載します。

議決権個数、当社の当該株主への出資状況を記載することも考えられます。

2．記載例

2．会社の株式に関する事項
　（1）発行可能株式総数　　80,000,000株【事161】＜任意記載事項＞
　　（注）当期中の増減
　　　定款変更により、自己株式200,000株の消却【事162】に伴って、発行可能株式総数が減少しております。
　（2）発行済株式の総数　　19,800,000株【事163】
　　（注）当期中の増減
　　　自己株式200,000株の消却【事164】により、発行済株式総数が減少しております。
　（3）株主数　　　　　13名【事165】（前期比　1名増加【事166】）
　（4）一単元の株式　　1,000株【事167】＜任意記載事項＞
　（5）発行済株式の総数の10分の1以上の数の株式を保有する大株主

株　主　名	当社への出資状況	
	持株数	出資比率
株式会社ディスクローズ1	【事168】10,500千株	【事169】54.6%
株式会社ドリーム	【事170】5,728千株	【事171】29.8%

　（注）出資比率は自己株式555,000株【事172】を控除して計算しております。
　（6）その他重要な事項＜任意記載事項＞
　　議決権を持たない株数は下記の通りです。
　　　自己株式　　　　　　　　　　　　　　　555,000株【事173】
　　　子会社による相互保有株式　　　　　　　　3,330株【事174】
　　　議決権割合4分の1以上の会社（子会社を除く）による相互保有株式
　　　　　　　　　　　　　　　　　　　　　　　6,370株【事175】
　　　単元未満株式　　　　　　　　　　　　　　4,300株【事176】
　　　機構名義失念株式　　　　　　　　　　　　　―株【事177】

3．記載項目別作業一覧

ガイドNo.	個別/連結	区分	記載内容	作業内容およびチェック事項
事161	個別	数値	（1）発行可能株式総数 　　　　　　80,000,000株	□当社の登記簿謄本（発行可能株式総数）より転記する。
事162	個別	共通	（注）当期中の増減 「定款変更により、自己株式200,000株の消却に伴って、発行可能株式総数が減少しております。」	□同上
事163	個別	数値	（2）発行済株式の総数 　　　　　　19,800,000株	□当社の登記簿謄本（発行済株式数）より転記する。
事164	個別	共通	（注）当期中の増減 「自己株式200,000株の消却により、	□当社の登記簿謄本（発行済株式数）を基礎資料として作成する。

ガイド No.	個別 /連結	区分	記載内容	作業内容およびチェック事項
			発行済株式総数が減少しております。」	
事165	個別	数値	（3）株主数　13名	□当社の株主名簿（上場会社の場合、株主名簿管理人が作成）より転記する。
事166	個別	数値	（前期比　1名増加）	□当社の株主名簿を基礎資料として作成する（前期と当期分の比較により計算）。
事167	個別	数値	（4）一単元の株式　1,000株	□当社の登記簿謄本（一単元の株式）より転記する。
事168	個別	数値	（5）発行済株式の総数の10分の1以上の数の株式を保有する大株主 株式会社ディスクローズ1： 　　　　持株数：10,500千株	□当社の株主名簿（上場会社の場合、株主名簿管理人が作成）より転記する。
事169	個別	数値	株式会社ディスクローズ1： 　　　　出資比率：54.6%	□当社の株主名簿（上場会社の場合、株主名簿管理人が作成）を基礎資料として作成する。 □計算式＝被所有株数10,500,900株÷（発行済株式数19,800,000株－自己株式555,000株）＝54.6%
事170	個別	数値	株式会社ドリーム： 　　　　持株数：5,728千株	□当社の株主名簿（上場会社の場合、株主名簿管理人が作成）より転記する。
事171	個別	数値	株式会社ドリーム： 　　　　出資比率：29.8%	□当社の株主名簿（上場会社の場合、株主名簿管理人が作成）を基礎資料として作成する。 □計算式＝被所有株数5,728,800株÷（発行済株式数19,800,000株－自己株式555,000株）＝29.8%
事172	個別	共通	「（注）出資比率は自己株式555,000株を控除して計算しております。」	□当社の株主名簿（上場会社の場合、株主名簿管理人が作成）を基礎資料として作成する。
事173	個別	数値	（6）その他重要な事項 議決権のない株式 　　自己株式　555,000株	□自己株式管理簿（期末実査資料）、当社株主名簿（上場会社の場合、株主名簿管理人が作成）より転記する。
事174	個別	数値	議決権のない株式 　子会社による相互保有株式 　　　　　　　　3,330株	□当社の株主名簿（上場会社の場合、株主名簿管理人が作成）、議決権割合4分の1以上の会社の投資有価証券管理簿より転記する。
事175	個別	数値	議決権のない株式 （子会社を除く）議決権割合4分の1以上の会社による相互保有株式 　　　　　　　　6,370株	□同上
事176	個別	数値	議決権のない株式 　単元未満株式　4,300株	□当社の株主名簿より転記する。
事177	個別	数値	機構名義失念株式 　　　　　　　　－株	□当社の株主名簿と実質株主名簿の名寄せを行う。

4．根拠条文

<会社法施行規則>
第118条（事業報告の内容）　事業報告は、次に掲げる事項をその内容としなければならない。
一　当該株式会社の状況に関する重要な事項（計算書類及びその附属明細書並びに連結計算書類の内容となる事項を除く。）

第119条（公開会社の特則）　株式会社が当該事業年度の末日において公開会社である場合には、前条各号に掲げる事項のほか、次に掲げる事項を事業報告の内容としなければならない。
…略…
三　株式会社の株式に関する事項

…略…
第122条（株式会社の株式に関する事項）　第119条第3号に規定する「株式会社の株式に関する事項」とは、次に掲げる事項とする。
一　当該事業年度の末日において発行済株式（自己株式を除く。）の総数の10分の1以上の数の株式を有する株主の氏名又は名称及び当該株主の有する当該株式会社の株式の数（種類株式発行会社にあっては、株式の種類及び種類ごとの数）
二　前号に掲げるもののほか、株式会社の株式に関する重要な事項

3．会社の新株予約権等に関する事項

1．作成上のポイント

「①　新株予約権の状況」については、当該事業年度の末日における当社役員の保有する新株予約権（職務執行の対価として交付されたものに限る）の数、目的となる株式の種類および数ならびに発行価額等を記載します。

当社取締役、社外取締役、取締役（執行役を含む）以外の当社役員に区分して、新株予約権の数、目的となる株式の種類および数ならびに付与した者の総数を記載します。

過去に発行したストックオプション、新株予約権付社債等発行価額が無償のものについては合算して記載し、有償のものについては回次ごとに記載します。

なお、無償分についても発行回次ごとに記載することも考えられます。

「②　当該事業年度中の新株予約権交付の状況」については、その事業年度中に、当社従業員、子会社役員および従業員に対して新株予約権を発行したときは、新株予約権の概要、その区分ごとの新株予約権の数、目的となる株式の種類および数ならびに付与した者の総数を記載します。

「その他新株予約権等に関する重要な事項」として、転換社債型新株予約権付社債等、ストックオプション以外の新株予約権等について記載します。

2．記載例

3．会社の新株予約権等に関する事項
（1）当社役員が保有している職務執行の対価として交付された新株予約権の状況

定時株主総会決議の日	【事178】平成○7年6月26日		【事191】平成○8年6月28日	
発行決議の日	【事179】平成○7年6月26日		【事192】平成○8年6月28日	
保有人数および新株予約権の個数 　当社取締役（社外取締役を除く） 　当社社外取締役 　当社監査役 　　　計	【事180】3名 【事181】－名 【事182】1名 【事183】4名	【事184】41個 【事185】－個 【事186】4個 【事187】45個	【事193】3名 【事194】－名 【事195】1名 【事196】4名	【事197】27個 【事198】－個 【事199】3個 【事200】30個
新株予約権の目的となる株式の種類	【事188】　　普通株式		【事201】　　普通株式	
新株予約権の目的となる株式の数	【事189】　　450,000株		【事202】　　300,000株	
新株予約権の払込金額	【事190】　　80円		【事203】　　無償	

（2）当事業年度中に職務執行の対価として使用人等に対し交付した新株予約権の状況
（発行した新株予約権の内容）

定時株主総会決議の日	平成○8年6月28日【事204】
発行決議の日	平成○8年6月28日【事205】
新株予約権の数	66個【事206】
新株予約権の目的となる株式の種類	普通株式【事207】
新株予約権の目的となる株式の数	660,000株【事208】
新株予約権の払込金額	無償【事209】
権利行使時の1株当たり出資される財産の価額	200円【事210】
新株予約権の行使期間	平成○9年6月29日～平成○17年6月28日【事211】
新株予約権の行使の条件	①　新株予約権の譲渡には取締役会の承認を要する。 ②　その他の条件については、平成○8年6月28日開催の当社第11回定時株主総会および新株予約権発行の取締役会決議に基づき、当社と新株予約権者との間で締結する「新株予約権割当契約」に定めるところによる。　　　　　　【事212】
新株予約権の消却の事由および条件	①　当社が消滅会社となる合併契約書承認議案、当社が完全子会社となる株式交換契約書承認の議案ならびに株式移転の議

	案が株主総会で承認されたときは、新株予約権は無償で消却することができる。 ② 新株予約権者が権利行使する前に、当社の取締役を退任し、かつ1年を経過した場合は、当該新株予約権については無償で消却することができる。【事213】
有利な条件の内容	無償【事214】

（当事業年度中に新株予約権を従業員および子会社の役員・従業員に対して交付した者の人数）

区　分	当社の従業員	子会社の取締役	子会社の監査役	子会社の従業員	計
新株予約権の数	【事215】 10個	【事216】 11個	【事217】 6個	【事218】 4個	【事219】 31個
目的となる株式の種類	【事220】 普通株式	【事221】 普通株式	【事222】 普通株式	【事223】 普通株式	－
目的となる株式の数	【事224】 100,000株	【事225】 110,000株	【事226】 60,000株	【事227】 40,000株	【事228】 310,000株
付与した者の総数	【事229】 4名	【事230】 3名	【事231】 3名	【事232】 3名	【事233】 13名

（3）その他新株予約権等に関する重要な事項
　　該当事項はありません。

3．記載項目別作業一覧

ガイドNo.	個別/連結	区分	記載内容	作業内容およびチェック事項
事178	個別	非数値 （日付）	（1）当社役員が保有している職務執行の対価として交付された新株予約権の状況 定時株主総会決議の日 ：平成○7年6月26日	□新株予約権発行に関する株主総会議事録より転記する。
事179	個別	非数値 （日付）	発行決議の日 ：平成○7年6月26日	□新株予約権発行に関する取締役会議事録、当社の登記簿謄本、新株予約権管理簿より転記する。
事180	個別	数値	保有人数および新株予約権の個数 当社取締役（社外取締役を除く） ：3名	□新株予約権原簿、新株予約権付与契約書より転記する。
事181	個別	数値	保有人数および新株予約権の個数 当社社外取締役：一名	□同上
事182	個別	数値	保有人数および新株予約権の個数 当社監査役：1名	□同上
事183	個別	数値	保有人数および新株予約権の個数 合計：4名	□同上 □合計計算を行う。

ガイド No.	個別/連結	区分	記載内容	作業内容およびチェック事項
事184	個別	数値	保有人数および新株予約権の個数 当社取締役（社外取締役を除く） ：41個	□新株予約権原簿、新株予約権付与契約書より転記する。
事185	個別	数値	保有人数および新株予約権の個数 当社社外取締役：一個	□同上
事186	個別	数値	保有人数および新株予約権の個数 当社監査役 ：4個	□新株予約権原簿、新株予約権付与契約書より転記する。
事187	個別	数値	保有人数および新株予約権の個数 合計：45個	□同上 □合計計算を行う。
事188	個別	非数値	新株予約権の目的となる株式の種類 ：普通株式	□新株予約権原簿、新株予約権付与契約書、登記簿謄本（新株予約権）より転記する。
事189	個別	数値	新株予約権の目的となる株式の数 ：450,000株	□同上
事190	個別	数値	新株予約権の払込金額：80円	□同上
事191	個別	非数値（日付）	定時株主総会決議の日 平成○8年6月28日	□新株予約権発行に関する株主総会議事録より転記する。
事192	個別	非数値（日付）	発行決議の日：平成○8年6月28日	□新株予約権発行に関する取締役会議事録、当社の登記簿謄本、新株予約権管理簿より転記する。
事193	個別	数値	保有人数および新株予約権の個数 当社取締役（社外取締役を除く） ：3名	□新株予約権原簿、新株予約権付与契約書より転記する。
事194	個別	数値	保有人数および新株予約権の個数 当社社外取締役：一名	□同上
事195	個別	数値	保有人数および新株予約権の個数 当社監査役：1名	□同上
事196	個別	数値	保有人数および新株予約権の個数 計：4名	□同上 □合計計算を行う。
事197	個別	数値	保有人数および新株予約権の個数 当社取締役（社外取締役を除く） ：27個	□新株予約権原簿、新株予約権付与契約書より転記する。
事198	個別	数値	保有人数および新株予約権の個数 当社社外取締役：一個	□同上
事199	個別	数値	保有人数および新株予約権の個数 当社監査役：3個	□同上
事200	個別	数値	保有人数および新株予約権の個数 合計：30個	□同上 □合計計算を行う。
事201	個別	非数値	新株予約権の目的となる株式の種類 ：普通株式	□新株予約権原簿、新株予約権付与契約書、登記簿謄本（新株予約権）より転記する。
事202	個別	数値	新株予約権の目的となる株式の数 ：300,000株	□同上
事203	個別	数値	新株予約権の払込金額：無償	□同上
事204	個別	非数値	（2）当事業年度中に職務執行の対価	□新株予約権発行に関する株主総会議事録より転

ガイド No.	個別／連結	区分	記載内容	作業内容およびチェック事項
		（日付）	として使用人等に対し交付した新株予約権の状況（発行した新株予約権の内容） 定時株主総会決議の日 　　：平成○8年6月28日	記する。
事205	個別	非数値（日付）	発行決議の日：平成○8年6月28日	□新株予約権発行に関する取締役会議事録、当社の登記簿謄本、新株予約権管理簿より転記する。
事206	個別	数値	新株予約権の数：66個	□同上
事207	個別	非数値	新株予約権の目的となる株式の種類 　　：普通株式	□当社の登記簿謄本、新株予約権管理簿より転記する。
事208	個別	数値	新株予約権の目的となる株式の数 　　：660,000株	□同上
事209	個別	数値	新株予約権の払込金額：無償	□同上
事210	個別	数値	権利行使時の1株当たり出資される財産の価額：200円	□同上
事211	個別	非数値	新株予約権の行使期間 　　：平成○9年6月29日～平成○17年6月28日	□同上
事212	個別	非数値	新株予約権の行使の条件 「① 新株予約権の譲渡には取締役会の承認を要する…。」	□同上
事213	個別	非数値	新株予約権の消却の事由および条件 「① 当社が消滅会社となる合併契約書承認議案、当社が…。」	□同上
事214	個別	非数値	有利な条件の内容：無償	□同上
事215	個別	数値	（当事業年度中に新株予約権を従業員および子会社の役員・従業員に対して交付した者の人数） 新株予約権の数　当社の従業員 　　：10個	□新株予約権管理簿、新株予約権付与契約書より転記する。
事216	個別	数値	新株予約権の数 子会社の取締役：11個	□同上
事217	個別	数値	新株予約権の数 子会社の監査役：6個	□同上
事218	個別	数値	新株予約権の数 子会社の従業員：4個	□同上
事219	個別	数値	新株予約権の数 合計：31個	□同上 □合計計算を行う。
事220	個別	非数値	目的となる株式の種類 当社の従業員：普通株式	□新株予約権管理簿、新株予約権付与契約書より転記する。
事221	個別	非数値	目的となる株式の種類 子会社の取締役：普通株式	□同上
事222	個別	非数値	目的となる株式の種類 子会社の監査役：普通株式	□同上

ガイドNo.	個別/連結	区分	記載内容	作業内容およびチェック事項
事223	個別	非数値	目的となる株式の種類 子会社の従業員：普通株式	□同上
事224	個別	数値	目的となる株式の数 当社の従業員：100,000株	□同上
事225	個別	数値	目的となる株式の数 子会社の取締役：110,000株	□同上
事226	個別	数値	目的となる株式の数 子会社の監査役：60,000株	□同上
事227	個別	数値	目的となる株式の数 子会社の従業員：40,000株	□同上
事228	個別	数値	目的となる株式の数 合計：310,000株	□同上 □合計計算を行う。
事229	個別	数値	付与した者の総数 当社の従業員：4名	□新株予約権管理簿、新株予約権付与契約書より転記する。
事230	個別	数値	付与した者の総数 子会社の取締役：3名	□同上
事231	個別	数値	付与した者の総数 子会社の監査役：3名	□同上
事232	個別	数値	付与した者の総数 子会社の従業員：3名	□同上
事233	個別	数値	付与した者の総数 合計：13名	□同上 □合計計算を行う。

4．根拠条文

<会社法施行規則>
第118条（事業報告の内容）　事業報告は、次に掲げる事項をその内容としなければならない。
　一　当該株式会社の状況に関する重要な事項（計算書類及びその附属明細書並びに連結計算書類の内容となる事項を除く。）
第119条（公開会社の特則）　株式会社が当該事業年度の末日において公開会社【非譲渡制限会社】である場合には、前条各号に掲げる事項のほか、次に掲げる事項を事業報告の内容としなければならない。
　　　　　　　　…略…
　四　株式会社の新株予約権等に関する事項
　　　　　　　　…略…
第123条（株式会社の新株予約権等に関する事項）　第119条第4号に規定する「株式会社の新株予約権等に関する事項」とは、次に掲げる事項とする。
　一　当該事業年度の末日において当該株式会社の会社役員が当該株式会社の新株予約権等（職務執行の対価として当該株式会社が交付したものに限る。以下この号及び次号において同じ。）を有しているときは、次に掲げる者の区分ごとの当該新株予約権等の内容の概要及び新株予約権等を有する者の人数
　　イ　当該株式会社の取締役（社外役員を除き、執行役を含む。）
　　ロ　当該株式会社の社外取締役（社外役員に限る。）
　　ハ　当該株式会社の取締役（執行役を含む。）以外の会社役員
　二　当該事業年度中に次に掲げる者に対して当該株式会社が交付した新株予約権等があるときは、次に掲げる者の区分ごとの当該新株予約権等の内容の概要及び交付した者の人数
　　イ　当該株式会社の使用人（当該株式会社の会社役員を兼ねている者を除く。）
　　ロ　当該株式会社の子会社の役員及び使用人（当

該株式会社の会社役員又はイに掲げる者を兼ねている者を除く。）

三　前二号に掲げるもののほか、当該株式会社の新株予約権等に関する**重要な事項**

4．会社役員に関する事項－（1）取締役および監査役の氏名等

1．作成上のポイント

「（1）取締役および監査役の氏名等」については、その事業年度末における取締役および監査役について、以下の事項を記載します。

① 氏名
② 地位および担当
③ 他の法人等の代表者その他これに類する者であるときは、その重要な事実
④ 事業年度中に辞任し、または解任された者（株主総会決議によって解任された者を除く）の氏名、意見陳述がある場合はその意見、株主総会で辞任の旨およびその理由を述べる場合はその理由
⑤ 重要な兼職の状況
⑥ 監査役が財務および会計に関する相当程度の知見を有している場合はその事実
⑦ その会社役員に関する重要な事実（当該事業年度末日後に就任した者を含む）

なお、取締役および監査役の異動状況の脚注事項は、前期の定時株主総会（退任は含まない）から当事業年度末日までを対象とすることに留意を要します。

2．記載例

4．会社役員に関する状況
（1）取締役および監査役の氏名等

会社における地位	氏　　名	担当または主な職業ならびに兼務の状況
取締役社長	安田浩一【事234】	
専務取締役	田中一哉【事235】	
取締役	前田敬之助【事236】	工作機械製造装置部門担当部長、株式会社ライン代表取締役【事243】
取締役	清水一之【事237】	医療器械製造装置部門担当部長【事244】
取締役	神川哲郎【事238】	財務担当部長【事245】
取締役	井上龍一【事239】	株式会社アルファー代表取締役【事246】

監査役（常勤）	松井陽一 【事240】	
監査役（常勤）	鈴木　昭 【事241】	公認会計士【事247】、株式会社パシフィックの取締役【事248】、株式会社東京情報処理センター監査役【事249】
監査役	河合雄一 【事242】	弁護士【事250】

(注)
1．会社法第2条第15号に定める社外取締役　　井上龍一【事251】
2．会社法第2条第16号に定める社外監査役　　鈴木昭【事252】、河合雄一【事253】
3．社外監査役　鈴木昭は、公認会計士の資格を有しており、財務および会計に関する相当程度の知見を有するものであります。【事254】
　　また、社外監査役　河合雄一は、弁護士の資格を有しており、会社法に関する相当程度の知見を有するものであります。【事255】
4．当該事業年度中の取締役および監査役の異動
　＜就任取締役＞下記取締役は、平成○8年6月28日開催の第11回定時株主総会において、新たに選任され就任しました。【事256】
　　　神川哲郎【事257】、井上龍一【事258】
　＜就任監査役＞下記監査役は、平成○8年6月28日開催の第11回定時株主総会において、新たに選任され就任しました。【事259】
　　　河合雄一【事260】
　＜退任取締役＞下記取締役は、平成○9年2月28日辞任しました。【事261】
　　　上杉正樹【事262】
　＜退任監査役＞下記監査役は、平成○9年2月28日辞任しました。【事263】
　　　湯浅正雄【事264】

3．記載項目別作業一覧

ガイドNo.	個別/連結	区分	記載内容	作業内容およびチェック事項
事234	個別	非数値	取締役社長：安田浩一	□登記簿謄本（役員欄）、期末現在の役員名簿、組織図より転記する。
事235	個別	非数値	専務取締役：田中一哉	□同上
事236	個別	非数値	取締役：前田敬之助	□同上
事237	個別	非数値	取締役：清水一之	□同上
事238	個別	非数値	取締役：神川哲郎	□同上
事239	個別	非数値	取締役：井上龍一	□同上
事240	個別	非数値	監査役(常勤)：松井陽一	□同上
事241	個別	非数値	監査役(常勤)：鈴木昭	□同上
事242	個別	非数値	監査役：河合雄一	□同上
事243	個別	非数値	工作機械製造装置部門担当部長、株式会社ライン代表取締役	□組織図、㈱ラインの）登記簿謄本（役員欄）、期末現在役員の兼務状況申請書より転記する。

ガイド No.	個別/連結	区分	記載内容	作業内容およびチェック事項
事244	個別	非数値	医療器械製造装置部門担当部長	□組織図より転記する。
事245	個別	非数値	財務担当部長	□同上
事246	個別	非数値	株式会社アルファー代表取締役	□㈱アルファーの）登記簿謄本（役員欄）、期末現在役員の兼務状況申請書より転記する。
事247	個別	非数値	公認会計士	□会計士登録票（写し）、期末現在役員の兼務状況申請書より転記する。
事248	個別	非数値	株式会社パシフィックの取締役	□期末現在役員の兼務状況申請書、㈱パシフィックの）登記簿謄本（役員欄）より転記する。
事249	個別	非数値	株式会社東京情報処理センター監査役	□期末現在役員の兼務状況申請書、㈱東京情報処理センターの）登記簿謄本（役員欄）より転記する。
事250	個別	非数値	弁護士	□弁護士登録票（写し）、期末現在役員の兼務状況申請書より転記する。
事251	個別	非数値	会社法第2条第15号に定める社外取締役　井上龍一	□履歴書より転記する。
事252	個別	非数値	会社法第2条第16号に定める社外監査役　鈴木昭	□同上
事253	個別	非数値	会社法第2条第16号に定める社外監査役　河合雄一	□同上
事254	個別	非数値	「社外監査役　鈴木昭は、公認会計士の資格を有しており、財務および会計に関する相当程度の知見を有するものであります。」	□同上
事255	個別	非数値	「また、社外監査役　河合雄一は、弁護士の資格を有しており、会社法に関する相当程度の知見を有するものであります。」	□同上
事256	個別	非数値	当該事業年度中の取締役および監査役の異動 ＜就任取締役＞ 「平成○8年6月28日開催の第11回定時株主総会において…。」	□株主総会議事録を基礎資料として作成する。
事257	個別	非数値	＜就任取締役＞神川哲郎	□登記簿謄本（役員欄）より転記する。
事258	個別	非数値	＜就任監査役＞井上龍一	□登記簿謄本（役員欄）より転記する。
事259	個別	非数値	＜就任監査役＞「下記取締役は、平成○8年6月28日開催の第11回定時株主総会において…。」	□株主総会議事録を基礎資料として作成する。
事260	個別	非数値	＜就任監査役＞河合雄一	□登記簿謄本（役員欄）より転記する。
事261	個別	非数値	「下記取締役は、平成○9年2月28日に辞任しました。」	□辞任届け（写し）、登記簿謄本（役員欄）より作成する。
事262	個別	非数値	＜退任（辞任）取締役＞ 上杉正樹	□辞任届（控え）、登記簿謄本（役員欄）より作成する。
事263	個別	非数値	「下記監査役は、平成○9年2月	□同上

ガイド No.	個別/連結	区分	記載内容	作業内容およびチェック事項
			28日辞任しました。」	
事264	個別	非数値	＜退任（辞任）監査役＞ 湯浅正雄	□同上

4．根拠条文

＜会社法施行規則＞

第118条（事業報告の内容）事業報告は、次に掲げる事項をその内容としなければならない。

一　当該株式会社の状況に関する重要な事項（計算書類及びその附属明細書並びに連結計算書類の内容となる事項を除く。）

第119条（公開会社の特則）株式会社が当該事業年度の末日において公開会社である場合には、前条各号に掲げる事項のほか、次に掲げる事項を事業報告の内容としなければならない。

…略…

二　株式会社の会社役員（直前の定時株主総会の終結の日の翌日以降に在任していたものであって、当該事業年度の末日までに退任したものを含む。以下この款において同じ。）に関する事項

…略…

第121条（株式会社の会社役員に関する事項）第119条第2号に規定する「株式会社の会社役員に関する事項」とは、次に掲げる事項とする。ただし、当該事業年度の末日において委員会設置会社でない株式会社にあっては、第5号に掲げる事項を省略することができる。

一　会社役員の氏名（会計参与にあっては、氏名又は名称）

二　会社役員の地位及び担当

三　会社役員が他の法人等の代表者その他これに類する者であるときは、その重要な事実

四　当該事業年度に係る**取締役、会計参与、監査役又は執行役ごとの報酬等の総額**（会社役員の全部又は一部につき当該会社役員ごとの報酬等の額を掲げることとする場合にあっては、当該会社役員ごとの報酬等の額及びその他の会社役員の報酬等の総額）

五　当該事業年度に係る各会社役員の報酬等の額又はその算定方法に係る決定に関する方針を定めているときは、**当該方針の決定の方法及びその方針の内容の概要**

六　当該事業年度中に辞任した会社役員又は解任された会社役員（株主総会又は種類株主総会の決議によって解任されたものを除く。）があるときは、次に掲げる事項

イ　当該会社役員の氏名（会計参与にあっては、氏名又は名称）

ロ　法第345条第1項（同条第4項において準用する場合を含む。）の意見があったときは、その意見の内容

ハ　法第345条第2項（同条第4項において準用する場合を含む。）の理由があるときは、その理由

七　当該事業年度に係る当該株式会社の会社役員（会計参与を除く。）の重要な兼職の状況（第3号に掲げる事項を除く。）

八　監査役又は監査委員が財務及び会計に関する相当程度の知見を有しているものであるときは、その事実

九　前各号に掲げるもののほか、株式会社の会社役員（当該事業年度の末日後に就任したものを含む。）に関する重要な事項

第2条（定義）　…略…

3　この省令において、次の各号に掲げる用語の意義は、当該各号に定めるところによる。

…略…

三　役員　取締役、会計参与、監査役、執行役、理事、監事その他これらに準ずる者をいう。

四　会社役員　当該株式会社の取締役、会計参与、監査役及び執行役をいう。

五　社外役員　会社役員のうち、次のいずれにも該当するものをいう。

イ　当該会社役員が社外取締役又は社外監査役であること。

ロ　当該会社役員が次のいずれかの要件に該当すること。

（1）当該会社役員が法第373条第1項第2号、第400条第3項、第425条第1項第1号ハ又は第427条第1項の社外取締役であること。

（2）当該会社役員が法第335条第3項又は第427条第1項の社外監査役であること。

（3）当該会社役員を当該株式会社の社外取締役又は社外監査役であるものとして計算関係書類、事業報告、株主総会参考書類その他当該株式会社が法令その他これに準ずるものの規定に基づき作成する資料に表示していること。

六　業務執行者　次に掲げる者をいう。

イ　業務執行取締役、執行役その他の法人等の業務を執行する役員
　　ロ　業務を執行する社員、法第598条第1項の職務を行うべき者その他これに相当する者
　　ハ　使用人

<会社法>
第2条（定義）　この法律において、次の各号に掲げる用語の意義は、当該各号に定めるところによる。
　　　　　　…略…
　十五　社外取締役　株式会社の取締役であって、当該株式会社又はその子会社の業務執行取締役（株式会社の第363条第1項各号に掲げる取締役及び当該株式会社の業務を執行したその他の取締役をいう。以下同じ。）若しくは執行役又は支配人その他の使用人でなく、かつ、過去に当該株式会社又はその子会社の業務執行取締役若しくは執行役又は支配人その他の使用人となったことがないものをいう。
　十六　社外監査役　株式会社の監査役であって、過去に当該株式会社又はその子会社の取締役、会計参与（会計参与が法人であるときは、その職務を行うべき社員）若しくは執行役又は支配人その他の使用人となったことがないものをいう。

4．会社役員に関する事項－（2）取締役および監査役の報酬等の額

1．作成上のポイント

　取締役および監査役の報酬等の額を記載します。社外取締役および社外監査役に支払った報酬等については、別途の記載とします。

　また、社外取締役または社外監査役が当社の親会社または親会社の子会社から当該事業年度において役員としての報酬等その他財産上の利益（使用人分を除く）を受けているときは、当該財産上の利益の総額（社外役員であった期間に受けたものに限る）を記載します。

　使用人兼務取締役の使用人給与（賞与を含む）について注記することが考えられます。なお、ストックオプションについても報酬等に含まれるため、新株予約権の価値として算定した金額（費用として計上した額）を記載します。

<チェックポイント>
　　3／31（決算日）　（役員賞与引当金繰入額）1,000　／（役員賞与引当金）1,000

　役員賞与の会計処理が費用処理に統一化されたので、当該引当分の役員賞与引当金繰入額も報酬に含まれます。したがって、その旨を脚注することが望ましいと考えます。

2．記載例

（2）取締役および監査役の報酬等の額

区分	取締役 支給人員	取締役 支給額	監査役 支給人員	監査役 支給額	合計 支給人員	合計 支給額
定款または株主総会決議に基づく報酬	【事265】 7名 （うち社外） 【事266】 1名	【事271】 139百万円 （うち社外） 【事272】 15百万円	【事279】 3名 （うち社外） 【事280】 2名	【事285】 11百万円 （うち社外） 【事286】 9百万円	【事293】 10名 （うち社外） 【事294】 3名	【事299】 150百万円 （うち社外） 【事300】 24百万円
株主総会決議に基づく退職慰労金	【事267】 1名 （うち社外） 【事268】 －名	【事273】 45百万円 （うち社外） 【事274】 －百万円	【事281】 1名 （うち社外） 【事282】 －名	【事287】 5百万円 （うち社外） 【事288】 －百万円	【事295】 2名 （うち社外） 【事296】 －名	【事301】 50百万円 （うち社外） 【事302】 －百万円
役員賞与	【事269】 5名 （うち社外） 【事270】 1名	【事275】 42百万円 （うち社外） 【事276】 4百万円	【事283】 2名 （うち社外） 【事284】 1名	【事289】 8百万円 （うち社外） 【事290】 2百万円	【事297】 7名 （うち社外） 【事298】 2名	【事303】 50百万円 （うち社外） 【事304】 6百万円
計		【事277】 226百万円 （うち社外） 【事278】 19百万円		【事291】 24百万円 （うち社外） 【事292】 11百万円		【事305】 250百万円 （うち社外） 【事306】 30百万円

（注）　上記の支給のほか次の通りの支給があります。
　　　使用人兼務取締役に対する使用人給与相当額（賞与を含む）　　　34百万円【事307】
　　　ストックオプションとして取締役へ付与した新株予約権（報酬としての額）
　　　　　　　　　　　　　　　　　　　　　　　　　　　　…略…百万円【事308】
　　　ストックオプションとして監査役へ付与した新株予約権（報酬としての額）
　　　　　　　　　　　　　　　　　　　　　　　　　　　　…略…百万円【事309】
　　　新株予約権の行使により得た取締役の財産上の利益　　　　　　－百万円【事310】
　　　新株予約権の行使により得た監査役の財産上の利益　　　　　　－百万円【事311】
　　　取締役に対して与えた経済的利益の額　　　　　　　　　　　　－百万円【事312】
　　　監査役に対して与えた経済的利益の額　　　　　　　　　　　　－百万円【事313】
　　期末現在の人員は、取締役6名【事314】、監査役3名【事315】であり、期中の異動は次の通りであります。＜任意記載事項＞
　　　　就任　　　　取締役　　　2名【事316】

	監査役	1名【事317】
退任	取締役	1名【事318】
	監査役	1名【事319】

当事業年度の無支給人員は下記の通りであります。

	取締役	一名【事320】
	監査役	1名【事321】

3. 記載項目別作業一覧

ガイドNo.	個別/連結	区分	記載内容	作業内容およびチェック事項
事265	個別	数値	取締役：定款または株主総会決議に基づく報酬 ：支給人員：7名	□役員報酬管理台帳、源泉徴収表より転記する。
事266	個別	数値	(うち社外)取締役：定款または株主総会決議に基づく報酬 ：支給人員：1名	□同上
事267	個別	数値	取締役：株主総会決議に基づく退職慰労金 ：支給人員：1名	□同上
事268	個別	数値	(うち社外)取締役：株主総会決議に基づく退職慰労金 ：支給人員：一名	□同上
事269	個別	数値	取締役：役員賞与 ：支給人員：5名	□役員賞与管理台帳、源泉徴収表、役員賞与に関する取締役会議事録より転記する。
事270	個別	数値	(うち社外)取締役：役員賞与 ：支給人員：1名	□同上
事271	個別	数値	取締役：定款または株主総会決議に基づく報酬 ：支給額：139百万円	□役員報酬管理台帳、源泉徴収表より転記する。
事272	個別	数値	(うち社外)取締役：定款または株主総会決議に基づく報酬 ：支給額：15百万円	□同上
事273	個別	数値	取締役：株主総会決議に基づく慰労金 ：支給額：45百万円	□役員退職慰労金支給に関する株主総会議事録および取締役会議事録、退職受給に関する申告書より転記する。
事274	個別	数値	(うち社外)取締役：株主総会決議に基づく慰労金 ：支給額：一百万円	□同上
事275	個別	数値	取締役：役員賞与 ：支給額：42百万円	□役員賞与管理台帳、源泉徴収表、役員賞与に関する取締役会議事録より転記する。
事276	個別	数値	(うち社外)取締役：役員賞与 ：支給額：4百万円	□同上
事277	個別	数値	取締役：計：226百万円	□円単位合計計算を行う。

ガイドNo.	個別/連結	区分	記載内容	作業内容およびチェック事項
事278	個別	数値	(うち社外)取締役：計：19百万円	□同上
事279	個別	数値	監査役：定款または株主総会決議に基づく報酬 ：支給人員：3名	□役員報酬管理台帳、源泉徴収表より転記する。
事280	個別	数値	(うち社外)監査役：定款または株主総会決議に基づく報酬 ：支給人員：2名	□同上
事281	個別	数値	監査役：株主総会決議に基づく退職金 ：支給人員：1名	□役員退職慰労金支給に関する株主総会議事録および監査役会議事録、退職受給に関する申告書より転記する。
事282	個別	数値	(うち社外)監査役：株主総会決議に基づく退職金 ：支給人員：―名	□同上
事283	個別	数値	監査役：役員賞与 ：支給人員：2名	□役員賞与管理台帳、源泉徴収表、役員賞与に関する監査役会議事録より転記する。
事284	個別	数値	(うち社外)監査役：役員賞与 ：支給人員：1名	□同上
事285	個別	数値	監査役：定款または株主総会決議に基づく報酬 ：支給額：11百万円	□同上
事286	個別	数値	(うち社外)監査役：定款または株主総会決議に基づく報酬 ：支給額：9百万円	□同上
事287	個別	数値	監査役：株主総会決議に基づく慰労金 ：支給額：5百万円	□同上
事288	個別	数値	(うち社外)監査役：株主総会決議に基づく慰労金 ：支給額：―百万円	□同上
事289	個別	数値	監査役：役員賞与 ：支給額：8百万円	□同上
事290	個別	数値	(うち社外)監査役：役員賞与 ：支給額：2百万円	□同上
事291	個別	数値	監査役：計 ：支給額：24百万円	□合計計算を行う。
事292	個別	数値	(うち社外)監査役：計 ：支給額：11百万円	□同上
事293	個別	数値	合計：定款または株主総会決議に基づく報酬：支給人員：10名	□同上
事294	個別	数値	(うち社外)合計：定款または株主総会決議に基づく報酬 ：支給人員：3名	□同上
事295	個別	数値	合計：株主総会決議に基づく退職慰労金 ：支給人員：2名	□同上

ガイドNo.	個別/連結	区分	記載内容	作業内容およびチェック事項
事296	個別	数値	（うち社外）合計：株主総会決議に基づく退職慰労金 ：支給人員：一名	□同上
事297	個別	数値	合計：役員賞与 ：支給人員：7名	□同上
事298	個別	数値	（うち社外）合計：役員賞与 ：支給人員：2名	□同上
事299	個別	数値	合計：定款または株主総会決議に基づく報酬 ：支給額：150百万円	□同上 □計算書類に関する附属明細書「販売費及び一般管理費の明細」の役員報酬の額と一致していることを確認する。
事300	個別	数値	（うち社外）合計：定款または株主総会決議に基づく報酬 ：支給額：24百万円	□合計計算を行う。
事301	個別	数値	合計：株主総会決議に基づく慰労金 ：支給額：50百万円	□同上 □計算書類に関する附属明細書「引当金明細」の目的取崩額および「販売費及び一般管理費の明細」の役員退職慰労金額および特別損失の役員退職慰労金の合計額と一致していることを確認する。
事302	個別	数値	（うち社外）合計：株主総会決議に基づく慰労金 ：支給額：一百万円	□合計計算を行う。
事303	個別	数値	合計：役員賞与 ：支給額：50百万円	□同上 □計算書類に関する附属明細書「販売費及び一般管理費の明細」の役員賞与（引当金繰入額含む）と一致していることを確認する。
事304	個別	数値	（うち社外）合計：役員賞与 ：支給額：6百万円	□合計計算を行う。
事305	個別	数値	合計：計：支給額 ：250百万円	□同上
事306	個別	数値	（うち社外）合計：計 ：支給額：30百万円	□同上
事307	個別	数値	脚注：使用人兼務取締役に対する使用人給与相当額（賞与を含む）　34百万円	□給与台帳（使用人兼務分）を基礎資料として作成する。
事308	個別	数値	ストックオプションとして取締役へ付与した新株予約権（報酬としての額） …略…百万円	□ブラック・ショールズ・モデルによる評価計算資料等より転記する。
事309	個別	数値	ストックオプションとして監査役へ付与した新株予約権（報酬としての額） …略…百万円	□同上
事310	個別	数値	脚注：新株予約権の行使により得た取締役の財産上の利益　－百万円	□新株予約権に関する支払調書・新株予約権簿、「行使時の当社株式の時価－新株予約権発行評価額－新株予約権行使価額」の計算書を基礎資料として作成する。

ガイド No.	個別/連結	区分	記載内容	作業内容およびチェック事項
事311	個別	数値	脚注：新株予約権の行使により得た監査役の財産上の利益　－百万円	□同上
事312	個別	数値	脚注：取締役に対して与えた経済的利益の額　－百万円	□（例）役員向け借上社宅の場合 役員向け賃貸契約書、建物賃貸契約書、経済的利益計算書(通常の賃貸価額－借上社宅個人負担額)を基礎資料として作成する。
事313	個別	数値	脚注：監査役に対して与えた経済的利益の額　－百万円	□同上
事314	個別	数値	「期末現在の人員は、取締役6名、…」	□事業報告（取締役および監査役の氏名等：P68～69)の当該開示人員数より転記する。
事315	個別	数値	「監査役3名であり、…。」	□同上
事316	個別	数値	「期中の異動は次の通りであります。」就任　取締役　2名	□登記簿謄本（役員欄）より転記する。
事317	個別	数値	「期中の異動は次の通りであります。」就任　監査役　1名	□同上
事318	個別	数値	退任　取締役　1名	□同上
事319	個別	数値	退任　監査役　1名	□同上
事320	個別	数値	「当事業年度の無支給人員は下記の通りであります。　取締役　－名」	□取締役報酬管理台帳、源泉徴収表より転記する。
事321	個別	数値	「当事業年度の無支給人員は下記の通りであります。　監査役　1名」	□同上

４．会社役員に関する事項－(3) 社外役員に関する事項

１．作成上のポイント

社外取締役または社外監査役が設置されている場合には、以下の内容を記載します。
① 他の会社の業務執行取締役、執行役、業務を執行する社員または使用人であるときは、その事実および当該他の会社との関係（重要でないものは除く）
② 他の株式会社の社外役員を兼任している場合はその事実（重要でないものは除く）
③ 当社または当社の特定関係事業者の業務執行取締役、執行役、業務を執行する社員または使用人の配偶者、三親等以内の親族その他これに準ずるものであることを会社が知っているときはその事実
④ 各社外取締役または社外監査役の主な活動状況（取締役会への出席状況、取締役会における発言状況、当該社外役員の意見により当社の事業の方針または事業その他の事項にかかる決定が変更されたときはその内容（重要でないものを除く）、事業年度中に法令または定款

違反の事実その他不当な業務の執行（社外監査役である場合は、不正な業務の執行）が行われた事実（重要でないものを除く）があるときは各社外役員が当該事実の発生の予防のために行った行為および当該事実の発生後の対応として行った行為の概要　等）
⑤　責任限定契約の内容の概要（責任限定契約の内容の概要としては、定款に記載している程度の内容を記載しておくことでよい）
⑥　社外役員の事業報告記載事項に関する意見があればその意見の内容等

2．記載例

（3）社外役員に関する事項
　①　取締役　井上龍一【事322】
　　ａ．他の会社の業務執行取締役等の兼務状況
　　　当社の得意先である株式会社アルファーの代表取締役を兼務【事323】しています。
　　ｂ．他の会社の社外役員の兼任状況
　　　当社の得意先である株式会社ドリームシステムの社外監査役【事324】を兼務しています。
　　ｃ．主要取引先等特定関係事業者との関係【事325】
　　　当社の主要取引先である株式会社ステップ21の代表取締役社長は、当社取締役井上龍一の三親等以内の親族にあたります。
　　ｄ．当事業年度における主な活動状況
　　　イ．取締役会への出席状況および発言状況【事326】
　　　　取締役会の出席率は92％、発言回数は22回です。
　　　ロ．取締役井上龍一の意見により変更された事業方針【事327】
　　　　平成○8年5月10日開催の取締役会での意見
　　　　　「無理な業績予想を公表すると、粉飾決算の引き金になる。決算短信の業績予想の作成過程の客観性を確保し、予想リスクを明確化するために、予算作成プロセスの内部監査室による監査を行うべきである。…略…」
　　　　当該意見に基づき、平成○8年7月より、内部監査室の監査範囲に予算編成プロセスも含める形で拡大されました。
　　　ハ．工作機械AI型のリコール問題に関する対応の概要【事328】
　　　　発生の予防のために、以下のような対応をとってまいりました。
　　　　　　　　　　…略…
　　　　発生後は、以下のような対応をとってまいりました。
　　　　　　　　　　…略…
　　ｅ．責任限定契約の内容の概要【事329】
　　　会社法第423条第1項の賠償責任について法令に定める要件に該当する場合には、賠償責任を限定することができる。ただし、当該契約に基づく賠償責任限度額は、金10百万円以上であらかじめ定めた額と法令の定める最低限度額とのいずれか高い額とする。
　　ｆ．当社親会社またはその子会社から受けている報酬等の額　12百万円【事330】
　②　監査役　鈴木昭【事331】、河合雄一【事332】
　　ａ．他の会社の業務執行取締役等の兼務状況

社外監査役の鈴木昭は、株式会社パシフィックの取締役を兼務【事333】しています。
　　b．他の会社の社外役員の兼任状況
　　社外監査役鈴木昭は、株式会社東京情報処理センターの社外監査役を兼務【事334】しています。
　　c．主要取引先等特定関係事業者との関係【事335】
　　当社の主要取引先である株式会社ビジネスワンの代表取締役社長は、当社の社外監査役鈴木昭の三親等以内の親族にあたります。
　　d．当事業年度における主な活動状況
　　　イ．取締役会への出席状況および発言状況【事336】
　　　両名とも、取締役会の出席率は83％、発言回数は20回です。
　　　ロ．監査役会への出席状況および発言状況【事337】
　　　両名とも、監査役会への出席率は100％、発言回数は23回です。
　　　ハ．当社の計算書類等の誤り発生リスクに関する対応の概要【事338】
　　　平成○8年7月10日開催の取締役会での意見
　　　　「会社法施行に伴い、支配力基準および影響力基準による子会社範囲の拡大、また関係会社や関連当事者との取引関係の開示が義務づけられることにより、関連当事者等の属性、事実認定等の管理表を早急に作成し、法令上の問題点を明確化して対応しなければならない。…略…」
　　当社の平成○8年6月28日株主総会議案である計算書類等の記載誤りへの対応については、代表取締役を責任者とする開示委員会を設置し、会社法の計算書類等の作成手続の統制ドキュメントを作成し、内部監査室の監査を義務づけるように提言し、平成○8年7月より着手しております。また、監査役監査において、会計監査人と協力して、会社法上の計算書類等の監査用のチェックリストを作成し、相互レビューする体制を確立しました。
　　e．責任限定契約の内容の概要【事339】
　　会社法第423条第1項の賠償責任について法令に定める要件に該当する場合には、賠償責任を限定することができる。ただし、当該契約に基づく賠償責任限度額は、金5百万円以上であらかじめ定めた額と法令の定める最低限度額とのいずれか高い額とする。
　　当社親会社またはその子会社から受けている報酬等の額　8百万円【事340】

3．記載項目別作業一覧

ガイドNo.	個別/連結	区分	記載内容	作業内容およびチェック事項
事322	個別	非数値	①　取締役　井上龍一	□履歴書、登記簿謄本（役員欄）より転記する。
事323	個別	非数値	a．他の会社の業務執行取締役等の兼務状況「当社の得意先である株式会社アルファーの代表取締役を兼務しています。」	□期末日現在兼務状況申告書、㈱アルファーの）登記簿謄本を基礎資料として作成する。
事324	個別	非数値	b．他の会社の社外役員の兼任状況「当社の得意先である株式会社ドリームシステムの社外監査役を兼務しています。」	□期末日現在兼務状況申告書、㈱ドリームシステムの）登記簿謄本を基礎資料として作成する。
事325	個別	非数値	c．主要取引先等特定関係事業者との関係「当社の主要取引先である株式会社ステッ	□期末日現在の特定関係事業者申告書、㈱ステップ21の）登記簿謄本（役員欄）、

ガイドNo.	個別/連結	区分	記載内容	作業内容およびチェック事項
			プ21の代表取締役社長は、取締役井上龍一の三親等以内の親族にあたります。」	親族関係図（戸籍謄本）を基礎資料として作成する。
事326	個別	非数値	d．当事業年度における主な活動状況 イ．取締役会の出席状況および発言状況 「取締役会への出席は92％、発現回数は22回です。」	□取締役会議事録を基礎資料として作成する。
事327	個別	非数値	ロ．取締役井上龍一の意見により変更された事業方針 「平成○8年5月10日開催の取締役会での意見…」	□取締役会議事録を基礎資料として作成する。
事328	個別	非数値	ハ．工作機械AI型のリコール問題に関する対応の概要…	□取締役会議事録を基礎資料として作成する。
事329	個別	非数値	e．責任限定契約の内容の概要 「会社法第423条第1項の賠償責任について法令…」。	□責任限定契約に関する取締役会議事録、責任限定契約書を基礎資料として作成する。
事330	個別	数値	f．当社親会社またはその子会社から受けている報酬等の額　12百万円	□当該会社からの源泉徴収票の控え等の提出を受けて作成する。
事331	個別	非数値	監査役　鈴木昭	□登記簿謄本（役員欄）および役員略歴書より作成する。
事332	個別	非数値	監査役　河合雄一	□同上
事333	個別	非数値	a．他の会社の業務執行取締役等の兼務状況 「社外監査役の鈴木昭は、株式会社パシフィックの取締役を兼務しています。」	□期末現在兼務状況申告書、㈱パシフィックの）登記簿謄本（役員欄）を基礎資料として作成する。
事334	個別	非数値	b．他の会社の社外役員の兼任状況 「社外監査役鈴木昭は、株式会社東京情報処理センターの社外監査役を兼務しています。」	□期末現在兼務状況申告書、㈱東京情報処理センターの）登記簿謄本（役員欄）を基礎資料として作成する。
事335	個別	非数値	c．主要取引先等特定関係事業者との関係 「当社の主要取引先である株式会社ビジネスワンの代表取締役社長は、当社の社外監査役鈴木昭の三親等以内の親族にあたります。」	□期末日現在の特定関係事業者申告書、㈱ビジネスワンの）登記簿謄本（役員欄）、親族関係図（戸籍謄本）を基礎資料として作成する。
事336	個別	非数値	d．当事業年度における主な活動状況 イ．取締役会への出席状況および発言状況 「両名とも、取締役会の出席率は83％、発言回数は20回です。」	□取締役会議事録を基礎資料として作成する。
事337	個別	非数値	ロ．監査役会への出席状況および発言状況 「両名とも、監査役会への出席率は100％、発言回数は23回です。」	□監査役会議事録を基礎資料として作成する。
事338	個別	非数値	ハ．当社の計算書類等の誤り発生リスクに関する対応の概要 平成○8年7月10日開催の取締役会での意見「会社法施行に伴い…」。	□取締役会議事録を基礎資料として作成する。

ガイドNo.	個別/連結	区分	記載内容	作業内容およびチェック事項
事339	個別	非数値	e．責任限定契約の内容の概要 「会社法第423条第1項の賠償責任について法令…。」	□責任限定契約に関する取締役会議事録、責任限定契約書を基礎資料として作成する。
事340	個別	数値	当社親会社またはその子会社から受けている報酬等の額　8百万円	□当該会社からの源泉徴収票の控え等の提出を受けて作成する。

4．根拠条文

＜会社法施行規則＞
第124条（社外役員を設けた株式会社の特則）　会社役員のうち社外役員である者が存する場合には、株式会社の会社役員に関する事項には、第121条に規定する事項のほか、次に掲げる事項を含むものとする。
一　社外役員が他の会社（外国会社を含む。以下この号において同じ。）の業務執行取締役、執行役、業務を執行する社員若しくは法第598条第1項の職務を行うべき者（他の会社が外国会社である場合にあっては、これらに相当するもの。第3号において同じ。）又は使用人であるときは、その事実及び当該株式会社と当該他の会社との関係（重要でないものを除く。）
二　社外役員が他の株式会社の社外役員を兼任しているときは、その事実（重要でないものを除く。）
三　社外役員が当該株式会社又は当該株式会社の特定関係事業者の業務執行取締役、執行役、業務を執行する社員若しくは法第598条第1項の職務を行うべき者又は使用人の配偶者、三親等以内の親族その他これに準ずる者であることを当該株式会社が知っているときは、その事実（重要でないものを除く。）
四　各社外役員の当該事業年度における主な活動状況（次に掲げる事項を含む。）
　イ　取締役会（当該社外役員が次に掲げる者である場合にあっては、次に定める者を含む。ロにおいて同じ。）への出席の状況
　　（1）監査役会設置会社の社外監査役　監査役会
　　（2）委員会設置会社の監査委員　監査委員会
　ロ　取締役会における発言の状況
　ハ　当該社外役員の意見により当該株式会社の事業の方針又は事業その他の事項に係る決定が変更されたときは、その内容（重要でないものを除く。）
　ニ　当該事業年度中に当該株式会社において法令又は定款に違反する事実その他不当な業務の執行（当該社外役員が社外監査役である場合にあっては、不正な業務の執行）が行われた事実（重要でないものを除く。）があるときは、各社外役員が当該事実の発生の予防のために行った行為及び当該事実の発生後の対応として行った行為の概要
五　社外役員と当該株式会社との間で法第427条第1項の契約を締結しているときは、当該契約の内容の概要（当該契約によって当該社外役員の職務の適正性が損なわれないようにするための措置を講じている場合にあっては、その内容を含む。）
六　社外役員の当該事業年度に係る報酬等の総額（社外役員の全部又は一部につき当該社外役員ごとの報酬等の額を掲げることとする場合にあっては、当該社外役員ごとの報酬等の額及びその他の社外役員の報酬等の総額）
七　社外役員が当該株式会社の親会社又は当該親会社の子会社（当該親会社が会社でない場合におけるその子会社に相当するものを含む。）から当該事業年度において役員としての報酬等を受けているときは、当該報酬等の総額（社外役員であった期間に受けたものに限る。）
八　社外役員についての前各号に掲げる事項の内容に対して当該社外役員の意見があるときは、その意見の内容
第125条（会計参与設置会社の特則）　株式会社が当該事業年度の末日において会計参与設置会社である場合において、会計参与と当該株式会社との間で法第427条第1項の契約を締結しているときは、当該契約の内容の概要（当該契約によって当該会計参与の職務の適正性が損なわれないようにするための措置を講じている場合にあっては、その内容を含む。）を事業報告の内容としなければならない。
第2条（定義）…略…
3　この省令において、次の各号に掲げる用語の意義は、当該各号に定めるところによる。
…略…
三　役員　取締役、会計参与、監査役、執行役、理事、監事その他これらに準ずる者をいう。
四　会社役員　当該株式会社の取締役、会計参与、監査役及び執行役をいう。

> 五　社外役員　会社役員のうち、次のいずれにも該当するものをいう。
> 　イ　当該会社役員が社外取締役又は社外監査役であること。
> 　ロ　当該会社役員が次のいずれかの要件に該当すること。
> 　　（１）当該会社役員が法第373条第１項第２号、第400条第３項、第425条第１項第１号ハ又は第427条第１項の社外取締役であること。
> 　　（２）当該会社役員が法第335条第３項又は第427条第１項の社外監査役であること。
> 　　（３）当該会社役員を当該株式会社の社外取締役又は社外監査役であるものとして計算関係書類、事業報告、株主総会参考書類その他当該株式会社が法令その他これに準ずるものの規定に基づき作成する資料に表示していること。
> 六　業務執行者　次に掲げる者をいう。
> 　イ　業務執行取締役、執行役その他の法人等の業務を執行する役員
> 　ロ　業務を執行する社員、法第598条第１項の職務を行うべき者その他これに相当する者
> 　ハ　使用人
>
> <会社法>
> 第２条（定義）　この法律において、次の各号に掲げる用語の意義は、当該各号に定めるところによる。
>
> …略…
> 十五　社外取締役　株式会社の取締役であって、当該株式会社又はその子会社の業務執行取締役（株式会社の第363条第１項各号に掲げる取締役及び当該株式会社の業務を執行したその他の取締役をいう。以下同じ。）若しくは執行役又は支配人その他の使用人でなく、かつ、過去に当該株式会社又はその子会社の業務執行取締役若しくは執行役又は支配人その他の使用人となったことがないものをいう。
> 十六　社外監査役　株式会社の監査役であって、過去に当該株式会社又はその子会社の取締役、会計参与（会計参与が法人であるときは、その職務を行うべき社員）若しくは執行役又は支配人その他の使用人となったことがないものをいう。
> 第427条（責任限定契約）　第424条の規定にかかわらず、株式会社は、社外取締役、会計参与、社外監査役又は会計監査人（以下この条において「社外取締役等」という。）の第423条第１項の責任について、当該社外取締役等が職務を行うにつき善意でかつ重大な過失がないときは、定款で定めた額の範囲内であらかじめ株式会社が定めた額と最低責任限度額とのいずれか高い額を限度とする旨の契約を社外取締役等と締結することができる旨を定款で定めることができる。
>
> …略…

5．会計監査人の状況

1．作成上のポイント

　会計監査人の名称、報酬等の額、非監査業務の対価を支払っているときはその非監査業務の内容、責任限定契約を締結しているときは当該契約内容、当社および当社子会社が支払うべき金銭その他財産上の利益の合計額、当社の会計監査人以外の公認会計士または監査法人が子会社の計算関係書類の監査をしているときはその事実等を記載します。

　「支払うべき金額」とは、当該事業報告を作成すべき事業年度に係わる連結損益計算書に記載すべきものに限られます。当該事業年度の監査の対価を開示する趣旨であることから、事業年度終了後支払う予定のもの（見込み額）も含まれます。

2．記載例

5．会計監査人の状況
（1）会計監査人の名称　ABC監査法人【事341】
（2）責任限定契約の内容の概要　【事342】
　会社法第423条第1項の賠償責任について法令に定める要件に該当する場合には、賠償責任を限定することができる。ただし、当該契約に基づく賠償責任限度額は、金100百万円以上であらかじめ定めた額と法令の定める最低限度額とのいずれか高い額とする。
（3）当事業年度に係る会計監査人の報酬等の額
　①　公認会計士法第2条第1項の監査業務の報酬の額　85百万円【事343】
　②　当社および当社子会社が支払うべき金銭その他の財産上の利益の合計額　129百万円【事344】
　　なお、当社子会社株式会社ラインの計算関係書類の監査はABC監査法人が行っています。【事345】
（4）非監査業務の内容
　内部統制構築のアドバイス業務　【事346】
（5）会計監査人の解任または不再任の決定の方針
　①　会計監査人の解任または不再任の決定の方針＜該当がある場合＞
　　a．会計監査人の解任の決定方針【事347】
　　　会社法第340条に基づいて監査役会が会計監査人の解任を決定する場合または会社法第337条に基づいて会計監査人が資格要件を満たさない場合には、株主総会の決議を経て、会計監査人の解任を決定します。
　　b．会計監査人の不再任の決定方針【事348】
　　　金融庁の業務停止命令等により、会計監査人としての資格を失う場合には、会社法第346条第4項および第6項の規定に基づき、会計監査人の辞任届を受け、一時会計監査人を選任し、最初に開催される株主総会に別の会計監査人を選任します。
　②　会計監査人が現に業務の停止の処分を受け、その停止の期間を経過しない者であるときは、当該処分に係る事項＜該当がある場合＞　【事349】
　　　　　　　　　　　　　　…略…
　③　当該株式会社の会計監査人以外の公認会計士または監査法人（外国におけるこれらの資格に相当する資格を有する者を含む。）が当該株式会社の子会社（重要なものに限る。）の計算関係書類（これに相当するものを含む。）の監査（会社法または金融商品取引法（これらの法律に相当する外国の法令を含む。）の規定によるものに限る。）をしているときは、その事実＜該当がある場合＞【事350】
　　　　　　　　　　　　　　…略…
　④　当該事業年度中に辞任した会計監査人または解任された会計監査人（株主総会の決議によって解任されたものを除く。）＜該当がある場合＞
　　a．当該会計監査人の氏名または名称　【事351】
　　　　　　　　　　　　　　…略…
　　b．会社法第340条第3項の理由があるときは、その理由＜該当がある場合＞【事352】
　　　　　　　　　　　　　　…略…

c．会社法第345条第5項において準用する同条第1項の意見があったときは、その理由
　　＜該当がある場合＞【事353】
　　　　　　　　　　　　　　　　　　…略…
　⑤　会社法第345条第5項において準用する同条第2項の理由があるときは、その意見の内容＜該当がある場合＞【事354】
　　　　　　　　　　　　　　　　　　…略…

3．記載項目別作業一覧

ガイドNo.	個別/連結	区分	記載内容	作業内容およびチェック事項
事341	個別	非数値	（1）会計監査人の名称　ABC監査法人	□監査契約書、登記簿謄本より転記する。
事342	個別	非数値	（2）責任限定契約の内容の概要 「会社法第423条第1項の賠償責任について…。」	□監査契約書（責任限定契約書含む）を基礎資料として作成する。
事343	個別	数値	（3）当事業年度に係る会計監査人の報酬等の額 ①　公認会計士法第2条第1項の監査業務の報酬の額　85百万円	□監査契約書、総勘定元帳（監査報酬）、および監査報酬請求書を基礎資料として作成する。
事344	個別	数値	②　当社および当社の子会社が支払うべき金銭その他の財産上の利益等の合計額　129百万円	□連結会社の監査契約書、監査報酬請求書、監査報酬管理台帳、総勘定元帳（監査報酬）を基礎資料として作成する。
事345	個別	非数値	「なお、当社子会社株式会社ラインの計算関係書類の監査はABC監査法人が行っています。」	□当該子会社の監査契約書、総勘定元帳（監査報酬）、および監査報酬請求書を基礎資料として作成する。
事346	個別	非数値	（4）非監査業務の内容 　　内部統制構築のアドバイス業務	□非監査業務の業務委託契約書、取締役会議事録を基礎資料として作成する。
事347	個別	非数値	①　会計監査人の解任または不再任の決定の方針 　a．会計監査人の解任の決定方針 「会社法第340条に基づいて…。」	□監査役会議事録、定款を基礎資料として作成する。
事348	個別	非数値	a．会計監査人の不再任の決定方針 「金融庁の業務停止命令等により、…。」	□同上
事349	個別	非数値	②　会計監査人が現に業務の停止の処分を受け、その停止の期間を経過しない者であるときは、当該処分に係る事項	□監査法人からの業務停止に関する通知書、金融庁等からの業務停止命令（写し）を基礎資料として作成する。
事350	個別	非数値	③　当該株式会社の会計監査人以外の公認会計士または監査法人（外国におけるこれらの資格に相当する資格を有する者を含む。）が当該株式会社の子会社（重要なものに限る。）の計算関係書類（これに相当するものを含む。）の監査（会社法または金融商品取引法（これらの法律に相当する外国の法令を含む。）の規定によるものに限る。）をしているときは、その事実	□子会社の監査契約書（写し）を基礎資料として作成する。

ガイドNo.	個別/連結	区分	記載内容	作業内容およびチェック事項
事351	個別	非数値	④ 当該事業年度中に辞任した会計監査人または解任された会計監査人（株主総会の決議によって解任されたものを除く。） a．当該会計監査人の氏名または名称	□会計監査人辞任届（写し）、監査役会による会計監査人の解任通知、解任に関する監査役会議事録を基礎資料として作成する。
事352	個別	非数値	b．会社法第340条第3項の理由があるときは、その理由	□監査役会議事録、株主総会議事録を基礎資料として作成する。
事353	個別	非数値	c．会社法第345条第5項において準用する同条第1項の意見があったときは、その理由	□株主総会議事録を基礎資料として作成する。
事354	個別	非数値	⑤ 会社法第345条第5項において準用する同条第2項の理由があるときは、その意見の内容	□株主総会議事録を基礎資料として作成する。

4．根拠条文

＜会社法施行規則＞
第126条（会計監査人設置会社の特則）株式会社が当該事業年度の末日において会計監査人設置会社である場合には、次に掲げる事項（株式会社が当該事業年度の末日において公開会社でない場合にあっては、第2号から第4号までに掲げる事項を除く。）を事業報告の内容としなければならない。
一　会計監査人の氏名又は名称
二　当該事業年度に係る各会計監査人の報酬等の額
三　会計監査人に対して公認会計士法（昭和23年法律第103号）第2条第1項の業務以外の業務（以下この号において「非監査業務」という。）の対価を支払っているときは、その非監査業務の内容
四　会計監査人の解任又は不再任の決定の方針
五　会計監査人が現に業務の停止の処分を受け、その停止の期間を経過しない者であるときは、当該処分に係る事項
六　会計監査人が過去2年間に業務の停止の処分を受けた者である場合における当該処分に係る事項のうち、当該株式会社が事業報告の内容とすることが適切であるものと判断した事項
七　会計監査人と当該株式会社との間で法第427条第1項の契約を締結しているときは、当該契約の内容の概要（当該契約によって当該会計監査人の職務の適正性を損なわれないようにするための措置を講じている場合にあっては、その内容を含む。）
…略…
九　当該事業年度中に辞任した会計監査人又は解任された会計監査人（株主総会の決議によって解任されたものを除く。）があるときは、次に掲げる事項
イ　当該会計監査人の氏名又は名称

ロ　法第340条第3項の理由があるときは、その理由
ハ　法第345条第5項において準用する同条第1項の意見があったときは、その意見の内容
ニ　法第345条第5項において準用する同条第2項の理由があるときは、その理由
十　法459条第1項の規定による定款の定めがあるときは、当該定款の定めにより取締役会に与えられた権限の行使に関する方針

＜会社法＞
第337条（会計監査人の資格等）　会計監査人は、公認会計士又は監査法人でなければならない。
2　会計監査人に選任された監査法人は、その社員の中から会計監査人の職務を行うべき者を選定し、これを株式会社に通知しなければならない。この場合においては、次項第2号に掲げる者を選定することはできない。
3　次に掲げる者は、会計監査人となることができない。
一　公認会計士法の規定により、第435条第2項に規定する計算書類について監査をすることができない者
二　株式会社の子会社若しくはその取締役、会計参与、監査役若しくは執行役から公認会計士若しくは監査法人の業務以外の業務により継続的な報酬を受けている者又はその配偶者
三　監査法人でその社員の半数以上が前号に掲げる者であるもの
第339条（解任）　役員及び会計監査人は、いつでも、株主総会の決議によって解任することができる。
…略…
第340条（監査役等による会計監査人の解任）　監査役

は、会計監査人が次のいずれかに該当するときは、その会計監査人を解任することができる。
一　職務上の義務に違反し、又は職務を怠ったとき。
二　会計監査人としてふさわしくない非行があったとき。
三　心身の故障のため、職務の執行に支障があり、又はこれに堪えないとき。
2　前項の規定による解任は、監査役が2人以上ある場合には、監査役の全員の同意によって行わなければならない。
3　第1項の規定により会計監査人を解任したときは、監査役（監査役が2人以上ある場合にあっては、監査役の互選によって定めた監査役）は、その旨及び解任の理由を解任後最初に招集される株主総会に報告しなければならない。
4　監査役会設置会社における前三項の規定の適用については、第1項中「監査役」とあるのは「監査役会」と、第2項中「監査役が2人以上ある場合には、監査役」とあるのは「監査役」と、前項中「監査役（監査役が2人以上ある場合にあっては、監査役の互選によって定めた監査役）」とあるのは「監査役会が選定した監査役」とする。
5　委員会設置会社における第1項から第3項までの規定の適用については、第1項中「監査役」とあるのは「監査委員会」と、第2項中「監査役が2人以上ある場合には、監査役」とあるのは「監査委員会の委員」と、第3項中「監査役（監査役が2人以上ある場合にあっては、監査役の互選によって定めた監査役）」とあるのは「監査委員会が選定した監査委員会の委員」とする。

第344条（会計監査人の選任に関する監査役の同意等）
　監査役設置会社においては、取締役は、次に掲げる行為をするには、監査役（監査役が2人以上ある場合にあっては、その過半数）の同意を得なければならない。
一　会計監査人の選任に関する議案を株主総会に提出すること。
二　会計監査人の解任を株主総会の目的とすること。
三　会計監査人を再任しないことを株主総会の目的とすること。
2　監査役は、取締役に対し、次に掲げる行為をすることを請求することができる。
一　会計監査人の選任に関する議案を株主総会に提出すること。
二　会計監査人の選任又は解任を株主総会の目的とすること。
三　会計監査人を再任しないことを株主総会の目的とすること。
3　監査役会設置会社における前二項の規定の適用については、第1項中「監査役（監査役が2人以上ある場合にあっては、その過半数）」とあり、及び前項中「監査役」とあるのは、「監査役会」とする。

第346条（役員等に欠員を生じた場合の措置）
　　　　　　　　…略…
4　会計監査人が欠けた場合又は定款で定めた会計監査人の員数が欠けた場合において、遅滞なく会計監査人が選任されないときは、監査役は、一時会計監査人の職務を行うべき者を選任しなければならない。
5　第337条及び第340条の規定は、前項の一時会計監査人の職務を行うべき者について準用する。
6　監査役会設置会社における第4項の規定の適用については、同項中「監査役」とあるのは、「監査役会」とする。
　　　　　　　　…略…

＜会社法施行規則＞
第81条（会計監査人の解任又は不再任に関する議案）
　取締役が会計監査人の解任又は不再任に関する議案を提出する場合には、株主総会参考書類には、次に掲げる事項を記載しなければならない。
一　会計監査人の氏名又は名称
二　解任又は不再任の理由
三　議案が法第344条第2項第2号又は第3号の規定による請求によって提出されたものであるときは、その旨
四　法第345条第5項において準用する同条第1項の規定による会計監査人の意見があるときは、その意見の内容の概要

6．会社の体制および方針－（1）取締役の職務の執行が法令および定款に適合することを確保するための体制その他業務の適正を確保するための体制

1．作成上のポイント

以下について記載します。

① 取締役の職務の執行が法令および定款に適合することを確保するための体制
② 取締役の職務の執行にかかる情報の保存および管理に関する体制
③ 損失の危険の管理に関する規程その他の体制
④ 取締役の職務の執行が効率的に行われることを確保するための体制
⑤ 使用人の職務の執行が法令および定款に適合することを確保するための体制
⑥ 当社ならびにその親会社および子会社から成る企業集団における業務の適正を確保するための体制
⑦ 監査役がその職務を補助すべき使用人を置くことを求めた場合における当該使用人に関する体制
⑧ 当該使用人の取締役からの独立性に関する事項、取締役および使用人が監査役会または監査役に報告をするための体制その他の監査役への報告に関する体制
⑨ その他監査役の監査が実効的に行われることを確保するための体制

2．記載例

6．会社の体制および方針
（1）取締役の職務の執行が法令および定款に適合することを確保するための体制その他業務の適正を確保するための体制（その1）
① 取締役の業務執行の適正性を確保する体制【事355】
　a．コンプライアンス、適正なリスク管理の確保等業務の適正化に必要な知識と経験を有し、会社から独立した社外取締役を選任する。
　b．監査役による監査の実効性を確保するため、コンプライアンス、適正なリスク管理の確保等業務の適正化に必要な知識と経験を有し、取締役から独立した社外監査役を選任するとともに、監査役の監査環境の整備を図る。
　c．重要な非通例的取引、重要な会計上の見積もり、会社と取締役との取引、子会社との取引等については、取締役会の決議を要するものとする。
　d．代表取締役等は、コンプライアンス、適切なリスク管理体制確立のための取組みの状況（内部通報の状況を含む。）につき、3カ月に一度以上報告することとし、重大な不正事案等が発生した場合には、直ちに取締役会に報告するものとする。
② 取締役・監査役による財務報告の適正性を確保する体制【事356】
　a．適正な財務報告作成の確保等業務の適正化に必要な知識と経験を有し、会社から独立した社外取締役を選任する。
　b．監査役による監査の実効性を確保するため、適正な財務報告作成の確保等業務の適正化に必要な知識と経験を有し、取締役から独立した社外監査役を選任するとともに、監査役の監査環境の整備を図る。
　c．重要な非通例的取引、重要な会計上の見積もり、会社と取締役との取引、子会社との取引等については、取締役会の決議を要するものとする。
　d．代表取締役等は、適正な財務報告作成のための体制の整備に係る取組みの状況（内部通報の状況を含む。）につき、3カ月に一度以上報告することとし、重大な不正事案等

が発生した場合には、直ちに取締役会に報告するものとする。
③ 使用人の業務執行の適正性を確保する体制【事357】
  a. （グループ企業全体の）企業行動憲章を策定し、（グループ企業を含めた）社員全員への浸透を図る。
  b. 社長を委員長とし、各取締役、監査役、（企業グループの代表者）その他必要な人員を構成員とするコンプライアンス委員会を設置し、その事務局として社長直属のコンプライアンス担当部局を設置する。担当部局には各部門に対する指導権限を与える。
  c. 各部門（グループ企業を含む）にコンプライアンス責任担当者を配置する。
  d. 企業行動憲章を受けた倫理綱領、コンプライアンス・マニュアルを策定する。職務権限規定を見直し、特定の者に権限が集中しないよう内部牽制システムの確立を図る。
  e. 取締役、管理職、一般社員に対して、階層別に必要な研修を定期的に実施する。また、関連する法規の制定・改正、当社および他社で重大な不祥事、事故が発生した場合等において速やかに必要な研修を実施する。
  f. 公益通報者保護法の施行を受け、内部通報制度を整備し、社員に対してその周知を図る。
  g. 業務執行部門から独立した内部監査部門を設置し、各部門の業務プロセス等を監査し、不正の発見・防止とプロセスの改善に努める。
  h. 企業行動憲章等コンプライアンスに関する規程その他の取組み状況について、株主、投資家、社会に対して積極的に開示する。
④ 使用人による財務報告の適正性を確保する体制【事358】
  a. 代表取締役等は、適正な財務報告の作成が会社にとって最重要事項であることを全社員に認識させるため、会議での指示、訓示等必要な意識付けを行う。
  b. 各業務において行われる取引の発生から、各業務の会計システムを通じて財務諸表が作成されるプロセスの中で、虚偽記載や誤りが生じる要因をチェックして、業務プロセスの中に不正や誤りが生じないような内部牽制システムその他のシステムを整備する。また、必要な場合には、その整備のための横断的な組織を設ける。
  c. 取締役、管理職、一般社員に対して、階層別に必要な研修を定期的に実施する。また、関連する法規の制定・改正、当社および他社で重大な会計不祥事が発生した場合等においては速やかに必要な研修を実施する。
  d. 公益通報者保護法の施行を受け、内部通報制度を整備し、社員に対してその周知を図る。
  e. 業務執行部門から独立した内部監査部門を設置し、各部門の業務プロセス等を監査し、不正の発見・防止とプロセスの改善に努める。
  f. 適時開示を果たすため、経営者に直ちに報告すべき重要情報の基準の策定、報告された情報が開示すべきものかどうかの判断基準となる開示基準の策定と判断機関となる「開示委員会」等必要な規程、体制を整備する。
⑤ 損失の危険の管理に関する規程その他の体制【事359】
  a. （グループ企業全体の）リスク管理基本方針を策定し、（グループ企業を含めた）各部門に浸透を図る。
  b. 社長を委員長とし、各取締役、監査役、（グループ企業の代表者）その他必要な人員を構成員とするリスク管理委員会を設置し、その事務局として社長直属のリスク管理担当部局を設置する。担当部局には各部門に対する指導権限を与える。

c. リスク管理基本方針を受け、各部門ごとにリスク管理規程を策定する。
　　d. 取締役、管理職、一般社員に対して、階層別に必要な研修を定期的に実施する。また、関連する法規の制定・改正、当社および他社で重大な不祥事、事故が発生した場合等においては速やかに必要な研修を実施する。
　　e. リスクその他の重要情報の適時開示を果たすため、経営者に直ちに報告すべき重要情報の基準の策定、報告された情報が開示すべきものかどうかの判断基準となる開示基準の策定と判断機関となる「開示委員会」等必要な規程、体制を整備する。
　　f. 大規模な事故、災害、不祥事等が発生した場合には、社長を委員長とし必要な人員で組織する危機対策本部を設置するなど危機対応のための規程、組織を整備する。
⑥ 取締役の職務の執行が効率的に行われることを確保するための体制【事360】
　取締役会または代表取締役は、取締役の職務の効率性を確保するために取締役の合理的な職務分掌、チェック機能を備えた権限規程等を定めるとともに、合理的な経営方針の策定、全社的な重要事項について検討・決定する経営会議等の有効な活用、各部門間の有効な連携の確保のための制度の整備・運用、取締役に対する必要かつ効果的な研修の実施等を行う。
⑦ 当該株式会社ならびにその親会社および子会社から成る企業集団における業務の適正を確保するための体制【事361】
　　a. 自社とグループ会社を含めた企業集団全体の企業グループ行動憲章を策定し、グループ企業を含めた社員全員への浸透を図る。
　　b. 社長を委員長とし、各取締役、監査役、グループ企業の代表者その他必要な人員を構成するコンプライアンス委員会、リスク管理委員会を設置し、その事務局として社長直属の担当部局を設置する。担当部局には各部門に対する指導権限を与える。
　　c. 企業グループ行動憲章を受け、自社とグループ会社を対象とした倫理綱領、リスク管理基本方針、コンプライアンス・マニュアル、リスク管理規程、職務権限規定、文書管理規則、顧客情報管理規則その他の業務の適正化のための規程の策定、内部牽制システム等の整備を行う。
　　d. 自社とグループ会社を含めた適正な財務報告作成のため、グループ間取引の適正を図るための必要な措置をとる。
　　e. 自社とグループ会社の取締役、管理職、一般社員に対して、階層別に必要な研修を定期的に実施する。また、関連する法規の制定・改正、当社および他社で重大な不祥事、事故が発生した場合等においては速やかに必要な研修を実施する。
　　f. 公益通報者保護法の施行を受け、自社とグループ会社共通の内部通報制度を整備し、社員に対してその周知を図る。
　　g. 業務執行部門から独立した内部監査部門を設置し、各部門の業務プロセス等を監査し、不正の発見・防止とプロセスの改善に努める。
　　h. 自社とグループ会社のコンプライアンスその他の業務の適正化に向けた取組み状況について、株主、投資家に対して積極的に開示する。
　　i. 適時開示を果たすため、自社とグループ会社を対象として、経営者に直ちに報告すべき重要情報の基準の策定、報告された情報が開示すべきものかどうかの判断基準となる開示基準の策定と判断機関となる「開示委員会」等必要な規程、体制を整備する。
　　j. グループ会社独自の業務の適正化のための体制の整備について、必要な助言、支援を行う。また、グループ会社で大規模な事故、災害、不祥事等が発生した場合には、グループ会社からの要請を受け、危機対応のための助言、支援を行う。

⑧ 取締役の職務の執行に係る情報の保存および管理に関する体制【事362】
　a．取締役会、代表取締役は、それぞれ文書管理規則を定め、次の文書（電磁的記録を含む）について、関係資料とともに10年間保管し、管理するものとする。
　　・株主総会議事録
　　・取締役会議事録
　　・常務会議事録
　　・計算書類およびその附属明細書
　　・事業報告およびその附属明細書
　　・連結計算書類
　　・稟議書
　　・税務申告書
　　・その他取締役会が決定する書類
　b．代表取締役は、前項に掲げる文書以外の文書についても、その重要度に応じて、保管期間、管理方法等を文書管理規則で定めるものとする。
　c．代表取締役は、取締役、社員に対して、文書の保存、管理を適正に行うよう指導するものとする。
⑨ 監査役がその職務を補助すべき使用人を置くことを求めた場合における当該使用人に関する事項【事363】
　監査役の職務を補助するため監査役会事務局を設置し、監査役会事務局長その他の使用人を3名配置し、監査役の業務を補助すべき使用人とすること。
⑩ 使用人の取締役からの独立性に関する事項【事364】
　監査役会事務局の使用人は取締役の指揮命令に服されないものとし、その人事考課について監査役が行うこと。これらの者の異動、懲戒については監査役の同意を得るものとすること。
⑪ 取締役および使用人が監査役に報告をするための体制その他の監査役への報告に関する体制【事365】
　a．取締役および使用人は、監査役に対して、法令に違反する事実、会社に著しい損害を与えるおそれのある事実を発見したときには当該事実に関する事項を速やかに報告しなければならないものとすること。
　b．内部監査部門、リスク管理部門、法務・コンプライアンス部門を担当する取締役は、1カ月に一度以上、担当部門の業務状況について報告しなければならないものとすること。また、内部通報制度による通報の状況については速やかに報告するものとすること。
　c．取締役および使用人は、監査役から業務執行に関する事項の報告を求められた場合には、速やかに報告を行わなければならないものとすること。
　d．監査役は常務会、経営企画会議に出席できることとすること。
⑫ その他監査役の監査が実効的に行われていることを確保するための体制【事366】
　a．監査役は、内部監査部門の実施する内部監査に係る年次計画について事前に説明を受け、その修正等を求めることができるものとすること。また、内部監査の実施状況について適宜報告を受け、必要があると認めるときは、追加監査の実施、業務改善策の策定等を求めることができるもとすること。
　b．監査役は、会計監査人の選任・解任について次の権限を有すること。
　　・会計監査人の選任・解任・再任しないことに関する株主総会の議案内容の決定
　　・監査法人の選任・解任に関する取締役会の議案内容の決定

c. 監査役は会計監査人を監督し、会計監査人の取締役からの独立性を確保するため、会計監査人の監査計画については監査役が事前に報告を受けることとすること。また、会計監査人の報酬および会計監査人に依頼する非監査業務については監査役の事前承認を要するものとすること。
d. 取締役・使用人が監査役に報告しないなど監査活動に非協力的な場合に懲戒すべき旨の規程を整備すること。

<参考文献>後藤啓二著『会社法・施行規則が定める内部統制』中央経済社、2006年

3．記載項目別作業一覧

ガイドNo.	個別/連結	区分	記載内容	作業内容およびチェック事項
事355	個別	非数値	（1）取締役の職務の執行が法令および定款に適合することを確保するための体制その他業務の適正を確保するための体制 ① 取締役の業務執行の適正性を確保する体制	□取締役会議事録を基礎資料として作成する（記載例を参照）。
事356	個別	非数値	② 取締役・監査役による財務報告の適正性を確保する体制	□同上
事357	個別	非数値	③ 使用人の業務執行の適正性を確保する体制	□同上
事358	個別	非数値	④ 使用人による財務報告の適正性を確保する体制	□同上
事359	個別	非数値	⑤ 損失の危険の管理に関する規程その他の体制	□同上
事360	個別	非数値	⑥ 取締役の職務の執行が効率的に行われることを確保するための体制	□同上
事361	個別	非数値	⑦ 当該株式会社ならびにその親会社および子会社から成る企業集団における業務の適正を確保するための体制	□同上
事362	個別	非数値	⑧ 取締役の職務の執行に係る情報の保存および管理に関する体制	□同上
事363	個別	非数値	⑨ 監査役がその職務を補助すべき使用人を置くことを求めた場合における当該使用人に関する事項	□同上
事364	個別	非数値	⑩ 使用人の取締役からの独立性に関する事項	□同上
事365	個別	非数値	⑪ 取締役および使用人が監査役に報告をするための体制その他の監査役への報告に関する体制	□同上
事366	個別	非数値	⑫ その他監査役の監査が実効的に行われていることを確保するための体制	□同上

4．根拠条文

<会社法>
第362条（取締役会の権限等）取締役会は、すべての取締役で組織する。

2 取締役会は、次に掲げる職務を行う。
一 取締役会設置会社の業務執行の決定
二 取締役の職務の執行の監督

三　代表取締役の選定及び解職
3　取締役会は、取締役の中から代表取締役を選定しなければならない。
4　取締役会は、次に掲げる事項その他の重要な業務執行の決定を取締役に委任することができない。
　　　　　　　　　…略…
　　六　取締役の職務の執行が法令及び定款に適合することを確保するための体制その他株式会社の業務の適正を確保するために必要なものとして法務省令で定める体制の整備
　　　　　　　　　…略…
5　大会社である取締役会設置会社においては、取締役会は、前項第6号に掲げる事項を決定しなければならない。

〈会社法施行規則〉
第118条（事業報告の内容）　事業報告は、次に掲げる事項をその内容としなければならない。
　　二　法348条第3項第4号、第362条第4項第6号並びに第416条第1項第1号ロ及びホに規定する体制の整備についての決定又は決議があるときは、その決定又は決議の内容の概要
第100条（業務の適正を確保するための体制）法第362条第4項第6号に規定する法務省令で定める体制は、次に掲げる体制とする。

　　一　取締役の職務の執行に係る情報の保存及び管理に関する体制
　　二　損失の危険の管理に関する規程その他の体制
　　三　取締役の職務の執行が効率的に行われることを確保するための体制
　　四　使用人の職務の執行が法令及び定款に適合することを確保するための体制
　　五　当該株式会社並びにその親会社及び子会社から成る企業集団における業務の適正を確保するための体制
2　監査役設置会社以外の株式会社である場合には、前項に規定する体制には、取締役が株主に報告すべき事項の報告をするための体制を含むものとする。
3　監査役設置会社（監査役の監査の範囲を会計に関するものに限定する旨の定款の定めがある株式会社を含む。）である場合には、第1項に規定する体制には、次に掲げる体制を含むものとする。
　　一　監査役がその職務を補助すべき使用人を置くことを求めた場合における当該使用人に関する事項
　　二　前号の使用人の取締役からの独立性に関する事項
　　三　取締役及び使用人が監査役に報告をするための体制その他の監査役への報告に関する体制
　　四　その他監査役の監査が実効的に行われていることを確保するための体制

6．会社の体制および方針－（2）株式会社の支配に関する基本方針

1．作成上のポイント

以下について記載します。
① 基本方針の内容
② 当社の財産の有効な活用
③ 適切な企業集団の形成その他の基本方針の実現に資する特別な取組み
④ 基本方針に照らして不適切な者によって当社の財務および事業の方針の決定が支配されることを防止するための取組み
⑤ これらの取組みが、基本方針に沿っており、会社の価値または株主の利益を損なうものでなく、会社役員の地位の維持を目的とするものではないとする取締役会の判断およびその判断に係る理由

2．記載例

（2）株式会社の支配に関する基本方針
　① 基本方針＜該当がある場合＞【事367】
　　当社グループは、社会に小さな感動を生み出す為に、すべての社員の情熱と知恵と創造を込めて、製品を開発し、販売しております。当社の企業価値は、連結財務諸表の純資産とオフバランスの連結ベース人材価値の総和です。当社グループは、この企業価値を継続的に拡大してゆくことを持って、株主の皆様の利益に資することを目的としております。
　　当社取締役会は、当社グループの組織文化に根ざした人材価値や当社の成長性を大きく損なう恐れのある当社株式の大量取得行為や買付提案を行う者は、当社の財務および事業の方針の決定を支配する者として適当でないと考えています。
　　具体的には、買付行為のうち、①当社の企業価値・株主共同の利益を明白に侵害する恐れがあるもの、②強圧的に段階買付等、株主の皆様に株式の売却を事実上強要するおそれがあるもの、③買付に対する代替案を提示するために合理的に必要な期間を当社に与えることなく行われるもの、④買付内容を判断するために合理的に必要とされる情報を株主の皆様に十分に提供することなく行われるもの、⑤買付の条件等（対価の価額・種類、買付の時期、買付の方法の適法性等）が当社の企業価値に鑑み不十分または不適当であるもの等は当社の企業価値・株主共同の利益に資されないものと判断します。
　② 当該株式会社の財産の有効な活用、適切な企業集団の形成その他の基本方針の実現に資する特別な取組み【事368】
　　当社グループは、グループ全体のノウハウの共有化、開示責任意識の共有化、相互協力体制の強化を図り、連結ベースの企業価値の拡大を図って行きます。
　　上記方針の実現を図る為に、下記の施策を実行しています。
　　a．当社グループ社長会を3カ月ごとに開催し、グループ内の経営戦略やリスク等に対する相互理解を図っております。
　　b．当社グループは、グループ人事に関する中期経営方針に従って、連結ベースの人事評価、採用計画および定期的ローテーションを段階的に実施しております。
　　c．連結ベースの予算編成方針に従って、月次連結予算管理を実施し、差異原因の分析・是正措置を講じております。
　③ 基本方針に照らして不適切な者によって当該株式会社の財務および事業の方針の決定が支配されることを防止するための取組み【事369】
　　当社取締役会は、下記の対象買付がなされたときまたはなされる可能性がある場合、速やかに特別委員会を設置します。当社取締役会は、特別委員会の客観性および合理性を担保するため、当社の業務執行を行う経営陣および買付者からの独立性が高い社外取締役の中から特別委員会の委員を、委員の中から委員長を選任します。特別委員会の委員は3名以上とします。
　　＜対象とする買付（以下「対象買付」という。）＞
　　a．当社が発行者である株券等について、保有者の株券等保有割合が20％以上となる買付
　　b．当社が発行者である株券等について、公開買付けに係る株券等の株券等所有割合およびその特別関係者の株券等所有割合の合計が20％以上となる公開買付け
　　株券等所有割合およびその特別委員会の客観性および合理性を担保するため、当社の業務執行を行う経営陣および買付者からの独立性の高い社外取締役の中から特別委員会の委員を、

委員の中から委員長を選任します。特別委員会の委員は3名以上とします。
「対象買付」がある場合の手順は下記のとおりです。
（手順1）：「特別委員会」の設置
（手順2）：対象買付を行う買付者には、当社取締役会が不要と判断した場合を除き、買付の実行に先立ち、当社に対して、買付者の買付内容の検討のために必要な情報および買付に際して当社が定める買付手続きを遵守する旨の誓約文言等を記載した書面（以下、「買付説明書」といいます。）の提出を要請します。
（手順3）：特別委員会は、「買付説明書」を受領した後、当該買付内容および当社代表取締役から提示された代替案の概要を検討します。
（手順4）：「特別委員会」は、当該買付内容および当社代表取締役から提示された代替案の概要その他特別委員会が適切と判断する事項について、営業秘密等開示に不適切と特別委員会が判断した情報を除き、株主の皆様に対し速やかに情報開示します。
（手順5）：①特別委員会は、買付者による買付が「新株予約権の無償割当ての要件」に定める要件のいずれかに該当し、新株予約権の無償割当てをすることが相当と判断した場合には、当該取締役会に対して、新株予約権の無償割当てを勧告します。なお、特別委員会は、、必要と判断した場合には、新株予約権の無償割当てに関し、株主意思を直接確認することを勧告することもあります。
②特別委員会は、買付者の買付内容の検討、買付者との交渉の結果、買付者による買付が「新株予約権の無償割当ての要件」に定める要件のいずれにも該当しくなくなるか、該当しても新株予約権の無償割当てをすることが相当ではないと判断した場合には、当社取締役会に対して、新株予約権の無償割当てをしないことを勧告します。
③特別委員会が、当初の特別委員会検討期間の満了時までに、新株予約権の無償割当ての実施または不実施の勧告を行うに至らない場合には、特別委員会は、買付者の買付内容の検討、買付者との交渉等のために合理的に必要とされる範囲内で、特別委員会検討期間を延長する旨の決議を行うことができます。
（手順6）：当社取締役会は、特別委員会の勧告に従い新株予約権の無償割当ての実施または不実施の決議を行うものとします。
当社取締役会は、上記決議を行った場合、速やかに当該決議の内容その他の事項について情報開示を行います。

…略…

④ 取締役会の判断およびその判断に係る理由【事370】

当該買収防衛要項は、下記の理由より、「基本方針に沿うものであること」、「株主の共同の利益を損なうものでないこと」および「会社役員の地位の維持を目的とするものでないこと」を保証するものと考えております。
　a. 当該買収防衛策は、平成〇8年6月28日の定時株主総会で株主の皆様の承認を受けております。
　b. 当社の業務執行を行う経営陣および買付者からの独立性が高い社外取締役によって構成された特別委員会の勧告に従うものですので、上記の点は客観的に担保されているものと考えております。
　c. 当該買収防衛要項に従って、適時に株主に情報開示されています。
　d. 当社取締役の任期は1年となっていることより、取締役の選任議案を通じても、1年

ごとに株主の皆様のご意思が反映されます。

3．記載項目別作業一覧

ガイドNo.	個別/連結	区分	記載内容	作業内容およびチェック事項
事367	個別	非数値	（2）株式会社の支配 ① 基本方針 「当社グループは、社会に小さな感動を生み出す為に、すべての社員の情熱と知恵と創造を込めて、製品を開発し、販売しております。…。」	□取締役会議事録、買収防衛要項、株主総会議事録を基礎資料として作成する。
事368	個別	非数値	② 当該株式会社の財産の有効な活用、適切な企業集団の形成その他の基本方針の実現に資する特別な取組み 「当社グループは、グループ全体のノウハウの共有化、…。」	□取締役会議事録、グループ中期経営計画、株主総会議事録を基礎資料として作成する。
事369	個別	非数値	③ 基本方針に照らして不適切な者によって当該株式会社の財務および事業の方針の決定が支配されることを防止するための取組み 「当社取締役会は、下記の対象買付がなされたときまたはなされる可能性がある場合、…。」	□取締役会議事録、買収防衛要項、株主総会議事録を基礎資料として作成する。
事370	個別	非数値	④ 取締役会の判断およびその判断に係る理由 「当該買収防衛要項は、…。」	□同上

4．根拠条文

＜会社法施行規則＞
第127条（株式会社の支配に関する基本方針）株式会社が当該株式会社の財務及び事業の方針の決定を支配する者の在り方に関する基本方針（以下この条において「基本方針」という。）を定めている場合には、次に掲げる事項を事業報告の内容としなければならない。
一 基本方針の内容
二 次に掲げる取組みの具体的内容
　イ 当該株式会社の財産の有効な活用、適切な企業集団の形成その他の基本方針の実現に資する特別な取組み
　ロ 基本方針に照らして不適切な者によって当該株式会社の財務及び事業の方針の決定が支配されることを防止するための取組み
三 前号の取組みの次に掲げる要件への該当性に関する当該株式会社の取締役（取締役会設置会社にあっては、取締役会）の判断及びその判断に係る理由（当該理由が社外役員の存否に関する事項のみである場合における当該事項を除く。）
　イ 当該取組みが基本方針に沿うものであること。
　ロ 当該取組みが当該株式会社の株主の共同の利益を損なうものでないこと。
　ハ 当該取組みが当該株式会社の会社役員の地位の維持を目的とするものではないこと。

6．会社の体制および方針－（3）剰余金の配当等の決定に関する方針

1．作成上のポイント

定款に基づく取締役会による剰余金の配当等を定めた会社は、「当該定款の定めにより取締役会に与えられた権限の行使に関する方針」を記載します。

2．記載例（定款に基づく取締役会の決議により、配当ができる会社の場合）

> （3）剰余金の配当等の決定に関する方針【事371】
> 　当社は、株主への適切な利益還元を経営の重要方針としており、安定配当を継続するとともに自己株式の消却を適時実施してまいりました。
> 　今後は、安定した配当を旨としつつ、業績や財政状態、経営環境等を勘案しながら、株主への利益還元を少しずつ拡充してまいりたいと存じます。
> 　株主還元では配当金を最優先に位置づけ、配当性向は連結当期純利益を基準に20％以上を維持することを原則と致します。更に、連結利益の絶対額と配当性向をともに向上させることにより、1株当たりの配当金額を少しずつ増やしていくことを目指してまいります。
> 　なお、当期の利益配当金については、1株当たり10円00銭【事372】の普通配当を実施し、当期の年間配当金は1株当たり17円79銭【事373】（前期1株当たり年間配当額は17円55銭【事374】）となる見込みであります。
> 　また、次期の配当額につきましては、1株当たり中間配当金7円50銭【事375】、利益配当金7円50銭【事376】の年間配当金15円【事377】を予定しております。
> 　また、当社従業員の業績向上に対する意欲と士気を一層高め、高収益企業への飛躍に資するため、「ストック・オプション制度」の導入に伴う当社従業員に譲渡するための自己株式を取得する方針であります。平成〇9年6月27日に開催予定の当社第12回定時株主総会において、「当社従業員に譲渡するための自己株式取得の件」が承認可決されることを条件といたします。
> 　　　　　　　　　　　　　　　　　　　　　　　　　　　　　　　　　　　　　【事378】

3．記載項目別作業一覧

ガイドNo.	個別/連結	区分	記載内容	作業内容およびチェック事項
事371	個別	非数値	「当社は、株主への適切な利益還元を経営の重要方針としており、…。」	□取締役会議事録を基礎資料として作成する。
事372	個別	数値	「なお、当期の利益配当金については、1株当たり10円00銭の普通配当を実施し、…。」	□取締役会議事録、決算短信（実績）を基礎資料として作成する。
事373	個別	数値	「当期の年間配当金は1株当たり17円79銭…。」	□同上

ガイド No.	個別/連結	区分	記載内容	作業内容およびチェック事項
事374	個別	数値	「(前期1株当たり年間配当額は17円55銭)となる。」	□同上
事375	個別	数値	「次期の配当額につきましては、1株当たり中間配当金7円50銭…。」	□取締役会議事録、決算短信(業績予想)を基礎資料として作成する。
事376	個別	数値	利益配当金　7円50銭	□同上
事377	個別	数値	「…の年間配当金15円を予定しております。」	□同上
事378	個別	非数値	「また、当社従業員の業績向上に対する意欲と士気を一層高め、高収益企業への飛躍に資するため、『ストック・オプション制度』の導入に伴う当社従業員に譲渡するための自己株式を取得する方針であります。平成○9年6月27日に開催予定の当社第12回定時株主総会において、『当社従業員に譲渡するための自己株式取得の件』が承認可決されることを条件といたします。」	□取締役会議事録、ストックオプション制度導入のスケジュール表を基礎資料として作成する。

4．根拠条文

<会社法施行規則>
第126条（会計監査人設置会社の特則）　株式会社が当該事業年度の末日において会計監査人設置会社である場合には、次に掲げる事項（株式会社が当該事業年度の末日において公開会社でない場合にあっては、第2号から第4号までに掲げる事項を除く。）を事業報告の内容としなければならない。

…略…

十　法第459条第1項の規定による定款の定めがあるときは、当該定款の定めにより取締役会に与えられた権限の行使に関する方針

<会社法>
第459条（剰余金の配当等を取締役会が決定する旨の定款の定め）　会計監査人設置会社（取締役の任期の末日が選任後1年内に終了する事業年度のうち最終のものに関する定時株主総会の終結の日後の日であるもの及び監査役設置会社であって監査役会設置会社でないものを除く。）は、次に掲げる事項を取締役会（第2号に掲げる事項については第436条第3項の取締役会に限る。）が定めることができる旨を定款で定めることができる。

一　第160条第1項の規定による決定をする場合以外の場合における第156条第1項各号に掲げる事項
二　第449条第1項第2号に該当する場合における第448条第1項第1号及び第3号に掲げる事項
三　第452条後段の事項
四　第454条第1項各号及び同条第4項各号に掲げる事項。ただし、配当財産が金銭以外の財産であり、かつ、株主に対して金銭分配請求権を与えないこととする場合を除く。

2　前項の規定による定款の定めは、最終事業年度に係る計算書類が法令及び定款に従い株式会社の財産及び損益の状況を正しく表示しているものとして法務省令で定める要件に該当する場合に限り、その効力を有する。

3　第1項の規定による定款の定めがある場合における第449条第1項第1号の規定の適用については、同号中「定時株主総会」とあるのは、「定時株主総会又は第436条第3項の取締役会」とする。

第IV部
連結計算書類の作成プロセス

ここからは、連結計算書類の作成手続きについて実数値を使って解説していきます。会社法施行により新設された連結株主資本等変動計算書、連結注記表についても、記載項目ごとに詳しく説明します。

第1章 連結貸借対照表

　ここでは、大会社（資本金5億円以上または負債総額200億以上の株式会社等）が作成すべき連結計算書類の作成プロセスを解説していきます。

　連結計算書類の完成までに記入すべき箇所として、351箇所を設定しました。

　そのうち、連結貸借対照表については64箇所です（ガイドNo.【連計1】～【連計64】）。

　以下、その64箇所について、記載例、作成手順、使用する基礎資料、根拠法令の条文を例示しながら、説明していきます。

＜会社計算規則＞
第三節　株式会社の連結計算書類
第93条（連結計算書類）　法第444条第1項に規定する法務省令で定めるものは、この編の規定に従い作成される次に掲げるものとする。
一　連結貸借対照表
二　連結損益計算書
三　連結株主資本等変動計算書
四　連結注記表

1．作成上のポイント

　連結会計の連結精算表の連結精算表科目ごとの連結帳簿残高を、会社計算規則に従った(会社法)連結計算書類科目に組替仕訳を起票し、これを連結計算書類科目組替表へ転記し、連結計算書類科目ごとの残高を記載します。

　その連結計算書類科目金額を所定の表示単位処理・端数処理を行って、連結計算書類の連結貸借対照表へ転記します。

　作成手順は以下の通りです。

　①「連結精算表」作成⇒②「(会社法)連結計算書類科目への組替仕訳」起票⇒③「連結計算書類科目組替表」へ転記・「連結計算書類科目残高」計算・記入⇒④「連結計算書類科目組替表」の「連結計算書類科目残高」を所定の表示単位処理・端数処理した金額を「会社法上の連結貸借対照表」へ転記

2．記載例

連結貸借対照表
（平成○9年3月31日現在）

（単位：百万円）

科　　目	金　額	科　　目	金　額
資産の部		負債の部	
流動資産	【連計1】27,706	流動負債	【連計30】29,083
現金及び預金	【連計2】16,602	支払手形及び買掛金	【連計31】1,610
受取手形及び売掛金	【連計3】7,493	短期借入金	【連計32】6,500
有価証券	【連計4】10	1年内償還予定社債	【連計33】20,000
関係会社株式	【連計5】10	未払法人税等	【連計34】783
たな卸資産	【連計6】2,587	賞与引当金	【連計35】94
繰延税金資産	【連計7】988	役員賞与引当金	【連計36】2
その他の流動資産	【連計8】76	その他の流動負債　＊	【連計37】91
貸倒引当金	【連計9】△62	固定負債	【連計38】29,263
固定資産	【連計10】36,318	社　債	【連計39】5,000
有形固定資産	【連計11】33,549	転換型新株予約権付社債	【連計40】4,000
建　物	【連計12】3,846	長期借入金	【連計41】16,050
機械装置	【連計13】1,934	退職給付引当金	【連計42】1,798
工具、器具及び備品	【連計14】68	役員退職慰労引当金	【連計43】1,674
土　地	【連計15】27,700	繰延税金負債	【連計44】40
建設仮勘定　＊	【連計16】—	再評価に係る繰延税金負債	【連計45】700
無形固定資産	【連計17】67	負ののれん　＊	【連計46】—
のれん	【連計18】46	その他の固定負債　＊	【連計47】—
ソフトウェア	【連計19】21	負債合計	【連計48】58,346
投資その他の資産	【連計20】2,701	純資産の部	
投資有価証券	【連計21】1,405	株主資本	【連計49】5,464
長期貸付金	【連計22】670	資本金	【連計50】990
繰延税金資産	【連計23】100	新株式申込証拠金　＊	【連計51】—
長期前払費用	【連計24】30	資本剰余金	【連計52】230
その他の投資資産	【連計25】509	利益剰余金	【連計53】4,452
貸倒引当金	【連計26】△13	自己株式	【連計54】△208
繰延資産	【連計27】823	自己株式申込証拠金　＊	【連計55】—
開発費	【連計28】823	評価・換算差額等	【連計56】806

			その他有価証券評価差額金	【連計57】	6
			土地再評価差額金	【連計58】	800
			繰延ヘッジ損益　＊	【連計59】	―
			為替換算調整勘定　＊	【連計60】	―
			新株予約権	【連計61】	80
			少数株主持分	【連計62】	150
			純資産合計	【連計63】	6,500
資産合計	【連計29】	64,847	負債及び純資産合計	【連計64】	64,847

「＊」は参考のために表示しており、金額がない場合には、表示しません。

3．作成手順

3－1．連結精算表の作成

連結精算表（連結貸借対照表科目関係）No.1
（自平成○8年4月1日　至平成○9年3月31日）
㈱スリー・シー・コンサルティング

（単位：円）

No.	連結精算表科目 （会社法計算書類科目を 連結精算表科目への組替） 〈連結貸借対照表〉	【親会社】 ㈱スリー・シー・ コンサルティング (個別財務諸表)	【連結子会社】 ㈱ライン (個別財務諸表)	【合算】	【連結仕訳】	【連結財務諸表】 〈連結貸借対照表〉
1	現金・預金	16,430,989,471	171,633,000	16,602,622,471		16,602,622,471
2	受取手形	3,145,640,000		3,145,640,000	△100,000,000	3,045,640,000
3	売掛金	4,147,526,000	500,000,000	4,647,526,000	△200,000,000	4,447,526,000
4	有価証券	10,008,000		10,008,000		10,008,000
5	親会社株式	10,005,000	10,000,000	20,005,000	△10,000,000	10,005,000
6	製品	1,615,864,000	200,000,000	1,815,864,000	△25,000,000	1,790,864,000
7	原材料	705,620,000		705,620,000		705,620,000
8	仕掛品	91,127,000		91,127,000		91,127,000
9	繰延税金資産(流動資産)	972,415,000	8,516,000	980,931,000	7,600,000	988,531,000
10	その他流動資産	76,591,000		76,591,000		76,591,000
11	貸倒引当金（流動資産）	△58,346,000	△10,000,000	△68,346,000	6,000,000	△62,346,000
	（流動資産合計）	27,147,439,471	880,149,000	28,027,588,471	△321,400,000	(27,706,188,471)
12	建物	3,846,294,000		3,846,294,000		3,846,294,000
13	機械装置	1,934,098,000		1,934,098,000		1,934,098,000
14	器具備品工具	61,880,000	6,810,000	68,690,000		68,690,000

No.	連結精算表科目 (会社法計算書類科目を 連結精算表科目への組替)	【親会社】 ㈱スリー・シー・ コンサルティング	【連結子会社】 ㈱ライン	【合算】	【連結仕訳】	【連結財務諸表】
15	土地	27,000,008,000	＊ 700,000,000	27,700,008,000		27,700,008,000
	(有形固定資産合計)	(32,842,280,000)	(706,810,000)	(33,549,090,000)		(33,549,090,000)
16	のれん	29,009,000		29,009,000		29,009,000
17	ソフトウェア	21,314,000		21,314,000		21,314,000
18	連結調整勘定			－	17,000,000	17,000,000
	(無形固定資産合計)	(50,323,000)	(－)	(50,323,000)	(17,000,000)	(67,323,000)
19	投資有価証券	796,265,000		796,265,000		796,265,000
20	関係会社株式	1,028,750,000		1,028,750,000	△420,000,000	608,750,000
21	長期貸付金	－	720,000,000	720,000,000	△50,000,000	670,000,000
22	差入保証金	400,005,000		400,005,000		400,005,000
23	長期前払費用	30,000,000		30,000,000		30,000,000
24	繰延税金資産(固定資産)	34,125,000	66,547,000	100,672,000		100,672,000
25	その他の投資資産	109,019,000		109,019,000		109,019,000
26	貸倒引当金(固定資産)	△3,100,000	△10,000,000	△13,100,000		△13,100,000
	(投資その他資産合計)	(2,395,064,000)	(776,547,000)	(3,171,611,000)	(△470,000,000)	(2,701,611,000)
	(固定資産合計)	(35,287,667,000)	(1,483,357,000)	(36,771,024,000)	(△453,000,000)	(36,318,024,000)
27	開発費	823,267,000		823,267,000		823,267,000
	(繰延資産合計)	(823,267,000)	(－)	(823,267,000)		(823,267,000)
	(資産合計)	(63,258,373,471)	(2,263,506,000)	(65,621,879,471)	(△774,400,000)	(64,847,479,471)

＊　㈱ラインの土地時価評価修正が含まれています。
　　(土地)　100,000,000円　／　(繰延税金負債)　40,000,000円
　　　　　　　　　　　　　　　　(評価差額)　　　60,000,000円

※　連結精算表の個別財務諸表と各連結会社の個別計算書類とを検証する必要があります。

連結精算表(連結貸借対照表科目関係) No.2
(自平成○8年4月1日　至平成○9年3月31日)

㈱スリー・シー・コンサルティング

(単位：円)

No.	連結精算表科目 (会社法計算書類科目を 連結精算表科目への組替)	【親会社】 ㈱スリー・シー・ コンサルティング	【連結子会社】 ㈱ライン	【合算】	【連結仕訳】	【連結財務諸表】
	〈連結貸借対照表〉	(個別財務諸表)	(個別財務諸表)			〈連結貸借対照表〉
28	支払手形	472,507,000	100,000,000	572,507,000	△100,000,000	472,507,000
29	買掛金	1,038,349,000	300,000,000	1,338,349,000	△200,000,000	1,138,349,000
30	短期借入金	6,500,000,000		6,500,000,000		6,500,000,000
31	1年内償還予定社債	20,000,000,000		20,000,000,000		20,000,000,000

No.	連結精算表科目（会社法計算書類科目を連結精算表科目への組替）	【親会社】㈱スリー・シー・コンサルティング	【連結子会社】㈱ライン	【合算】	【連結仕訳】	【連結財務諸表】
32	未払法人税等	783,933,000		783,933,000		783,933,000
34	未払消費税等	59,733,000		59,733,000		59,733,000
35	未払費用	23,080,000		23,080,000		23,080,000
36	賞与引当金	94,738,000		94,738,000		94,738,000
37	役員賞与引当金	2,000,000		2,000,000		2,000,000
39	その他の流動負債	9,023,000		9,023,000		9,023,000
	（流動負債合計）	(28,983,363,000)	(400,000,000)	(29,383,363,000)	(△300,000,000)	(29,083,363,000)
40	社債	5,000,000,000		5,000,000,000		5,000,000,000
41	転換型新株予約権付社債	4,000,000,000		4,000,000,000		4,000,000,000
42	長期借入金	15,100,000,000	1,000,000,000	16,100,000,000	△50,000,000	16,050,000,000
43	退職給付引当金	1,635,061,000	163,506,000	1,798,567,000		1,798,567,000
44	役員退職慰労引当金	1,674,992,000		1,674,992,000		1,674,992,000
45	繰延税金負債（固定負債）		＊1 40,000,000	40,000,000		40,000,000
46	再評価に係る繰延税金負債	700,000,000		700,000,000		700,000,000
	（固定負債合計）	(28,110,053,000)	(1,203,506,000)	(29,313,559,000)	(△50,000,000)	(29,263,559,000)
	（負債合計）	(57,093,416,000)	(1,603,506,000)	(58,696,992,000)	(△350,000,000)	(58,346,922,000)
＊2	資本金	990,000,000	400,000,000	1,390,000,000	△400,000,000	990,000,000
＊2	新株式申込証拠金	0	0	0		0
＊2	資本剰余金	230,000,000	100,000,000	330,000,000	△100,000,000	230,000,000
＊2	利益剰余金	4,258,957,471	200,000,000	4,458,957,471	△6,400,000	4,452,557,471
＊2	自己株式	△200,000,000		△200,000,000	△8,000,000	△208,000,000
＊2	自己株式申込証拠金	△0	△0			△0
	（株主資本合計）	(5,278,957,471)	(700,000,000)	(5,978,957,471)		(5,464,557,471)
＊2	その他有価証券評価差額金	6,000,000		6,000,000		6,000,000
＊2	土地再評価差額金	800,000,000		800,000,000		800,000,000
＊2	繰延ヘッジ損益	―		―		―
＊2	評価差額（連結）	―	＊1 60,000,000	60,000,000	△60,000,000	―
＊2	為替換算調整勘定	―	―			―
	（評価・換算差額等計）	(806,000,000)	(60,000,000)	(866,000,000)		(806,000,000)
＊2	新株予約権	80,000,000		80,000,000		80,000,000
＊2	少数株主持分				150,000,000	150,000,000
	（純資産合計）	(6,164,957,471)	(760,000,000)	(6,924,957,471)	(△424,400,000)	(6,500,557,471)
	（負債及び純資産合計）	(63,258,373,471)	(2,363,506,000)	(65,621,879,471)	(△774,400,000)	(64,847,479,471)

＊1　㈱ラインの土地時価評価修正が含まれています。
　　（土地）　100,000,000円　／　（繰延税金負債）　40,000,000円
　　　　　　　　　　　　　　　　（評価差額）　　　60,000,000円
＊2　連結精算表の連結株主資本等変動計算書（P138～141）の各勘定科目の期末残高が自動表示されます。

※　連結精算表の個別財務諸表と各連結会社の個別計算書類とを検証する必要があります。

3-2. 連結精算表科目から連結計算書類科目への組替仕訳の作成

「連結精算表」から「(会社法)連結計算書類科目組替表」へ

種類	区分	No.または表示	連結精算表科目または連結計算書類科目	金額(円)	種類	区分	No.または表示	連結精算表科目または連結計算書類科目	金額(円)
連/計	B/S	流/資	現金及び預金	16,602,622,471	連/精	B/S	1	現金・預金	16,602,622,471
連/計	B/S	流/資	受取手形及び売掛金	7,493,166,000	連/精	B/S	2	受取手形	3,045,640,000
					連/精	B/S	3	売掛金	4,447,526,000
連/計	B/S	流/資	有価証券	10,008,000	連/精	B/S	4	有価証券	10,008,000
連/計	B/S	流/資	親会社株式	10,005,000	連/精	B/S	5	親会社株式	10,005,000
連/計	B/S	流/資	たな卸資産	2,587,611,000	連/精	B/S	6	製品	1,790,864,000
					連/精	B/S	7	原材料	705,620,000
					連/精	B/S	8	仕掛品	91,127,000
連/計	B/S	流/資	繰延税金資産	988,531,000	連/精	B/S	9	繰延税金資産(流動資産)	988,531,000
連/計	B/S	流/資	その他流動資産	76,591,000	連/精	B/S	10	その他流動資産	76,591,000
連/計	B/S	流/資	貸倒引当金	△62,346,000	連/精	B/S	11	貸倒引当金(流動資産)	△62,346,000
連/計	B/S	流/資	流動資産	(27,706,188,471)	連/精	B/S		(流動資産計)	(27,706,188,471)
連/計	B/S	有/固	建物	3,846,294,000	連/精	B/S	12	建物	3,846,294,000
連/計	B/S	有/固	機械装置	1,934,098,000	連/精	B/S	13	機械装置	1,934,098,000
連/計	B/S	有/固	工具、器具及び備品	68,690,000	連/精	B/S	14	器具備品工具	68,690,000
連/計	B/S	有/固	土地	27,700,008,000	連/精	B/S	15	土地	27,700,008,000
連/計	B/S	有/固	有形固定資産	(33,549,090,000)	連/精	B/S		(有形固定資産計)	(33,549,090,000)
連/計	B/S	無/固	のれん	46,009,000	連/精	B/S	16	のれん	29,009,000
					連/精	B/S	18	連結調整勘定	17,000,000
連/計	B/S	無/固	ソフトウェア	21,314,000	連/精	B/S	17	ソフトウェア	21,314,000
連/計	B/S	無/固	無形固定資産	(67,323,000)	連/精	B/S		(無形固定資産計)	(67,323,000)
連/計	B/S	投/固	投資有価証券	1,405,015,000	連/精	B/S	19	投資有価証券	796,265,000
					連/精	B/S	20	関係会社株式	608,750,000
連/計	B/S	投/固	長期貸付金	670,000,000	連/精	B/S	21	長期貸付金	670,000,000
連/計	B/S	投/固	繰延税金資産	100,672,000	連/精	B/S	24	繰延税金資産(固定資産)	100,672,000
連/計	B/S	投/固	長期前払費用	30,000,000	連/精	B/S	23	長期前払費用	30,000,000
連/計	B/S	投/固	その他の投資資産	509,024,000	連/精	B/S	22	差入保証金	400,005,000
					連/精	B/S	25	その他の投資資産	109,019,000
連/計	B/S	投/固	貸倒引当金	△13,100,000	連/精	B/S	26	貸倒引当金(固定資産)	△13,100,000
連/計	B/S	固/資	固定資産	(36,318,024,000)	連/精	B/S		(固定資産計)	(36,318,024,000)
連/計	B/S	投/固	投資その他の資産	(2,701,611,000)	連/精	B/S		(投資その他の資産合計)	(2,701,611,000)
連/計	B/S	繰/資	開発費	823,267,000	連/精	B/S	27	開発費	823,267,000

種類	区分	No.または表示	連結精算表科目または連結計算書類科目	金額(円)	種類	区分	No.または表示	連結精算表科目または連結計算書類科目	金額(円)
連/計	B/S	繰/資	繰延資産	(823,267,000)	連/精	B/S		(繰延資産計)	(823,267,000)
			【資産合計】	64,847,479,471				【資産合計】	64,847,479,471
連/精	B/S	28	支払手形	472,507,000	連/計	B/S	流/負	支払手形及び買掛金	1,610,856,000
連/精	B/S	29	買掛金	1,138,349,000					
連/精	B/S	30	短期借入金	6,500,000,000	連/計	B/S	流/負	短期借入金	6,500,000,000
連/精	B/S	31	1年内償還予定社債	20,000,000,000	連/計	B/S	流/負	1年内償還予定社債	20,000,000,000
連/精	B/S	32	未払法人税等	783,933,000	連/計	B/S	流/負	未払法人税等	783,933,000
連/精	B/S	36	賞与引当金	94,738,000	連/計	B/S	流/負	賞与引当金	94,738,000
連/精	B/S	37	役員賞与引当金	2,000,000	連/計	B/S	流/負	役員賞与引当金	2,000,000
連/精	B/S	34	未払消費税等	59,733,000	連/計	B/S	流/負	その他流動負債	91,836,000
連/精	B/S	35	未払費用	23,080,000	連/計				
連/精	B/S	39	その他流動負債	9,023,000					
連/精	B/S		(流動負債合計)	(29,083,363,000)	連/計	B/S		流動負債	(29,083,363,000)
連/精	B/S	40	社債	5,000,000,000	連/計	B/S	固/負	社債	5,000,000,000
連/精	B/S	41	転換型新株予約権付社債	4,000,000,000	連/計	B/S	固/負	転換型新株予約権付社債	4,000,000,000
連/精	B/S	42	長期借入金	16,050,000,000	連/計	B/S	固/負	長期借入金	16,050,000,000
連/精	B/S	43	退職給付引当金	1,798,567,000	連/計	B/S	固/負	退職給付引当金	1,798,567,000
連/精	B/S	44	役員退職慰労引当金	1,674,992,000	連/計	B/S	固/負	役員退職慰労引当金	1,674,992,000
連/精	B/S	45	繰延税金負債(固定負債)	40,000,000	連/計	B/S		繰延税金負債	40,000,000
連/精	B/S	46	再評価に係る繰延税金負債	700,000,000	連/計	B/S	固/負	再評価に係る繰延税金負債	700,000,000
連/精	B/S		(固定負債合計)	(29,263,559,000)	連/計	B/S		固定負債	(29,263,559,000)
連/精			【負債合計】	(58,346,922,000)	連/計			【負債合計】	(58,346,922,000)
連/精	B/S	＊	資本金	990,000,000	連/計	B/S	純/資	資本金	990,000,000
連/精	B/S	＊	新株式申込証拠金	0	連/計	B/S	純/資	新株式申込証拠金	0
連/精	B/S	＊	資本剰余金	230,000,000	連/計	B/S	純/資	資本剰余金	230,000,000
連/精	B/S	＊	利益剰余金	4,452,557,471	連/計	B/S	純/資	利益剰余金	4,452,557,471
連/精	B/S	＊	自己株式	△208,000,000	連/計	B/S	純/資	自己株式	△208,000,000
連/精	B/S	＊	自己株式申込証拠金	0	連/計	B/S	純/資	自己株式申込証拠金	0
連/精	B/S	＊	(株主資本合計)	(5,464,557,471)	連/計	B/S	純/資	株主資本	(5,464,557,471)
連/精	B/S	＊	その他有価証券評価差額金	6,000,000	連/計	B/S	純/資	その他有価証券評価差額金	6,000,000
連/精	B/S	＊	土地再評価差額金	800,000,000	連/計	B/S	純/資	土地再評価差額金	800,000,000
連/精	B/S	＊	繰延ヘッジ損益	0	連/計	B/S	純/資	繰延ヘッジ損益	0
連/精	B/S	＊	為替換算調整勘定	0	連/計	B/S	純/資	為替換算調整勘定	0

種類	区分	No.または表示	連結精算表科目または連結計算書類科目	金額（円）	種類	区分	No.または表示	連結精算表科目または連結計算書類科目	金額（円）
連/精	B/S	＊	（評価・換算差額等計）	(806,000,000)	連/計	B/S	純/資	評価・換算差額等	(806,000,000)
連/精	B/S	＊	新株予約権	80,000,000	連/計	B/S	純/資	新株予約権	80,000,000
連/精	B/S	＊	少数株主持分	150,000,000	連/計	B/S	純/資	少数株主持分	150,000,000
			【純資産合計】	(6,500,557,471)				【純資産合計】	(6,500,557,471)
			【負債及び純資産合計】	(64,847,479,471)				【負債及び純資産合計】	(64,847,479,471)

＊連結精算表の連結株主資本等変動計算書（P138～141）の勘定科目の期末残高が自動表示されます。

3－3．連結精算表科目から（会社法）連結計算書類科目への組替表（連結貸借対照表関係）の作成

	連結会計（連結精算表）			連結精算表目から連結計算書類科目への組替仕訳 貸方：（ ）表示	（会社法）連結計算書類「連結貸借対照表」			
No.	連結精算表科目		連結精算表金額（円）		開示科目名	開示科目金額（円）	ガイドNo.	表示単位金額（百万円・切捨て）
1	現金・預金	借	16,602,622,471	(16,602,622,471)				
				16,602,622,471	現金及び預金	16,602,622,471	連計2	16,602百万円
2	受取手形	借	3,045,640,000	(3,045,640,000)				
3	売掛金	借	4,447,526,000	(4,447,526,000)				
				7,493,166,000	受取手形及び売掛金	7,493,166,000	連計3	7,493百万円
4	有価証券	借	10,008,000	(10,008,000)				
				10,008,000	有価証券	10,008,000	連計4	10百万円
5	親会社株式	借	10,005,000	(10,005,000)				
				10,005,000	関係会社株式	10,005,000	連計5	10百万円
6	製品	借	1,790,864000	(1,790,864,000)				
7	原材料	借	705,620,000	(705,620,000)				
8	仕掛品	借	91,127,000	(91,127,000)				
				2,587,611,000	たな卸資産	2,587,611,000	連計6	2,587百万円
9	繰延税金資産（流動資産）	借	988,531,000	(988,531,000)				
				988,531,000	繰延税金資産	988,531,000	連計7	988百万円
10	その他流動資産	借	76,591,000	(76,591,000)				
				76,591,000	その他の流動資産	76,591,000	連計8	76百万円
11	貸倒引当金（流動資産）	借	△62,346,000	62,346,000				
				△62,346,000	貸倒引当金	△62,346,000	連計9	△62百万円
					流動資産	27,706,188,471	連計1	27,706百万円

No.	連結精算表科目		連結精算表金額（円）	連結精算表目から連結計算書類科目への組替仕訳 貸方：（　）表示	開示科目名	開示科目金額（円）	ガイドNo.	表示単位金額（百万円・切捨て）
12	建物	借	3,846,294,000	(3,846,294,000)				
				3,846,294,000	建　物	3,846,294,000	連計12	3,846百万円
13	機械装置	借	1,934,098,000	(1,934,098,000)				
				1,934,098,000	機械装置	1,934,098,000	連計13	1,934百万円
14	器具備品工具	借	68,690,000	(68,690,000)				
				68,690,000	工具、器具及び備品	68,690,000	連計14	68百万円
15	土地	借	27,700,008,000	(27,700,008,000)				
				27,700,008,000	土地	27,700,008,000	連計15	27,700百万円
					【有形固定資産】	【33,549,090,000】	連計11	33,549百万円
16	のれん	借	29,009,000	(29,009,000)				
18	連結調整勘定	借	17,000,000	(17,000,000)				
				46,009,000	のれん	46,009,000	連計18	46百万円
17	ソフトウェア	借	21,314,000	(21,314,000)				
				21,314,000	ソフトウェア	21,314,000	連計19	21百万円
19	投資有価証券	借	796,265,000	(796,265,000)				
20	関係会社株式	借	608,750,000	(608,750,000)				
				1,405,015,000	投資有価証券	1,405,015,000	連計21	1,405百万円
21	長期貸付金	借	670,000,000	(670,000,000)				
				670,000,000	長期貸付金	670,000,000	連計22	670百万円
23	長期前払費用	借	30,000,000	(30,000,000)				
				30,000,000	長期前払費用	30,000,000	連計24	30百万円
24	繰延税金資産（固定資産）	借	100,672,000	(100,672,000)				
				100,672,000	繰延税金資産	100,672,000	連計23	100百万円
22	差入保証金	借	400,005,000	(400,005,000)				
25	その他の投資資産	借	109,019,000	(109,019,000)				
				509,024,000	その他の投資資産	509,024,000	連計25	509百万円
26	貸倒引当金（固定資産）	借	△13,100,000	13,100,000				
				△13,100,000	貸倒引当金	△13,100,000	連計26	△13百万円
					【投資その他の資産】	【2,701,610,000】	連計20	2,701百万円
					【固定資産】	【36,318,023,000】	連計10	36,318百万円
27	開発費	借	823,267,000	(823,267,000)				
				823,267,000	開発費	823,267,000	連計28	823百万円
					【繰延資産】	【823,267,000】	連計27	【823百万円】

No.	連結精算表科目		連結精算表金額（円）	連結精算表科目から連結計算書類科目への組替仕訳 貸方：( )表示	開示科目名	開示科目金額（円）	ガイドNo.	表示単位金額（百万円・切捨て）
	【資産合計】		【64,847,479,471】		【資産合計】	64,847,479,471	連計29	64,847百万円
28	支払手形	(貸)	(472,507,000)	472,507,000				
29	買掛金	(貸)	(1,138,349,000)	1,138,349,000				
				(1,610,856,000)	支払手形及び買掛金	(1,610,856,000)	連計31	1,610百万円
30	短期借入金	(貸)	(6,500,000,000)	6,500,000,000				
				(6,500,000,000)	短期借入金	(6,500,000,000)	連計32	6,500百万円
31	1年内償還予定社債	(貸)	(20,000,000,000)	20,000,000,000				
				(20,000,000,000)	1年内償還予定社債	(20,000,000,000)	連計33	20,000百万円
32	未払法人税等	(貸)	(783,933,000)	783,933,000				
				(783,933,000)	未払法人税等	(783,933,000)	連計34	783百万円
36	賞与引当金	(貸)	(94,738,000)	94,738,000				
				(94,738,000)	賞与引当金	(94,738,000)	連計35	94百万円
37	役員賞与引当金	(貸)	(2,000,000)	2,000,000				
				(2,000,000)	役員賞与引当金	(2,000,000)	連計36	2百万円
34	未払消費税等	(貸)	(59,733,000)	59,733,000				
35	未払費用	(貸)	(23,080,000)	23,080,000				
39	その他流動負債	(貸)	(9,023,000)	9,023,000				
				(91,836,000)	その他の流動負債	(91,836,000)	連計37	91百万円
					【流動負債】	(29,083,363,000)	連計30	29,083百万円
40	社債	(貸)	(5,000,000,000)	5,000,000,000				
				(5,000,000,000)	社債	(5,000,000,000)	連計39	5,000百万円
41	転換型新株予約権付社債	(貸)	(4,000,000,000)	4,000,000,000				
				(4,000,000,000)	転換型新株予約権付社債	(4,000,000,000)	連計40	4,000百万円
42	長期借入金	(貸)	(16,050,000,000)	16,050,000,000				
				(16,050,000,000)	長期借入金	(16,050,000,000)	連計41	16,050百万円
43	退職給付引当金	(貸)	(1,798,567,000)	1,798,567,000				
				(1,798,567,000)	退職給付引当金	(1,798,567,000)	連計42	1,798百万円
44	役員退職慰労引当金	(貸)	(1,674,992,000)	1,674,992,000				
				(1,674,992,000)	役員退職慰労引当金	(1,674,992,000)	連計43	1,674百万円
45	繰延税金負債（固定負債）	(貸)	(40,000,000)	40,000,000				
				(40,000,000)	繰延税金負債	(40,000,000)	連計44	40百万円

連結会計（連結精算表）			連結精算表目から連結計算書類科目への組替仕訳 貸方：（ ）表示	（会社法）連結計算書類「連結貸借対照表」			
No.	連結精算表科目	連結精算表金額（円）		開示科目名	開示科目金額（円）	ガイドNo.	表示単位金額（百万円・切捨て）
46	再評価に係る繰延税金負債	（貸）（700,000,000）	700,000,000				
			(700,000,000)	再評価に係る繰延税金負債	(700,000,000)	連計45	700百万円
				【固定負債】	(29,263,559,000)	連計38	29,263百万円
				【負債合計】	(58,346,922,000)	連計48	58,424百万円
*	資本金	（貸）(990,000,000)	990,000,000				
			(990,000,000)	資本金	(990,000,000)	連計50	990百万円
*	新株式申込証拠金	（貸）(0)	0				
			(0)	新株式申込証拠金	(0)	連計51	－百万円
*	資本準備金	（貸）(230,000,000)	230,000,000				
			(230,000,000)	資本剰余金	(230,000,000)	連計52	230百万円
*	利益剰余金	（貸）(4,452,557,471)	4,452,557,471				
			(4,452,557,471)	利益剰余金	(4,452,557,471)	連計53	4,452百万円
*	自己株式	（貸）△208,000,000	(208,000,000)				
			(△208,000,000)	自己株式	(△208,000,000)	連計54	△208百万円
*	自己株式申込証拠金	（貸）(△0)	△0				
			(△0)	自己株式申込証拠金	(△0)	連計55	－百万円
				【株主資本】	【5,464,557,471】	連計49	【5,464百万円】
*	その他有価証券評価差額金	（貸）(6,000,000)	6,000,000				
			(6,000,000)	その他有価証券評価差額金	(6,000,000)	連計57	6百万円
*	土地再評価差額金	（貸）(800,000,000)	800,000,000				
			(800,000,000)	土地再評価差額金	(800,000,000)	連計58	800百万円
*	繰延ヘッジ損益	（貸）(0)	0				
			(0)	繰延ヘッジ損益	(0)	連計59	－百万円
*	為替換算調整勘定	（貸）(0)	0				
			(0)	為替換算調整勘定	(0)	連計60	－百万円
				【評価・換算差額等】	(806,000,000)	連計56	806百万円
58	新株予約権	（貸）(80,000,000)	80,000,000				
			(80,000,000)	新株予約権	(80,000,000)	連計61	80百万円
59	少数株主持分	（貸）(150,000,000)	150,000,000				
			(150,000,000)	少数株主持分	(150,000,000)	連計62	150百万円

No.	連結会計(連結精算表)		連結精算表目から連結計算書類科目への組替仕訳 貸方:( )表示	(会社法)連結計算書類「連結貸借対照表」			表示単位金額(百万円・切捨て)
	連結精算表科目	連結精算表金額(円)		開示科目名	開示科目金額(円)	ガイドNo.	
	純資産合計	(6,500,557,471)		【純資産合計】	(6,500,557,471)	連計63	6,500百万円
	負債及び純資産合計	(64,847,479,471)		【負債及び純資産合計】	(64,847,479,471)	連計64	64,847百万円

* 連結精算表の連結株主資本等変動計算書(P138〜141)の各勘定科目の期末残高が自動表示されます。

4. 記載項目別作業一覧

ガイドNo.	個別/連結	区分	記載内容	作業内容およびチェック事項
連計1	連結	数値	流動資産 :27,706百万円	□(会社法)連結計算書類科目組替表より転記する。 □連結精算表と照合する。 □連結決算短信の連結貸借対照表との整合性をチェックする(上場会社の場合)。 □流動資産科目金額の合計値が近似値となることを確認する(切捨て表示の場合には、当該金額以下になっていることも確認する)。
連計2	連結	数値	現金及び預金 :16,602百万円	□(会社法)連結計算書類科目組替表より転記する。 □連結精算表と照合する。 □連結精算表の連結会社の個別財務諸表の当該科目金額が連結会社の計算書類の貸借対照表科目金額と一致していることを検証する。 □連結決算短信の連結貸借対照表との整合性をチェックする(上場会社の場合)。 □株主総会用の連結計算書類科目内訳書と照合する。
連計3	連結	数値	受取手形及び売掛金 :7,493百万円	□同上
連計4	連結	数値	有価証券:10百万円	□同上
連計5	連結	数値	関係会社株式 :10百万円	□同上
連計6	連結	数値	たな卸資産 :2,587百万円	□同上
連計7	連結	数値	繰延税金資産 :988百万円	□同上
連計8	連結	数値	その他の流動資産 :76百万円	□同上 □金額的または質的に重要性の高い科目がある場合には、独立開示科目として表示する。
連計9	連結	数値	貸倒引当金 :△62百万円	□(会社法)連結計算書類科目組替表より転記する。 □連結精算表と照合する。 □連結精算表の連結会社の個別財務諸表の当該科目金額が連結会社の計算書類の貸借対照表科目金額と一致していることを検証する。 □連結決算短信の連結貸借対照表との整合性をチェックする

ガイド No.	個別/連結	区分	記載内容	作業内容およびチェック事項
				（上場会社の場合）。 □株主総会用の連結計算書類科目内訳書と照合する。
連計10	連結	数値	固定資産 ：36,318百万円	□（会社法）連結計算書類科目組替表より転記する。 □連結精算表と照合する。 □連結決算短信の連結貸借対照表との整合性をチェックする（上場会社の場合）。 □「有形固定資産＋無形固定資産＋投資その他の資産」科目金額の合計値が近似値となることを確認する（切捨て表示の場合には、当該金額以下になっていることも確認する）。
連計11	連結	数値	有形固定資産 ：33,549百万円	□（会社法）連結計算書類科目組替表より転記する。 □連結精算表と照合する。 □連結決算短信の連結貸借対照表との整合性をチェックする（上場会社の場合）。 □有形固定資産科目金額の合計値が近似値となることを確認する（切捨て表示の場合には、当該金額以下になっていることも確認する）。
連計12	連結	数値	建物 ：3,846百万円	□（会社法）連結計算書類科目組替表より転記する。 □連結精算表と照合する。 □連結精算表の連結会社の個別財務諸表の当該科目金額が連結会社の計算書類の貸借対照表科目金額と一致していることを検証する。 □連結決算短信の連結貸借対照表との整合性をチェックする（上場会社の場合）。 □株主総会用の連結計算書類科目内訳書と照合する。
連計13	連結	数値	機械装置 ：1,934百万円	□同上
連計14	連結	数値	工具、器具及び備品 ：68百万円	□同上
連計15	連結	数値	土　地：27,700百万円	□同上
連計16	連結	数値	建設仮勘定：－百万円	□同上
連計17	連結	数値	無形固定資産 ：67百万円	□（会社法）連結計算書類科目組替表より転記する。 □連結精算表と照合する。 □連結決算短信の連結貸借対照表との整合性をチェックする（上場会社の場合）。 □無形固定資産科目金額の合計値が近似値となることを確認する（切捨て表示の場合には、当該金額以下になっていることも確認する）。
連計18	連結	数値	のれん：46百万円	□（会社法）連結計算書類科目組替表より転記する。 □連結精算表と照合する。 □連結決算短信の連結貸借対照表との整合性をチェックする（上場会社の場合）。 □株主総会用の連結計算書類科目内訳書と照合する。
連計19	連結	数値	ソフトウェア：21百万円	□（会社法）連結計算書類科目組替表より転記する。 □連結精算表と照合する。 □連結精算表の連結会社の個別財務諸表の当該科目金額が連結会社の計算書類の貸借対照表科目金額と一致してい

ガイド No.	個別/連結	区分	記載内容	作業内容およびチェック事項
				とを検証する。 □連結決算短信の連結貸借対照表との整合性をチェックする（上場会社の場合）。 □株主総会用の連結計算書類科目内訳書と照合する。
連計20	連結	数値	投資その他の資産 ：2,701百万円	□（会社法）連結計算書類科目組替表より転記する。 □連結精算表と照合する。 □連結決算短信の連結貸借対照表との整合性をチェックする（上場会社の場合）。 □無形固定資産科目金額の合計値が近似値となることを確認する（切捨て表示の場合には、当該金額以下になっていることも確認する）。
連計21	連結	数値	投資有価証券 ：1,405百万円	□（会社法）連結計算書類科目組替表より転記する。 □連結精算表と照合する。 □連結精算表の連結会社の個別財務諸表の当該科目金額が連結会社の計算書類の貸借対照表科目金額と一致していることを検証する。 □連結決算短信の連結貸借対照表との整合性をチェックする（上場会社の場合）。 □株主総会用の連結計算書類科目内訳書と照合する。
連計22	連結	数値	長期貸付金 ：670百万円	□同上
連計23	連結	数値	繰延税金資産 ：100百万円	□同上
連計24	連結	数値	長期前払費用 ：30百万円	□同上
連計25	連結	数値	その他の投資資産 ：509百万円	□同上 □金額的または質的に重要性の高い科目がある場合には、独立開示科目として表示する。
連計26	連結	数値	貸倒引当金 ：△13百万円	□（会社法）連結計算書類科目組替表より転記する。 □連結精算表と照合する。 □連結精算表の連結会社の個別財務諸表の当該科目金額が連結会社の計算書類の貸借対照表科目金額と一致していることを検証する。 □連結決算短信の連結貸借対照表との整合性をチェックする（上場会社の場合）。 □株主総会用の連結計算書類科目内訳書と照合する。
連計27	連結	数値	繰延資産 ：823百万円	□（会社法）連結計算書類科目組替表より転記する。 □連結精算表と照合する。 □連結決算短信の連結貸借対照表との整合性をチェックする（上場会社の場合）。 □繰延資産科目金額の合計値が近似値となることを確認する（切捨て表示の場合には、当該金額以下になっていることも確認する）。
連計28	連結	数値	開発費 ：823百万円	□（会社法）連結計算書類科目組替表より転記する。 □連結精算表と照合する。 □連結精算表の連結会社の個別財務諸表の当該科目金額が連結会社の計算書類の貸借対照表科目金額と一致してい

ガイド No.	個別/連結	区分	記載内容	作業内容およびチェック事項
				とを検証する。 □連結決算短信の連結貸借対照表との整合性をチェックする（上場会社の場合）。 □株主総会用の連結計算書類科目内訳書と照合する。
連計29	連結	数値	資産合計 64,847百万円	□（会社法）連結計算書類科目組替表」より転記する。 □連結精算表と照合する。 □連結決算短信の連結貸借対照表との整合性をチェックする（上場会社の場合）。 □「流動資産＋固定資産＋繰延資産」の金額の合計値が近似値となることを確認する（切捨て表示の場合には、当該金額以下になっていることも確認する）。
連計30	連結	数値	流動負債 ：29,083百万円	□（会社法）連結計算書類科目組替表より転記する。 □連結精算表と照合する。 □連結決算短信の連結貸借対照表との整合性をチェックする（上場会社の場合）。 □流動負債科目金額の合計値が近似値となることを確認する（切捨て表示の場合には、当該金額以下になっていることも確認する）。
連計31	連結	数値	支払手形及び買掛金 ：1,610百万円	□（会社法）連結計算書類科目組替表より転記する。 □連結精算表と照合する。 □連結精算表の連結会社の個別財務諸表の当該科目金額が連結会社の計算書類の貸借対照表科目金額と一致していることを検証する。 □連結決算短信の連結貸借対照表との整合性をチェックする（上場会社の場合）。 □株主総会用の連結計算書類科目内訳書と照合する。
連計32	連結	数値	短期借入金 ：6,500百万円	□同上
連計33	連結	数値	１年内償還予定社債 ：20,000百万円	□同上
連計34	連結	数値	未払法人税等 ：783百万円	□同上
連計35	連結	数値	賞与引当金 ：94百万円	□同上
連計36	連結	数値	役員賞与引当金 ：2百万円	□同上
連計37	連結	数値	その他の流動負債 ：91百万円	□同上 □金額的または質的に重要性の高い科目がある場合には、独立開示科目として表示する。
連計38	連結	数値	固定負債 ：29,263百万円	□（会社法）連結計算書類科目組替表より転記する。 □連結精算表と照合する。 □連結決算短信の連結貸借対照表との整合性をチェックする（上場会社の場合）。 □固定負債科目金額の合計値が近似値となることを確認する（切捨て表示の場合には、当該金額以下になっていることも確認する）。

ガイド No.	個別/連結	区分	記載内容	作業内容およびチェック事項
連計39	連結	数値	社債 ：5,000百万円	□（会社法）連結計算書類科目組替表より転記する。 □連結精算表と照合する。 □連結精算表の連結会社の個別財務諸表の当該科目金額が連結会社の計算書類の貸借対照表科目金額と一致していることを検証する。 □連結決算短信の連結貸借対照表との整合性をチェックする（上場会社の場合）。 □株主総会用の連結計算書類科目内訳書と照合する。
連計40	連結	数値	転換型新株予約権付社債 ：4,000百万円	□同上
連計41	連結	数値	長期借入金 ：16,050百万円	□同上
連計42	連結	数値	退職給付引当金 ：1,798百万円	□同上
連計43	連結	数値	役員退職慰労引当金 ：1,674百万円	□同上
連計44	連結	数値	繰延税金負債 ：40百万円	□同上
連計45	連結	数値	再評価に係る繰延税金負債 ：700百万円	□同上
連計46	連結	数値	負ののれん ：―百万円	□同上 □のれん評価額がマイナスの場合に、表示される。
連計47	連結	数値	その他の固定負債 ：―百万円	□（会社法）連結計算書類科目組替表より転記する。 □連結精算表と照合する。 □連結精算表の連結会社の個別財務諸表の当該科目金額が連結会社の計算書類の貸借対照表科目金額と一致していることを検証する。 □連結決算短信の連結貸借対照表との整合性をチェックする（上場会社の場合）。 □株主総会用の連結計算書類科目内訳書と照合する。 □金額的または質的に重要性の高い科目がある場合には、独立開示科目として表示する。
連計48	連結	数値	負債合計 ：58,346百万円	□（会社法）連結計算書類科目組替表より転記する。 □連結精算表と照合する。 □連結決算短信の連結貸借対照表との整合性をチェックする（上場会社の場合）。 □「流動負債＋固定負債」の金額の合計値が近似値となることを確認する（切捨て表示の場合には、当該金額以下になっていることも確認する）。
連計49	連結	数値	株主資本 ：5,464百万円	□（会社法）連結計算書類科目組替表より転記する。 □連結株主資本等変動計算書の当該科目の「当期末残高」と照合する。 □連結精算表と照合する。 □連結決算短信の連結貸借対照表との整合性をチェックする（上場会社の場合）。 □「資本金＋新株式申込証拠金＋資本剰余金＋利益剰余金＋

ガイド No.	個別/連結	区分	記載内容	作業内容およびチェック事項
				自己株式＋自己株式申込証拠金」の金額の合計値が近似値となることを確認する（切捨て表示の場合には、当該金額以下になっていることも確認する）。
連計50	連結	数値	資本金 ：990百万円	□（会社法）連結計算書類科目組替表より転記する。 □連結株主資本等変動計算書の当該科目の「当期末残高」と照合する。 □連結精算表と照合する。 □連結精算表の連結会社の個別財務諸表の当該科目金額が連結会社の計算書類の貸借対照表科目金額と一致していることを検証する。 □連結決算短信の連結貸借対照表との整合性をチェックする（上場会社の場合）。 □株主総会用の連結計算書類科目内訳書と照合する。 □提出会社の計算書類の当該科目金額と一致していることを確認する。
連計51	連結	数値	新株式申込証拠金 ：－百万円	□同上
連計52	連結	数値	資本剰余金 ：230百万円	□同上
連計53	連結	数値	利益剰余金 ：4,452百万円	□「会社法連結計算書類科目組替表」より転記する。 □連結株主資本等変動計算書の当該科目の「当期末残高」と照合する。 □連結精算表と照合する。 □連結精算表の連結会社の個別財務諸表の当該科目金額が連結会社の計算書類の貸借対照表科目金額と一致していることを検証する。 □連結決算短信の連結貸借対照表との整合性をチェックする（上場会社の場合）。 □株主総会用の連結計算書類科目内訳書と照合する。
連計54	連結	数値	自己株式 ：△208百万円	□同上
連計55	連結	数値	自己株式申込証拠金 ：－百万円	□同上
連計56	連結	数値	評価・換算差額等 ：806百万円	□（会社法）連結計算書類科目組替表より転記する。 □連結株主資本等変動計算書の当該科目の「当期末残高」と照合する。 □連結精算表と照合する。 □連結決算短信の連結貸借対照表との整合性をチェックする（上場会社の場合）。 □「その他有価証券評価差額金＋土地再評価差額金＋繰延ヘッジ損益＋為替換算調整勘定」の金額の合計値が近似値となることを確認する（切捨て表示の場合には、当該金額以下になっていることも確認する）。
連計57	連結	数値	その他有価証券 評価差額金 ：6百万円	□（会社法）連結計算書類科目組替表より転記する。 □連結株主資本等変動計算書の当該科目の「当期末残高」と照合する。 □連結精算表と照合する。

ガイド No.	個別/連結	区分	記載内容	作業内容およびチェック事項
				□連結精算表の連結会社の個別財務諸表の当該科目金額が連結会社の計算書類の貸借対照表科目金額と一致していることを検証する。 □連結決算短信の連結貸借対照表との整合性をチェックする（上場会社の場合）。 □株主総会用の連結計算書類科目内訳書と照合する。
連計58	連結	数値	土地再評価差額金 ：800百万円	□同上
連計59	連結	数値	繰延ヘッジ損益 ：一百万円	□同上
連計60	連結	数値	為替換算調整勘定 ：一百万円	□同上
連計61	連結	数値	新株予約権 ：80百万円	□同上
連計62	連結	数値	少数株主持分 ：150百万円	□同上
連計63	連結	数値	純資産合計 ：6,500百万円	□（会社法）連結計算書類科目組替表より転記する。 □連結株主資本等変動計算書の当該科目の「当期末残高」と照合する。 □連結精算表と照合する。 □連結決算短信の連結貸借対照表との整合性をチェックする（上場会社の場合）。 □「株主資本＋評価・換算差額等＋新株予約権＋少数株主持分」の金額の合計値が近似値となることを確認する（切捨て表示の場合には、当該金額以下になっていることも確認する）。
連計64	連結	数値	負債及び純資産合計 ：64,847百万円	□（会社法）連結計算書類科目組替表より転記する。 □連結精算表と照合する。 □連結決算短信の連結貸借対照表との整合性をチェックする（上場会社の場合）。 □「負債合計＋純資産合計」の金額の合計値が近似値となることを確認する（切捨て表示の場合には、当該金額以下になっていることも確認する）。

5．根拠条文

＜会社計算規則＞
第97条（連結貸借対照表）　連結貸借対照表は、株式会社の連結会計年度に対応する期間に係る連結会社の貸借対照表（連結子会社が前条第１項本文の規定による決算を行う場合における当該連結子会社の貸借対照表については、当該決算に係る貸借対照表）の資産、負債及び純資産の金額を基礎として作成しなければならない。この場合においては、連結会社の貸借対照表に計上された資産、負債及び純資産の金額を、連結貸借対照表の適切な項目に計上することができる。

第二章　貸借対照表等

第104条（通則）　貸借対照表等（**貸借対照表及び連結貸借対照表**をいう。以下この編において同じ。）については、この章に定めるところによる。
第105条（貸借対照表等の区分）　貸借対照表等は、次に掲げる部に区分して表示しなければならない。
　一　**資産**
　二　**負債**

三　純資産
2　資産の部又は負債の部の各項目は、当該項目に係る資産又は負債を示す適当な名称を付さなければならない。
3　連結会社が2以上の異なる種類の事業を営んでいる場合には、連結貸借対照表の資産の部及び負債の部は、その営む事業の種類ごとに区分することができる。

第106条（資産の部の区分）　資産の部は、次に掲げる項目に区分しなければならない。この場合において、各項目（第2号に掲げる項目を除く。）は、適当な項目に細分しなければならない。
　一　流動資産
　二　固定資産
　三　繰延資産
2　固定資産に係る項目は、次に掲げる項目に区分しなければならない。この場合において、各項目は、適当な項目に細分しなければならない。
　一　有形固定資産
　二　無形固定資産
　三　投資その他の資産
3　次の各号に掲げる資産は、当該各号に定めるものに属するものとする。
　一　次に掲げる資産　流動資産
　　イ　現金及び預金（1年内に期限の到来しない預金を除く。）
　　ロ　受取手形（通常の取引（当該会社の事業目的のための営業活動において、経常的に又は短期間に循環して発生する取引をいう。以下この章において同じ。）に基づいて発生した手形債権（破産債権、再生債権、更生債権その他これらに準ずる債権で1年内に弁済を受けることができないことが明らかなものを除く。）をいう。）
　　ハ　売掛金（通常の取引に基づいて発生した事業上の未収金（当該未収金に係る債権が破産債権、再生債権、更生債権その他これらに準ずる債権で1年内に弁済を受けることができないことが明らかなものである場合における当該未収金を除く。）をいう。）
　　ニ　売買目的有価証券及び1年内に満期の到来する有価証券
　　ホ　商品（販売の目的をもって所有する土地、建物その他の不動産を含む。）
　　ヘ　製品、副産物及び作業くず
　　ト　半製品（自製部分品を含む。）
　　チ　原料及び材料（購入部分品を含む。）
　　リ　仕掛品及び半成工事
　　ヌ　消耗品、消耗工具、器具及び備品その他の貯蔵品であって、相当な価額以上のもの
　　ル　前渡金（商品、原材料等の購入のための前渡金（当該前渡金に係る債権が破産債権、再生債権、更生債権その他これらに準ずる債権で1年内に弁済を受けることができないことが明らかなものである場合における当該前渡金を除く。）をいう。）
　　ヲ　前払費用であって、1年内に費用となるべきもの
　　ワ　未収収益
　　カ　次に掲げる繰延税金資産
　　　（1）流動資産に属する資産又は流動負債に属する負債に関連する繰延税金資産
　　　（2）特定の資産又は負債に関連しない繰延税金資産であって、1年内に取り崩されると認められるもの
　　ヨ　その他の資産であって、1年内に現金化できると認められるもの
　二　次に掲げる資産（ただし、イからトまでに掲げる資産については、事業の用に供するものに限る。）　有形固定資産
　　イ　建物及び暖房、照明、通風等の付属設備
　　ロ　構築物（ドック、橋、岸壁、さん橋、軌道、貯水池、坑道、煙突その他土地に定着する土木設備又は工作物をいう。）
　　ハ　機械及び装置並びにホイスト、コンベヤー、起重機等の搬送設備その他の付属設備
　　ニ　船舶及び水上運搬具
　　ホ　鉄道車両、自動車その他の陸上運搬具
　　ヘ　工具、器具及び備品（耐用年数1年以上のものに限る。）
　　ト　土地
　　チ　建設仮勘定（イからトまでに掲げる資産で事業の用に供するものを建設した場合における支出及び当該建設の目的のために充当した材料をいう。）
　　リ　その他の有形資産であって、有形固定資産に属する資産とすべきもの
　三　次に掲げる資産　無形固定資産
　　イ　特許権
　　ロ　借地権（地上権を含む。）
　　ハ　商標権
　　ニ　実用新案権
　　ホ　意匠権
　　ヘ　鉱業権
　　ト　漁業権（入漁権を含む。）
　　チ　ソフトウエア
　　リ　のれん
　　ヌ　その他の無形資産であって、無形固定資産に属する資産とすべきもの
　四　次に掲げる資産　投資その他の資産
　　イ　関係会社の株式（売買目的有価証券に該当する株式を除く。以下同じ。）その他流動資産に属しない有価証券
　　ロ　出資金
　　ハ　長期貸付金
　　ニ　次に掲げる繰延税金資産
　　　（1）有形固定資産、無形固定資産若しくは投資

その他の資産に属する資産又は固定負債に属する負債に関連する繰延税金資産
　　　　（2）特定の資産又は負債に関連しない繰延税金資産であって、1年内に取り崩されると認められないもの
　　ホ　その他の資産であって、投資その他の資産に属する資産とすべきもの
　　ヘ　その他の資産であって、流動資産、有形固定資産、無形固定資産又は繰延資産に属しないもの
　五　繰延資産として計上することが適当であると認められるもの　繰延資産
4　前項に規定する「1年内」とは、次の各号に掲げる貸借対照表等の区分に応じ、当該各号に定める日から起算して1年以内の日をいう（以下この編において同じ。）。
　一　成立の日における貸借対照表　会社の成立の日
　二　事業年度に係る貸借対照表　事業年度の末日の翌日
　三　臨時計算書類の貸借対照表　臨時決算日の翌日
　四　連結貸借対照表　連結会計年度の末日の翌日
第107条（負債の部の区分）　負債の部は、次に掲げる項目に区分しなければならない。この場合において、各項目は、適当な項目に細分しなければならない。
　一　流動負債
　二　固定負債
2　次の各号に掲げる負債は、当該各号に定めるものに属するものとする。
　一　次に掲げる負債　流動負債
　　イ　支払手形（通常の取引に基づいて発生した手形債務をいう。）
　　ロ　買掛金（通常の取引に基づいて発生した事業上の未払金をいう。）
　　ハ　前受金（受注工事、受注品等に対する前受金をいう。）
　　ニ　引当金（資産に係る引当金及び1年内に使用されないと認められるものを除く。）
　　ホ　通常の取引に関連して発生する未払金又は預り金で一般の取引慣行として発生後短期間に支払われるもの
　　ヘ　未払費用
　　ト　前受収益
　　チ　次に掲げる繰延税金負債
　　　　（1）流動資産に属する資産又は流動負債に属する負債に関連する繰延税金負債
　　　　（2）特定の資産又は負債に関連しない繰延税金負債であって、1年内に取り崩されると認められるもの
　　リ　その他の負債であって、1年内に支払又は返済されると認められるもの
　二　次に掲げる負債　固定負債
　　イ　社債
　　ロ　長期借入金
　　ハ　引当金（資産に係る引当金及び前号ニに掲げる引当金を除く。）
　　ニ　次に掲げる繰延税金負債
　　　　（1）有形固定資産、無形固定資産若しくは投資その他の資産に属する資産又は固定負債に属する負債に関連する繰延税金負債
　　　　（2）特定の資産又は負債に関連しない繰延税金負債であって、1年内に取り崩されると認められないもの
　　ホ　のれん
　　ヘ　その他の負債であって、流動負債に属しないもの
第108条（純資産の部の区分）　純資産の部は、次の各号に掲げる貸借対照表等の区分に応じ、当該各号に定める項目に区分しなければならない。
　…略…
　二　株式会社の連結貸借対照表　次に掲げる項目
　　イ　株主資本
　　ロ　評価・換算差額等
　　ハ　新株予約権
　　ニ　少数株主持分
　…略…
2　株主資本に係る項目は、次に掲げる項目に区分しなければならない。この場合において、第五号に掲げる項目は、控除項目とする。
　一　資本金
　二　新株式申込証拠金
　三　資本剰余金
　四　利益剰余金
　五　自己株式
　六　自己株式申込証拠金
　…略…
7　評価・換算差額等に係る項目は、次に掲げる項目その他適当な名称を付した項目に細分しなければならない。ただし、第4号に掲げる項目は、連結貸借対照表に限る。
　一　その他有価証券評価差額金
　二　繰延ヘッジ損益
　三　土地再評価差額金
　四　**為替換算調整勘定**
　…略…
8　新株予約権に係る項目は、自己新株予約権に係る項目を控除項目として区分することができる。
9　連結貸借対照表についての次の各号に掲げるものに計上すべきものは、当該各号に定めるものとする。
　一　第2項第5号の**自己株式**　次に掲げる額の合計額
　　イ　当該株式会社が保有する当該株式会社の株式の帳簿価額
　　ロ　連結子会社並びに持分法を適用する非連結子会社及び関連会社が保有する当該株式会社の株式の帳簿価額のうち、当該株式会社のこれらの会社に対する持分に相当する額
　二　第7項第4号の**為替換算調整勘定**　外国にある子会社又は関連会社の資産及び負債の換算に用い

る為替相場と純資産の換算に用いる為替相場とが異なることによって生じる換算差額

第109条（貸倒引当金等の表示）　各資産に係る引当金は、次項の規定による場合のほか、当該各資産の項目に対する控除項目として、貸倒引当金その他当該引当金の設定目的を示す名称を付した項目をもって表示しなければならない。ただし、流動資産、有形固定資産、無形固定資産、投資その他の資産又は繰延資産の区分に応じ、これらの資産に対する控除項目として一括して表示することを妨げない。

2　各資産に係る引当金は、当該各資産の金額から直接控除し、その控除残高を当該各資産の金額として表示することができる。

第110条（有形固定資産に対する減価償却累計額の表示）　各有形固定資産に対する減価償却累計額は、次項の規定による場合のほか、当該各有形固定資産の項目に対する控除項目として、減価償却累計額の項目をもって表示しなければならない。ただし、これらの有形固定資産に対する控除項目として一括して表示することを妨げない。

2　各有形固定資産に対する減価償却累計額は、当該各有形固定資産の金額から直接控除し、その控除残高を当該各有形固定資産の金額として表示することができる。

第111条（有形固定資産に対する減損損失累計額の表示）　各有形固定資産に対する減損損失累計額は、次項及び第3項の規定による場合のほか、当該各有形固定資産の金額（前条第2項の規定により有形固定資産に対する減価償却累計額を当該有形固定資産の金額から直接控除しているときは、その控除後の金額）から直接控除し、その控除残高を当該各有形固定資産の金額として表示しなければならない。

2　減価償却を行う各有形固定資産に対する減損損失累計額は、当該各有形固定資産の項目に対する控除項目として、減損損失累計額の項目をもって表示することができる。ただし、これらの有形固定資産に対する控除項目として一括して表示することを妨げない。

3　前条第1項及び前項の規定により減価償却累計額及び減損損失累計額を控除項目として表示する場合には、減損損失累計額を減価償却累計額に合算して、減価償却累計額の項目をもって表示することができる。

第112条（無形固定資産の表示）　各無形固定資産に対する減価償却累計額及び減損損失累計額は、当該各無形固定資産の金額から直接控除し、その控除残高を当該各無形固定資産の金額として表示しなければならない。

第113条（関係会社株式等の表示）　関係会社の株式又は出資金は、関係会社株式又は関係会社出資金の項目をもって別に表示しなければならない。

2　前項の規定は、連結貸借対照表及び持分会社の貸借対照表については、適用しない。

第114条（繰延税金資産等の表示）　流動資産に属する繰延税金資産の金額及び流動負債に属する繰延税金負債の金額については、その差額のみを繰延税金資産又は繰延税金負債として流動資産又は流動負債に表示しなければならない。

2　固定資産に属する繰延税金資産の金額及び固定負債に属する繰延税金負債の金額については、その差額のみを繰延税金資産又は繰延税金負債として固定資産又は固定負債に表示しなければならない。

3　連結貸借対照表に係る前二項の規定の適用については、これらの規定中「その差額」とあるのは、「異なる納税主体に係るものを除き、その差額」とする。

第115条（繰延資産の表示）　各繰延資産に対する償却累計額は、当該各繰延資産の金額から直接控除し、その控除残高を各繰延資産の金額として表示しなければならない。

第116条（連結貸借対照表ののれん）　連結貸借対照表に表示するのれんには、連結子会社に係る投資の金額がこれに対応する連結子会社の資本の金額と異なる場合に生ずるのれんを含むものとする。

第117条（新株予約権の表示）　自己新株予約権の額は、新株予約権の金額から直接控除し、その控除残高を新株予約権の金額として表示しなければならない。ただし、自己新株予約権を控除項目として表示することを妨げない。

第2章 連結損益計算書

　連結損益計算書の完成までに記入すべき箇所として、27箇所を設定しました（ガイドNo.【連計65】～【連計91】）。
　以下、その27箇所について、記載例、作成手順、使用する基礎資料、根拠法令の条文を示しながら説明していきます。

１．作成上のポイント

　連結会計の連結精算表の連結精算表科目ごとの連結帳簿残高を会社計算規則に従った（会社法）連結計算書類科目に組替仕訳を起票し、これを連結計算書類科目組替表へ転記し、連結計算書類科目ごとの残高を記載します。
　その連結計算書類科目金額（円単位）を所定の表示単位処理・端数処理を行って、連結計算書類の連結損益計算書へ転記します。
　作成手順は、以下の通りです。
　①「連結精算表」作成⇒②「（会社法）連結計算書類科目への組替仕訳」作成⇒③「連結計算書類科目組替表」へ転記・「連結計算書類科目残高」計算・記入⇒④「連結計算書類科目組替表」の「連結計算書類科目残高」を所定の表示単位処理・端数処理した金額を「会社法上の連結損益計算書」へ転記

2．記載例

連 結 損 益 計 算 書
(自平成○8年4月1日　至平成○9年3月31日)

(単位：百万円)

科　　　目	金	額		
Ⅰ．売上高			【連計65】	34,861
Ⅱ．売上原価			【連計66】	22,278
売上総利益（売上総損失）			【連計67】	12,582
Ⅲ．販売費及び一般管理費			【連計68】	5,945
営業利益（営業損失）			【連計69】	6,636
Ⅳ．営業外収益			【連計70】	140
1．受取利息及び配当金	【連計71】	70		
2．持分法による投資利益	【連計72】	50		
3．その他営業外収益	【連計73】	20		
Ⅴ．営業外費用			【連計74】	1,398
1．支払利息	【連計75】	1,354		
2．その他営業外費用	【連計76】	43		
経常利益（経常損失）			【連計77】	5,379
Ⅵ．特別利益			【連計78】	67
1．投資有価証券売却益	【連計79】	50		
2．固定資産売却益	【連計80】	12		
3．前期損益修正益	【連計81】	5		
Ⅶ．特別損失			【連計82】	600
1．固定資産売却損	【連計83】	550		
2．固定資産除却損	【連計84】	50		
税金等調整前当期純利益 （税金等調整前当期純損失）			【連計85】	4,847
法人税、住民税及び事業税	【連計86】	2,163		
過年度法人税等追徴額	【連計87】	800		
法人税等調整額	【連計88】	△107	【連計89】	2,856
少数株主利益（少数株主損失）			【連計90】	20
当期純利益（当期純損失）			【連計91】	1,970

連結株主資本等変動計算書「当期純利益」(P136) と一致

3．作成手順

3－1．連結精算表の作成

連結精算表（連結貸借対照表科目関係）No. 2
（自平成○8年4月1日 至平成○9年3月31日）
㈱スリー・シー・コンサルティング

（単位：円）

No.	連結精算表科目 （会社法計算書類科目を 連結精算表科目への組替）	【親会社】 ㈱スリー・シー・ コンサルティング	【連結子会社】 ㈱ライン	【合算】	【連結仕訳】	【連結財務諸表】
	〈連結損益計算書〉	（個別財務諸表）	（個別財務諸表）			〈連結損益計算書〉
60	売上高	(32,361,116,000)	(3,000,000,000)	(35,361,116,000)	500,000,000	(34,861,116,000)
61	売上原価	20,273,875,000	2,500,000,000	22,773,875,000	(495,000,000)	22,278,875,000
	（売上総利益）	(12,087,241,000)	(500,000,000)	(12,587,241,000)	5,000,000	(12,582,241,000)
62	販売費及び一般管理費	5,695,245,000	250,000,000	5,945,245,000		5,945,245,000
	（営業利益）	(6,391,996,000)	(250,000,000)	(6,641,996,000)	5,000,000	(6,636,996,000)
63	受取利息及び配当金	(56,724,000)	(50,000,000)	(106,724,000)	36,000,000	(70,724,000)
64	持分法による投資利益				(50,000,000)	(50,000,000)
65	その他の営業外収益	(20,014,000)		(20,014,000)		(20,014,000)
	（営業外収益合計）	(76,738,000)	(50,000,000)	(126,738,000)	(14,000,000)	(140,738,000)
66	支払利息	1,256,781,000	100,000,000	1,356,781,000	(2,000,000)	1,354,781,000
67	その他の営業外費用	43,229,000		43,229,000		43,229,000
	営業外費用合計	1,300,010,000	100,000,000	1,400,010,000	(2,000,000)	1,398,010,000
	（経常利益）	(5,168,724,000)	(200,000,000)	(5,368,724,000)	(11,000,000)	(5,379,724,000)
68	投資有価証券売却益	(50,002,000)		(50,002,000)		(50,002,000)
69	固定資産売却益	(12,130,000)		(12,130,000)		(12,130,000)
70	前期損益修正益	(5,623,000)		(5,623,000)		(5,623,000)
	（特別利益合計）	(67,755,000)	（－）	(67,755,000)		(67,755,000)
71	固定資産売却損	550,001,000		550,001,000		550,001,000
72	固定資産除却損	50,005,000		50,005,000		50,005,000
	特別損失合計	600,006,000	（－）	600,006,000		600,006,000
	（税金等調整前当期純利益）	(4,636,473,000)	(200,000,000)	(4,836,473,000)	(11,000,000)	(4,847,473,000)
73	法人税、住民税及び事業税	2,066,392,000	97,232,000	2,163,624,000		2,163,624,000
74	過年度法人税等追徴額	784,900,000	15,558,000	800,458,000		800,458,000
75	法人税等調整額	△92,979,000	△12,790,000	△105,769,000	(1,600,000)	△107,369,000
76	少数株主利益				20,000,000	20,000,000
	（当期純利益）	(1,878,160,000)	(100,000,000)	(1,978,160,000)	7,400,000	(1,970,760,000)

※ 連結精算表の個別財務諸表と各連結会社の個別計算書類とを検証する必要があります。

4-2. 連結精算表勘定科目から(会社法)連結計算書類科目への組替仕訳の起票

「連結精算表」から「(会社法)連結計算科目組替表」へ

種類	区分	No.または表示	連結精算表科目または連結計算書類科目	金額(円)	種類	区分	No.または表示	連結精算表科目または連結計算書類科目	金額(円)
連/精	P/L	60	製品売上高	34,861,116,000	連/計	P/L	売上高	売上高	34,861,116,000
連/計	P/L	売上原価	売上原価	22,278,875,000	連/精	P/L	61	売上原価	22,278,875,000
連/計	P/L	販売費及び一般管理費	販売費及び一般管理費	5,945,245,000	連/精	P/L	62	販売費及び一般管理費	5,945,245,000
連/精	P/L	63	受取利息及配当金	70,724,000	連/計	P/L	営業外収益	受取利息及配当金	70,724,000
連/精	P/L	64	持分法による投資利益	50,000,000	連/計	P/L	営業外収益	持分法による投資利益	50,000,000
連/精	P/L	65	その他営業外収益	20,014,000	連/計	P/L	営業外収益	その他営業外収益	20,014,000
連/計	P/L	営業外費用	支払利息	1,354,781,000	連/精	P/L	66	支払利息	1,354,781,000
連/計	P/L	営業外費用	その他営業外費用	43,229,000	連/精	P/L	67	その他営業外費用	43,229,000
連/精	P/L	69	固定資産売却益	12,130,000	連/計	P/L	特別利益	固定資産売却益	12,130,000
連/精	P/L	68	投資有価証券売却益	50,002,000	連/計	P/L	特別利益	投資有価証券売却益	50,002,000
連/精	P/L	70	前期損益修正益	5,623,000	連/計	P/L	特別利益	前期損益修正益	5,623,000
連/計	P/L	特別損失	固定資産売却損	550,001,000	連/精	P/L	71	固定資産売却損	550,001,000
連/計	P/L	特別損失	固定資産除却損	50,005,000	連/精	P/L	72	固定資産除却損	50,005,000
連/計	P/L	法人税等	法人税、住民税及び事業税	2,163,624,000	連/精	P/L	73	法人税、住民税及び事業税	2,163,624,000
連/計	P/L	法人税等	過年度法人税等追徴額	800,458,000	連/精	P/L	74	過年度法人税等追徴額	800,458,000
連/計	P/L	法人税等	法人税等調整額	△107,369,000	連/精	P/L	75	法人税等調整額	△107,369,000
連/計	P/L	法人税等	少数株主利益	20,000,000	連/精	P/L	76	少数株主利益	20,000,000

4-3.「連結精算表勘定科目から(会社法)連結計算書類科目への組替表」(連結損益計算書関係)

連結会計(連結精算表)					連結精算表科目から連結計算書類科目への組替仕訳 貸方:( )表示	連結計算書類「連結損益計算書」			
No.	連結精算表	貸借	連結精算表金額(円)			開示科目名	開示科目金額(円)	ガイドNo.	表示単位金額(百万円・切捨て)
60	製品売上高	(貸)	(34,861,116,000)		34,861,116,000				
					(34,861,116,000)	売上高	34,861,116,000	連計65(1)	34,861百万円
61	売上原価	借	22,278,875,000		(22,278,875,000)				
					22,278,875,000	売上原価	22,278,875,000	連計66(2)	22,278百万円

\multicolumn{4}{c	}{連結会計（連結精算表）}	連結精算表科目から連結計算書類科目への組替仕訳 貸方:( )表示	\multicolumn{5}{c}{連結計算書類「連結損益計算書」}
No.	連結精算表	貸借	連結精算表金額（円）		開示科目名	開示科目金額（円）	ガイドNo.	表示単位金額（百万円・切捨て）
					売上総利益（売上総損失）	12,582,241,000	連計67 (1)−(2)=(3)	12,582百万円
62	販売費及び一般管理費	借	5,945,245,000	(5,945,245,000)				
				5,945,245,000	販売費及び一般管理費	5,945,245,000	連計68 (4)	5,945百万円
					営業利益（営業損失）	6,636,996,000	連計69 (3)−(4)=(5)	6,636百万円
63	受取利息及び配当金	(貸)	(70,724,000)	70,724,000				
				(70,724,000)	受取利息及び配当金	70,724,000	連計71 (6)	70百万円
64	持分法による投資利益	(貸)	(50,000,000)	50,000,000				
				(50,000,000)	持分法による投資利益	50,000,000	連計72 (7)	50百万円
65	その他の営業外収益	(貸)	(20,014,000)	20,014,000				
				(20,014,000)	その他営業外収益	20,014,000	連計73 (8)	20百万円
					営業外収益	140,738,000	連計70 (6)+(7)+(8)=(9)	140百万円
66	支払利息	借	1,354,781,000	(1,354,781,000)				
				1,354,781,000	支払利息	1,354,781,000	連計75 (10)	1,354百万円
67	その他の営業外費用	借	43,229,000	(43,229,000)				
				43,229,000	その他営業外費用	43,229,000	連計76 (11)	43百万円
	【営業外費用合計】		【1,398,010,000】		営業外費用	1,398,010,000	連計74 (10)+(11)=(12)	1,398百万円
	【経常利益】		【5,379,724,000】		経常利益（経常損失）	5,379,724,000	連計77 (5)+(9)−(12)=(13)	5,379百万円
68	投資有価証券売却益	(貸)	(50,002,000)	50,002,000				

第2章 連結損益計算書　127

\multicolumn{3}{c	}{連結会計（連結精算表）}	連結精算表科目	\multicolumn{4}{c}{連結計算書類「連結損益計算書」}
No.	連結精算表	貸借	連結精算表金額（円）	から連結計算書類科目への組替仕訳 貸方：（）表示	開示科目名	開示科目金額（円）	ガイドNo.	表示単位金額（百万円・切捨て）
				(50,002,000)	投資有価証券売却益	50,002,000	連計79 (14)	50百万円
69	固定資産売却益	(貸)	(12,130,000)	12,130,000				
				(12,130,000)	固定資産売却益	12,130,000	連計80 (15)	12百万円
70	前期損益修正益	(貸)	(5,623,000)	5,623,000				
				(5,623,000)	前期損益修正益	5,623,000	連計81 (16)	5百万円
					特別利益	67,755,000	連計78 (14)+(15)+(16)=(17)	67百万円
71	固定資産売却損	借	550,001,000	(550,001,000)				
				550,001,000	固定資産売却損	550,001,000	連計83 (18)	550百万円
72	固定資産除却損	借	50,005,000	(50,005,000)				
				50,005,000	固定資産除却損	50,005,000	連計84 (19)	50百万円
					特別損失	600,006,000	連計82 (18)+(19)=(20)	600百万円
	【税金等調整前当期純利益】		【4,847,473,000】		税金等調整前当期純利益（税等調整前当期純損失）	4,847,473,000	連計85 (13)+(17)-(20)=(21)	4,847百万円
73	法人税、住民税及び事業税	借	2,163,624,000	(2,163,624,000)				
				2,163,624,000	法人税、住民税及び事業税	2,163,624,000	連計86 (22)	2,163百万円
74	過年度法人税等追徴額	借	800,458,000	(800,458,,000)				
				800,458,000	過年度法人税等追徴額	800,458,000	連計87 (23)	800百万円
75	法人税等調整額	借	△107,369,000	(△107,369,000)				

連結会計（連結精算表）			連結精算表科目から連結計算書類科目への組替仕訳 貸方：( )表示	連結計算書類「連結損益計算書」			
No.	連結精算表	貸借	連結精算表金額（円）	^	開示科目名	開示科目金額（円）	ガイドNo.	表示単位金額（百万円・切捨て）
				△107,369,000	法人税等調整額	△107,369,000	連計88 (24)	△107百万円
					【法人税等合計額】	2,856,713,000	連計89 (22)+(23)+(24)=(25)	2,856百万円
76	少数株主利益	借	20,000,000	(20,000,000)				
				20,000,000	少数株主利益	20,000,000	連計90(26)	20百万円
					当期純利益	1,970,760,000	連計91 (21)−(25)−(26)=(27)	1,970百万円

4．記載項目別作業一覧

ガイドNo.	個別/連結	区分	記載内容	作業内容およびチェック事項
連計65	連結	数値	売上高 ：34,861百万円	□（会社法）連結計算書類科目組替表より転記する。 □連結精算表と照合する。 □連結精算表の連結会社の個別財務諸表の当該科目金額が連結会社の計算書類の損益計算書科目金額と一致していることを検証する。 □事業報告を連結ベースで開示する場合には、「事業の経過およびその成果」および「財産および損益の状況の推移」の売上高との整合性を検証する。 □連結決算短信の連結損益計算書との整合性をチェックする（上場会社の場合）。 □株主総会用の連結計算書類科目内訳書と照合する。
連計66	連結	数値	売上原価 ：22,278百万円	□（会社法）連結計算書類科目組替表より転記する。 □連結精算表と照合する。 □連結精算表の連結会社の個別財務諸表の当該科目金額が連結会社の計算書類の損益計算書科目金額と一致していることを検証する。 □連結決算短信の連結損益計算書との整合性をチェックする（上場会社の場合）。 □株主総会用の連結計算書類科目内訳書と照合する。
連計67	連結	数値	売上総利益 ：12,582百万円	□同上 □「売上高−売上原価」の計算結果金額が近似値となることを確認する（切捨て表示の場合には、当該金額以下になっていることも確認する）。 □計算結果がマイナスの場合には、「売上総損失」として絶対値表示する。

ガイド No.	個別/連結	区分	記載内容	作業内容およびチェック事項
連計68	連結	数値	販売費及び一般管理費 ：5,945百万円	□（会社法）連結計算書類科目組替表より転記する。 □連結精算表と照合する。 □連結精算表の連結会社の個別財務諸表の当該科目金額が、連結会社の計算書類の損益計算書科目金額と一致していることを検証する。 □連結決算短信の連結損益計算書との整合性をチェックする（上場会社の場合）。 □株主総会用の連結計算書類科目内訳書と照合する。
連計69	連結	数値	営業利益 ：6,636百万円	□同上 □「売上総利益－販売費及び一般管理費」の計算結果金額が近似値となることを確認する（切捨て表示の場合には、当該金額以下になっていることも確認する）。 □計算結果がマイナスの場合には、「営業損失」として絶対値表示する。
連計70	連結	数値	営業外収益 ：140百万円	□（会社法）連結計算書類科目組替表より転記する。 □連結精算表と照合する。 □連結精算表の連結会社の個別財務諸表の当該科目金額が、連結会社の計算書類の損益計算書科目金額と一致していることを検証する。 □連結決算短信の連結損益計算書との整合性をチェックする（上場会社の場合）。 □営業外収益科目の合計計算結果金額が近似値となることを確認する（切捨て表示の場合には、当該金額以下になっていることも確認する）。
連計71	連結	数値	受取利息及び配当金 ：70百万円	□（会社法）連結計算書類科目組替表より転記する。 □連結精算表と照合する。 □連結精算表の連結会社の個別財務諸表の当該科目金額が、連結会社の計算書類の損益計算書科目金額と一致していることを検証する。 □連結決算短信の連結損益計算書との整合性をチェックする（上場会社の場合）。 □株主総会用の連結計算書類科目内訳書と照合する。
連計72	連結	数値	持分法による投資利益 ：50百万円	□（会社法）連結計算書類科目組替表より転記する。 □連結精算表と照合する。 □連結決算短信の連結損益計算書との整合性をチェックする（上場会社の場合）。 □株主総会用の連結計算書類科目内訳書と照合する。
連計73	連結	数値	その他営業外収益 ：20百万円	□同上 □連結精算表の連結会社の個別財務諸表の当該科目金額が、連結会社の計算書類の損益計算書科目金額と一致していることを検証する。 □金額的または質的に重要性の高い科目がある場合には、独立開示科目として表示する。
連計74	連結	数値	営業外費用 ：1,398百万円	□（会社法）連結計算書類科目組替表より転記する。 □連結精算表と照合する。 □連結精算表の連結会社の個別財務諸表の当該科目金額が、連結会社の計算書類の損益計算書科目金額と一致していることを検証する。

ガイドNo.	個別/連結	区分	記載内容	作業内容およびチェック事項
				□連結決算短信の連結損益計算書との整合性をチェックする（上場会社の場合）。 □営業外費用科目の合計計算結果金額が近似値となることを確認する（切捨て表示の場合には、当該金額以下になっていることも確認する）。
連計75	連結	数値	支払利息 ：1,354百万円	□（会社法）連結計算書類科目組替表より転記する。 □連結精算表と照合する。 □連結精算表の連結会社の個別財務諸表の当該科目金額が、連結会社の計算書類の損益計算書科目金額と一致していることを検証する。 □連結決算短信の連結損益計算書との整合性をチェックする（上場会社の場合）。 □株主総会用の連結計算書類科目内訳書と照合する。
連計76	連結	数値	その他営業外費用 ：43百万円	□同上 □金額的または質的に重要性の高い科目がある場合には、独立開示科目として表示する。
連計77	連結	数値	経常利益 ：5,379百万円	□（会社法）連結計算書類科目組替表より転記する。 □連結精算表と照合する。 □連結精算表の連結会社の個別財務諸表の当該科目金額が、連結会社の計算書類の損益計算書科目金額と一致していることを検証する。 □事業報告を連結ベースで開示する場合には、「事業の経過およびその成果」および「財産および損益の状況の推移」の経常利益との整合性を検証する。 □連結決算短信の連結損益計算書との整合性をチェックする（上場会社の場合）。 □「営業利益＋営業外収益－営業外費用」の計算結果金額が近似値となることを確認する（切捨て表示の場合には、当該金額以下になっていることも確認する）。 □計算結果がマイナスの場合には、「経常損失」として絶対値表示する。
連計78	連結	数値	特別利益 ：67百万円	□（会社法）連結計算書類科目組替表より転記する。 □連結精算表と照合する。 □連結精算表の連結会社の個別財務諸表の当該科目金額が、連結会社の計算書類の損益計算書科目金額と一致していることを検証する。 □連結決算短信の連結損益計算書との整合性をチェックする（上場会社の場合）。 □特別利益科目の合計計算結果金額が近似値となることを確認する（切捨て表示の場合には、当該金額以下になっていることも確認する）。
連計79	連結	数値	投資有価証券売却益 ：50百万円	□（会社法）連結計算書類科目組替表より転記する。 □連結精算表と照合する。 □連結精算表の連結会社の個別財務諸表の当該科目金額が、連結会社の計算書類の損益計算書科目金額と一致していることを検証する。 □連結決算短信の連結損益計算書との整合性をチェックする（上場会社の場合）。

ガイド No.	個別/連結	区分	記載内容	作業内容およびチェック事項
				□株主総会用の連結計算書類科目内訳書と照合する。
連計80	連結	数値	固定資産売却益 ：12百万円	□同上
連計81	連結	数値	前期損益修正益 ：5百万円	□同上
連計82	連結	数値	特別損失 ：600百万円	□（会社法）連結計算書類科目組替表より転記する。 □連結精算表と照合する。 □連結精算表の連結会社の個別財務諸表の当該科目金額が、連結会社の計算書類の損益計算書科目金額と一致していることを検証する。 □連結決算短信の連結損益計算書との整合性をチェックする（上場会社の場合）。 □特別損失科目の合計計算結果金額が近似値となることを確認する（切捨て表示の場合には、当該金額以下になっていることも確認する）。
連計83	連結	数値	固定資産売却損 ：550百万円	□（会社法）連結計算書類科目組替表より転記する。 □連結精算表と照合する。 □連結精算表の連結会社の個別財務諸表の当該科目金額が、連結会社の計算書類の損益計算書科目金額と一致していることを検証する。 □連結決算短信の連結損益計算書との整合性をチェックする（上場会社の場合）。 □株主総会用の連結計算書類科目内訳書と照合する。
連計84	連結	数値	固定資産除却損 ：50百万円	□同上
連計85	連結	数値	税金等調整前当期純利益 ：4,847百万円	□同上 □連結決算短信の連結キャッシュ・フロー計算書（簡便法）との整合性をチェックする（上場会社の場合）。 □「経常利益＋特別利益－特別損失」の計算結果金額が近似値となることを確認する（切捨て表示の場合には、当該金額以下になっていることも確認する）。 □計算結果がマイナスの場合には、「税金等調整前当期純損失」として絶対値表示する。
連計86	連結	数値	法人税、住民税及び事業税 ：2,163百万円	□（会社法）連結計算書類科目組替表より転記する。 □連結精算表と照合する。 □連結精算表の連結会社の個別財務諸表の当該科目金額が、連結会社の計算書類の損益計算書科目金額と一致していることを検証する。 □連結決算短信の連結損益計算書との整合性をチェックする（上場会社の場合）。 □株主総会用の連結計算書類科目内訳書と照合する。
連計87	連結	数値	過年度法人税等追徴額 ：800百万円	□同上
連計88	連結	数値	法人税等調整額 △107百万円	□同上
連計89	連結	数値	（法人税等合計額）	□同上

ガイドNo.	個別/連結	区分	記載内容	作業内容およびチェック事項
			：2,856百万円	□「法人税、住民税及び事業税＋過年度法人税等＋法人税等調整額」の計算結果金額が近似値となることを確認する(切捨て表示の場合には、当該金額以下になっていることも確認する)。
連計90	連結	数値	少数株主利益 ：20百万円	□（会社法）連結計算書類科目組替表より転記する。 □連結精算表と照合する。 □連結決算短信の連結損益計算書との整合性をチェックする（上場会社の場合）。 □株主総会用の連結計算書類科目内訳書と照合する。 □マイナスの場合には、「少数株主損失」として絶対値表示する。
連計91	連結	数値	当期純利益 ：1,970百万円	□（会社法）連結計算書類科目組替表より転記する。 □連結精算表と照合する。 □連結精算表の連結会社の個別財務諸表の当該科目金額が連結会社の計算書類の損益計算書科目金額と一致していることを検証する。 □事業報告を連結ベースで開示する場合には、「事業の経過およびその成果」および「財産および損益の状況の推移」の当期純利益との整合性を検証する。 □連結決算短信の連結損益計算書との整合性をチェックする（上場会社の場合）。 □「税金等調整前当期純利益－（法人税等合計額）－少数株主利益」の計算結果金額が近似値となることを確認する(切捨て表示の場合には、当該金額以下になっていることも確認する)。 □計算結果がマイナスの場合には、「当期純損失」として絶対値表示する。 □連結株主資本等変動計算書の「当期純利益」との整合性を照合する。

5．根拠条文

＜会社計算規則＞
第98条（連結損益計算書）　連結損益計算書は、株式会社の連結会計年度に対応する期間に係る連結会社の損益計算書（連結子会社が第96条第１項本文の規定による決算を行う場合における当該連結子会社の損益計算書については、当該決算に係る損益計算書）の収益若しくは費用又は利益若しくは損失の金額を基礎として作成しなければならない。この場合においては、連結会社の損益計算書に計上された収益若しくは費用又は利益若しくは損失の金額を、連結損益計算書の適切な項目に計上することができる。

第三章　損益計算書等

第118条（通則）　損益計算書等（損益計算書及び連結損益計算書をいう。以下この編において同じ。）については、この章の定めるところによる。

第119条（損益計算書等の区分）　損益計算書等は、次に掲げる項目に区分して表示しなければならない。この場合において、各項目について細分することが適当な場合には、適当な項目に細分することができる。
一　売上高
二　売上原価
三　販売費及び一般管理費
四　営業外収益
五　営業外費用
六　特別利益
七　特別損失

2　特別利益に属する利益は、固定資産売却益、前期損益修正益その他の項目の区分に従い、細分しなければならない。
3　特別損失に属する損失は、固定資産売却損、減損損失、災害による損失、前期損益修正損その他の項目の区分に従い、細分しなければならない。
4　前二項の規定にかかわらず、前二項の各利益又は各損失のうち、その金額が重要でないものについては、当該利益又は損失を細分しないこととすることができる。
5　連結会社が2以上の異なる種類の事業を営んでいる場合には、連結損益計算書の第1項第1号から第3号までに掲げる収益又は費用は、その営む事業の種類ごとに区分することができる。
6　次の各号に掲げる場合における連結損益計算書には、当該各号に定める額を相殺した後の額を表示することができる。
　一　連結貸借対照表の資産の部に計上されたのれんの償却額及び負債の部に計上されたのれんの償却額が生ずる場合（これらの償却額が重要である場合を除く。）　連結貸借対照表の資産の部に計上されたのれんの償却額及び負債の部に計上されたのれんの償却額
　二　持分法による投資利益及び持分法による投資損失が生ずる場合　投資利益及び投資損失
7　損益計算書等の各項目は、当該項目に係る収益若しくは費用又は利益若しくは損失を示す適当な名称を付さなければならない。

第120条（売上総損益金額）　売上高から売上原価を減じて得た額（以下「売上総損益金額」という。）は、**売上総利益**金額として表示しなければならない。
2　前項の規定にかかわらず、売上総損益金額が零未満である場合には、零から売上総損益金額を減じて得た額を、**売上総損失**金額として表示しなければならない。

第121条（営業損益金額）　**売上総利益**金額から販売費及び一般管理費の合計額を減じて得た額（以下「営業損益金額」という。）は、営業利益金額として表示しなければならない。
2　前項の規定にかかわらず、営業損益金額が零未満である場合には、零から営業損益金額を減じて得た額を、**営業損失**金額として表示しなければならない。

第122条（経常損益金額）　営業損益金額に営業外収益を加算して得た額から営業外費用を減じて得た額（以下「経常損益金額」という。）は、**経常利益**金額として表示しなければならない。
2　前項の規定にかかわらず、経常損益金額が零未満である場合には、零から経常損益金額を減じて得た額を、**経常損失**金額として表示しなければならない。

第123条（税引前当期純損益金額）　経常損益金額に特別利益を加算して得た額から特別損失を減じて得た額（以下「税引前当期純損益金額」という。）は、**税引前当期純利益**金額（連結損益計算書にあっては、**税金等調整前当期純利益**金額）として表示しなければならない。
2　前項の規定にかかわらず、税引前当期純損益金額が零未満である場合には、零から税引前当期純損益金額を減じて得た額を、**税引前当期純損失**金額（連結損益計算書にあっては、**税金等調整前当期純損失**金額）として表示しなければならない。
3　前二項の規定にかかわらず、臨時計算書類の損益計算書の税引前当期純損益金額の表示については、適当な名称を付すことができる。

第124条（税等）　次に掲げる項目の金額は、その内容を示す名称を付した項目をもって、税引前当期純利益金額又は税引前当期純損失金額（連結損益計算書にあっては、税金等調整前当期純利益金額又は税金等調整前当期純損失金額）の次に表示しなければならない。ただし、第3号及び第4号に掲げる項目は、連結損益計算書に限る。
　一　当該事業年度（連結損益計算書にあっては、連結会計年度）に係る**法人税等**
　二　**法人税等調整額**（税効果会計の適用により計上される前号に掲げる法人税等の調整額をいう。）
　三　税金等調整前当期純利益として表示した額があるときは、当該額のうち**少数株主持分に属するもの**
　四　税金等調整前当期純損失として表示した額があるときは、当該額のうち**少数株主持分に属するもの**
2　法人税等の更正、決定等による納付税額又は還付税額がある場合には、前項第1号に掲げる項目の次に、その内容を示す名称を付した項目をもって表示するものとする。ただし、これらの金額の重要性が乏しい場合は、同号に掲げる項目の金額に含めて表示することができる。

第125条（当期純損益金額）　第1号から第3号までに掲げる額の合計額から第4号及び第5号に掲げる額の合計額を減じて得た額（以下「当期純損益金額」という。）は、**当期純利益**金額として表示しなければならない。
　一　税引前当期純損益金額
　二　前条第1項第4号に掲げる項目の金額
　三　前条第2項に規定する場合（同項ただし書の場合を除く。）において、還付税額があるときは当該還付金額
　四　前条第1項第1号から第3号までに掲げる項目の金額
　五　前条第2項に規定する場合（同項ただし書の場合を除く。）において、納付税額があるときは、当該金額に納付税
2　前項の規定にかかわらず、当期純損益金額が零未満である場合には、零から当期純損益金額を減じて得た額を、**当期純損失**金額として表示しなければならない。
3　前二項の規定にかかわらず、臨時計算書類の損益

計算書の当期純損益金額の表示については、適当な名称を付すことができる。

第126条（包括利益） 損益計算書等には、包括利益に関する事項を表示することができる。

第3章 連結株主資本等変動計算書

　連結株主資本等変動計算書の完成までに記入すべき箇所として、63箇所を設定しました（ガイドNo.【連計92】〜【連計154】）。

　以下、その63箇所について、記載例、作成手順、使用する基礎資料、根拠法令の条文を示しながら説明していきます。

1．作成上のポイント

　連結株主資本等変動計算書は、「2期比較の連結貸借対照表の純資産の増減内訳書」を意味します。

　個別会計の場合とは異なり、連結会計の場合の帳簿は連結精算表であり、会社法施行前も「資本剰余金計算書」や「利益剰余金計算書」の形で作成されていました。

　つまり、
- ・資本剰余金＝資本剰余金期首残高＋資本剰余金増加高－資本剰余金減少高
- ・利益剰余金＝利益剰余金期首残高＋利益剰余金増加高－利益剰余金減少高

の形式で表示されていました。

　会社法施行により、「連結剰余金の増減内訳」から「純資産の部の増減内訳」に拡大することを意味します。

　この点は、個別会計の場合には、上記の増減勘定科目は存在しておらず、2期比較の貸借対照表科目の増減差額を組替仕訳により作成した点とは異なります。

　本項の説明は、上記の考えに従って行っております。

　ただし、この点に関する作成方法は実務上確立されていませんので、実務上は担当会計士などの専門家のご意見に従ってください。また、連結会計システムの仕組み上の差もあると考えられますのでご留意ください。

2．記載例

連結株主資本等変動計算書（No.1）
（自平成○8年4月1日　至平成○9年3月31日）

（単位：百万円）

科　目	株主資本				
	資本金	資本剰余金	利益剰余金	自己株式	株主資本合計
〔前期末残高〕 平成○8年3月31日残高	【連計92】 1,080	【連計96】 212	【連計102】 2,839	【連計108】 △158	【連計114】 3,973
当期変動額					
資本金から資本剰余金へ振替	【連計93】 △90	【連計97】 90			【連計115】 ―
自己株式の取得				【連計109】 △122	【連計116】 △122
自己株式の処分		【連計98】 0		【連計110】 0	【連計117】 0
自己株式の消却		【連計99】 △72		【連計111】 72	【連計118】 ―
剰余金の配当			【連計103】 △300		【連計119】 △300
利益処分による 役員賞与　（注）			【連計104】 △58		【連計120】 △58
当期純利益			【連計105】 1,970		【連計121】 1,970
株主資本以外の項目の 当期変動額（純額）					
当期変動額合計	【連計94】 △90	【連計100】 17	【連計106】 1,612	【連計112】 △49	【連計122】 1,490
〔当期末残高〕 平成○9年3月31日残高	【連計95】 990	【連計101】 230	【連計107】 4,452	【連計113】 △208	【連計123】 5,464

※　当該設例では、「新株式申込証拠金」および「自己株式申込証拠金」の取引がないので、表示されていません。

（注）会社法施行に伴い、平成18年5月1日以降終了する事業年度からは利益処分案が廃止され、役員賞与は費用計上されるので、当該記載は行われません。

連結株主資本等変動計算書（No.2）
（自平成○8年4月1日　至平成○9年3月31日）

(単位：百万円)

	評価・換算差額等			新株予約権	少数株主持分	純資産合計
	その他有価証券評価差額金	土地再評価差額金	評価・換算差額等合計			
〔前期末残高〕平成○8年3月31日残高	【連計124】5	【連計128】800	【連計132】805	【連計136】80	【連計140】140	【連計144】4,998
当期変動額						
資本金から資本剰余金へ振替						【連計145】－
自己株式の取得						【連計146】△122
自己株式の処分						【連計147】0
自己株式の消却						【連計148】－
剰余金の配当						【連計149】△300
利益処分による役員賞与						【連計150】△58
当期純利益						【連計151】1,970
株主資本以外の項目の当期変動額（純額）	【連計125】1	【連計129】－	【連計133】1	【連計137】－	【連計141】10	【連計152】11
当期変動額合計	【連計126】1	【連計130】－	【連計134】1	【連計138】－	【連計142】10	【連計153】1,501
〔当期末残高〕平成○9年3月31日残高	【連計127】6	【連計131】800	【連計135】806	【連計139】80	【連計143】150	【連計154】6,500

※　当該設例では、「繰延ヘッジ損益」および「為替換算調整勘定」の取引がないので、表示されていません。

3．作成手順

3−1．連結精算表の作成

連結精算表（連結株主資本等変動計算書科目関係）No.4
（自平成○8年4月1日　至平成○9年3月31日）

㈱スリー・シー・コンサルティング

（単位：円）

No.	連結精算表科目 （会社法計算書類科目を 連結精算表科目への組替） 〈連結株主資本等 変動計算書〉	【親会社】 ㈱スリー・シー・ コンサルティング （個別財務諸表）	【連結子会社】 ㈱ライン （個別 財務諸表）	【合算】	【連結仕訳】	【連結財務諸表】 〈連結株主資本 等変動計算書〉
90−10	資本金：期首残高①	1,080,000,000	400,000,000	1,480,000,000	△400,000,000	1,080,000,000
90−20	資本金：当期増加高②	0	0	0		0
90−31	資本金：当期減少高③ ：資本剰余金への振替	90,000,000	0	90,000,000		90,000,000
	【資本金：期末残高④】 ①+②−③＝④（以下 同じ）	990,000,000	400,000,000	1,390,000,000	△400,000,000	990,000,000
91−10	新株式申込証拠金 ：期首残高	0	0	0		0
91−20	新株式申込証拠金 ：当期増加高	0	0	0		0
91−30	新株式申込証拠金 ：当期減少高	0	0	0		0
	【新株式申込証拠金 ：期末残高】	0	0	0		0
92−10	資本剰余金：期首残高	212,071,000	100,000,000	312,071,000	△100,000,000	212,071,000
92−21	資本剰余金：当期増加高 ：自己株式処分差益	1,000	0	1,000		1,000
92−22	資本剰余金：当期増加高 ：資本金減少差益	90,000,000	0	90,000,000		90,000,000
	（資本剰余金 ：当期増加高計）	(90,001,000)	(0)	(90,001,000)		(90,001,000)
92−31	資本剰余金：当期減少高 ：自己株式消却	72,072,000	0	72,072,000		72,072,000
	【資本剰余金 ：期末残高】	230,000,000	100,000,000	330,000,000	△100,000,000	230,000,000
93−10	利益剰余金：期首残高	2,730,797,471	140,000,000	2,870,797,471	△31,000,000	2,839,797,471
93−21	利益剰余金：当期増加高 ：当期純利益	1,878,160,000	100,000,000	1,978,160,000	△7,400,000	1,970,760,000
93−31	利益剰余金：当期減少高 ：剰余金配当	300,000,000	30,000,000	330,000,000	△30,000,000	300,000,000

第 3 章　連結株主資本等変動計算書　139

No.	連結精算表科目 （会社法計算書類科目を 連結精算表科目への組替）	【親会社】 ㈱スリー・シー・ コンサルティング	【連結子会社】 ㈱ライン	【合算】	【連結仕訳】	【連結財務諸表】
	〈連結株主資本等 変動計算書〉	（個別財務諸表）	（個別 財務諸表）			〈連結株主資本 等変動計算書〉
93-32	利益剰余金：当期減少高 ：利益処分による役員 賞与	50,000,000	10,000,000	60,000,000	△2,000,000	58,000,000
	（利益剰余金 ：当期減少高計）	(350,000,000)	(40,000,000)	(390,000,000)	(△32,000,000)	(358,000,000)
	（利益剰余金 ：当期減少高計）	(350,000,000)	(40,000,000)	(390,000,000)	(△32,000,000)	(358,000,000)
	【利益剰余金 ：期末残高】	4,258,957,471	200,000,000	4,458,957,471	△6,400,000	4,452,557,471
94-10	自己株式：期首残高	△150,072,802	0	△150,072,802	△8,000,000	△158,072,802
94-21	自己株式：当期増加高 ：単元未満株式買取	△121,277,000	0	△121,277,000		△121,277,000
94-22	自己株式：当期増加高 ：子会社からの取得	△724,000	0	△724,000		△724,000
	（自己株式：当期増加 高計）	(△122,001,000)	(0)	(△122,001,000)		(△122,001,000)
94-31	自己株式：当期減少高 ：自己株式処分	△1,802	0	△1,802		△1,802
94-32	自己株式：当期減少高 ：自己株式消却	△72,072,000	0	△72,072,000		△72,072,000
	（自己株式：当期減少 高計）	(△72,073,802)	(0)	(△72,073,802)		(△72,073,802)
	【自己株式：期末残高】	△200,000,000	0	△200,000,000	△8,000,000	△208,000,000
95-10	自己株式申込証拠金 ：期首残高	0	0	0		0
95-20	自己株式申込証拠金 ：当期増加高	0	0	0		0
95-30	自己株式申込証拠金 ：当期減少高	0	0	0		0
	【自己株式申込証拠金 ：期末残高】	0	0	0		0
	（株主資本合計 ：期首残高）	(3,872,795,669)	(640,000,000)	(4,512,795,669)	(△539,000,000)	(3,973,795,669)
	（株主資本合計 ：当期増加高）	(1,846,160,000)	(100,000,000)	(1,946,160,000)	(△7,400,000)	(1,938,760,000)
	（株主資本合計 ：当期減少高）	(439,998,198)	(40,000,000)	(479,998,198)	(△32,000,000)	(447,998,198)
	（株主資本合計 ：期末残高）	(5,278,957,471)	(700,000,000)	(5,978,957,471)	(△514,400,000)	(5,464,557,471)
96-10	その他有価証券評価差 額金：期首残高	5,000,000	0	5,000,000		5,000,000

No.	連結精算表科目 (会社法計算書類科目を 連結精算表科目への組替)	【親会社】 ㈱スリー・シー・ コンサルティング	【連結子会社】 ㈱ライン	【合算】	【連結仕訳】	【連結財務諸表】
	〈連結株主資本等変動計算書〉	(個別財務諸表)	(個別財務諸表)			〈連結株主資本等変動計算書〉
96-20	その他有価証券評価差額金：当期増加高	1,000,000	0	1,000,000		1,000,000
96-30	その他有価証券評価差額金：当期減少高	0	0	0		0
	【その他有価証券評価差額金：期末残高】	6,000,000	0	6,000,000		6,000,000
97-10	土地再評価差額金：期首残高	800,000,000	0	800,000,000		800,000,000
97-20	土地再評価差額金：当期増加高	0	0	0		0
97-30	土地再評価差額金：当期減少高	0	0	0		0
	【土地再評価差額金：期末残高】	800,000,000	0	800,000,000		800,000,000
98-10	為替換算調整勘定：期首残高	0	0	0		0
98-20	為替換算調整勘定：当期増加高	0	0	0		0
98-30	為替換算調整勘定：当期減少高	0	0	0		0
	【為替換算調整勘定：期末残高】	0	0	0		0
99-10	繰延ヘッジ損益：期首残高	0	0	0		0
99-20	繰延ヘッジ損益：当期増加高	0	0	0		0
99-30	繰延ヘッジ損益：当期減少高	0	0	0		0
	【繰延ヘッジ損益：期末残高】	0	0	0		0
	(評価・換算差額等：期首残高)	805,000,00	0	805,000,000		805,000,000
	(評価・換算差額等：当期増加高)	1,000,000	0	1,000,000		1,000,000
	(評価・換算差額等：当期減少高)	0	0	0		0
	(評価・換算差額等：期末残高)	806,00,000	0	806,000,000		806,000,000
100-10	新株予約権	80,000,000	0	80,000,000		80,000,000

No.	連結精算表科目 (会社法計算書類科目を 連結精算表科目への組替)	【親会社】 ㈱スリー・シー・ コンサルティング	【連結子会社】 ㈱ライン	【合算】	【連結仕訳】	【連結財務諸表】
	〈連結株主資本等 変動計算書〉	(個別財務諸表)	(個別 財務諸表)			〈連結株主資本 等変動計算書〉
	：期首残高					
100-20	新株予約権 ：当期増加高	0	0	0		0
100-30	新株予約権 ：当期減少高	0	0	0		0
	【新株予約権 ：期末残高】	80,000,000	0	80,000,000		80,000,000
101-10	少数株主持分 ：期首残高	0	0	0	140,000,000	140,000,000
101-20	少数株主持分 ：当期増加高				12,000,00	12,000,000
101-30	少数株主持分 ：当期減少高				2,000,000	2,000,000
	【少数株主持分 ：期末残高】				150,000,000	150,000,000
	(純資産 ：期首残高)	(4,757,795,669)	(640,000,000)	(5,397,795,669)	(△399,000,000)	(4,998,795,669)
	(純資産 ：当期増加高)	(1,847,160,000)	(100,000,000)	(1,947,160,000)	(2,600,000)	(1,949,760,000)
	(純資産 ：当期減少高)	(439,998,198)	(40,000,000)	(479,998,198)	(△32,000,000)	(447,998,198)
	(純資産 ：期末残高)	(6,164,957,471)	(700,000,000)	(6,864,957,471)	(△364,400,000)	(6,500,557,471)

※ 連結精算表の個別財務諸表と各連結会社の個別計算書類とを検証する必要があります。

3-2．連結精算表科目から連結計算書類科目への組替仕訳の作成

「連結精算表」から「(会社法) 連結計算書類科目組替表」へ

種類	区分	No.また は表示	連結精算表科目または 連結計算書類科目	金　額 (円)	種類	区分	No.また は表示	連結精算表科目または 連結計算書類科目	金　額 (円)
連/精	株/変	90-10	資本金： 期首残高	1,080,000,000	連/計	株/変	期首	資本金： 前期末残高	1,080,000,000
連/精	株/変	90-20	資本金： 当期増加高	0	連/計	株/変	増加	資本金： 当期変動額	0
連/計	株/変	減少	資本金：当期変動額 ：資本金から資本剰余 金へ振替	90,000,000	連/精	株/変	90-31	資本金当期減少高 ：資本剰余金への振替	90,000,000
連/計	株/変	期末	資本金：当期末残高	990,000,000	連/精	株/変	期末	資本金：当期末残高	990,000,000
			借方合計	2,160,000,000				貸方合計	2,160,000,000
連/精	株/変	91-10	新株式申込証拠金：	0	連/計	株/変	期首	新株式申込証拠金：	0

種類	区分	No.または表示	連結精算表科目または連結計算書類科目	金額(円)	種類	区分	No.または表示	連結精算表科目または連結計算書類科目	金額(円)
			期首残高					前期末残高	
連/精	株/変	91-20	新株式申込証拠金：当期増加高	0	連/計	株/変	増加	新株式申込証拠金：当期変動額	0
連/計	株/変	減少	新株式申込証拠金：当期変動額	0	連/精	株/変	90-30	新株式申込証拠金：当期減少高	0
連/計	株/変	期末	新株式申込証拠金：当期末残高	0	連/精	株/変	期末	新株式申込証拠金：期末残高	0
			借方合計	0				貸方合計	0
連/精	株/変	92-10	資本剰余金：期首残高	212,071,000	連/計	株/変	期首	資本剰余金：前期末残高	212,071,000
連/精	株/変	92-21	資本剰余金：当期増加高：自己株式処分差益	1,000	連/計	株/変	増加	資本剰余金：当期変動額：自己株式の処分	1,000
連/精	株/変	92-22	資本剰余金：当期増加高：資本金減少益	90,000,000	連/計	株/変	増加	資本剰余金：当期変動額：資本金から資本剰余金へ振替	90,000,000
連/計	株/変	減少	資本剰余金：当期変動額：自己株式消却	72,072,000	連/精	株/変	92-31	資本剰余金：当期減少高：自己株式消却	72,072,000
連/計	株/変	期末	資本剰余金：当期末残高	230,000,000	連/精	株/変	期末	資本剰余金：期末残高	230,000,000
			借方合計	604,144,000				貸方合計	604,144,000
連/精	株/変	93-10	利益剰余金：期首残高	2,839,797,471	連/計	株/変	期首	利益剰余金：前期末残高	2,839,797,471
連/精	株/変	93-21	利益剰余金：当期増加高：当期純利益	1,970,760,000	連/計	株/変	増加	利益剰余金：当期変動額：当期純利益	1,970,760,000
連/計	株/変	減少	利益剰余金：当期変動額：剰余金の配当金	300,000,000	連/精	株/変	93-31	利益剰余金：当期減少高：剰余金配当金	300,000,000
連/計	株/変	減少	利益剰余金：当期変動額：利益処分による役員賞与	58,000,000	連/精	株/変	93-32	利益剰余金：当期減少高：利益処分による役員賞与	58,000,000
連/計	株/変	期末	利益剰余金：当期末残高	4,452,557,471	連/精	株/変	期末	利益剰余金：当期末残高	4,452,557,471
			借方合計	9,621,114,942				貸方合計	9,621,114,942
連/精	株/変	94-10	自己株式：期首残高	△158,072,802	連/計	株/変	期首	自己株式：前期末残高	△158,072,802
連/精	株/変	94-21	自己株式：当期増加高：単元未満株式買取	△121,277,000	連/計	株/変	増加	自己株式：当期変動額：自己株式の取得	△121,277,000
連/精	株/変	94-22	自己株式：当期増加高	△724,000	連/計	連/計	増加	自己株式：当期変動額	△724,000

種類	区分	No.または表示	連結精算表科目または連結計算書類科目	金額(円)	種類	区分	No.または表示	連結精算表科目または連結計算書類科目	金額(円)
			：子会社からの取得					：自己株式の取得	
連/計	株/変	減少	自己株式：当期変動額：自己株式の処分	△1,802	連/精	株/変	94-31	自己株式：当期減少高：自己株式処分差益	△1,802
連/計	株/変	減少	自己株式 当期減少高：自己株式消却	△72,072,000	連/精	株/変	94-32	自己株式 当期減少高：自己株式消却	△72,072,000
連/計	株/変	期末	自己株式 当期末残高	△208,000,000	連/精	株/変	期末	自己株式 当期末残高	△208,000,000
			借方合計	△560,147,604				貸方合計	△560,147,604

種類	区分	No.または表示	連結精算表科目または連結計算書類科目	金額(円)	種類	区分	No.または表示	連結精算表科目または連結計算書類科目	金額(円)
連/精	株/変	95-10	自己株式申込証拠金 期首残高	0	連/計	株/変	期首	自己株式申込証拠金 前期末残高	0
連/精	株/変	95-20	自己株式申込証拠金 当期増加高	0	連/計	株/変	増加	自己株式申込証拠金 当期増加高	0
連/計	株/変	減少	自己株式申込証拠金 当期減少高	0	連/精	株/変	95-30	自己株式申込証拠金 当期減少高	0
連/計	株/変	期末	自己株式申込証拠金 当期末残高	0	連/精	株/変	期末	自己株式申込証拠金 期末残高	0
			借方合計	0				貸方合計	0

種類	区分	No.または表示	連結精算表科目または連結計算書類科目	金額(円)	種類	区分	No.または表示	連結精算表科目または連結計算書類科目	金額(円)
連/精	株/変	96-10	その他有価証券評価差額金：期首残高	5,000,000	連/計	株/変	期首	その他有価証券評価差額金：前期末残高	5,000,000
連/精	株/変	96-20	その他有価証券評価差額金：当期増加高	1,000,000	連/計	株/変	増加	その他有価証券評価差額金：当期増加高：株主資本以外の項目の当期変動額（純額）	1,000,000
連/計	株/変	減少	その他有価証券評価差額金：当期増加高：株主資本以外の項目の当期変動額（純額）	0	連/精	株/変	96-30	その他有価証券評価差額金：当期減少高	0
連/計	株/変	期末	その他有価証券評価差額金：当期末残高	6,000,000	連/精	株/変	期末	その他有価証券評価差額金：期末残高	6,000,000
			借方合計	12,000,000				貸方合計	12,000,000

種類	区分	No.または表示	連結精算表科目または連結計算書類科目	金額(円)	種類	区分	No.または表示	連結精算表科目または連結計算書類科目	金額(円)
連/精	株/変	97-10	土地再評価差額金：期首残高	800,000,000	連/計	株/変	期首	土地再評価差額金：前期末残高	800,000,000
連/精	株/変	97-20	土地再評価差額金：当期増加高	0	連/計	株/変	増加	その他有価証券評価差額金：当期増加高：株主資本以外の項目の当期変動額（純額）	0
連/計	株/変	減少	土地再評価差額金：当期増加高：株主資本以外の項目の当期変動額（純額）	0	連/精	株/変	97-30	土地再評価差額金：当期減少高	0
連/計	株/変	期末	土地再評価差額金：	800,000,000	連/精	株/変	期末	土地再評価差額金：	800,000,000

種類	区分	No.または表示	連結精算表科目または連結計算書類科目	金　額（円）	種類	区分	No.または表示	連結精算表科目または連結計算書類科目	金　額（円）
			当期末残高					期末残高	
			借方合計	1,600,000,000				貸方合計	1,600,000,000
連/精	株/変	99-10	繰延ヘッジ損益：期首残高	0	連/計	株/変	期首	繰延ヘッジ損益：前期末残高	0
連/精	株/変	99-20	繰延ヘッジ損益：当期増加高	0	連/計	株/変	増加	繰延ヘッジ損益：当期変動額：株主資本以外の項目の当期変動額（純額）	0
連/計	株/変	減少	繰延ヘッジ損益：当期変動額：株主資本以外の項目の当期変動額（純額）	0	連/精	株/変	99-30	繰延ヘッジ損益：当期減少高	0
連/計	株/変	期末	繰延ヘッジ損益：当期末残高	0	連/精	株/変	期末	繰延ヘッジ損益：期末残高	0
			借方合計	0				貸方合計	0
連/精	株/変	98-10	為替換算調整勘定：期首残高	0	連/計	株/変	期首	為替換算調整勘定：前期末残高	0
連/精	株/変	98-20	為替換算調整勘定：当期増加高	0	連/計	株/変	増加	為替換算調整勘定：当期変動額：株主資本以外の項目の当期変動額（純額）	0
連/計	株/変	減少	為替換算調整勘定：当期変動額：株主資本以外の項目の当期変動額（純額）	0	連/精	株/変	98-30	為替換算調整勘定：期減少高	0
連/計	株/変	期末	為替換算調整勘定：当期末残高	0	連/精	株/変	期末	為替換算調整勘定：期末残高	0
			借方合計	0				貸方合計	0
連/精	株/変	100-10	新株予約権：期首残高	80,000,000	連/計	株/変	期首	新株予約権：前期末残高	80,000,000
連/精	株/変	100-20	新株予約権：当期増加高	0	連/計	株/変	増加	新株予約権：当期変動額	0
連/計	株/変	減少	新株予約権：当期変動額	0	連/精	株/変	100-30	新株予約権：当期減少高	0
連/計	株/変	期末	新株予約権：当期末残高	80,000,000	連/精	株/変	期末	新株予約権：期末残高	80,000,000
			借方合計	160,000,000				貸方合計	160,000,000
連/精	株/変	101-10	少数株主持分：期首残高	140,000,000	連/計	株/変	期首	少数株主持分：前期末残高	140,000,000
連/精	株/変	101-20	少数株主持分：当期増加高	12,000,000	連/計	株/変	増加	少数株主持分：当期変動額：株主資本以外の項目	12,000,000

種類	区分	No.または表示	連結精算表科目または連結計算書類科目	金　額（円）	種類	区分	No.または表示	連結精算表科目または連結計算書類科目	金　額（円）
								の当期変動額（純額）	
連/計	株/変	減少	少数株主持分：当期変動額：株主資本以外の項目の当期変動額（純額）	2,000,000	連/精	株/変	101-30	少数株主持分：当期減少高	2,000,000
連/計	株/変	期末	少数株主持分：当期末残高	150,000,000	連/精	株/変	期末	少数株主持分：期末残高	150,000,000
			借方合計	304,000,000				貸方合計	304,000,000

3－3．連結精算表科目から（会社法）連結計算書類科目への組替表（連結株主資本等変動計算書関係）の作成

連結会計（連結精算表)				連結精算表目から連結計算書類科目への組替仕訳 貸方：(　)表示	(会社法)連結計算書類「連結株主資本等変動計算書」			
No.	連結精算表科目		連結精算表金額（円）		開示科目名	開示科目金額（円）	ガイドNo.	表示単位金額(百万円・切捨て)
90-10	資本金：期首残高	貸	(1,080,000,000)	1,080,000,000				
				(1,080,000,000)	資本金：前期末残高	(1,080,000,000)	連計92	1,080百万円
90-20	資本金：当期増加高	貸	(0)	0				
				(0)	資本金：当期変動額	(0)	非表示	－百万円
90-31	資本金：当期減少高：資本剰余金への振替	借	90,000,000	(90,000,000)				
				90,000,000	資本金：当期変動額：資本剰余金へ振替	(△90,000,000)	連計93	△90百万円
					当期変動合計額	(△90,000,000)	連計94	△90百万円
期末	資本金：期末残高	借	90,000,000	(90,000,000)				
				90,000,000	資本金：当期末残高	990,000,000	連計95	990百万円
92-10	資本剰余金：期首残高	貸	(212,071,000)	212,071,000				
				(212,071,000)	資本剰余金：前期末残高	(212,071,000)	連計96	212百万円
92-21	資本剰余金：当期増加高：自己株式処分差益	貸	(1,000)	1,000				
				(1,000)	資本剰余金：当期変動額：自己株式の処分	(1,000)	連計98	0百万円

No.	連結精算表科目		連結精算表金額(円)	連結精算表目から連結計算書類科目への組替仕訳 貸方:( )表示	開示科目名	開示科目金額(円)	ガイドNo.	表示単位金額(百万円・切捨て)
92-22	資本剰余金 ：当期増加高 ：資本金減少差益	貸	(90,000,000)	90,000,000				
				(90,000,000)	資本剰余金 ：当期変動額 ：資本金から資本剰余金へ振替	(90,000,000)	連計97	90百万円
92-31	資本剰余金 ：当期減少高 ：自己株式消却	借	72,072,000	(72,072,000)				
				72,072,000	資本剰余金 ：当期変動額 ：自己株式の消却	(△72,072,000)	連計99	△72百万円
					当期変動合計額	(17,929,000)	連計100	17百万円
期末	資本剰余金 ：期末残高	借	230,000,000	(230,000,000)				
				230,000,000	資本剰余金 ：当期末残高	230,000,000	連計101	230百万円
93-10	利益剰余金 ：期首残高	貸	(2,839,797,471)	2,839,797,471				
				(2,839,797,471)	利益剰余金 ：前期末残高	(2,839,797,471)	連計102	2,839百万円
93-21	利益剰余金 ：当期増加高 ：当期純利益	貸	(1,970,760,000)	1,970,760,000				
				(1,970,760,000)	利益剰余金 ：当期変動額 ：当期純利益	(1,970,760,000)	連計105	1,970百万円
93-31	利益剰余金 ：当期減少高 ：剰余金配当金	借	300,000,000	(300,000,000)				
				300,000,000	利益剰余金 ：当期変動額 ：剰余金の配当金	(△300,000,000)	連計103	△300百万円
93-32	利益剰余金 ：当期減少高：利益処分による役員賞与	借	58,000,000	(58,000,000)				
				58,000,000	利益剰余金 ：当期変動額 ：利益処分による役員賞与	(△58,000,000)	連計104	△58百万円

No.	連結精算表科目		連結精算表金額（円）	連結精算表目から連結計算書類科目への組替仕訳 貸方：( )表示	開示科目名	開示科目金額（円）	ガイドNo.	表示単位金額(百万円・切捨て)
					当期変動合計額	(1,612,760,000)	連計106	1,612百万円
期末	利益剰余金：期末残高	借	4,452,557,471	(4,452,557,471)				
				4,452,557,471	利益剰余金：当期末残高	4,452,557,471	連計107	4,452百万円
94-10	自己株式：期首残高	貸	(△158,072,802)	△158,072,802				
				(△158,072,802)	自己株式：前期末残高	(△158,072,802)	連計108	△158百万円
94-21	自己株式：当期増加高：単元未満株式買取	貸	(△121,277,000)	△121,277,000				
94-22	自己株式：当期増加高：子会社からの取得	貸	(△724,000)	△724,000				
				(△122,001,000)	自己株式：当期変動額：自己株式の取得	(△122,001,000)	連計109	△122百万円
94-31	自己株式：当期減少高：自己株式処分差益	借	△1,802	(△1,802)				
				(△1,802)	自己株式：当期変動額：自己株式の処分	1,802	連計110	0百万円
94-32	自己株式：当期減少高：自己株式消却	借	△72,072,000	(△72,072,000)				
				△72,072,000	自己株式：当期変動額：自己株式消却	72,072,000	連計111	72百万円
					当期変動合計額	(△49,927,198)	連計112	△49百万円
期末	自己株式：期末残高	借	△208,000,000	(△208,000,000)				
				△208,000,000	自己株式：当期末残高	△208,000,000	連計113	△208百万円
					株主資本合計：前期末残高	(3,973,795,669)	連計114	3,973百万円
					株主資本合計：資本金から資本剰余金へ振替	(0)	連計115	－百万円
					株主資本合計：自己株式の取得	(△122,001,000)	連計116	△122百万円

No.	連結精算表科目		連結精算表金額(円)	連結精算表目から連結計算書類科目への組替仕訳 貸方:( )表示	開示科目名	開示科目金額(円)	ガイドNo.	表示単位金額(百万円・切捨て)
					株主資本合計:自己株式の処分	(2,802)	連計117	0百万円
					株主資本合計:自己株式の消却	(0)	連計118	－百万円
					株主資本合計:剰余金の配当	(△300,000,000)	連計119	△300百万円
					株主資本合計:利益処分による役員賞与	(△58,000,000)	連計120	△58百万円
					株主資本合計:当期純利益	(1,970,760,000)	連計121	1,970百万円
					株主資本合計:当期変動額合計	(1,490,761,802)	連計122	1,490百万円
					株主資本合計:当期末残高	5,464,557,471	連計123	5,464百万円
96-10	その他有価証券評価差額金:期首残高	貸	(5,000,000)	5,000,000				
				(5,000,000)	その他有価証券評価差額金:前期末残高	(5,000,000)	連計124	5百万円
96-20	その他有価証券評価差額金:当期増加高	貸	(1,000,000)	1,000,000				
96-30	その他有価証券評価差額金:当期減少高	借	0	(0)				
				(1,000,000)	その他有価証券評価差額金:当期変動額:株主資本以外の項目の当期変動額(純額)	(1,000,000)	連計125	1百万円
					当期変動合計額	(1,000,000)	連計126	1百万円
期末	その他有価証券評価差額金:期末残高	借	6,000,000	(6,000,000)				
				6,000,000	その他有価証券評価差額金:当期末残高	6,000,000	連計127	6百万円
97-10	土地再評価差額金:期首残高	貸	(800,000,000)	800,000,000				
				(800,000,000)	土地評価差額金:前期末残高	(800,000,000)	連計128	800百万円

連結会計（連結精算表）				連結精算表目から連結計算書類科目への組替仕訳 貸方：（ ）表示	（会社法）連結計算書類「連結株主資本等変動計算書」			
No.	連結精算表科目		連結精算表金額（円）		開示科目名	開示科目金額（円）	ガイド No.	表示単位金額(百万円・切捨て)
97-20	土地再評価差額金：当期増加高	貸	(0)	0				
97-30	土地再評価差額金：当期減少高	借	0	(0)				
				(0)	土地再評価差額金：当期変動額：株主資本以外の項目の当期変動額（純額）	(0)	連計129	－百万円
					当期変動合計額	(0)	連計130	－百万円
期末	土地再評価差額金：期末残高	借	800,000,000	(800,000,000)				
				800,000,000	土地再評価差額金：当期末残高	800,000,000	連計131	800百万円
					評価・換算差額等合計：前期末残高	(805,000,000)	連計132	805百万円
					評価・換算差額等合計：当期変動額：株主資本以外の項目の当期変動額（純額）	(1,000,000)	連計133	1百万円
					評価・換算差額等合計：当期変動額合計	(1,000,000)	連計134	1百万円
					評価・換算差額等合計：当期末残高	806,000,000	連計135	806百万円
100-10	新株予約権：期首残高	貸	(80,000,000)	80,000,000				
				(80,000,000)	新株予約権：前期末残高	(80,000,000)	連計136	80百万円
100-20	新株予約権：当期増加	貸	(0)	0				
100-30	新株予約権：当期減少	借	0	(0)				
				0	新株予約権：当期変動額：株主資本以外の項目の当期変動額（純額）	0	連計137	－百万円

連結会計（連結精算表）				連結精算表目から連結計算書類科目への組替仕訳 貸方：（ ）表示	（会社法）連結計算書類「連結株主資本等変動計算書」			
No.	連結精算表科目		連結精算表金額（円）		開示科目名	開示科目金額（円）	ガイドNo.	表示単位金額(百万円・切捨て)
					当期変動合計額	(0)	連計138	－百万円
期末	新株予約権：期末残高	借	80,000,000	(80,000,000)				
				80,000,000	新株予約権：当期末残高	80,000,000	連計139	80百万円
101-10	少数株主持分：期首残高	貸	(140,000,000)	140,000,000				
				(140,000,000)	少数株主持分：前期末残高	(140,000,000)	連計140	140百万円
101-20	少数株主持分：当期増加高	貸	(12,000,000)	12,000,000				
101-30	少数株主持分：当期減少高	借	2,000,000	(2,000,000)				
				(10,000,000)	少数株主持分：当期変動額：株主資本以外の項目の当期変動額（純額）	(10,000,000)	連計141	10百万円
					当期変動合計額	(10,000,000)	連計142	10百万円
期末	少数株主持分：期末残高	借	150,000,000	(150,000,000)				
				150,000,000	少数株主持分：当期末残高	150,000,000	連計143	150百万円
					純資産合計：前期末残高	(4,998,795,669)	連計144	4,998百万円
					純資産合計：資本金から資本剰余金へ振替	(0)	連計145	－百万円
					純資産合計：自己株式の取得	(△122,001,000)	連計146	△122百万円
					純資産合計：自己株式の処分	(2,802)	連計147	0百万円
					純資産合計：自己株式の消却	(0)	連計148	－百万円
					純資産合計：剰余金の配当	(△300,000,000)	連計149	△300百万円
					純資産合計：利益処分による役員賞与	(△58,000,000)	連計150	△58百万円

連結会計（連結精算表）			連結精算表目から連結計算書類科目への組替仕訳 貸方：( )表示	(会社法)連結計算書類「連結株主資本等変動計算書」			
No.	連結精算表科目	連結精算表金額（円）		開示科目名	開示科目金額（円）	ガイドNo.	表示単位金額(百万円・切捨て)
				純資産合計 ：当期純利益	(1,970,760,000)	連計151	1,970百万円
				純資産合計 ：当期増加高 ：株主資本以外の項目の当期変動額（純額）	(11,000,000)	連計152	11百万円
				純資産合計 ：当期変動額合計	(1,501,761,802)	連計153	1,501百万円
				株主資本合計 ：当期末残高	6,500,557,471	連計154	6,500百万円

4．記載項目別作業一覧

ガイドNo.	個別/連結	区分	記載内容	作業内容およびチェック事項
連計92	連結	数値	資本金： 〔前期末残高〕平成〇8年3月31日残高 ：1,080百万円	□列見出し項目名「前期末残高」欄には、前期末の決算日を明記して「平成〇8年3月31日残高」と記入表示する。 □（会社法）連結計算書類科目組替表より転記する。 □連結精算表と照合する。 □連結精算表の連結会社の個別財務諸表の当該科目金額が、連結会社の計算書類の株主資本等変動計算書科目金額と一致していることを検証する。 □連結決算短信の連結株主資本等変動計算書との整合性をチェックする（上場会社の場合）。 □（会社法）連結計算書類の前期の連結貸借対照表の純資産の部の「資本金」と照合する。
連計93	連結	数値	資本金： 当期変動額： 資本金から資本剰余金へ振替 ：△90百万円	□（会社法）連結計算書類科目組替表より転記する。 □連結精算表と照合する。 □連結精算表の連結会社の個別財務諸表の当該科目金額が、連結会社の計算書類の株主資本等変動計算書科目金額と一致していることを検証する。 □連結決算短信の連結株主資本等変動計算書との整合性をチェックする（上場会社の場合）。
連計94	連結	数値	資本金： 当期変動額合計 ：△90百万円	□同上 □当期変動額の各科目の合計計算結果金額が近似値となることを確認する（切捨て表示の場合には、当該金額以下になっていることも確認する）。
連計95	連結	数値	資本金： 〔当期末残高〕平成〇9年3月31日残高 ：990百万円	□列見出し項目名「当期末残高」欄には、当期末の決算日を明記して「平成〇9年3月31日残高」と記入表示する。 □（会社法）連結計算書類科目組替表より転記する。 □連結精算表と照合する。 □連結精算表の連結会社の個別財務諸表の当該科目金額が、

ガイドNo.	個別/連結	区分	記載内容	作業内容およびチェック事項
				連結会社の計算書類の株主資本等変動計算書科目金額と一致していることを検証する。 □連結決算短信の連結株主資本等変動計算書との整合性をチェックする（上場会社の場合）。 □（会社法）連結計算書類の当期の連結貸借対照表の純資産の部の「資本金」と照合する。
連計96	連結	数値	資本剰余金： 〔前期末残高〕平成○8年3月31日残高 　　　　　　：212百万円	□（会社法）連結計算書類科目組替表より転記する。 □連結精算表と照合する。 □連結精算表の連結会社の個別財務諸表の当該科目金額が、連結会社の計算書類の株主資本等変動計算書科目金額と一致していることを検証する。 □連結決算短信の連結株主資本等変動計算書との整合性をチェックする（上場会社の場合）。 □（会社法）連結計算書類の前期の連結貸借対照表の純資産の部の「資本剰余金」と照合する。
連計97	連結	数値	資本剰余金： 当期変動額： 資本金から資本剰余金へ振替 　　　　　　：90百万円	□（会社法）連結計算書類科目組替表より転記する。 □連結精算表と照合する。 □連結精算表の連結会社の個別財務諸表の当該科目金額が、連結会社の計算書類の株主資本等変動計算書科目金額と一致していることを検証する。 □連結決算短信の連結株主資本等変動計算書との整合性をチェックする（上場会社の場合）。
連計98	連結	数値	資本剰余金： 当期変動額： 自己株式の処分 　　　　　　：0百万円	□同上
連計99	連結	数値	資本剰余金： 当期変動額： 自己株式の消却 　　　　　　：△72百万円	□同上
連計100	連結	数値	資本剰余金： 当期変動額合計 　　　　　　：17百万円	□同上 □当期変動額の各科目の合計計算結果金額が近似値となることを確認する（切捨て表示の場合には、当該金額以下になっていることも確認する）。
連計101	連結	数値	資本剰余金： 〔当期末残高〕平成○9年3月31日残高 　　　　　　：230百万円	□（会社法）連結計算書類科目組替表より転記する。 □連結精算表と照合する。 □連結精算表の連結会社の個別財務諸表の当該科目金額が、連結会社の計算書類の株主資本等変動計算書科目金額と一致していることを検証する。 □連結決算短信の連結株主資本等変動計算書との整合性をチェックする（上場会社の場合）。 □（会社法）連結計算書類の当期の連結貸借対照表の純資産の部の「資本剰余金」と照合する。
連計102	連結	数値	利益剰余金： 〔前期末残高〕平成○8年3月31日残高 　　　　　　：2,839百万円	□（会社法）連結計算書類科目組替表より転記する。 □連結精算表と照合する。 □連結精算表の連結会社の個別財務諸表の当該科目金額が、連結会社の計算書類の株主資本等変動計算書科目金額と一

ガイドNo.	個別/連結	区分	記載内容	作業内容およびチェック事項
				致していることを検証する。 □連結決算短信の連結株主資本等変動計算書との整合性をチェックする（上場会社の場合）。 □（会社法）連結計算書類の前期の連結貸借対照表の純資産の部の「利益剰余金」と照合する。
連計103	連結	数値	利益剰余金： 当期変動額： 剰余金の配当 ：△300百万円	□（会社法）連結計算書類科目組替表より転記する。 □連結精算表と照合する。 □連結精算表の連結会社の個別財務諸表の当該科目金額が、連結会社の計算書類の株主資本等変動計算書科目金額と一致していることを検証する。 □連結決算短信の連結株主資本等変動計算書との整合性をチェックする（上場会社の場合）。
連計104	連結	数値	利益剰余金： 当期変動額： 利益処分による役員賞与 ：△58百万円	□同上
連計105	連結	数値	利益剰余金： 当期変動額： 当期純利益 ：1,970百万円	□同上 □（会社法）連結計算書類の連結損益計算書と照合する。
連計106	連結	数値	利益剰余金： 当期変動額合計 ：1,612百万円	□（会社法）連結計算書類科目組替表より転記する。 □連結精算表と照合する。 □連結精算表の連結会社の個別財務諸表の当該科目金額が、連結会社の計算書類の株主資本等変動計算書科目金額と一致していることを検証する。 □連結決算短信の連結株主資本等変動計算書との整合性をチェックする（上場会社の場合）。 □当期変動額の各科目の合計計算結果金額が近似値となることを確認する（切捨て表示の場合には、当該金額以下になっていることも確認する）。
連計107	連結	数値	利益剰余金： 〔当期末残高〕平成○9年3月31日残高 ：4,452百万円	□（会社法）連結計算書類科目組替表より転記する。 □連結精算表と照合する。 □連結精算表の連結会社の個別財務諸表の当該科目金額が、連結会社の計算書類の株主資本等変動計算書科目金額と一致していることを検証する。 □連結決算短信の連結株主等変動計算書との整合性をチェックする（上場会社の場合）。 □（会社法）連結計算書類の当期の連結貸借対照表の純資産の部の「利益剰余金」と照合する。
連計108	連結	数値	自己株式： 〔前期末残高〕平成○8年3月31日残高 ：△158百万円	□（会社法）連結計算書類科目組替表より転記する。 □連結精算表と照合する。 □連結精算表の連結会社の個別財務諸表の当該科目金額が、連結会社の計算書類の株主資本等変動計算書科目金額と一致していることを検証する。 □連結決算短信の連結株主資本等変動計算書との整合性をチェックする（上場会社の場合）。 □（会社法）連結計算書類の前期の連結貸借対照表の純資産の部の「自己株式」と照合する。

ガイド No.	個別/連結	区分	記載内容	作業内容およびチェック事項
連計 109	連結	数値	自己株式： 当期変動額： 自己株式の取得 ：△122百万円	□（会社法）連結計算書類科目組替表より転記する。 □連結精算表と照合する。 □連結精算表の連結会社の個別財務諸表の当該科目金額が、連結会社の計算書類の株主資本等変動計算書科目金額と一致していることを検証する。 □連結決算短信の連結株主資本等変動計算書との整合性をチェックする（上場会社の場合）。
連計 110	連結	数値	自己株式： 当期変動額： 自己株式の処分 0百万円	□同上
連計 111	連結	数値	自己株式： 当期変動額： 自己株式の消却 ：72百万円	□（会社法）連結計算書類科目組替表より転記する。 □連結精算表と照合する。 □連結精算表の連結会社の個別財務諸表の当該科目金額が、連結会社の計算書類の株主資本等変動計算書科目金額と一致していることを検証する。 □連結決算短信の連結株主資本等変動計算書との整合性をチェックする（上場会社の場合）。
連計 112	連結	数値	自己株式： 当期変動額合計 ：△49百万円	□同上 □当期変動額の各科目の合計計算結果金額が近似値となることを確認する（切捨て表示の場合には、当該金額以下になっていることも確認する）。
連計 113	連結	数値	自己株式： 〔当期末残高〕平成○9年3月31日残高 ：△208百万円	□（会社法）連結計算書類科目組替表より転記する。 □連結精算表と照合する。 □連結精算表の連結会社の個別財務諸表の当該科目金額が、連結会社の計算書類の株主資本等変動計算書科目金額と一致していることを検証する。 □連結決算短信の連結株主資本等変動計算書との整合性をチェックする（上場会社の場合）。 □（会社法）連結計算書類の当期の連結貸借対照表の純資産の部の「自己株式」と照合する。
連計 114	連結	数値	株主資本： 〔前期末残高〕平成○8年3月31日残高 ：3,973百万円	□（会社法）連結計算書類科目組替表より転記する。 □連結精算表と照合する。 □連結精算表の連結会社の個別財務諸表の当該科目金額が、連結会社の計算書類の株主資本等変動計算書科目金額と一致していることを検証する。 □連結決算短信の連結株主資本等変動計算書との整合性をチェックする（上場会社の場合）。 □連結株主資本等変動計算書の「株主資本」に関して、下記科目の合計計算結果金額が近似値となることを確認する（切捨て表示の場合には、当該金額以下になっていることも確認する）。 　資本金＋資本剰余金＋利益剰余金＋自己株式＝株主資本 □（会社法）連結計算書類の前期の連結貸借対照表の純資産の部の「株主資本」と照合する。
連計 115	連結	数値	株主資本： 当期変動額： 資本金から資本剰余金へ	□（会社法）連結計算書類科目組替表より転記する。 □連結精算表と照合する。 □連結精算表の連結会社の個別財務諸表の当該科目金額が、

ガイド No.	個別/連結	区分	記載内容	作業内容およびチェック事項
			振替 ：—百万円	連結会社の計算書類の株主資本等変動計算書科目金額と一致していることを検証する。 □連結決算短信の連結株主資本等変動計算書との整合性をチェックする（上場会社の場合）。 □連結株主資本等変動計算書の「株主資本」に関して、下記科目の合計計算結果金額が近似値となることを確認する（切捨て表示の場合には、当該金額以下になっていることも確認する）。 　資本金＋資本剰余金＋利益剰余金＋自己株式＝株主資本
連計116	連結	数値	株主資本： 当期変動額： 自己株式の取得 ：△122百万円	□同上
連計117	連結	数値	株主資本： 当期変動額： 自己株式の処分 ：0百万円	□同上
連計118	連結	数値	株主資本： 当期変動額： 自己株式の消却 ：—百万円	□同上
連計119	連結	数値	株主資本： 当期変動額： 剰余金の配当 ：△300百万円	□同上
連計120	連結	数値	株主資本： 当期変動額： 利益処分による役員賞与 ：△58百万円	□同上
連計121	連結	数値	株主資本： 当期変動額： 当期純利益 ：1,970百万円	□同上
連計122	連結	数値	株主資本： 当期変動額： 当期変動額合計 ：1,490百万円	□同上
連計123	連結	数値	株主資本： 〔当期末残高〕平成〇9年3月31日残高 ：5,464百万円	□同上 □（会社法）連結計算書類の当期の連結貸借対照表の純資産の部の「株主資本」と照合する。
連計124	連結	数値	その他有価証券評価差額金： 〔前期末残高〕平成〇8年3月31日残高 ：5百万円	□（会社法）連結計算書類科目組替表より転記する。 □連結精算表と照合する。 □連結精算表の連結会社の個別財務諸表の当該科目金額が、連結会社の計算書類の株主資本等変動計算書科目金額と一致していることを検証する。 □連結決算短信の連結株主資本等変動計算書との整合性をチ

ガイド No.	個別/連結	区分	記載内容	作業内容およびチェック事項
				□ェックする（上場会社の場合）。 □（会社法）連結計算書類の前期の連結貸借対照表の純資産の部の「その他有価証券評価差額金」と照合する。
連計125	連結	数値	その他有価証券評価差額金： 当期変動額： 株主資本以外の項目の当期変動額（純額） ：1百万円	□（会社法）連結計算書類科目組替表より転記する。 □連結精算表と照合する。 □連結精算表の連結会社の個別財務諸表の当該科目金額が、連結会社の計算書類の株主資本等変動計算書科目金額と一致していることを検証する。 □連結決算短信の連結株主資本等変動計算書との整合性をチェックする（上場会社の場合）。
連計126	連結	数値	その他有価証券評価差額金： 当期変動額合計 ：1百万円	□同上
連計127	連結	数値	その他有価証券評価差額金： 〔当期末残高〕平成○9年3月31日残高 ：6百万円	□同上 □（会社法）連結計算書類の当期の連結貸借対照表の純資産の部の「その他有価証券評価差額金」と照合する。
連計128	連結	数値	土地再評価差額金： 〔前期末残高〕平成○8年3月31日残高 ：800百万円	□（会社法）連結計算書類科目組替表より転記する。 □連結精算表と照合する。 □連結精算表の連結会社の個別財務諸表の当該科目金額が、連結会社の計算書類の株主資本等変動計算書科目金額と一致していることを検証する。 □連結決算短信の連結株主資本等変動計算書との整合性をチェックする（上場会社の場合）。 □（会社法）連結計算書類の前期の連結貸借対照表の純資産の部の「土地再評価差額金」と照合する。
連計129	連結	数値	土地評価差額金： 当期変動額： 株主資本以外の項目の当期変動額（純額） ：一百万円	□（会社法）連結計算書類科目組替表より転記する。 □連結精算表と照合する。 □連結精算表の連結会社の個別財務諸表の当該科目金額が、連結会社の計算書類の株主資本等変動計算書科目金額と一致していることを検証する。 □連結決算短信の連結株主資本等変動計算書との整合性をチェックする（上場会社の場合）。
連計130	連結	数値	土地再評価差額金： 当期変動額合計 ：一百万円	□（会社法）連結計算書類科目組替表より転記する。 □連結精算表と照合する。 □連結精算表の連結会社の個別財務諸表の当該科目金額が、連結会社の計算書類の株主資本等変動計算書科目金額と一致していることを検証する。 □連結決算短信の連結株主資本等変動計算書との整合性をチェックする（上場会社の場合）。
連計131	連結	数値	土地再評価差額金： 〔当期末残高〕平成○9年3月31日残高 ：800百万円	□（会社法）連結計算書類科目組替表より転記する。 □連結精算表と照合する。 □連結精算表の連結会社の個別財務諸表の当該科目金額が、連結会社の計算書類の株主資本等変動計算書科目金額と一致していることを検証する。

第3章 連結株主資本等変動計算書　157

ガイド No.	個別/連結	区分	記載内容	作業内容およびチェック事項
				□連結決算短信の連結株主資本等変動計算書との整合性をチェックする（上場会社の場合）。 □（会社法）連結計算書類の当期の連結貸借対照表の純資産の部の「土地再評価評価差額金」と照合する。
連計 132	連結	数値	評価・換算差額等合計：〔前期末残高〕平成○8年3月31日残高 ：805百万円	□（会社法）連結計算書類科目組替表より転記する。 □連結精算表と照合する。 □連結精算表の連結会社の個別財務諸表の当該科目金額が、連結会社の計算書類の株主資本等変動計算書科目金額と一致していることを検証する。 □連結決算短信の連結株主資本等変動計算書との整合性をチェックする（上場会社の場合）。 □連結株主資本等変動計算書の「評価・換算差額等」に関して、下記科目の合計計算結果金額が近似値となることを確認する（切捨て表示の場合には、当該金額以下になっていることも確認する）。 　その他有価証券評価差額金＋繰延ヘッジ損益＋土地再評価差額金＋為替換算調整勘定＝評価・換算差額等
連計 133	連結	数値	評価・換算差額等合計： 株主資本以外の項目の当期変動額（純額） ：1百万円	□同上
連計 134	連結	数値	評価・換算差額等合計： 当期変動額合計 ：1百万円	□同上
連計 135	連結	数値	評価・換算差額等合計：〔当期末残高〕 平成○9年3月31日残高 ：806百万円	□同上
連計 136	連結	数値	新株予約権：〔前期末残高〕平成○8年3月31日残高 ：80百万円	□（会社法）連結計算書類科目組替表より転記する。 □連結精算表と照合する。 □連結精算表の連結会社の個別財務諸表の当該科目金額が、連結会社の計算書類の株主資本等変動計算書科目金額と一致していることを検証する。 □連結決算短信の連結株主資本等変動計算書との整合性をチェックする（上場会社の場合）。 □（会社法）連結計算書類の前期の連結貸借対照表の純資産の部の「新株予約権」と照合する。
連計 137	連結	数値	新株予約権： 当期変動額： 株主資本以外の項目の当期変動額（純額） ：一百万円	□（会社法）連結計算書類科目組替表より転記する。 □連結精算表と照合する。 □連結精算表の連結会社の個別財務諸表の当該科目金額が、連結会社の計算書類の株主資本等変動計算書科目金額と一致していることを検証する。 □連結決算短信の連結株主資本等変動計算書との整合性をチェックする（上場会社の場合）。
連計 138	連結	数値	新株予約権： 当期変動額合計 ：一百万円	□同上

ガイドNo.	個別/連結	区分	記載内容	作業内容およびチェック事項
連計139	連結	数値	新株予約権： 〔当期末残高〕平成○9年3月31日残高 ：80百万円	□ 同上 □ （会社法）連結計算書類の当期の連結貸借対照表の純資産の部の「新株予約権」と照合する。
連計140	連結	数値	少数株主持分： 〔前期末残高〕平成○8年3月31日残高 ：80百万円	□ （会社法）連結計算書類科目組替表より転記する。 □ 連結精算表と照合する。 □ 連結決算短信の連結株主資本等変動計算書との整合性をチェックする（上場会社の場合）。 □ （会社法）連結計算書類の前期の連結貸借対照表「少数株主持分」と照合する。
連計141	連結	数値	少数株主持分： 株主資本以外の項目の当期変動額（純額） ：10百万円	□ （会社法）連結計算書類科目組替表より転記する。 □ 連結精算表と照合する。 □ 連結決算短信の連結株主資本等変動計算書との整合性をチェックする（上場会社の場合）。
連計142	連結	数値	少数株主持分： 当期変動額合計 ：10百万円	□ 同上
連計143	連結	数値	少数株主持分： 〔当期末残高〕 平成○9年3月31日残高 ：150百万円	□ 同上 □ （会社法）連結計算書類の当期の連結貸借対照表の純資産の部の「少数株主持分」と照合する。
連計144	連結	数値	純資産合計： 〔前期末残高〕平成○8年3月31日残高 ：4,998百万円	□ 連結精算表と照合する。 □ 連結精算表の連結会社の個別財務諸表の当該科目金額が、連結会社の計算書類の株主資本等変動計算書科目金額と一致していることを検証する。 □ 連結決算短信の連結株主資本等変動計算書との整合性をチェックする（上場会社の場合）。 □ 「円単位の株主資本＋評価・換算差額等＋新株予約権＋少数株主持分＝純資産合計」の値との整合性を図る。 □ （会社法）連結計算書類の前期の連結貸借対照表の純資産の部の「純資産合計」と照合する。
連計145	連結	数値	純資産合計： 当期変動額： 資本金から資本剰余金へ振替 ：一百万円	□ 連結精算表と照合する。 □ 連結精算表の連結会社の個別財務諸表の当該科目金額が、連結会社の計算書類の株主資本等変動計算書科目金額と一致していることを検証する。 □ 円単位の「株主資本＋評価・換算差額等＋新株予約権＋少数株主持分＝純資産合計」の値との整合性を図る。 □ 連結決算短信の連結株主資本等変動計算書との整合性をチェックする（上場会社の場合）。
連計146	連結	数値	純資産合計： 当期変動額： 自己株式の取得 ：△122百万円	□ 同上
連計147	連結	数値	純資産合計： 当期変動額： 自己株式の処分 ：0百万円	□ 同上

ガイド No.	個別/連結	区分	記載内容	作業内容およびチェック事項
連計148	連結	数値	純資産合計： 当期変動額： 自己株式の消却 ：一百万円	□同上
連計149	連結	数値	純資産合計： 当期変動額： 剰余金の配当 ：△300百万円	□同上
連計150	連結	数値	純資産合計： 当期変動額： 利益処分による役員賞与 ：△58百万円	□同上
連計151	連結	数値	純資産合計： 当期変動額： 当期純利益 ：1,970百万円	□同上
連計152	連結	数値	純資産合計： 当期変動額： 株主資本以外の項目の当期変動額（純額） ：11百万円	□同上
連計153	連結	数値	純資産合計： 当期変動額： 当期変動額合計 ：1,501百万円	□同上
連計154	連結	数値	純資産合計： 〔当期末残高〕平成○9年3月31日残高 ：6,500百万円	□連結精算表と照合する。 □連結精算表の連結会社の個別財務諸表の当該科目金額が、連結会社の計算書類の株主資本等変動計算書科目金額と一致していることを検証する。 □連結決算短信の連結株主資本等変動計算書との整合性をチェックする（上場会社の場合）。 □円単位の「株主資本＋評価・換算差額等＋新株予約権＋少数株主持分＝純資産合計」の値との整合性を図る。 □（会社法）連結計算書類の当期の連結貸借対照表の純資産の部の「純資産合計」と照合する。

5．根拠条文

＜会社計算規則＞
第99条（連結株主資本等変動計算書）　連結株主資本等変動計算書は、株式会社の連結会計年度に対応する期間に係る連結会社の株主資本等変動計算書（連結子会社が第96条第1項本文の規定による決算を行う場合における当該連結会社の株主資本等変動計算書については、当該決算に係る株主資本等変動計算書）**の株主資本等**（株主資本その他の会社等の純資産をいう。以下この条において同じ。）**を基礎として作成しなければならない。**この場合においては、連結会社の株主資本等変動計算書に表示された株主資本等に係る額を、連結株主資本等変動計算書の適切な項目に計上することができる。

第四章　株主資本等変動計算書等

第127条　株主資本等変動計算書等（株主資本等変動

計算書、連結株主資本等変動計算書及び社員資本等変動計算書をいう。以下この編において同じ。）については、この条に定めるところによる。
2 株主資本等変動計算書等は、次の各号に掲げる株主資本等変動計算書等の区分に応じ、当該各号に定める項目に区分して表示しなければならない。
一 株主資本等変動計算書 次に掲げる項目
　イ 株主資本
　ロ 評価・換算差額等
　ハ 新株予約権
二 連結株主資本等変動計算書 次に掲げる項目
　イ 株主資本
　ロ 評価・換算差額等
　ハ 新株予約権
　ニ 少数株主持分
　　　　　…略…
3 次の各号に掲げる項目は、当該各号に定める項目に区分しなければならない。
　　　　　…略…
二 連結株主資本等変動計算書の株主資本 次に掲げる項目
　イ 資本金
　ロ 新株式申込証拠金
　ハ 資本剰余金
　ニ 利益剰余金
　ホ 自己株式
　ヘ 自己株式申込証拠金
　　　　　…略…
5 評価・換算差額等に係る項目は、次に掲げる項目その他適当な名称を付した項目に細分することができる。
一 その他有価証券評価差額金
二 繰延ヘッジ損益
三 土地再評価差額金
四 為替換算調整勘定
6 新株予約権に係る項目は、自己新株予約権に係る項目を控除項目として区分することができる。
7 **資本金、資本剰余金、利益剰余金及び自己株式**に係る項目は、それぞれ次に掲げるものについて明らかにしなければならない。この場合において、第2号に掲げるものは、**各変動事由ごとに当期変動額及び変動事由を明らかにしなければならない。**
一 前期末残高
二 当期変動額
三 当期末残高
8 評価・換算差額等、新株予約権及び少数株主持分に係る項目は、それぞれ前期末残高及び当期末残高並びにその差額について明らかにしなければならない。この場合において、主要な当期変動額について、その変動事由とともに明らかにすることを妨げない。
9 **連結株主資本等変動計算書**についての次の各号に掲げるものに計上すべきものは、当該各号に定めるものとする。
一 第3項第2号ホの**自己株式** 次に掲げる額の合計額
　イ 当該株式会社が保有する当該株式会社の株式の帳簿価額
　ロ 連結子会社並びに持分法を適用する非連結子会社及び関連会社が保有する当該株式会社の株式の帳簿価額のうち、当該株式会社のこれらの会社に対する持分に相当する額
二 第5項第4号の**為替換算調整勘定** 外国にある子会社又は関連会社の資産及び負債の換算に用いる為替相場と純資産の換算に用いる為替相場とが異なることによって生じる換算差額

第4章 連結注記表

連結注記表の完成までに記入すべき箇所として197箇所を設定しました（ガイドNo.【連注1】〜【連注197】）。

以下、その197箇所について、記載例、使用する基礎資料、根拠法令の条文を示しながら、作成方法を説明していきます。

> 1．継続企業の前提に関する注記

1．記載例（該当する場合の例）

> 1．継続企業の前提に関する注記【連注1】
> 　当企業グループは、当期において、〇〇百万円の債務超過になっています。当該状況により、継続企業の前提に関する重要な疑義が存在しております。当社は、当該状況を解消すべく、経営の再構築を進めており、海外子会社の整理、大幅な人員削減、〇〇事業からの撤退、本社移転を含む合理化等を計画し、実施しています。また、主要仕入先およびその子会社に対する買掛債務等〇〇百万円（うち外貨建〇〇百万円）については、平成〇9年4月25日付で、今後1年間の返済予定額の決定を含む返済計画の申し入れを行い、現在交渉中です。
> 　更に、株式会社〇〇銀行が当社に対して有していた貸付債権〇〇百万円とそれに付帯する利息債権等については、平成〇9年1月27日付で、〇〇株式会社に譲渡しました。当社は同社と返済総額の大幅な削減を含む返済計画についての交渉を行っており、平成〇9年6月3日に「特定債務等の調整の促進のための特定調停に関する法律」に基づき、東京簡易裁判所に特定調停の申立てを行っています。上記交渉の結果の如何によっては、当社に対し法的措置をとる可能性があります。
> 　連結財務諸表は継続企業を前提として作成されており、このような重要な疑義の影響を連結財務諸表には反映しておりません。

2．記載項目別作業一覧

ガイドNo.	個別/連結	区分	記載内容	作業内容およびチェック事項
連注1	連結	非数値	1．継続企業の前提に関する注記	□再建計画に関する取締役会議事録、事業再建に関する再建計画書、事業再建支援に関する合意書を基礎資料として作

ガイド No.	個別/連結	区分	記載内容	作業内容およびチェック事項
			「当企業グループは、当期において、〇〇百万円の債務超過になっています。…」	する。 □決算短信の「継続企業の前提に関する注記」の内容との整合性を図る（上場企業の場合）。

3．根拠条文

＜会社計算規則＞
第128条（通則）　注記表（個別注記表及び連結注記表をいう。以下この編において同じ。）については、この章の定めるところによる。
第129条（注記表の区分）　注記表は、次に掲げる項目に区分して表示しなければならない。
　一　継続企業の前提に関する注記
　　　　　　　　…略…
第131条（継続企業の前提に関する注記）　継続企業の前提に関する注記は、当該会社の事業年度の末日において、財務指標の悪化の傾向、重要な債務の不履行等財政破綻の可能性その他会社が将来にわたって事業を継続するとの前提（以下この条において「継続企業の前提」という。）に重要な疑義を抱かせる事象又は状況が存在する場合における次に掲げる事項とする。
　一　当該事象又は状況が存在する旨及びその内容
　二　継続企業の前提に関する重要な疑義の存在の有無
　三　当該事象又は状況を解消又は大幅に改善するための経営者の対応及び経営計画
　四　当該重要な疑義の影響の計算書類（連結注記表にあっては、連結計算書類）への反映の有無

2．連結計算書類作成のための基本となる重要な事項に関する注記

1．記載例

２．連結計算書類作成のための基本となる重要な事項に関する注記
（１）連結の範囲に関する事項
　　連結子会社の数　１社【連注２】（株式会社ライン）【連注３】
　　総資産、売上高、当期純損益（持分に見合う額）および利益剰余金（持分に見合う額）等の重要性が乏しいので、下記の会社を連結の範囲から除いております。【連注４】
　　非連結子会社３社【連注５】（株式会社テン、株式会社システムサポート、株式会社医療システム開発）【連注６】

（２）持分法の適用に関する事項
　　持分法適用会社の数　１社【連注７】（株式会社メディカルサポート）【連注８】
　　当期純損益（持分に見合う額）および利益剰余金（持分に見合う額）等の重要性が乏しいので、下記の会社を連結の範囲から除いております。
　　　　　　　　　　　　　　　　　　　　　　　　　　　　　　　　　　　　【連注９】
　持分法を適用しない非連結子会社等および関連会社
　　非連結子会社　　　３社【連注10】（株式会社テン、株式会社システムサポート、株式会社医療システム開発）【連注11】

関連会社　　　2社【連注12】（株式会社メディカル情報システム、株式会社映像システム）【連注13】
　持分法の適用範囲の変更＜変更がある場合の例＞
　　当期より、利益および剰余金の重要性が高くなったので、下記の会社を連結の範囲に加えております。【連注14】
　　関連会社　　　1社【連注15】（株式会社メディカルサポート）【連注16】

（3）会計処理基準に関する事項
① 有価証券の評価基準および評価方法【連注17】
　　売買目的有価証券……決算期末の市場価格等に基づく時価法
　　子会社株式および関連会社株式…移動平均法による原価法
　　その他の有価証券……【時価のあるその他有価証券】
　　　　　　　　　決算期末の市場価格等に基づく時価法
　　　　　　　　　（評価差額は全部資本直入法により、売却原価は移動平均法により算定しております。）
　　　　　　　　　【時価のないその他有価証券】
　　　　　　　　　移動平均法による原価法

② デリバティブの評価基準および評価方法＜該当がある場合＞【連注18】
　　時価法によっております。なお、ヘッジ会計の要件を満たす取引については、ヘッジ会計を採用しております。

③ たな卸資産の評価基準および評価方法【連注19】
（評価基準および評価方法）
　　製品……先入先出法による原価法
　　仕掛品…総平均法による原価法
　　材料………後入先出法による原価法

④ 固定資産の減価償却方法
（有形固定資産）【連注20】
　　有形固定資産の減価償却は、定率法によっております。
　　但し、平成10年4月1日以降に取得した建物（建物附属設備を除く）については、定額法を採用しております。
　　なお、主な耐用年数は以下の通りであります。
　　建物　　　8年～50年
　　機械装置　5年～17年
（無形固定資産）【連注21】
　　無形固定資産の減価償却は、定額法によっております。
　　但し、のれんは、20年に亘って均等償却しております。
　　また、ソフトウェア（自社利用分）については、社内における利用可能期間（5年）に基づく定額法によっております。
（長期前払費用）【連注22】

長期前払費用は均等償却を採用しております。
⑤ 繰延資産の処理方法【連注23】
開発費は、5年間に亘り均等償却しております。
社債発行費は、支出時に全額費用処理しております。

⑥ 引当金の計上方法
引当金の計上基準は、次の通りであります。【連注24】
貸倒引当金…………債権の貸倒れによる損失に備えるため、回収不能見込額を計上しております。
　a. 一般債権　　　　　　　　　　　　貸倒実績率によっております。
　b. 貸倒懸念債権および破産更生債権　財務内容評価法によっております。
賞与引当金…………従業員に対して支給する賞与の支出に充てるため、将来の支給見込額のうち当期の負担額を計上しております。【連注25】
役員賞与引当金………取締役および監査役に対して支給する賞与の支出に充てるため、将来の支給見込額のうち当期の負担額を計上しております。【連注26】
退職給付引当金………従業員に対する退職給付に備えるため、当期末における退職給付債務に基づき、当期末に発生している額を計上しております。【連注27】
役員退職慰労引当金…役員退職慰労金の支払に備えるため、内規に基づく期末要支給額を計上しております。【連注28】

⑦ リースの会計処理方法【連注29】
リース物件の所有権が借主に移転すると認められるもの以外のファイナンス・リース取引については、通常の賃貸借取引に係る方法に準じた会計処理によっております。

⑧ ヘッジ会計の方法【連注30】
　a. ヘッジ会計の方法
　　イ. 金利スワップ取引については、繰延ヘッジ処理を適用しています。
　　ロ. 通貨オプション取引および連結子会社向け債権債務をヘッジする目的で締結した為替予約取引および通貨スワップ取引についてはヘッジ会計を適用せず、当事業年度末に時価評価を行い、その評価差額は当事業年度の営業外損益として計上しております。
　　＜設例では、発生していないと仮定＞
　b. ヘッジ手段とヘッジ対象
　　イ. 金融資産（大口定期預金等）および負債（社債）から発生する将来のキャッシュ・フローに伴う金利変動リスクをヘッジするため、金利スワップ取引を行っています。
　　ロ. 売上債権に係る外貨建取引に伴う為替変動リスクをヘッジするため、為替予約取引および通貨オプション取引を行っています。
　c. ヘッジ方針
　　イ. 資産および負債に係る為替変動リスクおよび金利変動リスクをヘッジする目的でデリバティブ取引を行っています。
　　ロ. デリバティブ取引の方針および実施内容については、主として毎期初に当社の取締役会の承認を受け、また期中の取引およびリスクの管理については、主に社内管理規

程に基づいて実施しています。
　　　ハ．デリバティブ取引については、主として信用力の高い金融機関を取引相手に、一定の限度額を設けて実施しています。
　　d．ヘッジの有効性評価の方法
　　　金利スワップ取引については、回帰分析による事前テストを毎期初に、また回帰分析および比率分析による事後テストを毎期末に実施しております。

　⑨　その他財務諸表作成のための基本となる重要な事項【連注31】
　　　消費税等の会計処理
　　　消費税等の会計処理は税抜き方式によっております。

（4）連結子会社の資産および負債の評価に関する事項
　　　連結子会社の資産および負債の評価については、全面時価評価法を採用しております。

【連注32】

2．記載項目別作業一覧

ガイドNo.	個別/連結	区分	記載内容	作業内容およびチェック事項
連注2	連結	数値	2．連結計算書類作成のための基本となる重要な事項に関する注記 （1）連結の範囲に関する事項 連結子会社の数　1社	□連結子会社一覧表、連結精算表（連結子会社数・連結会社名）、前期の連結計算書類の同注記事項より転記する。 □連結決算短信の表紙および連結財務諸表同注記事項を基礎資料として作成する（上場会社の場合）。
連注3	連結	非数値	（株式会社ライン）	□同上
連注4	連結	非数値	「純資産、売上高、当期純損益（持分に見合う額）および利益剰余金（持分に見合う額）等の重要性が乏しいので、下記の会社を連結の範囲から除いております。」	□連結範囲に関する重要性判定一覧表を基礎資料として作成する。 □連結決算短信の表紙および連結財務諸表同注記事項を基礎資料として作成する（上場会社の場合）。
連注5	連結	数値	非連結子会社　3社	□同上
連注6	連結	非数値	（株式会社テン、株式会社システムサポート、株式会社医療システム開発）	□同上
連注7	連結	数値	（2）持分法の適用に関する事項 持分法適用会社の数　1社	□持分法適用会社一覧表より転記する。 □連結決算短信の表紙および連結財務諸表同注記事項を基礎資料として作成する（上場会社の場合）。
連注8	連結	非数値	（株式会社メディカルサポート）	□同上
連注9	連結	非数値	「当期純損益（持分に見合う額）および利益剰余金（持分に見合う額)等の重要性が乏しいので、下記の会社を連結の範囲から除いております。」	□持分法適用会社の重要性判定基準との整合性を確認する。 □連結決算短信の表紙および連結財務諸表同注記事項を基礎資料として作成する（上場会社の場合）。

ガイド No.	個別/連結	区分	記載内容	作業内容およびチェック事項
連注10	連結	非数値	持分法を適用しない非連結子法人等および関連会社 非連結子会社　3社	□持分法適用会社一覧表より転記する。 □連結決算短信の表紙および連結財務諸表同注記事項を基礎資料として作成する（上場会社の場合）。
連注11	連結	非数値	（株式会社テン、株式会社システムサポート、株式会社医療システム開発）	□同上
連注12	連結	数値	関連会社　2社	□同上
連注13	連結	非数値	（株式会社メディカル情報システム、株式会社映像システム）	□同上
連注14	連結	非数値	持分法の適用範囲の変更 「当期より、利益および剰余金の重要性が高くなったので、下記の会社を連結の範囲に加えております。」	□連結範囲変更に関する監査法人との協議資料と照合する。 □連結範囲変更に関する開示委員会議事録と照合する。 □連結決算短信の表紙および連結財務諸表同注記事項を基礎資料として作成する（上場会社の場合）。
連注15	連結	数値	関連会社　1社	□同上
連注16	連結	非数値	（株式会社メディカルサポート）	□同上
連注17	連結	非数値	（3）会計処理基準に関する事項 ①　有価証券の評価基準および評価方法　…略…	□経理規程（重要な会計方針）との整合性を図る。
連注18	連結	非数値	②　デリバティブの評価基準および評価方法　…略…	□同上
連注19	連結	非数値	③　たな卸資産の評価基準および評価方法　…略…	□同上
連注20	連結	非数値	④　固定資産の減価償却方法（有形固定資産）…略…	□同上
連注21	連結	非数値	④　固定資産の減価償却方法（無形固定資産）…略…	□同上
連注22	連結	非数値	④　固定資産の減価償却方法（長期前払費用）…略…	□同上
連注23	連結	非数値	⑤　繰延資産の処理方法 …略…	□同上
連注24	連結	非数値	⑥　引当金の計上方法（貸倒引当金）…略…	□同上
連注25	連結	非数値	⑥　引当金の計上方法（賞与引当金）…略…	□同上
連注26	連結	非数値	⑥　引当金の計上方法（役員賞与引当金）…略…	□同上
連注27	連結	非数値	⑥　引当金の計上方法（退職給付引当金）…略…	□同上
連注28	連結	非数値	⑥　引当金の計上方法（役員退職慰労引当金）…略…	□同上
連注29	連結	非数値	⑦　リースの会計処理方法	□同上

ガイドNo.	個別/連結	区分	記載内容	作業内容およびチェック事項
			…略…	
連注30	連結	非数値	⑧ ヘッジ会計の方法 …略…	□同上
連注31	連結	非数値	⑨ その他財務諸表作成のための基本となる重要な事項 消費税等の会計処理 …略…	□同上
連注32	連結	非数値	（4）連結子会社の資産および負債の評価に関する事項 「連結子会社の資産および負債の評価については、全面時価評価法を採用しております。」	□同上

3．根拠条文

＜会社計算規則＞
第133条（連結計算書類の作成のための基本となる重要な事項に関する注記）　連結計算書類の作成のための基本となる重要な事項に関する注記は、次に掲げる事項とする。この場合において、当該注記は当該各号に掲げる事項に区分しなければならない。
一　連結の範囲に関する次に掲げる事項
　イ　連結子会社の数及び主要な連結子会社の名称
　ロ　非連結子会社がある場合には、次に掲げる事項
　　（1）主要な非連結子会社の名称
　　（2）非連結子会社を連結の範囲から除いた理由
　ハ　株式会社が議決権の過半数を自己の計算において所有している会社等を子会社としなかったときは、当該会社等の名称及び子会社としなかった理由
　ニ　第95条第1項ただし書の規定により連結の範囲から除かれた子会社の財産又は損益に関する事項であって、当該企業集団の財産及び損益の状態の判断に影響を与えると認められる重要なものがあるときは、その内容
二　持分法の適用に関する次に掲げる事項
　イ　持分法を適用した非連結子会社又は関連会社の数及びこれらのうち主要な会社等の名称
　ロ　持分法を適用しない非連結子会社又は関連会社があるときは、次に掲げる事項
　　（1）当該非連結子会社又は関連会社のうち主要な会社等の名称
　　（2）当該非連結子会社又は関連会社に持分法を適用しない理由
　ハ　当該株式会社が議決権の100分の20以上、100分の50以下を自己の計算において所有している会社等を関連会社としなかったときは、当該会社等の名称及び関連会社としなかった理由
　ニ　持分法の適用の手続について特に示す必要があると認められる事項がある場合には、その内容
三　会計処理基準に関する次に掲げる事項
　イ　重要な資産の評価基準及び評価方法
　ロ　重要な減価償却資産の減価償却の方法
　ハ　重要な引当金の計上基準
　ニ　その他連結計算書類の作成のための重要な事項
四　連結子会社の資産及び負債の評価に関する事項

3．連結計算書類作成のための基本となる重要な事項の変更に関する注記

1．記載例

3．連結計算書類作成のための基本となる重要な事項に関する注記
（1）たな卸資産の評価方法
　当期より、収益費用の対応の適正化を図る為に、【連注33】売価還元原価法より先入先出法による原価法へ変更しております。【連注34】この変更により、従来の方法に比し、営業利益、経常利益および税金等調整前当期純利益が50百万円減少しております。【連注35】
（2）役員賞与に関する会計基準
　当期より、「役員賞与に関する会計基準」（企業会計基準第4号　平成17年11月29日企業会計基準委員会）に基づき、当期に負担すべき役員賞与の期間損益の適正化を図る為、【連注36】従来、利益処分項目として処理していた役員賞与を当期費用（販売費及び一般管理費）として処理する方法に変更しております。【連注37】
　当該変更により、従前の方法に比べて、営業利益、経常利益および税金等調整前当期純利益が2百万円が減少しております。【連注38】
（3）連結貸借対照表の純資産の部の表示に関する会計基準【連注39】
　当連結会計年度末より、連結貸借対照表の表示について「貸借対照表の純資産の部の表示に関する会計基準」（企業会計基準委員会　平成17年12月9日）および「貸借対照表の純資産の部の表示に関する会計基準等の適用指針」（企業会計基準適用指針第8号　平成17年12月9日）を適用しております。従来の基準に従った資本の部の合計に相当する金額は、6,270百万円【連注40】であります。

2．記載項目別作業一覧

ガイドNo.	個別/連結	区分	記載内容	作業内容およびチェック事項
連注33	連結	非数値	3．連結計算書類作成のための基本となる重要な事項の変更に関する注記 （1）たな卸資産の評価方法 （変更理由）「収益費用の対応の適正化を図る為に、…」	□会計方針変更に関する監査法人との協議資料と照合する。 □会計方針変更の同一事例と照合する。 □会計方針の変更に関する開示委員会議事録と照合する。
連注34	連結	非数値	（1）たな卸資産の評価方法 （変更の旨）「売価還元原価法より先入先出法による原価法へ変更しております。」	□同上
連注35	連結	数値	（1）たな卸資産の評価方法 （変更の影響額）「この変更により、従来の方法に比し、	□同上 □影響額の計算資料と照合す

ガイドNo.	個別/連結	区分	記載内容	作業内容およびチェック事項
			営業利益、経常利益および税金等調整前当期純利益が50百万円減少しております。」	る。
連注36	連結	非数値	(2) 役員賞与に関する会計基準 (変更理由)「「役員賞与に関する会計基準」(企業会計基準第4号 平成17年11月29日企業会計基準委員会)に基づき、当期に負担すべき役員賞与の期間損益の適正化を図る為、…」	□会計方針変更に関する監査法人との協議資料と照合する。 □会計方針変更の同一事例と照合する。 □会計方針の変更に関する開示委員会議事録と照合する。
連注37	連結	非数値	(2) 役員賞与に関する会計基準 (変更の旨)「従来、利益処分項目として処理していた役員賞与を当期費用(販売費及び一般管理費)として処理する方法に変更しております。」	□同上
連注38	連結	数値	(2) 役員賞与に関する会計基準 (変更の影響額)「当該変更により、従前の方法に比べて、営業利益、経常利益および税金等調整前当期純利益が2百万円が減少しております。」	□同上 □影響額の計算資料と照合する。
連注39	連結	非数値	(3) 連結貸借対照表の純資産の部の表示に関する会計基準 (変更理由・変更の旨)「当事業年度末より、貸借対照表の表示について「貸借対照表の純資産の部の表示に関する会計基準」(企業会計基準委員会 平成17年12月9日)および「貸借対照表の純資産の部の表示に関する会計基準等の適用指針」(企業会計基準適用指針第8号 平成17年12月9日)を適用しております。」	□会計方針変更に関する監査法人との協議資料と照合する。 □会計方針変更の同一事例と照合する。 □会計方針の変更に関する開示委員会議事録と照合する。
連注40	連結	数値	(3) 連結貸借対照表の純資産の部の表示に関する会計基準 (変更の影響額)「従来の基準に従った資本の部の合計に相当する金額は、6,270百万円であります。」	□同上 □影響額の計算資料と照合する。

3．根拠条文

> ＜会社計算規則＞
> 第133条(連結計算書類の作成のための基本となる重要な事項に関する注記)連結計算書類の作成のための基本となる重要な事項に関する注記は、次に掲げる事項とする。この場合において、当該注記は当該各号に掲げる事項に区分しなければならない。
> …略…
> 2　連結計算書類作成のための基本となる重要な事項を変更した場合には、次に掲げる事項(重要性の乏しいものを除く。)も連結計算書類作成のための基本となる重要な事項に関する注記とする。
> 一　連結の範囲又は持分法の適用の範囲を変更したときは、その旨及び変更の理由
> 二　会計処理の原則及び手続を変更したときは、その旨、変更の理由及び当該変更が連結計算書類に与えている影響の内容
> …略…

4．表示方法の変更に関する注記

1．記載例（投資有価証券売却益）

> 4．表示方法の変更に関する注記
> （連結損益計算書）
> 　前期まで特別利益の「その他」に含めて表示していた「投資有価証券売却益」は、特別利益の総額の100分の10を超えることとなったため区分掲記することに変更しました。【連注41】
> 　なお、前期における投資有価証券売却益の金額は2百万円【連注42】であります。

2．記載項目別作業一覧

ガイドNo.	個別/連結	区分	記載内容	作業内容およびチェック事項
連注41	連結	非数値	表示方法の変更に関する注記 （変更理由・変更の旨） 「前期まで特別利益の「その他」に含めて表示していた「投資有価証券売却益」は、特別利益の総額の100分の10を超えることとなったため区分掲記することに変更しました。」	□当期の連結計算書類科目内訳書（投資有価証券売却益）、前期の連結計算書類科目内訳書（特別利益：その他）、表示方法変更に関する監査法人との協議資料、表示方法の変更に関する開示委員会議事録を基礎資料として作成する。
連注42	個別	数値	（変更による影響額） 「なお、前期における投資有価証券売却益の金額は2百万円であります。」	□同上

3．根拠条文

> ＜会社計算規則＞
> 第133条（連結計算書類の作成のための基本となる重要な事項に関する注記）連結計算書類の作成のための基本となる重要な事項に関する注記は、次に掲げる事項とする。この場合において、当該注記は当該各号に掲げる事項に区分しなければならない。
> 　　　　　…略…
>
> 2　連結計算書類作成のための基本となる重要な事項を変更した場合には、次に掲げる事項（重要性の乏しいものを除く。）も連結計算書類作成のための基本となる重要な事項に関する注記とする。
> 　　　　　…略…
> 三　表示方法を変更したときは、その内容

5．連結貸借対照表に関する注記―（1）有形固定資産の減価償却累計額

1．記載例

> 5．連結貸借対照表に関する注記
> （1）有形固定資産の減価償却累計額　6,843百万円【連計43】
> 　　上記金額には、減損損失累計額729百万円【連計44】が含まれています。

2．記載項目別作業一覧

ガイドNo.	個別/連結	区分	記載内容	作業内容およびチェック事項
連注43	連結	数値	（1）有形固定資産の減価償却累計額　　6,843百万円	□連結精算表の連結貸借対照表の「減価償却累計額＋減損損失累計額」の合計値と照合する。 □連結会社の計算書類に関する附属明細書「有形固定資産および無形固定資産の明細」の「減価償却累計額（減損損失累計額含む）合計値＋連結調整額」の計算結果との一致を検証する。 □連結決算短信の貸借対照表注記「減価償却累計額注記額」との整合性をチェックする（上場会社の場合）。
連注44	連結	数値	「上記金額には、減損損失累計額729百万円が含まれています。」	□連結精算表の連結貸借対照表の減損損失累計額と照合する。 □連結会社の計算書類に関する附属明細書「有形固定資産および無形固定資産の明細」の「減損損失累計額＋連結調整額」の計算結果との一致を検証する。 □連結決算短信の貸借対照表注記「減損損失累計額注記額」との整合性をチェックする（上場会社の場合）。

3．根拠条文

> ＜会社計算規則＞
> 第134条（貸借対照表等に関する注記）　貸借対照表等に関する注記は、次に掲げる事項（連結注記表にあっては、第6号から第9号までに掲げる事項を除く。）とする。
> 　　…略…
> 　三　資産に係る減価償却累計額を直接控除した場合における各資産の資産項目別の減価償却累計額（一括して注記することが適当な場合にあっては、各資産について一括した減価償却累計額）
> 　四　資産に係る減損損失累計額を減価償却累計額に合算して減価償却累計額の項目をもって表示した場合にあっては、減価償却累計額に減損損失累計額が含まれている旨

5．連結貸借対照表に関する注記—（2）担保提供資産

1．記載例

> 5．連結貸借対照表に関する注記
> （2）担保提供資産
> 　　　　（担保提供資産）　　　　　　（担保の種類）　　　　　　（担保に対応する債務）
> 　　　　土　地　2,800百万円　　　　　抵当権　　　　　　　　　　長期借入金　16,450百万円
> 　　　　　　【連計45】　　　　　　　　【連計46】　　　　　　　　　　【連計47】

2．記載項目別作業一覧

ガイドNo.	個別/連結	区分	記載内容	作業内容およびチェック事項
連注45	連結	数値	（2）担保提供資産 （担保提供資産） 土地　2,800百万円	□連結会社の会社法計算書類の個別注記表の「担保提供資産の注記額の合計額＋連結調整額」の計算結果と照合する。 □連結計算書類科目内訳書(担保提供資産)と照合する。 □連結決算短信の同注記額と照合する（上場会社の場合）。
連注46	連結	数値	（担保の種類）　抵当権	□同上
連注47	連結	数値	（担保に対応する債務） 長期借入金　16,450百万円	□同上

3．根拠条文

> ＜会社計算規則＞
> **第134条**（貸借対照表等に関する注記）　貸借対照表等に関する注記は、次に掲げる事項（連結注記表にあっては、第6号から第9号に掲げる事項を除く。）とする。
>
> 一　資産が担保に供されている場合における次に掲げる事項
> 　イ　資産が担保に供されていること。
> 　ロ　イの資産の内容及びその金額
> 　ハ　担保に係る債務の金額

5．連結貸借対照表に関する注記—（3）手形割引残高、（4）手形裏書残高、（5）保証債務

1．記載例

```
5．連結貸借対照表に関する注記
（3）手形割引残高                      57百万円【連注48】
（4）手形裏書残高                      46百万円【連注49】
（5）保証債務                         800百万円【連注50】
    （うち保証債務）                  （600百万円【連注51】）
    （うち保証予約）                  （100百万円【連注52】）
    （うち経営指導念書等）            （100百万円【連注53】）
```

2．記載項目別作業一覧

ガイドNo.	個別/連結	区分	記載内容	作業内容およびチェック事項
連注48	連結	数値	（3）手形割引残高　57百万円	□連結会社の会社法計算書類の個別注記表の「手形割引残高の注記額の合計額＋連結調整額」の計算結果と照合する。 □連結計算書類科目内訳書（手形割引残高）と照合する。 □連結決算短信の同注記額と照合する（上場会社の場合）。
連注49	連結	数値	（4）手形裏書残高　46百万円	□連結会社の会社法計算書類の個別注記表の「手形裏書残高の注記額の合計額＋連結調整額」の計算結果と照合する。 □連結計算書類科目内訳書（手形裏書残高）と照合する。 □連結決算短信の同注記額と照合する（上場会社の場合）。
連注50	連結	数値	（5）保証債務　800百万円	□連結会社の会社法計算書類の個別注記表の「保証債務合計の注記額の合計額＋連結調整額」の計算結果と照合する。 □連結計算書類科目内訳書（保証債務合計）と照合する。 □連結決算短信の同注記額と照合する（上場会社の場合）。
連注51	連結	数値	（うち保証債務　600百万円）	□連結会社の会社法計算書類の個別注記表の「保証債務の注記額の合計額＋連結調整額」の計算結果と照合する。 □連結計算書類科目内訳書（保証債務）と照合する。 □連結決算短信の同注記額と照合する（上場会社の場合）。

ガイド No.	個別 /連結	区分	記載内容	作業内容およびチェック事項
連注52	連結	数値	(うち内保証予約　100百万円)	□連結会社の会社法計算書類の個別注記表の「保証予約の注記額の合計額＋連結調整額」の計算結果と照合する。 □連結計算書類科目内訳書（保証予約）と照合する。 □連結決算短信の同注記額と照合する（上場会社の場合）。
連注53	連結	数値	(うち経営指導念書等　100百万円)	□連結会社の会社法計算書類の個別注記表の「経営指導念書等の注記額の合計額＋連結調整額」の計算結果と照合する。 □連結計算書類科目内訳書（経営指導念書等）と照合する。 □連結決算短信の同注記額と照合する（上場会社の場合）。

3．根拠条文

```
＜会社計算規則＞
第134条（貸借対照表等に関する注記）　貸借対照表等
　に関する注記は、次に掲げる事項（連結注記表にあ
　っては、第6号から第9号までに掲げる事項を除
　く。）とする。
　　…略…
　五　保証債務、手形遡求債務、重要な係争事件に係
　　る損害賠償義務その他これらに準ずる債務（負債
　　の部に計上したものを除く。）があるときは、当
　　該債務の内容及び金額
```

5．連結貸借対照表に関する注記―（6）金額の表示単位

1．記載例

> 5．連結貸借対照表に関する注記
> (6) 金額は百万円未満を切捨て表示しております。【連注54】

2．記載項目別作業一覧

ガイド No.	個別 /連結	区分	記載内容	作業内容およびチェック事項
連注54	連結	非数値	「(6) 金額は百万円未満を切捨て表示しております。」	□（原則）前期の連結計算書類の表示単位処理方法を表示する。 □（原則）連結計算書類の財務諸表の表示単位処理と同一とする。

3．根拠条文

```
＜会社計算規則＞
第89条　計算関係書類に係る事項の金額は、一円単位、
　千円単位又は百万円単位をもって表示するものとす
　る。
　　　　　　　　　　　　　…略…
```

6．連結損益計算書に関する注記＜任意記載事項＞

1．記載例

> 6．連結損益計算書に関する注記
> （1）特別利益の前期損益修正益は、前期末たな卸資産の評価不足額の修正に伴う調整金額です。
> 【連注55】

2．記載項目別作業一覧

ガイドNo.	個別/連結	区分	記載内容	作業内容およびチェック事項
連注55	連結	数値	6．連結損益計算書に関する注記 「（1）特別利益の前期損益修正益は、前期末たな卸資産の評価不足額の修正に伴う調整金額です。」	□連結計算書類科目内訳書と照合する。 □連結決算短信の同注記額と照合する（上場会社の場合）。

3．根拠条文

```
＜会社計算規則＞
第129条（注記表の区分）　注記表は、次に掲げる項目
　に区分して表示しなければならない。
　　　　　　　　　　　…略…
　四　損益計算書に関する注記
　　　　　　　　　　　…略…

第144条（その他の注記）　その他の注記は、第131条
　から前条までに掲げるもののほか、貸借対照表等、
　損益計算書等及び株主資本等変動計算書等により会
　社（連結注記表にあっては、企業集団）の財産又は
　損益の状態を正確に判断するために必要な事項とす
　る。
```

連結損益計算書に関する注記―（２）金額の表示単位＜任意記載事項＞

１．記載例

6．連結損益計算書に関する注記
（２）金額は百万円未満を切捨て表示しております。【連注56】

２．記載項目別作業一覧

ガイドNo.	個別/連結	区分	記載内容	作業内容およびチェック事項
連注56	連結	非数値	「（２）金額は百万円未満を切捨て表示しております。」	□（原則）前期の連結計算書類の表示単位処理方法を表示する。 □（原則）連結計算書類の連結財務諸表の表示単位処理と同一とする。

３．根拠条文

＜会社計算規則＞
第89条　計算関係書類に係る事項の金額は、一円単位、千円単位又は百万円単位をもって表示するものとする。　…略…

７．連結株主資本等変動計算書に関する注記（連結計算書類を作成している場合）

１．記載例

7．連結株主資本等変動計算書に関する注記
（１）発行済株式の種類および総数ならびに自己株式の種類および株式数に関する事項

	前連結会計年度末株式数	当連結会計年度増加株式数	当連結会計年度減少株式数	当連結会計年度末株式数	摘要
発行済株式 普通株式【連注57】	【連注58】 20,000,000株	【連注60】 一株	【連注62】 200,000株	【連注64】 19,800,000株	
合　計	【連注59】 20,000,000株	【連注61】 一株	【連注63】 200,000株	【連注65】 19,800,000株	（注）1

自己株式 普通株式【連注66】	【連注67】 105,212株	【連注69】 655,005株	【連注71】 200,005株	【連注73】 560,212株	
合　　計	【連注68】 105,212株	【連注70】 655,005株	【連注72】 200,005株	【連注74】 560,212株	(注)2・3

(注)
1．発行済株式当期減少の主な内訳は下記の通りです。
　① 自己株式消却に伴う発行済株式の減少株数【連注75】　200,000株
2．自己株式当期増加の主な内訳は下記の通りです。
　① 単元未満株式買取【連注76】　　　　　　　　　652,995株
　② 非連結子会社からの取得【連注77】　　　　　　　2,010株
3．自己株式当期減少の主な内訳は下記の通りです。
　① 自己株式の処分【連注78】　　　　　　　　　　　　　5株
　② 自己株式の消却【連注79】　　　　　　　　　　200,000株

※　自己株式については省略できますが、設例では記載をしております。

(2) 配当に関する事項
① 配当金の支払額

	株式の種類	配当金の総額	1株当たり配当額	基準日	効力発生日
【連注80】 平成○8年6月28日 定時株主総会	【連注81】 普通株式	【連注82】 150,000,000円	【連注83】 7円53銭	【連注84】 平成○8年 3月31日	【連注85】 平成○8年 6月29日
【連注86】 平成○8年12月10日 取締役会	【連注87】 普通株式	【連注88】 150,000,000円	【連注89】 7円79銭	【連注90】 平成○8年 9月30日	【連注91】 平成○8年 12月24日

② 基準日が当連結会計年度に属する配当のうち、配当の効力発生日が翌連結会計年度となるもの
　平成○9年6月27日開催の定時株主総会において、次の通り決議を予定しております。【連注92】

	株式の種類	配当金の総額	1株当たり 配当額	基準日	効力発生日
【連注93】 平成○9年6月27日 定時株主株主総会	【連注94】 普通株式	【連注95】 192,450,000円	【連注96】 10円00銭	【連注97】 平成○9年 3月31日	【連注98】 平成○9年 6月28日

(3) 新株予約権に関する事項

区分	新株予約権の 内　訳	新株予約権の目的 となる株式の種類	新株予約権の目的となる株式の数（株）			
			前連結会計 年度末株式数	当期増加 株式数	当期減少 株式数	当連結会計 年度末株式数
提出会社	【連注99】 【連注100】 平成○7年6月 26日株主総会決 議の新株予約権	【連注101】 普通株式	【連注102】 1,000,000	【連注103】 ―	【連注104】 ―	【連注105】 1,000,000
	【連注106】 平成○8年6月 28日株主総会決 議の新株予約権	【連注107】 普通株式	【連注108】 ―	【連注109】 660,000	【連注110】 ―	【連注111】 660,000

| | 合　計 | 【連注112】1,000,000 | 【連注113】660,000 | 【連注114】― | 【連注115】1,660,000 |

(注) ＜例＞当期減少は、新株予約権の行使によるものであります。

2．記載項目別作業一覧

ガイドNo.	個別/連結	区分	記載内容	作業内容およびチェック事項
連注57	連結	非数値	7．連結株主資本等変動計算書に関する注記 (1) 発行済株式の種類および総数ならびに自己株式の種類および株式数に関する事項 発行済株式　普通株式	□前期の連結計算書類の連結注記表の連結株主資本等変動計算書の注記内容と照合する。 □当社の登記簿謄本（発行済株式）と照合する。
連注58	連結	数値	前連結会計年度末株式数 発行済株式　普通株式：20,000,000株	□前期の連結計算書類の連結注記表の連結株主資本等変動計算書の注記内容と照合する。 □当社の前期末の登記簿謄本（発行済株式）と照合する。 □前期の事業報告「会社の株式に関する事項」（発行済株式の総数）と照合する。 □発行済株式管理簿と照合する。
連注59	連結	数値	前連結会計年度末株式数 発行済株式　合計：20,000,000株	□合計計算照合する。
連注60	連結	数値	当連結会計年度増加株式数 発行済株式　普通株式：―株	□当社の登記簿謄本（発行済株式）と照合する。 □発行済株式管理簿と照合する。 □増資等に関する取締役会議事録と照合する。
連注61	連結	数値	当連結会計年度増加株式数 発行済株式　合計：―株	□合計計算照合する。
連注62	連結	数値	当連結会計年度減少株式数 発行済株式　普通株式：200,000株	□当社の登記簿謄本（発行済株式）と照合する。 □発行済株式管理簿と照合する。 □自己株式消却等に関する取締役会議事録と照合する。
連注63	連結	数値	当連結会計年度減少株式数 発行済株式　合計：200,000株	□合計計算照合する。
連注64	連結	数値	当連結会計年度末株式数 発行済株式　普通株式：19,800,000株	□当社の当期末の登記簿謄本（発行済株式）と照合する。 □当期の事業報告「会社の株式に関する事項」（発行済株式の総数）と照合する。 □発行済株式管理簿と照合する。
連注65	連結	数値	当連結会計年度末株式数 発行済株式　合計：19,800,000株	□合計計算照合する。
連注66	連結	非数値	(1) 発行済株式の種類および総数ならびに自己株式の種類および株式数に関する事項 自己株式　普通株式	□前期の連結計算書類の連結注記表の連結株主資本等変動計算書の注記内容と照合する。 □（普通株式）自己株式管理簿と照合する。 □自己株式実査資料と照合する。 □登記簿謄本（株式の種類）を確認する。

ガイドNo.	個別/連結	区分	記載内容	作業内容およびチェック事項
				□当社所有分については、個別注記表の株主資本等変動計算書注記と照合する。
連注67	連結	数値	前連結会計年度末株式数 自己株式　普通株式：105,212株	□前期の連結計算書類の連結注記表の連結株主資本等変動計算書の注記内容と照合する。 □（普通株式）自己株式管理簿の前期繰越と照合する。 □前期末の自己株式実査資料と照合する。 □当社所有分については、個別注記表の株主資本等変動計算書注記と照合する。 □連結子会社および持分法適用会社の所有する当社株式の持分相当の株数を含めることに留意する。 □連結子会社㈱ライン所有当社株式数3,330株×80％（出資比率）＋持分法適用会社㈱メディカルサポート6,370株×40％（出資比率）＋当社所有自己株式100,000株＝105,212株
連注68	連結	数値	前連結会計年度末株式数 自己株式　合計：105,212株	□合計計算照合する。
連注69	連結	数値	自己株式 普通株式：655,005株	□株主名簿管理人からの自己株式買取状況表、自己株式買付報告書や自己株式買取に関する契約書、自己株式買取に関する取締役会議事録等と照合する。 □当社所有分については、個別注記表の株主資本等変動計算書注記と照合する。 □連結子会社および持分法適用会社の所有する当社株式の持分相当の株数を含めることに留意する。 □（普通株式）自己株式管理簿の当期増加合計と照合する。
連注70	連結	数値	当連結会計年度増加株式数 自己株式　合計：655,005株	□合計計算照合する。
連注71	連結	数値	当連結会計年度減少株式数 自己株式　普通株式：200,005株	□（普通株式）自己株式管理簿の当期減少合計と照合する。 □自己株式処分に関する契約書、自己株式処分に関する取締役会議事録、自己株式消却証明書、自己株式消却に関する取締役会議事録、登記簿謄本等と照合する。 □当社所有分については、個別注記表の株主資本等変動計算書注記と照合する。 □連結子会社および持分法適用会社の所有する当社株式の持分相当の株数を含めることに留意する。
連注72	連結	数値	当連結会計年度減少株式数 自己株式　合計：200,005株	□合計計算照合する。 □連結子会社および持分法適用会社の所有する当社株式の持分相当の株数を含めることに留意する。

ガイド No.	個別/連結	区分	記載内容	作業内容およびチェック事項
連注73	連結	数値	当連結会計年度末株式数 自己株式　普通株式：560,212株	□（普通株式）自己株式管理簿の次期繰越と照合する。 □当期末の（普通株式）自己株式実査資料と照合する。 □当社所有分については、個別注記表の株主資本等変動計算書注記と照合する。 □連結子会社および持分法適用会社の所有する当社株式の持分相当の株数を含めることに留意する。 □連結子会社㈱ライン所有当社株式数3,330株×80％（出資比率）＋持分法適用会社㈱メディカルサポート6,370株×40％（出資比率）＋当社所有自己株式555,000株＝560,212株
連注74	連結	数値	当連結会計年度末株式数 自己株式　合計：560,212株	□合計計算照合する。
連注75	連結	数値	（注） 「1．発行済株式数当期減少の主な内訳は下記の通りです。」 ①　自己株式消却に伴う発行済株式の減少株数　200,000株	□発行済株式管理簿と照合する。 □登記簿謄本と照合する。 □自己株式消却に関する取締役会議事録と照合する。 □自己株式管理簿と照合する。 □当社所有分については、個別注記表の株主資本等変動計算書注記と照合する。 □連結子会社および持分法適用会社の所有する当社株式の持分相当の株数を含めることに留意する。
連注76	連結	数値	（注） 「1．自己株式当期増加の主な内訳は下記の通りです。」 ①　単元未満株式買取　652,995株	□自己株式管理簿の増加株数（単元未満株式買取）と照合する。 □株主名簿管理人からの単元未満株式買取状況報告書と照合する。 □当社所有分については、個別注記表の株主資本等変動計算書注記と照合する。
連注77	連結	数値	②　非連結子会社からの取得 　　　　　　　　　　2,010株	□自己株式管理簿の増加株数（子会社からの取得）と照合する。 □子会社からの自己株式買取に関する取締役会議事録と照合する。 □子会社からの自己株式買取に関する株式譲渡契約書と照合する。 □当社所有分については、個別注記表の株主資本等変動計算書注記と照合する。 □連結子会社および持分法適用会社の所有する当社株式の持分相当の株数を含めることに留意する。
連注78	連結	数値	「2．自己株式当期減少の主な内訳は下記の通りです。」 ①　自己株式の処分　5株	□自己株式管理簿の減少株数（自己株式の処分）と照合する。 □自己株式の処分に関する取締役会議事録と照合する。 □自己株式の処分に関する株式譲渡契約書と照合する。

ガイドNo.	個別/連結	区分	記載内容	作業内容およびチェック事項
				□当社所有分については、個別注記表の株主資本等変動計算書注記と照合する。 □連結子会社および持分法適用会社の所有する当社株式の持分相当の株数を含めることに留意する。
連注79	連結	数値	② 自己株式の消却　200,000株	□自己株式管理簿の減少株数（自己株式の消却）と照合する。 □自己株式の消却に関する取締役会議事録と照合する。 □株主名簿管理人の株券消却証明書と照合する。 □登記簿謄本と照合する。 □当社所有分については、個別注記表の株主資本等変動計算書注記と照合する。
連注80	連結	非数値	（2）配当に関する事項 ① 配当金の支払額 （決議） 平成○8年6月28日定時株主総会	□招集通知と照合する。 □前期の定時株主総会議事録と照合する。
連注81	連結	非数値	平成○8年6月28日定時株主総会 株式の種類：普通株式	□同上
連注82	連結	数値	平成○8年6月28日定時株主総会 配当金の総額：150,000,000円	□同上 □「(基準日の発行済株式数－基準日の自己株式数)×1株当たり配当額＝配当金の総額」を必ず検証する。
連注83	連結	数値	平成○8年6月28日定時株主総会 1株当たり配当額：7円53銭	□同上
連注84	連結	非数値	平成○8年6月28日定時株主総会 基準日：平成○8年3月31日	□定款と照合する。
連注85	連結	非数値	平成○8年6月28日定時株主総会 効力発生日：平成○8年6月29日	□（原則）定時株主総会の翌日とする。 □「剰余金の処分に関するお知らせ」と照合する（上場会社の場合）。
連注86	連結	非数値	（決議） 平成○8年12月10日取締役会	□中間配当に関する取締役会議事録と照合する。 □「剰余金の処分（中間配当）に関するお知らせ」と照合する（上場会社の場合）。
連注87	連結	非数値	平成○8年12月10日取締役会 株式の種類：普通株式	□同上
連注88	連結	数値	平成○8年12月10日取締役会 配当金の総額：150,000,000円	□同上 □「(基準日の発行済株式数－基準日の自己株式数)×1株当たり配当額＝配当金の総額」を必ず検証する。
連注89	連結	数値	平成○8年12月10日取締役会 1株当たり配当額：7円79銭	□中間配当に関する取締役会議事録と照合する。
連注90	連結	非数値（日付）	平成○8年12月10日取締役会 基準日：平成○8年9月30日	□同上

ガイドNo.	個別/連結	区分	記載内容	作業内容およびチェック事項
連注91	連結	非数値（日付）	平成○8年12月10日取締役会 効力発生日：平成○8年12月24日	□同上
連注92	連結	非数値	② 基準日が当期に属する配当のうち、配当の効力発生日が翌期となるもの 「平成○9年6月27日開催の定時株主総会において、次の通り決議を予定しております。」	□招集通知と照合する。
連注93	連結	非数値	（決議） 平成○9年6月27日定時株主総会	□同上
連注94	連結	非数値	平成○9年6月27日定時株主総会 株式の種類：普通株式	□同上
連注95	連結	数値	平成○9年6月27日定時株主総会 配当金の総額：192,450,000円	□同上 □「（基準日の発行済株式数－基準日の自己株式数）×1株当たり配当額＝配当金の総額」を必ず検証する。
連注96	連結	数値	平成○9年6月27日定時株主総会 1株当たり配当額：10円00銭	□同上
連注97	連結	非数値（日付）	平成○9年6月27日定時株主総会 基準日：平成○9年3月31日	□定款と照合する。
連注98	連結	非数値（日付）	平成○9年6月27日定時株主総会 効力発生日：平成○9年6月28日	□（原則）定時株主総会の翌日とする。 □「剰余金の処分に関するお知らせ」と照合する（上場会社の場合）。
連注99	連結	非数値	（3）新株予約権に関する事項 区分　提出会社	□前期の連結計算書類の連結注記表の連結株主資本等変動計算書の注記内容と照合する。 □連結会社の登記簿謄本（新株予約権）および新株予約権原簿より、連結会社の新株予約権の異動の状況を把握し、該当の連結会社を記入する。
連注100	連結	非数値	新株予約権の内訳 平成○7年6月26日株主総会決議の新株予約権	□前期の連結計算書類の連結注記表の連結株主資本等変動計算書の注記内容と照合する。 □当期の発生分については、連結会社の登記簿謄本（新株予約権）および新株予約権原簿より、連結会社の新株予約権の異動の状況を把握し、該当の新株予約権を記入する。
連注101	連結	非数値	新株予約権の目的となる株式の種類 普通株式	□前期の連結計算書類の連結注記表の連結株主資本等変動計算書の注記内容と照合する。 □当期の発生分については、連結会社の登記簿謄本（新株予約権）および新株予約権原簿より、連結会社の新株予約権の異動の状況を把握し、該当の新株予約権の目的となる株式の種類を記入する。
連注102	連結	数値	新株予約権の目的となる株式の数（株） 前連結会計年度末株式数 　　　　　　　　　1,000,000株	□前期の連結計算書類の連結注記表の連結株主資本等変動計算書の注記内容と照合する。 □連結会社の前期末の登記簿謄本（新株予約権）と照合する。 □連結会社の新株予約権簿と照合する。

ガイド No.	個別/連結	区分	記載内容	作業内容およびチェック事項
連注 103	連結	数値	新株予約権の目的となる株式の数（株）当期増加株式数　一株	□同上
連注 104	連結	数値	新株予約権の目的となる株式の数（株）当期減少株式数　一株	□同上
連注 105	連結	数値	新株予約権の目的となる株式の数（株）当連結会計年度末株式数　1,000,000株	□同上
連注 106	連結	非数値	新株予約権の内訳 平成○8年6月28日株主総会決議の新株予約権	□前期の連結計算書類の連結注記表の連結株主資本等変動計算書の注記内容と照合する。 □当期の発生分については、連結会社の登記簿謄本（新株予約権）および新株予約権原簿より、連結会社の新株予約権の異動の状況を把握し、該当の新株予約権を記入する。
連注 107	連結	非数値	新株予約権の目的となる株式の種類 普通株式	□前期の連結計算書類の連結注記表の連結株主資本等変動計算書の注記内容と照合する。 □当期の発生分については、連結会社の登記簿謄本（新株予約権）および新株予約権原簿より、連結会社の新株予約権の異動の状況を把握し、該当の新株予約権の目的となる株式の種類を記入する。
連注 108	連結	数値	新株予約権の目的となる株式の数（株）前連結会計年度末株式数　一株	□前期の連結計算書類の連結注記表の連結株主資本等変動計算書の注記内容と照合する。 □連結会社の前期末の登記簿謄本（新株予約権）と照合する。 □連結会社の新株予約権簿と照合する。
連注 109	連結	数値	新株予約権の目的となる株式の数（株）当期増加株式数　660,000株	□同上
連注 110	連結	数値	新株予約権の目的となる株式の数（株）当期減少株式数　一株	□同上
連注 111	連結	数値	新株予約権の目的となる株式の数（株）当連結会計年度末株式数　660,000株	□同上
連注 112	連結	数値	新株予約権の目的となる株式の数（株）前連結会計年度末株式数 合計　1,000,000株	□合計計算照合する。
連注 113	連結	数値	新株予約権の目的となる株式の数（株）当期増加株式数　合計　660,000株	□同上
連注 114	連結	数値	新株予約権の目的となる株式の数（株）当期減少株式数　合計　一株	□同上
連注 115	連結	数値	新株予約権の目的となる株式の数（株）当連結会計年度末株式数 合計　1,660,000株	□同上
連注 116	連結	非数値	（注） ＜例＞「当期減少は、新株予約権の行使によるものであります。」	□連結会社の新株予約権簿と照合する。

3．根拠条文

<会社計算規則>
第137条（連結株主資本等変動計算書に関する注記）
連結株主資本等変動計算書に関する注記は、次に掲げる事項とする。
一　当該連結会計年度の末日における当該株式会社の発行済株式の総数（種類株式発行会社にあっては、種類ごとの発行済株式の総数）
二　当該連結会計年度中に行った剰余金の配当（当該連結会計年度の末日後に行う剰余金の配当のうち、剰余金の配当を受ける者を定めるための法第124条第1項に規定する基準日が当該連結会計年度中のものを含む。）に関する次に掲げる事項その他の事項
　　イ　配当財産が金銭である場合における当該金銭の総額
　　ロ　配当財産が金銭以外の財産である場合における当該財産の帳簿価額（当該剰余金の配当をした日においてその時の時価を付した場合にあっては、当該時価を付した後の帳簿価額）の総額
三　当該連結会計年度の末日における当該株式会社が発行している新株予約権（法第236条第1項第4号の期間の初日が到来していないものを除く。）の目的となる当該株式会社の株式の数（種類株式発行会社にあっては、種類及び種類ごとの数）

8．税効果会計に関する注記＜任意記載事項＞

1．記載例

8．税効果会計に関する注記

項　　目	金　額	
1．繰延税金資産および繰延税金負債の主な原因の内訳		
繰延税金資産		
製品評価損	【連注117】	468
減損損失	【連注118】	296
賞与引当金	【連注119】	38
貸倒引当金	【連注120】	14
未払事業税	【連注121】	160
未実現損益調整	【連注122】	10
役員退職慰労引当金	【連注123】	681
退職給付引当金	【連注124】	732
減価償却超過額	【連注125】	12
繰延税金資産小計	【連注126】	2,414
評価性引当額（△表示）	【連注127】	－
繰延税金資産合計	【連注128】	2,414
繰延税金負債		
前払年金費用	【連注129】	－
固定資産圧縮積立金	【連注130】	△1,321

その他有価証券評価差額金	【連注131】	△4
評価差額	【連注132】	△40
繰延税金負債合計	【連注133】	△1,365
繰延税金資産の純額	【連注134】	1,049
繰延税金資産の総額は、貸借対照表の以下の項目に含まれています。		
流動資産―繰延税金資産	【連注135】	988
固定資産―繰延税金資産	【連注136】	100
流動負債―繰延税金負債	【連注137】	―
固定負債―繰延税金負債	【連注138】	40
2．法定実効税率と税効果適用後の法人税等の負担率との差異の内訳 　法定実効税率	【連注139】	40.7%
（調整）		
交際費等永久に損金に算入されない項目	【連注140】	1.8%
受取配当金等永久に益金に算入されない項目	【連注141】	△0.3%
住民税均等割	【連注142】	0.5%
持分法投資損益	【連注143】	△0.4%
その他	【連注144】	0.1%
税効果適用後の法人税等負担率	【連注145】	42.4%

2．記載項目別作業一覧

ガイドNo.	個別/連結	区分	記載内容	作業内容およびチェック事項
連注117	連結	数値	8．税効果会計に関する注記 1．繰延税金資産および繰延税金負債の主な原因の内訳 繰延税金資産 製品評価損：468百万円	□各連結会社の税効果会計管理台帳を集計して、連結仕訳データ調整して作成した「連結税効果会計管理台帳」と照合する。
連注118	連結	数値	減損損失：296百万円	□同上
連注119	連結	数値	繰延税金資産 賞与引当金：38百万円	□同上
連注120	連結	数値	繰延税金資産 貸倒引当金：14百万円	□同上
連注121	連結	数値	繰延税金資産 未払事業税：160百万円	□同上
連注122	連結	数値	繰延税金資産 未実現損益調整：10百万円	□同上
連注123	連結	数値	繰延税金資産 役員退職慰労引当金：681百万円	□同上

ガイド No.	個別/連結	区分	記載内容	作業内容およびチェック事項
連注124	連結	数値	繰延税金資産 退職給付引当金：732百万円	□同上
連注125	連結	数値	繰延税金資産 減価償却超過額：12百万円	□同上
連注126	連結	数値	繰延税金資産 繰延税金資産小計：2,414百万円	□同上
連注127	連結	数値	繰延税金資産 評価性引当額：―百万円	□同上
連注128	連結	数値	繰延税金資産 繰延税金資産合計：2,414百万円	□同上
連注129	連結	数値	繰延税金負債 前払年金費用：―百万円	□同上
連注130	連結	数値	繰延税金負債 固定資産圧縮積立金：△1,321百万円	□同上
連注131	連結	数値	繰延税金負債 その他有価証券評価差額金：△4百万円	□同上
連注132	連結	数値	繰延税金負債 評価差額：△40百万円	□同上
連注133	連結	数値	繰延税金負債 繰延税金負債合計：△1,365百万円	□同上
連注134	連結	数値	繰延税金資産純額：1,049百万円	□同上
連注135	連結	数値	「繰延税金資産の総額は、貸借対照表の以下の項目に含まれています。」 流動資産　繰延税金資産：988百万円	□同上
連注136	連結	数値	固定資産　繰延税金資産：100百万円	□同上
連注137	連結	数値	流動負債　繰延税金負債：―百万円	□同上
連注138	連結	数値	固定負債　繰延税金負債：40百万円	□同上
連注139	連結	数値	2．法定実効税率と税効果適用後の法人税等の負担率との差異の内訳 法定実効税率：40.7%	□同上
連注140	連結	数値	（調整） 交際費等永久に損金に算入されない項目：1.8%	□連結税効果会計管理台帳（税率差異計算）と照合する。
連注141	連結	数値	受取配当金等永久に益金に算入されない項目：△0.3%	□同上
連注142	連結	数値	住民税均等割：0.5%	□同上
連注143	連結	数値	持分法投資損益：△0.4%	□同上

ガイド No.	個別/連結	区分	記載内容	作業内容およびチェック事項
連注 144	連結	数値	その他：0.1%	□同上
連注 145	連結	数値	税効果適用後の法人税等負担率：42.4%	□「（法人税、住民税及び事業税＋法人税等調整額）÷税金等調整前当期純利益×100％＝(2,163,624,000＋△107,369,000)÷4,847,473,000＝42.4％」との一致を検証する。 □連結税効果会計管理台帳（税率差異計算）と照合する。

3．根拠条文

```
＜会社計算規則＞
第129条（注記表の区分） 注記表は、次に掲げる項目
  に区分して表示しなければならない。
    …略…
  六 税効果会計に関する注記
2 次の各号に掲げる注記表には、当該各号に定める
  項目を表示することを要しない。
    …略…
  三 連結注記表 前項第4号、第6号から第8号ま
で及び第11号に掲げる項目
第138条（税効果会計に関する注記） 税効果会計に関
  する注記は、次に掲げるもの（重要でないものを除
  く。）の発生の主な原因とする。
  一 繰延税金資産（その算定に当たり繰延税金資産
    から控除された金額がある場合における当該金額
    を含む。）
  二 繰延税金負債
```

9．リース取引に関する注記＜任意記載事項＞

1．記載例

9．リース取引に関する注記
（1）リース物件の所有権が借主に移転すると認められるもの以外のファイナンス・リース取引
① リース物件の取得価額相当額、減価償却累計額相当額および期末残高相当額

区　分	取得価額相当額 （百万円）	減価償却累計額相当額 （百万円）	期末残高相当額 （百万円）
機械装置	【連注146】　880	【連注147】　495	【連注148】　385
工具、器具及び備品	【連注149】　638	【連注150】　528	【連注151】　110
合　計	【連注152】　1,518	【連注153】　1,023	【連注154】　495

② 未経過リース料期末残高相当額
　1年内　　　　　　　　　　　　　　　　308百万円　【連注155】

	1年超	187百万円	【連注156】
	合計	495百万円	【連注157】

③ 支払リース料、減価償却費相当額および支払利息相当額
　　支払リース料　　　　　　　　394百万円　【連注158】
　　減価償却費相当額　　　　　　366百万円　【連注159】
　　支払利息相当額　　　　　　　 43百万円　【連注160】
④ 減価償却費相当額の算定方法【連注161】
　　リース期間を耐用年数とし、残存価額を零とする定額法によっております。
⑤ 利息相当額の算定方法【連注162】
　　リース料総額とリース物件の取得価額相当額との差額を利息相当額とし、各連結会計年度への配分方法については、利息法によっております。
（2）オペレーティング・リース取引
　　未経過リース料
　　　1年内　　　　　　　　　　　 24百万円　【連注163】
　　　1年超　　　　　　　　　　　 14百万円　【連注164】
　　　合計　　　　　　　　　　　　 39百万円　【連注165】

2．記載項目別作業一覧

ガイドNo.	個別/連結	区分	記載内容	作業内容およびチェック事項
連注146	連結	数値	9．リース取引関係注記 （1）リース物件の所有権が借主に移転すると認められるもの以外のファイナンス・リース取引 ① リース物件の取得価額相当額、減価償却累計額相当額および期末残高相当額 機械装置 取得価額相当額：880百万円…①	□各連結会社のリース管理台帳を集計して、連結仕訳データ調整して作成した「連結リース管理台帳」と照合する。
連注147	連結	数値	機械装置 減価償却累計額相当：495百万円…②	□同上
連注148	連結	数値	機械装置 期末残高相当額：385百万円…③	□同上
連注149	連結	数値	工具、器具及び備品 取得価額相当額：638百万円…④	□同上
連注150	連結	数値	工具、器具及び備品 減価償却累計額相当額：528百万円…⑤	□同上
連注151	連結	数値	工具、器具及び備品 期末残高相当額：110百万円…⑥	□同上
連注152	連結	数値	合計 取得価額相当額：1,518百万円…⑦	□円単位の「①＋④」の計算結果を表示単位処理する。
連注153	連結	数値	合計 減価償却累計額相当額：1,023百万円…⑧	□円単位の「②＋⑤」の計算結果を表示単位処理する。

ガイドNo.	個別/連結	区分	記載内容	作業内容およびチェック事項
連注154	連結	数値	合計 期末残高相当額：495百万円…⑨	□円単位の「③＋⑥」の計算結果を表示単位処理する。
連注155	連結	数値	②　未経過リース料期末残高相当額 １年内　308百万円	□各連結会社のリース管理台帳を集計して、連結仕訳データ調整して作成した「連結リース管理台帳」と照合する。
連注156	連結	数値	１年超　187百万円	□同上
連注157	連結	数値	合計　495百万円	□円単位の合計結果を表示単位処理する。
連注158	連結	数値	③　支払リース料、減価償却費相当額および支払利息相当額 支払リース料　394百万円	□各連結会社のリース管理台帳を集計して、連結仕訳データ調整して作成した「連結リース管理台帳」と照合する。
連注159	連結	数値	減価償却費相当額　366百万円	□同上
連注160	連結	数値	支払利息相当額　43百万円	□同上
連注161	連結	非数値	④　減価償却費相当額の算定方法 「リース期間を耐用年数とし、残存価額を零とする定額法によっております。」	□同上
連注162	連結	非数値	⑤　利息相当額の算定方法 「リース料総額とリース物件の取得価額相当額との差額を利息相当額とし、各事業年度への配分方法については、利息法によっております。」	□同上
連注163	連結	数値	（２）オペレーティング・リース取引 未経過リース料 １年内　24百万円	□各連結会社のリース管理台帳を集計して、連結仕訳データ調整して作成した「連結リース管理台帳」と照合する。
連注164	連結	数値	未経過リース料 １年超　14百万円	□同上
連注165	連結	数値	未経過リース料 合計　39百万円	□円単位の合計結果を表示単位処理する。

3．根拠条文

＜会社計算規則＞
第129条（注記表の区分）　注記表は、次に掲げる項目に区分して表示しなければならない。
　　　　　　…略…
　七　リースにより使用する固定資産に関する注記
２　次の各号に掲げる注記表には、当該各号に定める項目を表示することを要しない。
　　　　　　…略…
　三　連結注記表　前項第４号、第６号から第８号まで及び第11号に掲げる項目

第139条（リースにより使用する固定資産に関する注記）　リースにより使用する固定資産に関する注記は、ファイナンス・リース取引（リース取引のうち、リース契約に基づく期間の中途において当該リース契約を解除することができないもの又はこれに準ずるもので、リース物件（当該リース契約により使用する物件をいう。以下この条において同じ。）の借主が、当該リース物件からもたらされる経済的利益を実質的に享受することができ、かつ、当該リース物件の使用に伴って生じる費用等を実質的に負担す

ることとなるものをいう。以下この条において同じ。)の借主である株式会社が当該ファイナンス・リース取引について通常の売買取引に係る方法に準じて会計処理を行っていない場合におけるリース物件(固定資産に限る。以下この条において同じ。)に関する事項とする。この場合において、当該リース物件の全部又は一部に係る次に掲げる事項(各リース物件について一括して注記する場合にあっては、一括して注記すべきリース物件に関する事項)を含めることを妨げない。

一　当該事業年度の末日における取得原価相当額
二　当該事業年度の末日における減価償却累計額相当額
三　当該事業年度の末日における未経過リース料相当額
四　前三号に掲げるもののほか、当該リース物件に係る重要な事項

10. 1株当たり情報に関する注記

1．記載例

10. 1株当たり情報に関する注記
　(1)　1株当たり純資産額　　　　　　325円91銭　【連注166】
　(2)　1株当たり当期純利益金額　　　101円38銭　【連注167】
　　　1株当たり当期純利益金額
　　　　普通株主に帰属しない金額(百万円)　　　一百万円　【連注168】
　　　　普通株式に係る当期純利益(百万円)　　1,970百万円　【連注169】
　　　　期中平均株式数(株)　　　　　　　　19,438,240株　【連注170】

2．記載項目別作業一覧

ガイドNo.	個別/連結	区分	記載内容	作業内容およびチェック事項
連注166	連結	非数値	10. 1株当たり情報に関する注記 (1)　1株当たり純資産額 　　325円91銭	□「(連/計 B/S(P111～112)純資産合計6,500,557,471円－少数株主持分150,000,000円－新株予約権80,000,000円)÷(期末発行済株式数19,800,000株－期末自己株式数560,212株)」＝325.91円(端数切捨て) □期末自己株式数については、連結子会社および持分法適用会社の所有する当社株式の持分相当の株数を含めることに留意する。
連注167	連結	非数値	(2)　1株当たり当期純利益金額 　　101円38銭	□「(連/計 P/L(P128)当期純利益1,970,760,000円)÷(期中平均発行済株式数19,999,452株－期中平均自己株式数561,212株)」＝101.38円(端数切捨て) □期中平均自己株式数については、連結子会社および持分法適用会社の所有する当社株式の持分相当の株数を含めることに留意する。
連注168	連結	非数値	1株当たり当期純利益金額 普通株主に帰属しない金額(百万円)　一百万円	□優先配当等、普通株主に帰属しない金額がある場合に、当該金額を記載する。

ガイドNo.	個別/連結	区分	記載内容	作業内容およびチェック事項
連注169	連結	数値	普通株式に係る当期純利益（百万円） 1,970百万円	□原則として、会社法上の連結損益計算書「当期純利益」の金額を転記する。
連注170	連結	数値	期中平均株式数（株） 19,438,240株	□「期中平均発行済株式数19,999,452株－期中平均自己株式数561,212株＝期中平均株式数19,438,240株」の計算結果を転記する。 □期中平均発行済株式数について、「発行済株式管理簿」と照合する。 □期中平均自己株式数について、「（連結ベース）自己株式管理簿」と照合する。 □期中平均自己株式数については、連結子会社および持分法適用会社の所有する当社株式の持分相当の株数を含めることに留意する。 □連結決算短信の期中平均株式数と照合する（上場会社の場合）。

3．根拠条文

＜会社計算規則＞
第129条（注記表の区分）　注記表は、次に掲げる項目に区分して表示しなければならない。
　　…略…
　九　1株当たり情報に関する注記
　　…略…
第141条（1株当たり情報に関する注記）　1株当たり情報に関する注記は、1株当たりの次に掲げる額とする。
　一　純資産額
　二　当期純利益金額又は当期純損失金額

＜企業会計基準第2号　1株当たり当期純利益に関する会計基準＞
（平成14年9月25日　改正平成18年1月31日　企業会計基準委員会）
12．1株当たり当期純利益は、普通株式に係る当期純利益（第14項参照）を普通株式の期中平均株式数（第17項参照）で除して算定する。
　　1株当たり当期純利益＝普通株式に係る当期純利益÷普通株式の期中平均株式数
　　＝（損益計算書上の当期純利益－普通株主に帰属しない金額(第15項参照)）÷（普通株式の期中平均発行済株式数－普通株式の期中平均自己株式数）
　　また、損益計算書上、当期純損失の場合にも、当期純利益の場合と同様に、1株当たり当期純損失を算定する（本会計基準においては、1株当たり当期純利益に1株当たり当期純損失を含むものとする。）。
　　…略…
13．普通株式と同等の株式が存在する場合には、これらの株式数を含めて1株当たり当期純利益を算定する。

普通株式に係る当期純利益
14．第12項にいう普通株式に係る当期純利益は、損益計算書上の当期純利益から、剰余金の配当に関連する項目で普通株主に帰属しない金額（以下「普通株主に帰属しない金額」という。）を控除して算定する。
15．第14項にいう普通株主に帰属しない金額には、優先配当額（第16項参照）などが含まれる。
16．第15項にいう普通株主に帰属しない金額に含まれる優先配当額は以下による。
　（1）累積型配当優先株式（第46項参照）の場合
　　1株当たり当期純利益の算定対象となる会計期間に係る要支払額
　（2）非累積型配当優先株式（第46項参照）の場合
　　1株当たり当期純利益の算定対象となる会計期間に基準日が属する剰余金の配当を基礎として算定した額

普通株式の期中平均株式数
17．第12項にいう普通株式の期中平均株式数は、普通株式の期中平均発行済株式数から期中平均自己株式数を控除して算定する。なお、連結財務諸表において1株当たり当期純利益を算定する際には、本会計基準にいう自己株式数は、子会社及び関連会社が保有する親会社等（子会社においては親会社、関連会社においては当該会社に対して持分法を適用する投資会社）の発行する普通株式数のうち、親会社等の持分に相当する株式数を含めるものとする。

＜企業会計基準適用指針第4号　1株当たり当期純利益に関する会計基準の適用指針＞

(平成14年9月25日改正平成18年1月31日企業会計基準委員会)

　　　1株当たり当期純利益＝（損益計算書上の当期純利益－普通株主及び普通株主と同等の株主に帰属しない金額）
　　　÷（普通株式及び普通株式と同等の株式の期中平均株式数）

普通株式以外の株式に係る1株当たり当期純利益の算定

9. 第11項（3）にいう参加可能額を損益計算書上の当期純利益から控除した場合には、非転換型の参加型株式に係る当期純利益を、当該株式の期中平均株式数で除して算定した金額も、普通株式に係る1株当たり当期純利益とともに、普通株式以外の株式に係る1株当たり当期純利益として算定し開示する［設例8］。ただし、当該非転換型の参加型株式が、証券取引所へ上場（これに準じるものを含む。）されていない場合で、重要性が乏しいときには、当該株式に係る1株当たり当期純利益を算定し開示しないことができる。

10. 優先的ではないが異なる配当請求権を有する株式（第6項参照）が存在する場合には、当該株式に係る当期純利益を、当該株式の期中平均株式数で除して算定した金額も、第9項と同様、普通株式に係る1株当たり当期純利益とともに、普通株式以外の株式に係る1株当たり当期純利益として算定し開示する。ただし、当該優先的ではないが異なる配当請求権を有する株式が、証券取引所へ上場（これに準じるものを含む。）されていない場合で、重要性が乏しいときには、当該株式に係る1株当たり当期純利益を算定し開示しないことができる。

　　　普通株式以外の株式に係る1株当たり当期純利益
＝（普通株式以外の株式に係る当期純利益）÷（1株当たり当期純利益普通株式以外の株式の期中平均株式数）

普通株式に係る当期純利益

11. 1株当たり当期純利益を算定する際の普通株式に係る当期純利益は、損益計算書上の当期純利益から普通株主に帰属しない金額を控除して算定する（会計基準第14項）。普通株主に帰属しない金額には、例えば、以下が含まれる。
　（1）優先配当額（会計基準第16項）
　（2）配当優先株式に係る消却（償還）差額
　（3）普通株式以外の株主が損益計算書上の当期純利益から当期の配当後の配当に参加できる額（以下「参加可能額」という。）（第12項参照）

12. 第11項（3）にいう参加可能額は、非転換型の参加型株式が発行されており、あらかじめ定められた方法で算定できる場合に限る。この際、当該参加可能額は、当該会計期間に係る剰余金の配当を仮定して算定する。また、この場合には、普通株式以外の株式の1株当たり当期純利益も開示する（第9項参照）［設例8］。

　　なお、転換型の参加型株式が発行されている場合には、1株当たり当期純利益の算定上、転換仮定方式（会計基準第30項）に準じて算定された株式数を、普通株式数に加える。

普通株式の期中平均株式数

13. 普通株式の期中平均株式数を算定する際、期中に普通株式が発行された場合、発行時から期末までの期間に応じた普通株式数（会計基準第50項（1））は、当該発行時から期末までの日数に応じた普通株式数を算定する方法の他、合理的な基礎に基づいて算定された当該平均株式数、例えば、当該発行時から期末までの月数に応じた普通株式数を算定する方法を用いることができる。同様に、例えば、会計期間における月末の普通株式の発行済株式数から自己株式数を控除した株式数の累計を平均して算定する方法（会計基準第50項（2））を用いることもできる。

14. 条件付発行可能普通株式は、特定の条件（ただし、単に時間の経過により条件が達成される場合を除く。）を満たしたときに、普通株式数に含める。

15. 条件付発行可能潜在株式は、特定の条件（ただし、単に時間の経過により条件が達成される場合を除く。）を満たした潜在株式が、実際に権利が行使されたときに、普通株式数に含める。

16. 当期に株式併合又は株式分割（同一種類の株式が交付される株式無償割当て等、株式分割と同様の効果を有する事象の他、時価より低い払込金額にて株主への割当てが行われた場合に含まれる株式分割相当部分を含む。以下同じ。）が行われた場合、普通株式の期中平均株式数の算定にあたっては、当期首に当該株式併合又は株式分割が行われたと仮定する（会計基準第19項）［設例9］［設例10］。

【1株当たり純資産額の算定】

34. 1株当たり純資産額は、普通株式に係る期末の純資産額（第35項参照）を、期末の普通株式（普通株式と同等の株式（第8項参照）を含む。以下同じ。）の発行済株式数から自己株式数を控除した株式数で除して算定する。なお、連結財務諸表において1株当たり純資産額を算定する際に控除する自己株式数には、1株当たり当期純利益の算定と同様（会計基準第17項）、子会社及び関連会社が保有する親会社等（子会社においては親会社、関連会社においては当該会社に対して持分法を適用する投資会社）の発行する普通株式数のうち、親会社等の持分に相当する株式数を含めるものとする。

35. 第34項にいう普通株式に係る期末の純資産額は、貸借対照表の純資産の部の合計額から以下の金額を控除して算定する［設例11］。
　（1）新株式申込証拠金
　（2）自己株式申込証拠金
　（3）普通株式よりも配当請求権又は残余財産分配請求権が優先的な株式の払込金額（当該優先的な株式に係る資本金及び資本剰余金の合計額）
　（4）当該会計期間に係る剰余金の配当であって普通株主に関連しない金額

（5）新株予約権
　（6）少数株主持分（連結財務諸表の場合）
　　普通株式に係る1株当たり純資産額＝
　　（貸借対照表の純資産の部の合計額－控除する金額）÷（期末の普通株式の発行済株式数－期末の普通株式の自己株式数）
36．普通株式よりも配当請求権及び残余財産分配請求権が優先的ではなく、かつ、普通株式の配当請求権及び残余財産分配請求権とは異なる内容の権利に基づく金額が、あらかじめ定められた方法により算定可能な株式が存在する場合には、当該株式に係る期末の純資産額を当該株式の期末の株式数で除して算定した金額も、普通株式に係る1株当たり純資産額とともに、普通株式以外の株式に係る1株当たり純資産額として算定し開示する［設例12］。ただし、当該株式が、証券取引所へ上場（これに準じるものを含む。）されていない場合で、重要性が乏しいときには、当該株式に係る1株当たり純資産額は、算定し開示しないことができる。
　　普通株式以外の株式に係る1株当たり純資産額＝普通株式以外の株式に係る期末の純資産額÷普通株式以外の株式の期末の株式数

11．重要な後発事象に関する注記

1．作成上のポイント

以下のような事柄を記載します。
＜例＞
・火災、出水等による重大な損害の発生
・多額の増資または減資および多額の社債の発行または繰上償還
・会社の合併、重要な営業の譲渡または譲受
・重要な係争事件の発生または解決
・主要な取引先の倒産
・株式併合および株式分割
・継続企業の前提に重要な疑義を抱かせる事象または状況の発生

2．記載例

11．重要な後発事象に関する注記【連注171】
　平成〇9年4月10日に発生した神奈川工場の火災により、重要な災害を受けました。
（1）当該重要な災害の発生年月日：平成〇9年4月10日
（2）当該重要な災害が発生した場所　神奈川県横浜市〇区〇丁目〇番〇号　神奈川工場
（3）当該重要な災害により被害を受けた資産の種類および帳簿価額ならびにそれに対し支払われた保険金額
　①　資産の種類：製品等棚卸資産および建物他固定資産
　②　帳簿価額
　　　　平成〇9年3月末帳簿価額
　　　　　　a．製品等棚卸資産300百万円　b．建物他固定資産500百万円　計800百万円

③ 支払われた保険金額
　保険金の支払に関しては、現在火災保険会社において査定中でありますが、当該工場は製品等たな卸資産を含め建物他固定資産に対して総額5億50百万円を付保しております。
（4）当該重要な災害による被害が当該提出会社の事業に及ぼす影響
　神奈川工場は被災により外部が大きな被害を受け、現在のところ操業を停止しており、稼動再開については外部要因もあり不透明な部分もありますが、平成○9年6月全面稼動開始を目処に鋭意取り組んでおります。
　また、稼動再開のための当面の復旧工事費の総額は2億20百万円程度見込んでおり、現時点において、被害を受けた資産の除却損および復旧費用等の発生による500百万円程度の特別損失の計上を予定しております。

3．記載項目別作業一覧

ガイドNo.	個別/連結	区分	記載内容	作業内容およびチェック事項
連注171	連結	非数値	11．重要な後発事象に関する注記 「平成○9年4月10日に発生した神奈川工場の火災により、重要な災害を受けました。…略…」	□臨時報告書と照合する（上場会社の場合）。 □損害への対応に関する取締役会議事録と照合する。

4．根拠条文

＜会社計算規則＞
第129条（注記表の区分）　注記表は、次に掲げる項目に区分して表示しなければならない。
　…略…
　十　重要な後発事象に関する注記
第142条（重要な後発事象に関する注記）…略…
2　連結注記表における重要な後発事象に関する注記は、当該株式会社の事業年度の末日後、連結会社並びに持分法が適用される非連結子会社及び関連会社の翌事業年度以降の財産又は損益に重要な影響を及ぼす事象が発生した場合における当該事象とする。ただし、当該株式会社の事業年度の末日と異なる日をその事業年度の末日とする子会社及び関連会社については、当該子会社及び関連会社の事業年度の末日後に発生した場合における当該事象とする。

12．退職給付に関する注記＜任意記載事項＞

1．記載例

12．退職給付に関する注記＜任意記載事項＞
（1）採用している退職給付制度の概要【連注172】
　当社は従業員退職金の50％について、確定給付型の制度としての厚生年金制度および適格退職金制度を残りの50％を退職一時金制度を採用しております。

（2）退職給付債務およびその内訳

①	退職給付債務	【連注173】	△2,786百万円
②	年金資産	【連注174】	253百万円
③	未積立退職給付債務	【連注175】	△2,533百万円
④	会計基準変更時差異の未処理額	【連注176】	82百万円
⑤	未認識数理計算上の差異	【連注177】	42百万円
⑥	未認識過去勤務債務	【連注178】	610百万円
⑦	貸借対照表計上額純額	【連注179】	△1,798百万円
⑧	前払年金費用	【連注180】	−百万円
⑨	退職給付引当金	【連注181】	△1,798百万円

（3）退職給付費用の内訳

退職給付費用	【連注182】	290百万円
① 勤務費用	【連注183】	193百万円
② 利息費用	【連注184】	21百万円
③ 期待運用収益（減算）	【連注185】	△11百万円
④ 過去勤務債務の費用処理額	【連注186】	43百万円
⑤ 数理計算上の差異の費用処理額	【連注187】	17百万円
⑥ 会計基準変更時差異の費用処理額	【連注188】	27百万円

（注）【連注189】
勤務費用は従業員拠出額および出向先負担額を控除しております。

①	割引率（％）	【連注190】	1.0
②	期待運用収益率（％）	【連注191】	5.0
③	退職給付見込額の期間配分の方法	【連注192】	期間定額基準
④	過去勤務債務の額の処理年数	【連注193】	10年
⑤	数理計算上の差異の処理年数	【連注194】	10年
⑥	会計基準変更時差異の処理年数	【連注195】	5年

2．記載項目別作業一覧

ガイドNo.	個別/連結	区分	記載内容	作業内容およびチェック事項
連注172	個別	非数値	12. 退職給付に関する注記 （1）採用している退職給付制度の概要 「当社は従業員退職金の50％について、確定給付型の制度としての厚生年金制度および適格退職金制度、残りの50％を退職一時金制度を採用しております。」	□連結会社の退職金規程、経理規程、適格退職金契約書と照合する。
連注173	個別	数値	（2）退職給付債務およびその内訳 ① 退職給付債務：△2,786百万円…A	□連結会社の年金数理人による「退職給付債務計算表」の合計値と照合する。 □連結会社の適格退職年金の決算書(簡

ガイド No.	個別/連結	区分	記載内容	作業内容およびチェック事項
				の合計値と照合する。 □連結会社の自己都合要支給額計算書（簡）の合計値と照合する。
連注174	個別	数値	② 年金資産：253百万円…B	□連結会社の信託銀行等よりの年金資産残高証明書の合計値と照合する。 □連結会社の適格退職年金の決算書（簡）の合計値と照合する。
連注175	個別	数値	③ 未積立退職給付債務：△2,533百万円	□円単位の「A+B」の合計値を表示単位処理表示する。
連注176	個別	数値	④ 会計基準変更時差異の未処理額：82百万円	□連結会社の「会計基準変更時差異計算表」の合計値と照合する。
連注177	個別	数値	⑤ 未認識数理計算上の差異：42百万円	□連結会社の「未認識数理計算上の差異計算表」の合計値と照合する。
連注178	個別	数値	⑥ 未認識過去勤務債務：610百万円	□連結会社の「未認識過去勤務債務計算表」の合計値と照合する。
連注179	個別	数値	⑦ 貸借対照表計上額純額：△1,798百万円	□円単位の「③+④+⑤+⑥」の合計値を表示単位処理表示する。
連注180	個別	数値	⑧ 前払年金費用：－百万円	□連結会社の年金数理人による「退職給付債務計算表」の合計値と照合する。
連注181	個別	数値	⑨ 退職給付引当金：△1,798百万円	□円単位の「⑦－⑧」の計算値を表示単位処理表示する。 □連結貸借対照表の退職給付引当金の金額との一致を検証する。
連注182	個別	数値	（3）退職給付費用の内訳 退職給付費用：290百万円	□円単位の下記「①+②+③+④+⑤+⑥」の合計値を表示単位処理表示する。
連注183	個別	数値	① 勤務費用：193百万円	□連結会社の退職給付引当資料（簡）の合計値と照合する。 □連結会社の年金数理人による「退職給付債務計算表」の合計値と照合する。
連注184	個別	数値	② 利息費用：21百万円	□連結会社の年金数理人による「退職給付債務計算表」の合計値と照合する。
連注185	個別	数値	③ 期待運用収益（減算）：△11百万円	□同上
連注186	個別	数値	④ 過去勤務債務の費用処理額：43百万円	□連結会社の「未認識過去勤務債務計算表」の合計値と照合する。
連注187	個別	数値	⑤ 数理計算上の差異の費用処理額：17百万円	□連結会社の「未認識数理計算上の差異計算表」の合計値と照合する。
連注188	個別	数値	⑥ 会計基準変更時差異の費用処理額：27百万円	□連結会社の「会計基準変更時差異計算表」の合計値と照合する。
連注189	個別	非数値	（注）「勤務費用は従業員拠出額および出向先負担額を控除しております。」	□連結会社の退職給付引当資料と照合する。
連注190	個別	数値	① 割引率（％）：1.0	□連結会社の年金数理人による「退職給付債務計算表」と照合する。

ガイドNo.	個別/連結	区分	記載内容	作業内容およびチェック事項
連注191	個別	数値	② 期待運用収益率（％）：5.0	□同上
連注192	個別	数値	③ 退職給付見込額の期間配分の方法 期間定額基準	□同上
連注193	個別	数値	④ 過去勤務債務の額の処理年数：10年	□連結会社の「未認識過去勤務債務計算表」と照合する。
連注194	個別	数値	⑤ 数理計算上の差異の処理年数：10年	□連結会社の「未認識数理計算上の差異計算表」と照合する。
連注195	個別	数値	⑥ 会計基準変更時差異の処理年数：5年	□連結会社の「会計基準変更時差異計算表」と照合する。

3．根拠条文

＜連結財務諸表規則＞
第15条の8（退職給付に関する注記）財務諸表等規則第8条の13第1項の規定は、退職給付について準用する。この場合において、同条第1項中「貸借対照表日」とあるのは「連結決算日」と、「当該事業年度」とあるのは「当該連結会計年度」と、「直前事業年度末」とあるのは「当該連結決算日の前連結決算日」と読み替えるものとする。

＜財務諸表等規則＞
第8条の13（退職給付に関する注記）　退職給付（退職以後に従業員に支給される退職一時金及び退職年金をいう。以下同じ。）については、次の各号に掲げる事項を注記しなければならない。
一　採用している退職給付制度の概要
二　退職給付債務の額（各従業員（既に退職した者を含む。以下この号において同じ。）に支給されると見込まれる退職給付（既に支給されたものを除く。）の額のうち、当該各従業員の就職の日から貸借対照表日まで（既に退職した者については、就職の日から退職の日まで）の間の勤務に基づき生じる部分に相当する額について、国債、政府関係機関債券又はその他の信用度の高い債券のうち貸借対照表日から償還期限までの期間の長いものの利回りを基礎として当該会社の定める率（以下この項において「割引率」という。）を用いて貸借対照表日から当該従業員に退職給付を支給すると予想される日までの期間を計算期間として割引計算することにより算出した額を、すべての従業員について合計した額をいう。以下同じ。）、年金資産の額（厚生年金基金契約及び適格退職年金契約等に基づき退職給付に充てるため積み立てられている資産に相当する額をいう。）、退職給付引当金の額及びその他の退職給付債務に関する事項
三　退職給付費用の額、勤務費用の額（各従業員に支給されると見込まれる退職給付の額のうち、当該各従業員の当該事業年度開始の日から貸借対照表日までの間の勤務に基づき生じる部分に相当する額について、割引率を用いて貸借対照表日から当該従業員に退職給付を支給すると予想される日までの期間を計算期間として割引計算することにより算出した額を、すべての従業員について合計した額をいう。）、利息費用の額（直前事業年度末における退職給付債務について、割引率を用いて計算した当該事業年度における利息に相当する額をいう。）及びその他の退職給付費用に関する事項
四　割引率、期待運用収益率、退職給付見込額の期間配分方法、過去勤務債務の額（退職給付制度の採用により発生する退職給付債務の額又は退職給付水準の改訂により発生する退職給付債務の増加額若しくは減少額をいう。）の処理年数及びその他の退職給付債務等の計算の基礎に関する事項

13. その他の注記

1．記載例

> 13．その他の注記
>   決算日が休日でありましたので、決算日期日の手形金額が受取手形に含まれております。
>   【連注196】
>
>   受取手形　50百万円【連注197】

2．記載項目別作業一覧

ガイドNo.	個別/連結	区分	記載内容	作業内容およびチェック事項
連注196	連結	非数値	13．その他の注記 「決算日が休日でありましたので、決算日期日の手形金額が受取手形に含まれております。」	□連結会社の期日別受取手形管理台帳と照合する。 □連結会社の受取手形の残高確認状と照合する。
連注197	連結	数値	受取手形　50百万円	□同上

3．根拠条文

＜会社計算規則＞
第129条（注記表の区分）　注記表は、次に掲げる項目に区分して表示しなければならない。
　　　　　　　　…略…
　十二　その他の注記
第144条（その他の注記）　その他の注記は、第131条から前条までに掲げるもののほか、貸借対照表等、損益計算書等及び株主資本等変動計算書等により会社（連結注記表にあっては、企業集団）の財産又は損益の状態を正確に判断するために必要な事項とする。

第5章 監査報告書

1．記載例その1（連結計算書類に関する「会計監査人の監査報告書」謄本）

独立監査人の監査報告書

平成○9年5月6日

株式会社　スリー・シー・コンサルティング
　取締役会　御中

ABC　監査法人
指定社員・業務執行社員　公認会計士　○○○○　㊞
指定社員・業務執行社員　公認会計士　○○○○　㊞
指定社員・業務執行社員　公認会計士　○○○○　㊞

　当監査法人は、会社法第444条第4項の規定に基づき、株式会社スリー・シー・コンサルティングの平成○8年4月1日から平成○9年3月31日までの連結会計年度の連結計算書類、すなわち、連結貸借対照表、連結損益計算書、連結株主資本等変動計算書及び連結注記表について監査を行った。この連結計算書類の作成責任は経営者にあり、当監査法人の責任は独立の立場から連結計算書類に対する意見を表明することにある。

　当監査法人は、我が国において一般に公正妥当と認められる監査の基準に準拠して監査を行った。監査の基準は、当監査法人に連結計算書類に重要な虚偽の表示がないかどうかの合理的な保証を得ることを求めている。監査は、試査を基礎として行われ、経営者が採用した会計方針及びその適用方法並びに経営者によって行われた見積もりの評価も含め全体としての連結計算書類の表示を検討することを含んでいる。当監査法人は、監査の結果として意見表明のための合理的な基礎を得たと判断している。

　当監査法人は、上記の連結計算書類が、我が国において一般に公正妥当と認められる企業会計の基準に準拠して、当該連結計算書類に係る期間の財産及び損益の状況をすべての重要な点において適正に表示しているものと認める。

　会社と当監査法人又は業務執行社員との間には、公認会計士法の規定により記載すべき利害関係はない。

2．根拠条文

<会社法>

第三款　連結計算書類

第444条　会計監査人設置会社は、法務省令で定めるところにより、各事業年度に係る連結計算書類（当該会計監査人設置会社及びその子会社から成る企業集団の財産及び損益の状況を示すために必要かつ適当なものとして法務省令で定めるものをいう。以下同じ。）を作成することができる。
2　連結計算書類は、電磁的記録をもって作成することができる。
3　事業年度の末日において大会社であって証券取引法第24条第1項の規定により有価証券報告書を内閣総理大臣に提出しなければならないものは、当該事業年度に係る連結計算書類を作成しなければならない。
4　連結計算書類は、法務省令で定めるところにより、監査役（委員会設置会社にあっては、監査委員会）及び会計監査人の監査を受けなければならない。

<会社計算規則>

第2条（定義）…略…
3　この省令において、次の各号に掲げる用語の意義は、当該各号に定めるところによる。
　　　　　　　　…略…
　三　計算関係書類　次に掲げるものをいう。
　　イ　成立の日における貸借対照表
　　ロ　各事業年度に係る計算書類及びその附属明細書
　　ハ　臨時計算書類
　　ニ　連結計算書類

第154条（会計監査報告の内容）　会計監査人は、計算関係書類を受領したときは、次に掲げる事項を内容とする会計監査報告を作成しなければならない。
　一　会計監査人の監査の方法及びその内容
　二　計算関係書類が当該株式会社の財産及び損益の状況をすべての重要な点において適正に表示しているかどうかについての意見があるときはその意見（当該意見が次のイからハまでに掲げる意見である場合にあっては、それぞれ当該イからハまでに定める事項）
　　イ　無限定適正意見　監査の対象となった計算関係書類が一般に公正妥当と認められる企業会計の慣行に準拠して、当該計算関係書類に係る期間の財産及び損益の状況をすべての重要な点において適正に表示していると認められる旨
　　ロ　除外事項を付した限定付適正意見　監査の対象となった計算関係書類が除外事項を除き一般に公正妥当と認められる企業会計の慣行に準拠して、当該計算関係書類に係る期間の財産及び損益の状況をすべての重要な点において適正に表示していると認められる旨並びに除外事項
　　ハ　不適正意見　監査の対象となった計算関係書類が不適正である旨及びその理由
　三　前号の意見がないときは、その旨及びその理由
　四　追記情報
　五　会計監査報告を作成した日
2　前項第4号に規定する「追記情報」とは、次に掲げる事項その他の事項のうち、会計監査人の判断に関して説明を付す必要がある事項又は計算関係書類の内容のうち強調する必要がある事項とする。
　一　継続企業の前提に係る事項
　二　正当な理由による会計方針の変更
　三　重要な偶発事象
　四　重要な後発事象
3　当該事業年度に係る計算書類（その附属明細書を含む。以下この項において同じ。）の監査をする時における過年度事項（当該事業年度より前の事業年度に係る計算書類に表示すべき事項をいう。以下この項において同じ。）が会計方針の変更その他の正当な理由により当該事業年度より前の事業年度に係る定時株主総会において承認又は報告をしたものと異なるものに修正されている場合において、当該事業年度に係る計算書類が当該修正後の過年度事項を前提として作成されているときは、会計監査人は、当該修正に係る事項をも、監査しなければならない。臨時計算書類及び連結計算書類についても、同様とする。

3．記載例その2（監査役会の「連結計算書類に係る監査報告書」謄本）

連結計算書類に係る監査報告書

当監査役会は、平成○8年4月1日から平成○9年3月31日までの第12期事業年度に係る連

結計算書類（連結貸借対照表、連結損益計算書、連結株主資本等変動計算書及び連結注記表）に関して、各監査役が作成した監査報告書に基づき、審議の上、本監査報告書を作成し、以下のとおり報告します。

1．監査役及び監査役会の監査の方法の概要

　　監査役会は、監査の方針、業務の分担等を定め、各監査役から監査の実施状況及び結果について報告を受け、必要に応じて取締役等及び会計監査人に対しその職務の執行状況について報告及び説明を求めました。

　　各監査役は、監査役会に定めた監査の方針、業務の分担等に従い、連結計算書類について取締役等から報告及び説明を受けました。また、会計監査人が独立の立場を保持し、かつ、適正な監査を実施しているかを監視するとともに、会計監査人から報告及び説明を受け、当該事業年度に係る連結計算書類について検討いたしました。

　　なお、会計監査人から「職務の遂行が適正に行われることを確保するための体制」（会社計算規則第159条各号に掲げる事項）を「監査に関する品質管理基準」（平成17年10月28日企業会計審議会）等にしたがって整備している旨の通知を受けました。

2．監査の結果
　（1）　会計監査人ABC監査法人の監査の方法及び結果は相当であると認めます。
　（2）　会計監査人の職務の遂行が適正に実施されることを確保するための体制については、指摘すべき事項は認められません。

平成〇9年5月8日

　　　　　　　　　　　　　　　　　株式会社　スリー・シー・コンサルティング監査役会
　　　　　　　　　　　　　　　　　　　常勤監査役　鈴木　昭　㊞
　　　　　　　　　　　　　　　　　　　常勤監査役　松井　陽一　㊞
　　　　　　　　　　　　　　　　　　　監　査　役　河合　雄一　㊞

（注）　監査役　河合雄一は会社法第2条に定める社外監査役であります。

　　　　　　　　　　　　　　　　　　　　　　　　　　　　　　　　　以　上

4．根拠条文

<会社法>

第436条（計算書類等の監査等）　監査役設置会社（監査役の監査の範囲を会計に関するものに限定する旨の定款の定めがある株式会社を含み、会計監査人設置会社を除く。）においては、前条第2項の**計算書類及び事業報告並びにこれらの附属明細書**は、法務省令で定めるところにより、**監査役の監査**を受けなければならない。

2　会計監査人設置会社においては、次の各号に掲げるものは、法務省令で定めるところにより、当該各号に定める者の監査を受けなければならない。
　一　前条第2項の計算書類及びその附属明細書　監査役（委員会設置会社にあっては、監査委員会）及び会計監査人
　二　前条第2項の事業報告及びその附属明細書　監査役（委員会設置会社にあっては、監査委員会）

3　取締役会設置会社においては、前条第2項の計算書類及び事業報告並びにこれらの附属明細書（第1項又は前項の規定の適用がある場合にあっては、第1項又は前項の監査を受けたもの）は、取締役会の承認を受けなければならない。

<会社法施行規則>

第129条（監査役の監査報告の内容）　監査役は、事業報告及びその附属明細書を受領したときは、次に掲げる事項（監査役会設置会社の監査役の監査報告に

あっては、第1号から第6号までに掲げる事項）を内容とする監査報告を作成しなければならない。
　一　監査役の監査（計算関係書類に係るものを除く。以下この款において同じ。）の方法及び内容
　二　事業報告及びその附属明細書が法令又は定款に従い当該株式会社の状況を正しく示しているかどうかについての意見
　三　当該株式会社の取締役（当該事業年度中に当該株式会社が委員会設置会社であった場合にあっては、執行役を含む。）の職務の遂行に関し、不正の行為又は法令若しくは定款に違反する重要な事実があったときは、その事実
　四　監査のために必要な調査ができなかったときは、その事実
　五　第118条第2号に掲げる事項（監査の範囲に属さないものを除く。）がある場合において、当該事項の内容が相当でないと認めるときは、その旨及びその理由
　六　第127条に規定する事項が事業報告の内容となっているときは、当該事項についての意見
　七　監査報告を作成した日
2　前項の規定にかかわらず、監査役の監査の範囲を会計に関するものに限定する旨の定款の定めがある株式会社の監査役は、前項各号に掲げる事項に代えて、事業報告を監査する権限がないことを明らかにした監査報告を作成しなければならない。

＜会社計算規則＞
第155条（会計監査人設置会社の監査役の監査報告の内容）　会計監査人設置会社の監査役は、計算関係書類及び会計監査報告（第158条第3項に規定する場合にあっては、計算関係書類を受領したときは、次に掲げる事項（監査役会設置会社の監査役の監査報告にあっては、第1号から第5号までに掲げる事項）を内容とする監査報告を作成しなければならない。

　一　監査役の監査の方法及びその内容
　二　会計監査人の監査の方法又は結果を相当でないと認めたときは、その旨及びその理由（第158条第3項に規定する場合にあっては、会計監査報告を受領していない旨）
　三　重要な後発事象（会計監査報告の内容となっているものを除く。）
　四　会計監査人の職務の遂行が適正に実施されることを確保するための体制に関する事項
　五　監査のため必要な調査ができなかったときは、その旨及びその理由
　六　監査報告を作成した日
第156条（会計監査人設置会社の監査役会の監査報告の内容等）　会計監査人設置会社の監査役会は、前条の規定により監査役が作成した監査報告（以下この条において「監査役監査報告」という。）に基づき、監査役会の監査報告（以下この条において「監査役会監査報告」という。）を作成しなければならない。
2　監査役会監査報告は、次に掲げる事項を内容とするものでなければならない。この場合において、監査役は、当該事項に係る監査役会監査報告の内容が当該事項に係る監査役の監査役監査報告の内容と異なる場合には、当該事項に係る各監査役の監査役監査報告の内容を監査役会監査報告に付記することができる。
　一　監査役及び監査役会の監査の方法及びその内容
　二　前条第2号から第5号までに掲げる事項
　三　監査役会監査報告を作成した日
3　会計監査人設置会社の監査役会が監査役会監査報告を作成する場合には、監査役会は、1回以上、会議を開催する方法又は情報の送受信により同時に意見の交換をすることができる方法により、監査役会監査報告の内容（前項後段の規定による付記を除く。）を審議しなければならない。

第Ⅴ部
個別計算書類の作成プロセス

会社法施行により利益処分案・損失処理案が廃止され、株主資本等変動計算書が新設されました。上場会社の場合、計算書類の記載内容について決算短信との整合性を確認することも重要な作業になります。

第1章 貸借対照表

　本書では、個別計算書類の完成までに記入すべき箇所として、合計617箇所を設定しました。
　そのうち、貸借対照表については76箇所です（ガイドNo.【個計1】～【個計76】）。
　以下、その76箇所について、記載例、作成手順、使用する基礎資料等を示しながら、説明していきます。

1．作成上のポイント

　個別会計の修正後残高試算表の総勘定科目ごとの帳簿残高を、会社計算規則に従った会社法計算書類科目に組替仕訳を起票し、これを会社法計算書類科目組替表へ転記し、会社法計算書類科目ごとの残高を記載します。
　その会社法計算書類科目金額を、所定の表示単位処理・端数処理を行って、貸借対照表へ転記します。
　作成手順は、以下の通りです。
　①「修正後残高試算表」作成⇒②「会社法計算書類科目への組替仕訳」起票⇒③「会社法計算書類科目組替表」へ転記・「会社法計算書類科目残高」計算・記入⇒④「会社法計算書類科目組替表」の「会社法計算書類科目残高（円単位）」を所定の表示単位処理・端数処理した金額を「会社法上の貸借対照表」へ転記

2．記載例

貸　借　対　照　表
(平成〇9年3月31日現在)

(単位：百万円)

科　目	金　額		科　目	金　額	
資産の部			負債の部		
流動資産	【個計1】	27,147	流動負債	【個計35】	28,983
現金及び預金	【個計2】	16,430	支払手形	【個計36】	472
受取手形	【個計3】	3,145	買掛金	【個計37】	1,038
売掛金	【個計4】	4,147	短期借入金	【個計38】	6,500
有価証券	【個計5】	10	1年内償還予定社債	【個計39】	20,000
関係会社株式	【個計6】	10	未払法人税等	【個計40】	783
製　品	【個計7】	1,615	未払消費税等	【個計41】	59
仕掛品	【個計8】	91	未払費用	【個計42】	23
原材料	【個計9】	705	賞与引当金	【個計43】	94
前払費用　＊	【個計10】	70	役員賞与引当金	【個計44】	2
繰延税金資産	【個計11】	972	その他の流動負債　＊	【個計45】	9
その他の流動資産	【個計12】	6	固定負債	【個計46】	28,110
貸倒引当金	【個計13】	△58	社　債	【個計47】	5,000
			転換型新株予約権付社債	【個計48】	4,000
固定資産	【個計14】	35,287	長期借入金	【個計49】	15,100
有形固定資産	【個計15】	32,842	退職給付引当金	【個計50】	1,635
建　物	【個計16】	3,846	役員退職慰労引当金	【個計51】	1,674
機械装置	【個計17】	1,934	再評価に係る繰延税金負債	【個計52】	700
工具、器具及び備品	【個計18】	61	負ののれん　＊	【個計53】	―
土　地	【個計19】	27,000	その他の固定負債　＊	【個計54】	―
建設仮勘定　＊	【個計20】	―	負債合計	【個計55】	57,093
無形固定資産	【個計21】	50	純資産の部		
のれん	【個計22】	29	株主資本	【個計56】	5,278
ソフトウェア	【個計23】	21	資本金	【個計57】	990
投資その他の資産	【個計24】	2,395	新株式申込証拠金　＊	【個計58】	―
投資有価証券	【個計25】	796	資本剰余金	【個計59】	230
関係会社株式	【個計26】	1,028	資本準備金	【個計60】	100
差入保証金	【個計27】	400	その他資本剰余金	【個計61】	130

長期前払費用	【個計28】	30	利益剰余金	【個計62】	4,258
繰延税金資産	【個計29】	34	利益準備金	【個計63】	90
その他の投資資産	【個計30】	109	その他利益剰余金	【個計64】	4,168
貸倒引当金	【個計31】	△3	中間配当積立金	【個計65】	200
繰延資産	【個計32】	823	固定資産圧縮積立金	【個計66】	1,925
開発費	【個計33】	823	別途積立金	【個計67】	59
			繰越利益剰余金	【個計68】	1,984
			自己株式	【個計69】	△200
			自己株式申込証拠金　*	【個計70】	－
			評価・換算差額等	【個計71】	806
			その他有価証券評価差額金	【個計72】	6
			土地再評価差額金	【個計73】	800
			新株予約権	【個計74】	80
			純資産合計	【個計75】	6,164
資産合計	【個計34】	63,258	負債及び純資産合計	【個計76】	63,258

「*」は参考のために表示しており、金額がない場合には、表示しません。

3．作成手順

3－1．修正後残高試算表の作成

修正後残高試算表（貸借対照表科目関係）
（自平成○8年4月1日　至平成○9年3月31日）
㈱スリー・シー・コンサルティング

（単位：円）

No.	総勘定科目	貸借	期首残高	借　方	貸　方	残　高
1	現　金	借	…略…	…略…	…略…	30,989,471
2	普通預金	借	…略…	…略…	…略…	16,400,000,000
3	受取手形	借	…略…	…略…	…略…	3,145,640,000
4	A製品売掛金	借	…略…	…略…	…略…	2,947,526,000
5	B製品売掛金	借	…略…	…略…	…略…	1,200,000,000
6	有価証券	借	…略…	…略…	…略…	10,008,000
7	親会社株式	借	…略…	…略…	…略…	10,005,000
8	A製品	借	…略…	…略…	…略…	1,107,864,000
9	B製品	借	…略…	…略…	…略…	508,000,000
10	A材料	借	…略…	…略…	…略…	254,675,000
11	B材料	借	…略…	…略…	…略…	450,945,000

12	仕掛品	借	…略…	…略…	…略…	91,127,000
13	繰延税金資産（流動資産）	借	…略…	…略…	…略…	972,415,000
14	前払費用	借	…略…	…略…	…略…	70,000,000
15	仮払金	借	…略…	…略…	…略…	6,591,000
16	貸倒引当金（流動資産）	借	…略…	…略…	…略…	△58,346,000
17	建　物	借	…略…	…略…	…略…	6,020,004,000
18	機械装置	借	…略…	…略…	…略…	6,140,000,000
19	器具備品工具	借	…略…	…略…	…略…	552,090,000
20	減価償却累計額	借	…略…	…略…	…略…	△6,839,822,000
21	土　地	借	…略…	…略…	…略…	27,000,008,000
22	のれん	借	…略…	…略…	…略…	29,009,000
23	ソフトウェア	借	…略…	…略…	…略…	21,314,000
24	投資有価証券	借	…略…	…略…	…略…	796,265,000
25	関連会社株式	借	…略…	…略…	…略…	208,750,000
26	子会社株式	借	…略…	…略…	…略…	820,000,000
27	差入保証金	借	…略…	…略…	…略…	400,005,000
28	長期前払費用	借	…略…	…略…	…略…	30,000,000
29	繰延税金資産（固定資産）	借	…略…	…略…	…略…	34,125,000
30	敷金等	借	…略…	…略…	…略…	109,019,000
31	貸倒引当金（固定資産）	借	…略…	…略…	…略…	△3,100,000
32	開発費	借	…略…	…略…	…略…	823,267,000
	【資産合計】					【63,258,373,471】
33	支払手形	（貸）	…略…	…略…	…略…	(472,507,000)
34	買掛金	（貸）	…略…	…略…	…略…	(1,038,349,000)
35	短期借入金	（貸）	…略…	…略…	…略…	(5,000,000,000)
37	未払法人税等	（貸）	…略…	…略…	…略…	(783,933,000)
38	未払消費税等	（貸）	…略…	…略…	…略…	(59,733,000)
39	未払費用	（貸）	…略…	…略…	…略…	(23,080,000)
40	賞与引当金	（貸）	…略…	…略…	…略…	(94,738,000)
41	役員賞与引当金	（貸）	…略…	…略…	…略…	(2,000,000)
42	仮受金	（貸）	…略…	…略…	…略…	(9,023,000)
43	社　債	（貸）	…略…	…略…	…略…	(29,000,000,000)
44	長期借入金	（貸）	…略…	…略…	…略…	(16,600,000,000)
45	退職給付引当金	（貸）	…略…	…略…	…略…	(1,635,061,000)
46	役員退職慰労引当金	（貸）	…略…	…略…	…略…	(1,674,992,000)
47	再評価に係る繰延税金負債	（貸）	…略…	…略…	…略…	(700,000,000)
	【負債合計】					【57,093,416,000】
48	資本金	（貸）	…略…	…略…	…略…	(990,000,000)
49	資本準備金	（貸）	…略…	…略…	…略…	(100,000,000)

50	資本金及び資本準備金減少差益	(貸)	…略…	…略…	…略…	(125,000,000)
51	自己株式処分差益	(貸)	…略…	…略…	…略…	(5,000,000)
52	利益準備金	(貸)	…略…	…略…	…略…	(90,000,000)
53	中間配当積立金	(貸)	…略…	…略…	…略…	(200,000,000)
54	固定資産圧縮積立金	(貸)	…略…	…略…	…略…	(1,925,657,471)
55	別途積立金	(貸)	…略…	…略…	…略…	(59,000,000)
56	土地再評価差額金	(貸)	…略…	…略…	…略…	(800,000,000)
57	その他有価証券評価差額金	(貸)	…略…	…略…	…略…	(6,000,000)
58	新株予約権	(貸)	…略…	…略…	…略…	(80,000,000)
72	自己株式	(貸)	…略…	…略…	…略…	(△200,000,000)
125	繰越利益剰余金	(貸)	…略…	…略…	…略…	(106,140,000)
	当期純利益	(貸)	…略…	…略…	…略…	(1,878,160,000)
	【純資産合計】					【6,164,957,471】
	【負債及び純資産合計】					(63,258,373,471)

3−2．総勘定科目から会社法計算書類科目への組替仕訳の起票

　会社法施行により、株主資本等変動計算書が導入されましたが、本書では、総勘定科目体系は「残高勘定」と「損益勘定」の従前の形が踏襲されると仮定しています。

　そこで、下記の処理を行います。

① 従前の損益計算書の当期未処分利益算定科目（前期繰越利益、中間配当額、中間配当に伴う利益準備金積立額等）は、貸借対照表科目の繰越利益剰余金の構成要素とする。

② 損益計算書の当期純利益も貸借対照表科目の繰越利益剰余金の構成要素とする。

「修正後残高試算表」から「会社法計算科目組替表」へ

種類	区分	No.または表示	総勘定科目または会社法計算書類科目	金額(円)	種類	区分	No.または表示	総勘定科目または会社法計算書類科目	金額(円)
個/計	B/S	流/資	現金及び預金	16,430,989,471	G/L	B/S	1	現金	30,989,471
					G/L	B/S	2	普通預金	16,400,000,000
個/計	B/S	流/資	受取手形	3,145,640,000	G/L	B/S	3	受取手形	3,145,640,000
個/計	B/S	流/資	売掛金	4,147,526,000	G/L	B/S	4	A製品売掛金	2,947,526,000
					G/L	B/S	5	B製品売掛金	1,200,000,000
個/計	B/S	流/資	有価証券	10,008,000	G/L	B/S	6	有価証券	10,008,000
個/計	B/S	流/資	親会社株式	10,005,000	G/L	B/S	7	親会社株式	10,005,000
個/計	B/S	流/資	製品	1,615,864,000	G/L	B/S	8	A製品	1,107,864,000
					G/L	B/S	9	B製品	508,000,000
個/計	B/S	流/資	原材料	705,620,000	G/L	B/S	10	a材料	254,675,000
					G/L	B/S	11	b材料	450,945,000

種類	区分	No.または表示	総勘定科目または会社法計算書類科目	金額（円）	種類	区分	No.または表示	総勘定科目または会社法計算書類科目	金額（円）
個/計	B/S	流/資	仕掛品	91,127,000	G/L	B/S	12	仕掛品	91,127,000
個/計	B/S	流/資	繰延税金資産	972,415,000	G/L	B/S	13	繰延税金資産（流動資産）	972,415,000
個/計	B/S	流/資	前払費用	70,000,000	G/L	B/S	14	前払費用	70,000,000
個/計	B/S	流/資	その他流動資産	6,591,000	G/L	B/S	15	仮払金	6,591,000
個/計	B/S	流/資	貸倒引当金	△58,346,000	G/L	B/S	16	貸倒引当金（流動資産）	△58,346,000
個/計	B/S	有/固	建物	3,846,294,000	G/L	B/S	17	建物	6,020,004,000
					G/L	B/S	20-1	減価償却累計額（建物）	△2,173,710,000
個/計	B/S	有/固	機械装置	1,984,098,000	G/L	B/S	18	機械装置	6,140,000,000
					G/L	B/S	20-2	減価償却累計額（機械装置）	△4,205,902,000
個/計	B/S	有/固	工具、器具及び備品	61,880,000	G/L	B/S	19	器具備品工具	552,090,000
					G/L	B/S	20-3	減価償却累計額（器具備品工具）	△460,210,000
個/計	B/S	有/固	土地	27,000,008,000	G/L	B/S	21	土地	27,000,008,000
個/計	B/S	無/固	のれん	29,009,000	G/L	B/S	22	のれん	29,009,000
個/計	B/S	無/固	ソフトウェア	21,314,000	G/L	B/S	23	ソフトウェア	21,314,000
個/計	B/S	投/固	投資有価証券	796,265,000	G/L	B/S	24	投資有価証券	796,265,000
個/計	B/S	投/固	関係会社株式	1,028,750,000	G/L	B/S	25	関連会社株式	208,750,000
					G/L	B/S	26	子会社株式	820,000,000
個/計	B/S	投/固	差入保証金	400,005,000	G/L	B/S	27	差入保証金	400,005,000
個/計	B/S	投/固	長期前払費用	30,000,000	G/L	B/S	28	長期前払費用	30,000,000
個/計	B/S	投/固	繰延税金資産	34,125,000	G/L	B/S	29	繰延税金資産（固定資産）	34,125,000
個/計	B/S	投/固	その他の投資資産	109,019,000	G/L	B/S	30	敷金等	109,019,000
個/計	B/S	投/固	貸倒引当金	△3,100,000	G/L	B/S	31	貸倒引当金（固定資産）	△3,100,000
個/計	B/S	繰/資	開発費	823,267,000	G/L	B/S	32	開発費	823,267,000
			【資産合計】	63,258,373,471				【資産合計】	63,258,373,471
G/L	B/S	33	支払手形	472,507,000	個/計	B/S	流/負	支払手形	472,507,000
G/L	B/S	34	買掛金	1,038,349,000	個/計	B/S	流/負	買掛金	1,038,349,000
G/L	B/S	35	短期借入金	5,000,000,000	個/計	B/S	流/負	短期借入金	6,500,000,000
G/L	B/S	44-1	長期借入金（1年内返済予定分）	1,500,000,000					
G/L	B/S	43-1	社債（1年内償還予定分）	20,000,000,000	個/計	B/S	流/負	1年内償還予定社債	20,000,000,000
G/L	B/S	37	未払法人税等	783,933,000	個/計	B/S	流/負	未払法人税等	783,933,000
G/L	B/S	38	未払消費税等	59,733,000	個/計	B/S	流/負	未払消費税等	59,733,000
G/L	B/S	39	未払費用	23,080,000	個/計	B/S	流/負	未払費用	23,080,000
G/L	B/S	40	賞与引当金	94,738,000	個/計	B/S	流/負	賞与引当金	94,738,000

種類	区分	No.または表示	総勘定科目または会社法計算書類科目	金額（円）	種類	区分	No.または表示	総勘定科目または会社法計算書類科目	金額（円）
G/L	B/S	41	役員賞与引当金	2,000,000	個/計	B/S	流/負	役員賞与引当金	2,000,000
G/L	B/S	42	仮受金	9,023,000	個/計	B/S	流/負	その他流動負債	9,023,000
G/L	B/S	43-2	社 債（1年内償還予定分を除く）	9,000,000,000	個/計	B/S	固/負	社 債	5,000,000,000
					個/計	B/S	固/負	転換型新株予約権付社債	4,000,000,000
G/L	B/S	44-2	長期借入金（1年内返済予定分を除く）	15,100,000,000	個/計	B/S	固/負	長期借入金	15,100,000,000
G/L	B/S	45	退職給付引当金	1,635,061,000	個/計	B/S	固/負	退職給付引当金	1,635,061,000
G/L	B/S	46	役員退職慰労引当金	1,674,992,000	個/計	B/S	固/負	役員退職慰労引当金	1,674,992,000
G/L	B/S	47	再評価に係る繰延税金負債	700,000,000	個/計	B/S	固/負	再評価に係る繰延税金負債	700,000,000
			【負債合計】					【負債合計】	57,093,416,000
G/L	B/S	48	資本金	990,000,000	個/計	B/S	純/資	資本金	990,000,000
G/L	B/S	49	資本準備金	100,000,000	個/計	B/S	純/資	資本準備金	100,000,000
G/L	B/S	50	資本金及び資本準備金減少差益	125,000,000	個/計	B/S	純/資	その他資本剰余金	130,000,000
G/L	B/S	51	自己株式処分差益	5,000,000					
G/L	B/S	52	利益準備金	90,000,000	個/計	B/S	純/資	利益準備金	90,000,000
G/L	B/S	53	中間配当積立金	200,000,000	個/計	B/S	純/資	中間配当積立金	200,000,000
G/L	B/S	54	固定資産圧縮積立金	1,925,657,471	個/計	B/S	純/資	固定資産圧縮積立金	1,925,657,471
G/L	B/S	55	別途積立金	59,000,000	個/計	B/S	純/資	別途積立金	59,000,000
G/L	B/S	56	土地再評価差額金	800,000,000	個/計	B/S	純/資	土地再評価差額金	800,000,000
G/L	B/S	57	その他有価証券評価差額金	6,000,000	個/計	B/S	純/資	その他有価証券評価差額金	6,000,000
G/L	B/S	58	新株予約権	80,000,000	個/計	B/S	純/資	新株予約権	80,000,000
G/L	B/S	72	自己株式	△200,000,000	個/計	B/S	純/資	自己株式	△200,000,000
G/L	B/S	125	繰越利益剰余金	106,140,000	個/計	B/S	純/資	繰越利益剰余金	1,984,300,000
G/L	B/S		当期純利益	1,878,160,000					
			【純資産合計】					【純資産合計】	6,164,957,471
			【負債及び純資産合計】					【負債及び純資産合計】	63,258,373,471

3-3．総勘定科目から会社法計算書類科目への組替表（貸借対照表関係）

個別会計（修正後残高試算表）				総勘定科目から会社法計算書類科目への組替仕訳 貸方：( ) 表示	会社法計算書類「貸借対照表」			
No.	総勘定科目	貸借	修正後残高試算表金額（円）		開示科目名	開示科目金額（円）	ガイドNo.	表示単位金額（百万円・切捨て）
1	現金	借	30,989,471	(30,989,471)				
2	普通預金	借	16,400,000,000	(16,400,000,000)				

No.	総勘定科目	貸借	修正後残高試算表金額(円)	総勘定科目から会社法計算書類科目への組替仕訳 貸方:( )表示	開示科目名	開示科目金額(円)	ガイドNo.	表示単位金額(百万円・切捨て)
				16,430,989,471	現金及び預金	16,430,989,471	個計2	16,430百万円
3	受取手形	借	3,145,640,000	(3,145,640,000)				
				3,145,640,000	受取手形	3,145,640,000	個計3	3,145百万円
4	A製品売掛金	借	2,947,526,000	(2,947,526,000)				
5	B製品売掛金	借	1,200,000,000	(1,200,000,000)				
				4,147,526,000	売掛金	4,147,526,000	個計4	4,147百万円
6	有価証券	借	10,008,000	(10,008,000)				
				10,008,000	有価証券	10,008,000	個計5	10百万円
7	親会社株式	借	10,005,000	(10,005,000)				
				10,005,000	関係会社株式	10,005,000	個計6	10百万円
8	A製品	借	1,107,864,000	(1,107,864,000)				
9	B製品	借	508,000,000	(508,000,000)				
				1,615,864,000	製品	1,615,864,000	個計7	1,615百万円
10	a材料	借	254,675,000	(254,675,000)				
11	b材料	借	450,945,000	(450,945,000)				
				705,620,000	原材料	705,620,000	個計8	705百万円
12	仕掛品	借	91,127,000	(91,127,000)				
				91,127,000	仕掛品	91,127,000	個計9	91百万円
13	繰延税金資産(流動資産)	借	972,415,000	(972,415,000)				
				972,415,000	繰延税金資産	972,415,000	個計11	972百万円
14	前払費用	借	70,000,000	(70,000,000)				
				70,000,000	前払費用	70,000,000	個計10	70百万円
15	仮払金	借	6,591,000	(6,591,000)				
				6,591,000	その他の流動資産	6,591,000	個計12	6百万円
16	貸倒引当金(流動資産)	借	△58,346,000	58,346,000				
				(△58,346,000)	貸倒引当金	△58,346,000	個計13	△58百万円
					【流動資産】	27,147,439,471	個計1	27,147百万円
17	建物	借	6,020,004,000	(6,020,004,000)				
				【20-1】(△2,173,710,000)				
				3,846,294,000	建物	3,846,294,000	個計16	3,846百万円
18	機械装置	借	6,140,000,000	(6,140,000,000)				
				【20-2】(△4,205,902,000)				

第1章 貸借対照表　213

No.	総勘定科目	貸借	修正後残高試算表金額（円）	総勘定科目から会社法計算書類科目への組替仕訳 貸方:( ) 表示	開示科目名	開示科目金額（円）	ガイドNo.	表示単位金額（百万円・切捨て）
				1,934,098,000	機械装置	1,934,098,000	個計17	1,934百万円
19	器具備品工具	借	552,090,000	(552,090,000)				
				【20-3】(△460,210,000)				
				61,880,000	工具、器具及び備品	61,880,000	個計18	61百万円
20	減価償却累計額	借	△6,839,822,000	【20-1・2・3】6,839,822,000				
21	土　地	借	27,000,008,000	(27,000,008,000)				
				27,000,008,000	土　地	27,000,008,000	個計19	27,000百万円
					【有形固定資産】	【32,842,280,000】	個計15	32,842百万円
22	のれん	借	29,009,000	(29,009,000)				
				29,009,000	のれん	29,009,000	個計22	29百万円
23	ソフトウェア	借	21,314,000	(21,314,000)				
				21,314,000	ソフトウェア	21,314,000	個計23	21百万円
					【無形固定資産】	【50,323,000】	個計21	50百万円
24	投資有価証券	借	796,265,000	(796,265,000)				
				796,265,000	投資有価証券	796,265,000	個計25	796百万円
25	関連会社株式	借	208,750,000	(208,750,000)				
26	子会社株式	借	820,000,000	(820,000,000)				
				1,028,750,000	関係会社株式	1,028,750,000	個計26	1,028百万円
27	差入保証金	借	400,005,000	(400,005,000)				
				400,005,000	差入保証金	400,505,000	個計27	400百万円
28	長期前払費用	借	30,000,000	(30,000,000)				
				30,000,000	長期前払費用	30,000,000	個計28	30百万円
29	繰延税金資産（固定資産）	借	34,125,000	(34,125,000)				
				34,125,000	繰延税金資産	34,125,000	個計29	34百万円
30	敷金等	借	109,019,000	(109,019,000)				
				109,019,000	その他の投資資産	109,019,000	個計30	109百万円
31	貸倒引当金（固定資産）	借	△3,100,000	3,100,000				
				△3,100,000	貸倒引当金	△3,100,000	個計31	△3百万円
					【投資その他の資産】	【2,395,064,000】	個計24	2,395百万円
					【固定資産】	【35,287,667,000】	個計14	35,287百万円
32	開発費	借	823,267,000	(823,267,000)				

No.	総勘定科目	貸借	修正後残高試算表金額（円）	総勘定科目から会社法計算書類科目への組替仕訳 貸方：( ) 表示	開示科目名	開示科目金額（円）	ガイドNo.	表示単位金額（百万円・切捨て）
				823,267,000	開発費	823,267,000	個計33	823百万円
					【繰延資産】	【823,267,000】	個計32	823百万円
	【資産合計】		【63,258,373,471】		【資産合計】	63,258,373,471	個計34	63,258百万円
33	支払手形	(貸)	(472,507,000)	472,507,000				
				(472,507,000)	支払手形	(472,507,000)	個計36	472百万円
34	買掛金	(貸)	(1,038,349,000)	1,038,349,000				
				(1,038,349,000)	買掛金	(1,038,349,000)	個計37	1,038百万円
35	短期借入金	(貸)	(5,000,000,000)	5,000,000,000				
				44-1：1,500,000,000				
				(6,500,000,000)	短期借入金	(6,500,000,000)	個計38	6,500百万円
				43-1：(20,000,000,000)	1年内償還予定社債	(20,000,000,000)	個計39	20,000百万円
37	未払法人税等	(貸)	(783,933,000)	783,933,000				
				(783,933,000)	未払法人税等	(783,933,000)	個計40	783百万円
38	未払消費税等	(貸)	(59,733,000)	59,733,000				
				(59,733,000)	未払消費税等	(59,733,000)	個計41	59百万円
39	未払費用	(貸)	(23,080,000)	23,080,000				
				(23,080,000)	未払費用	(23,080,000)	個計42	23百万円
40	賞与引当金	(貸)	(94,738,000)	94,738,000				
				(94,738,000)	賞与引当金	(94,738,000)	個計43	94百万円
41	役員賞与引当金	(貸)	(2,000,000)	2,000,000				
				(2,000,000)	役員賞与引当金	(2,000,000)	個計44	2百万円
42	仮受金	(貸)	(9,023,000)	9,023,000				
				(9,023,000)	その他の流動負債	(9,023,000)	個計45	9百万円
					【流動負債】	(28,983,363,000)	個計35	28,983百万円
43	社 債	(貸)	(29,000,000,000)	43-1：20,000,000,000				
				43-2：5,000,000,000				
				43-2：4,000,000,000				
				(5,000,000,000)	社 債	(5,000,000,000)	個計47	5,000百万円
				(4,000,000,000)	転換型新株予約権付社債	(4,000,000,000)	個計48	4,000百万円

第 1 章　貸借対照表　215

No.	個別会計（修正後残高試算表）総勘定科目	貸借	修正後残高試算表金額（円）	総勘定科目から会社法計算書類科目への組替仕訳 貸方:( ) 表示	会社法計算書類「貸借対照表」開示科目名	開示科目金額（円）	ガイドNo.	表示単位金額（百万円・切捨て）
44	長期借入金	(貸)	(16,600,000,000)	44-1: 1,500,000,000				
				44-2: 15,100,000,000				
				(15,100,000,00)	長期借入金	(15,100,000,000)	個計49	15,100百万円
45	退職給付引当金	(貸)	(1,635,061,000)	1,635,061,000				
				(1,635,061,000)	退職給付引当金	(1,635,061,000)	個計50	1,635百万円
46	役員退職慰労引当金	(貸)	(1,674,992,000)	1,674,992,000				
				(1,674,992,000)	役員退職慰労引当金	(1,674,992,000)	個計51	1,674百万円
47	再評価に係る繰延税金負債	(貸)	(700,000,000)	700,000,000				
				(700,000,000)	再評価に係る繰延税金負債	(700,000,000)	個計52	700百万円
					【固定負債】	(28,110,053,000)	個計46	28,110百万円
					【負債合計】	(57,093,416,000)	個計55	57,093百万円
48	資本金	(貸)	(990,000,000)	990,000,000				
				(990,000,000)	資本金	(990,000,000)	個計57	990百万円
49	資本準備金	(貸)	(100,000,000)	100,000,000				
				(100,000,000)	資本準備金	(100,000,000)	個計60	100百万円
50	資本金及び資本準備金減少差益	(貸)	(125,000,000)	125,000,000				
51	自己株式処分差益	(貸)	(5,000,000)	5,000,000				
				(130,000,000)	その他資本剰余金	(130,000,000)	個計61	130百万円
					【資本剰余金】	(230,000,000)	個計59	230百万円
52	利益準備金	(貸)	(90,000,000)	90,000,000				
				(90,000,000)	利益準備金	(90,000,000)	個計63	90百万円
53	中間配当積立金	(貸)	(200,000,000)	200,000,000				
				(200,000,000)	中間配当積立金	(200,000,000)	個計65	200百万円
54	固定資産圧縮積立金	(貸)	(1,925,657,471)	1,925,657,471				
				(1,925,657,471)	固定資産圧縮積立金	(1,925,657,471)	個計66	1,925百万円
55	別途積立金	(貸)	(59,000,000)	59,000,000				
				(59,000,000)	別途積立金	(59,000,000)	個計67	59百万円

個別会計（修正後残高試算表）				総勘定科目から会社法計算書類科目への組替仕訳 貸方：( ) 表示	会社法計算書類「貸借対照表」			
No.	総勘定科目	貸借	修正後残高試算表金額（円）		開示科目名	開示科目金額（円）	ガイドNo.	表示単位金額（百万円・切捨て）
125	繰越利益剰余金	(貸)	(106,140,000)	106,140,000				
	当期純利益	(貸)	(1,878,160,000)	1,878,160,000				
				(1,984,300,000)	繰越利益剰余金	(1,984,300,000)	個計68	1,984百万円
					【その他利益剰余金】	(4,168,957,471)	個計64	4,168百万円
					【利益剰余金】	(4,258,957,471)	個計62	4,258百万円
72	自己株式	(貸)	(△200,000,000)	△200,000,000				
				(△200,000,000)	自己株式	(△200,000,000)	個計69	△200百万円
					【株主資本】	(5,278,957,471)	個計56	【5,278百万円】
56	土地再評価差額金	(貸)	(800,000,000)	800,000,000				
				(800,000,000)	土地再評価差額金	(800,000,000)	個計73	800百万円
57	その他有価証券評価差額金	(貸)	(6,000,000)	6,000,000				
				(6,000,000)	その他有価証券評価差額金	(6,000,000)	個計72	6百万円
					【評価・換算差額等】	(806,000,000)	個計71	806百万円
58	新株予約権	(貸)	(80,000,000)	80,000,000				
				(80,000,000)	新株予約権	(80,000,000)	個計74	80百万円
	純資産合計		(6,164,957,471)		【純資産合計】	(6,164,957,471)	個計75	6,164百万円
	負債及び純資産合計		(63,258,373,471)		【負債及び純資産合計】	(63,258,373,471)	個計76	63,258百万円

4．記載項目別作業一覧

ガイドNo.	個別／連結	区分	記載内容	作業内容およびチェック事項
個計1	個別	数値	流動資産：27,147百万円	□（会社法）計算書類科目組替表より転記する。 □個別決算短信の貸借対照表「流動資産合計」との整合性をチェックする（上場会社の場合）。
個計2	個別	数値	現金及び預金：16,430百万円	□（会社法）計算書類科目組替表より転記する。 □連結精算表用の個別財務諸表との一致を確認する。 □個別決算短信の貸借対照表「現金及び預金」との整合性をチェックする（上場会社の場合）。 □総勘定科目内訳書より、株主総会想定問答用の「現金及び預金」の計算書類科目内訳書を作成し、整合性を確認する。 □「現金及び預金」の計算書類科目内訳書と現金実査資料・預金残高確認状を照合する。 □税務用科目内訳書「現金・預金明細書」と照合する。

第1章 貸借対照表　217

ガイド No.	個別/連結	区分	記載内容	作業内容およびチェック事項
個計3	個別	数値	受取手形 ：3,145百万円	□（会社法）計算書類科目組替表より転記する。 □連結精算表用の個別財務諸表との一致を確認する。 □個別決算短信の貸借対照表「受取手形」との整合性をチェックする（上場会社の場合）。 □総勘定科目内訳書より、株主総会想定問答用の「受取手形」の計算書類科目内訳書を作成し、整合性を確認する。 □「受取手形」の手形管理台帳と受取手形実査資料および残高確認状を照合する。 □税務用科目内訳書「受取手形明細書」と照合する。
個計4	個別	数値	売掛金 ：4,147百万円	□（会社法）計算書類科目組替表より転記する。 □連結精算表用の個別財務諸表との一致を確認する。 □個別決算短信の貸借対照表「売掛金」との整合性をチェックする（上場会社の場合）。 □総勘定科目内訳書より、株主総会想定問答用の「売掛金」の計算書類科目内訳書を作成し、整合性を確認する。 □「売掛金」の計算書類科目内訳書と売掛金残高確認状を照合する。 □税務用科目内訳書「売掛金明細書」と照合する。
個計5	個別	数値	有価証券 ：10百万円	□（会社法）計算書類科目組替表より転記する。 □連結精算表用の個別財務諸表との一致を確認する。 □個別決算短信の貸借対照表「有価証券」との整合性をチェックする（上場会社の場合）。 □総勘定科目内訳書より、株主総会想定問答用の「有価証券」の計算書類科目内訳書を作成し、整合性を確認する。 □「有価証券」の計算書類科目内訳書と実査資料・有価証券残高確認状を照合する。 □税務用科目内訳書「有価証券明細書」と照合する。
個計6	個別	数値	関係会社株式 ：10百万円	□（会社法）計算書類科目組替表より転記する。 □連結精算表用の個別財務諸表との一致を確認する。 □個別決算短信の貸借対照表「流動資産」の関係会社株式との整合性をチェックする（上場会社の場合）。 □総勘定科目内訳書より、株主総会想定問答用の「（流動資産）関係会社株式」の計算書類科目内訳書を作成し、整合性を確認する。 □「（流動資産）関係会社株式」の計算書類科目内訳書と実査資料・有価証券残高確認状を照合する。 □株主名簿と照合する。
個計7	個別	数値	製　品 ：1,615百万円	□（会社法）計算書類科目組替表より転記する。 □連結精算表用の個別財務諸表との一致を確認する。 □個別決算短信の貸借対照表「製品」との整合性をチェックする（上場会社の場合）。 □総勘定科目内訳書より、株主総会想定問答用の「製品」の計算書類科目内訳書を作成し、整合性を確認する。 □個別有価証券報告書原稿の損益計算書「売上原価」の期末製品たな卸高と一致しているかを確認する。 □「製品の在庫管理台帳」および「製品実地たな卸表」と照合する。
個計8	個別	数値	仕掛品 ：91百万円	□（会社法）計算書類科目組替表より転記する。 □連結精算表用の個別財務諸表との一致を確認する。

ガイド No.	個別/連結	区分	記載内容	作業内容およびチェック事項
				□個別決算短信の貸借対照表「仕掛品」との整合性をチェックする（上場会社の場合）。 □個別有価証券報告書の製造原価報告書の「期末仕掛品たな卸高」と一致しているかを確認する。 □総勘定科目内訳書より、株主総会想定問答用の「仕掛品」の計算書類科目内訳書を作成し、整合性を確認する。 □「仕掛品の在庫管理台帳」および「仕掛品実地たな卸表」と照合する。
個計9	個別	数値	原材料 ：705百万円	□（会社法）計算書類科目組替表より転記する。 □連結精算用の個別財務諸表との一致を確認する。 □個別決算短信の貸借対照表「原材料」との整合性をチェックする（上場会社の場合）。 □総勘定科目内訳書より、株主総会想定問答用の「原材料」の計算書類科目内訳書を作成し、整合性を確認する。 □「原材料の在庫管理台帳」および「原材料実地たな卸表」と照合する。
個計10	個別	数値	前払費用 ：70百万円	□（会社法）計算書類科目組替表より転記する。 □連結精算用の個別財務諸表との一致を確認する。 □個別決算短信の貸借対照表「前払費用」との整合性をチェックする（上場会社の場合）。 □総勘定科目内訳書より、株主総会想定問答用の「前払費用」の計算書類科目内訳書を作成し、整合性を確認する。 □未経過利息計算表と金銭消費貸借契約書等を照合する。
個計11	個別	数値	繰延税金資産 ：972百万円	□（会社法）計算書類科目組替表より転記する。 □連結精算用の個別財務諸表との一致を確認する。 □個別決算短信の貸借対照表「流動資産」の繰延税金資産との整合性をチェックする（上場会社の場合）。 □総勘定科目内訳書より、株主総会想定問答用の「繰延税金資産」の計算書類科目内訳書を作成し、整合性を確認する。 □税効果会計管理台帳との整合性を確認する。 □税効果会計管理台帳と法人税申告書の別表4・別表5を照合する。 □繰延税金資産の回収計画表の妥当性を検証する。 □流動負債の繰延税金負債との相殺表示を検証する。
個計12	個別	数値	その他の流動資産 ：6百万円	□（会社法）計算書類科目組替表より転記する。 □連結精算用の個別財務諸表との一致を確認する。 □個別決算短信の貸借対照表「その他の流動資産」との整合性をチェックする（上場会社の場合）。 □総勘定科目内訳書より、株主総会想定問答用の「その他の流動資産」の計算書類科目内訳書を作成し、独立科目開示すべき内容が混入していないか、残高の整合性を確認する。
個計13	個別	数値	貸倒引当金 ：△58百万円	□（会社法）計算書類科目組替表より転記する。 □連結精算用の個別財務諸表との一致を確認する。 □個別決算短信の貸借対照表「流動資産」の「貸倒引当金」との整合性をチェックする（上場会社の場合）。 □貸倒引当金の流動・固定按分計算表の妥当性を検証する。 □貸倒引当金の流動・固定合計残高が計算書類に関する附属明細書「引当金の明細」の貸倒引当金の期末残高と一致しているこ

ガイド No.	個別/連結	区分	記載内容	作業内容およびチェック事項
				とを確認する。 □法人税申告書の別表11(1)・11（1の2）の貸倒引当金の明細書との整合性を確認する。 □貸倒引当金対象の個別の不良債権に関する回収可能性検討資料の内容を分析・確認する。
個計14	個別	数値	固定資産 ：35,287百万円	□（会社法）計算書類科目組替表より転記する。 □個別決算短信の貸借対照表「固定資産合計」との整合性をチェックする（上場会社の場合）。 □「有形固定資産合計＋無形固定資産合計＋投資その他の資産合計＝固定資産合計」を計算確認する。
個計15	個別	数値	有形固定資産 ：32,842百万円	□（会社法）計算書類科目組替表より転記する。 □個別決算短信の貸借対照表「有形固定資産合計」との整合性をチェックする（上場会社の場合）。 □有形固定資産合計が有形固定資産科目の金額合計と一致しているかを計算確認する。 □計算書類に関する附属明細書「有形固定資産および無形固定資産の明細」の「有形固定資産合計」の期末残高との一致を検証する。
個計16	個別	数値	建物 ：3,846百万円	□（会社法）計算書類科目組替表より転記する。 □連結精算表用の個別財務諸表との一致を確認する。 □個別決算短信の貸借対照表「建物」との整合性をチェックする（上場会社の場合）。 □総勘定科目内訳書より、株主総会想定問答用の「建物」の計算書類科目内訳書を作成し、残高の整合性を確認する。 □法人税申告書の別表16(1)・(2)の「減価償却資産の償却額の計算に関する明細書」と照合する。 □固定資産管理台帳（総括表）と照合する。 □不動産登記簿謄本と照合する。 □計算書類に関する附属明細書「有形固定資産および無形固定資産の明細」の「建物」の期末残高との一致を検証する。
個計17	個別	数値	機械装置 ：1,934百万円	□（会社法）計算書類科目組替表より転記する。 □連結精算表用の個別財務諸表との一致を確認する。 □個別決算短信の貸借対照表「機械装置」との整合性をチェックする（上場会社の場合）。 □総勘定科目内訳書より、株主総会想定問答用の「機械装置」の計算書類科目内訳書を作成し、残高の整合性を確認する。 □法人税申告書の別表16(1)・(2)の「減価償却資産の償却額の計算に関する明細書」と照合する。 □固定資産管理台帳（総括表）と照合する。 □固定資産実査資料と照合する。 □計算書類に関する附属明細書「有形固定資産および無形固定資産の明細」の「機械装置」の期末残高との一致を検証する。
個計18	個別	数値	工具、器具及び備品 ：61百万円	□（会社法）計算書類科目組替表より転記する。 □連結精算表用の個別財務諸表との一致を確認する。 □個別決算短信の貸借対照表「工具、器具及び備品」との整合性をチェックする（上場会社の場合）。 □総勘定科目内訳書より、株主総会想定問答用の「工具、器具及び備品」の計算書類科目内訳書を作成し、残高の整合性を確認

ガイド No.	個別/連結	区分	記載内容	作業内容およびチェック事項
				する。 □法人税申告書の別表16⑴・⑵の「減価償却資産の償却額の計算に関する明細書」と照合する。 □固定資産管理台帳（総括表）と照合する。 □固定資産実査資料と照合する。 □計算書類に関する附属明細書「有形固定資産および無形固定資産の明細」の「工具・器具及び備品」の期末残高との一致を検証する。
個計19	個別	数値	土地 ：27,000百万円	□（会社法）計算書類科目組替表より転記する。 □連結精算表用の個別財務諸表との一致を確認する。 □個別決算短信の貸借対照表「土地」との整合性をチェックする（上場会社の場合）。 □総勘定科目内訳書より、株主総会想定問答用の「土地」の計算書類科目内訳書を作成し、残高の整合性を確認する。 □固定資産管理台帳（総括表）と照合する。 □不動産登記簿謄本と照合する。 □計算書類に関する附属明細書「有形固定資産および無形固定資産の明細」の「土地」の期末残高との一致を検証する。
個計20	個別	数値	建設仮勘定 ：－百万円	□（会社法）計算書類科目組替表より転記する。 □連結精算表用の個別財務諸表との一致を確認する。 □個別決算短信の貸借対照表「建設仮勘定」との整合性をチェックする（上場会社の場合）。 □総勘定科目内訳書より、株主総会想定問答用の「建設仮勘定」の計算書類科目内訳書を作成し、残高の整合性を確認する。 □「建設仮勘定」管理台帳と建設等請負契約書等と照合する。 □計算書類に関する附属明細書「有形固定資産および無形固定資産の明細」の「建設仮勘定」の期末残高との一致を検証する。
個計21	個別	数値	無形固定資産 ：50百万円	□（会社法）計算書類科目組替表より転記する。 □個別決算短信の貸借対照表の無形固定資産合計との整合性をチェックする（上場会社の場合）。 □無形固定資産合計が無形固定資産科目の金額合計と一致しているかを計算確認する。 □計算書類に関する附属明細書「有形固定資産および無形固定資産の明細」の「無形固定資産合計」の期末残高との一致を検証する。
個計22	個別	数値	のれん ：29百万円	□（会社法）計算書類科目組替表より転記する。 □連結精算表用の個別財務諸表との一致を確認する。 □個別決算短信の貸借対照表「のれん」との整合性をチェックする（上場会社の場合）。 □総勘定科目内訳書より、株主総会想定問答用の「のれん」の計算書類科目内訳書を作成し、残高の整合性を確認する。 □合併・事業譲渡・事業譲受等の契約書および取締役会議事録と照合する。 □計算書類に関する附属明細書「有形固定資産および無形固定資産の明細」の「のれん」の期末残高との一致を検証する。
個計23	個別	数値	ソフトウェア ：21百万円	□（会社法）計算書類科目組替表より転記する。 □連結精算表用の個別財務諸表との一致を確認する。 □個別決算短信の貸借対照表「ソフトウェア」との整合性をチェ

ガイド No.	個別/連結	区分	記載内容	作業内容およびチェック事項
				ックする（上場会社の場合）。 □総勘定科目内訳書より、株主総会想定問答用の「ソフトウェア」の計算書類科目内訳書を作成し、残高の整合性を確認する。 □減価償却費管理台帳（総括表）と照合する。 □ソフトウェア管理台帳とソフトウェア購入・請負契約書等と照合する。 □計算書類に関する附属明細書「有形固定資産および無形固定資産の明細」の「ソフトウェア」の期末残高との一致を検証する。
個計24	個別	数値	投資その他の資産合計 ：2,395百万円	□（会社法）計算書類科目組替表より転記する。 □個別決算短信の貸借対照表の投資その他の資産合計との整合性をチェックする（上場会社の場合）。 □投資その他の資産合計が投資その他の資産の固定資産科目の金額合計と一致しているかを計算確認する。
個計25	個別	数値	投資有価証券 ：796百万円	□（会社法）計算書類科目組替表より転記する。 □連結精算表用の個別財務諸表との一致を確認する。 □個別決算短信の貸借対照表の投資有価証券との整合性をチェックする（上場会社の場合）。 □総勘定科目内訳書より、株主総会想定問答用の「投資有価証券」の計算書類科目内訳書を作成し、整合性を確認する。 □「投資有価証券」の計算書類科目内訳書と実査資料・有価証券残高確認状を照合する。 □税務用科目内訳書「投資有価証券明細書」と照合する。
個計26	個別	数値	関係会社株式 ：1,028百万円	□（会社法）計算書類科目組替表より転記する。 □連結精算表用の個別財務諸表との一致を確認する。 □個別決算短信の貸借対照表「関係会社株式」との整合性をチェックする（上場会社の場合）。 □総勘定科目内訳書より、株主総会想定問答用の「関係会社株式」の計算書類科目内訳書を作成し、整合性を確認する。 □「関係会社株式」の計算書類科目内訳書と実査資料・有価証券残高確認状を照合する。 □「関係会社株式管理台帳」と照合する。 □関係会社関係図との照合をする。 □関係会社属性判定表と登記簿謄本、株主名簿などと照合する。
個計27	個別	数値	差入保証金 ：400百万円	□（会社法）計算書類科目組替表より転記する。 □連結精算表用の個別財務諸表との一致を確認する。 □個別決算短信の貸借対照表「差入保証金」との整合性をチェックする（上場会社の場合）。 □総勘定科目内訳書より、株主総会想定問答用の「差入保証金」の計算書類科目内訳書を作成し、整合性を確認する。 □「差入保証金」の計算書類科目内訳書と預かり証を照合する。 □「差入保証金」の計算書類科目内訳書と賃借契約書等を照合する。
個計28	個別	数値	長期前払費用 ：30百万円	□（会社法）計算書類科目組替表より転記する。 □連結精算表用の個別財務諸表との一致を確認する。 □個別決算短信の貸借対照表「長期前払費用」との整合性をチェックする（上場会社の場合）。 □総勘定科目内訳書より、株主総会想定問答用の「長期前払費用」の計算書類科目内訳書を作成し、整合性を確認する。

ガイド No.	個別/連結	区分	記載内容	作業内容およびチェック事項
				□長期未経過費用計算表と関係契約書等を照合する。
個計29	個別	数値	繰延税金資産 ：34百万円	□（会社法）計算書類科目組替表より転記する。 □連結精算表用の個別財務諸表との一致を確認する。 □個別決算短信の貸借対照表「固定資産」の「繰延税金資産」との整合性をチェックする（上場会社の場合）。 □総勘定科目内訳書より、株主総会想定問答用の「繰延税金資産」の計算書類科目内訳書を作成し、整合性を確認する。 □税効果会計管理台帳との整合性を確認する。 □税効果会計管理台帳と法人税申告書の別表4・別表5を照合する。 □繰延税金資産の回収計画表の妥当性を検証する。 □固定負債の繰延税金負債との相殺表示を検証する。
個計30	個別	数値	その他の投資資産 ：109百万円	□（会社法）計算書類科目組替表より転記する。 □連結精算表用の個別財務諸表との一致を確認する。 □個別決算短信の貸借対照表「その他の投資資産」との整合性をチェックする（上場会社の場合）。 □総勘定科目内訳書より、株主総会想定問答用の「その他の投資資産」の計算書類科目内訳書を作成し、独立科目開示すべき内容が混入していないか、残高の整合性を確認する。
個計31	個別	数値	貸倒引当金 ：△3百万円	□（会社法）計算書類科目組替表より転記する。 □連結精算表用の個別財務諸表との一致を確認する。 □個別決算短信の貸借対照表「固定資産」の「貸倒引当金」との整合性をチェックする（上場会社の場合）。 □貸倒引当金の流動・固定按分計算表の妥当性を検証する。 □貸倒引当金の流動・固定合計残高が計算書類に関する附属明細書の引当金の明細の貸倒引当金の期末残高と一致していることを確認する。 □法人税申告書の別表11(1)・11（1の2）の貸倒引当金の明細書との整合性を確認する。 □貸倒引当金対象の個別の不良債権に関する回収可能性検討資料の内容を分析・確認する。
個計32	個別	数値	繰延資産 ：823百万円	□（会社法）計算書類科目組替表より転記する。 □個別決算短信の貸借対照表「繰延資産」との整合性をチェックする（上場会社の場合）。 □繰延資産合計が繰延資産科目の金額合計と一致しているかを計算確認する。
個計33	個別	数値	開発費 ：823百万円	□（会社法）計算書類科目組替表より転記する。 □連結精算表用の個別財務諸表との一致を確認する。 □個別決算短信の貸借対照表「開発費」との整合性をチェックする（上場会社の場合）。 □総勘定科目内訳書より、株主総会想定問答用の「開発費」の計算書類科目内訳書を作成し、整合性を確認する。 □「開発費」の計算書類科目内訳書と取締役会議事録を照合する。 □「開発費」の計算書類科目内訳書と開発費委託契約書等を照合する。
個計34	個別	数値	資産合計 ：63,258百万円	□（会社法）計算書類科目組替表より転記する。 □連結精算表用の個別財務諸表との一致を確認する。 □個別決算短信の貸借対照表「資産合計」との整合性をチェック

第1章 貸借対照表 223

ガイド No.	個別/連結	区分	記載内容	作業内容およびチェック事項
				する（上場会社の場合）。 □円単位の「流動資産合計＋固定資産合計＋繰延資産合計」と一致するかを確認する。
個計35	個別	数値	流動負債 ：28,983百万円	□（会社法）計算書類科目組替表より転記する。 □個別決算短信の貸借対照表「流動負債合計」との整合性をチェックする（上場会社の場合）。
個計36	個別	数値	支払手形 ：472百万円	□（会社法）計算書類科目組替表より転記する。 □連結精算表用の個別財務諸表との一致を確認する。 □個別決算短信の貸借対照表「支払手形」との整合性をチェックする（上場会社の場合）。 □総勘定科目内訳書より、株主総会想定問答用の「支払手形」の計算書類科目内訳書を作成し、整合性を確認する。 □「支払手形」の手形管理台帳と支払手形残高確認状を照合する。 □税務用科目内訳書「支払手形明細書」と照合する。
個計37	個別	数値	買掛金 ：1,038百万円	□（会社法）計算書類科目組替表より転記する。 □連結精算表用の個別財務諸表との一致を確認する。 □個別決算短信の貸借対照表「買掛金」との整合性をチェックする（上場会社の場合）。 □総勘定科目内訳書より、株主総会想定問答用の「買掛金」の計算書類科目内訳書を作成し、整合性を確認する。 □「買掛金」の計算書類科目内訳書と買掛金残高確認状を照合する。 □税務用科目内訳書「買掛金明細書」と照合する。
個計38	個別	数値	短期借入金 ：6,500百万円	□（会社法）計算書類科目組替表より転記する。 □連結精算表用の個別財務諸表との一致を確認する。 □個別決算短信の貸借対照表「短期借入金」との整合性をチェックする（上場会社の場合）。 □総勘定科目内訳書より、株主総会想定問答用の「短期借入金」の計算書類科目内訳書を作成し、整合性を確認する。 □「短期借入金」の計算書類科目内訳書と借入金残高確認状・金銭消費貸借契約書・借入金返済予定表を照合する。 □税務用科目内訳書「短期借入金明細書」と照合する。
個計39	個別	数値	1年内償還予定社債 ：20,000百万円	□（会社法）計算書類科目組替表より転記する。 □連結精算表用の個別財務諸表との一致を確認する。 □個別決算短信の貸借対照表「1年内償還予定社債」との整合性をチェックする（上場会社の場合）。 □総勘定科目内訳書より、株主総会想定問答用の「1年内償還予定社債」の計算書類科目内訳書を作成し、整合性を確認する。 □「1年内償還予定社債」の計算書類科目内訳書と社債目論見書（償還期日）を照合する。
個計40	個別	数値	未払法人税等 ：783百万円	□（会社法）計算書類科目組替表より転記する。 □連結精算表用の個別財務諸表との一致を確認する。 □個別決算短信の貸借対照表「未払法人税等」との整合性をチェックする（上場会社の場合）。 □総勘定科目内訳書より、株主総会想定問答用の「未払法人税等」の計算書類科目内訳書を作成し、整合性を確認する。 □法人税申告書の別表4・別表5(1)・(2)と照合する。 □法人住民税申告書と照合する。

ガイド No.	個別/連結	区分	記載内容	作業内容およびチェック事項
個計41	個別	数値	未払消費税等 ：59百万円	□（会社法）計算書類科目組替表より転記する。 □連結精算表用の個別財務諸表との一致を確認する。 □個別決算短信の貸借対照表「未払消費税等」との整合性をチェックする（上場会社の場合）。 □総勘定科目内訳書より、株主総会想定問答用の「未払消費税等」の計算書類科目内訳書を作成し、整合性を確認する。 □消費税等申告書と照合する。 □消費税等申告書と消費税等課税・非課税区分計算表と照合する。
個計42	個別	数値	未払費用 ：23百万円	□（会社法）計算書類科目組替表より転記する。 □連結精算表用の個別財務諸表との一致を確認する。 □個別決算短信の貸借対照表「未払費用」との整合性をチェックする（上場会社の場合）。 □総勘定科目内訳書より、株主総会想定問答用の「未払費用」の計算書類科目内訳書を作成し、整合性を確認する。 □経過利息計算表と金銭消費貸借契約書等と照合する。
個計43	個別	数値	賞与引当金 ：94百万円	□（会社法）計算書類科目組替表より転記する。 □連結精算表用の個別財務諸表との一致を確認する。 □個別決算短信の貸借対照表「流動負債」の「賞与引当金」との整合性をチェックする（上場会社の場合）。 □計算書類に関する附属明細書「引当金の明細」の「賞与引当金」の期末残高と一致していることを確認する。 □賞与引当金計算資料と照合する。 □賞与引当金資料と賞与支給に関する稟議書と照合する。
個計44	個別	数値	役員賞与引当金 ：2百万円	□（会社法）計算書類科目組替表より転記する。 □連結精算表用の個別財務諸表との一致を確認する。 □個別決算短信の貸借対照表「流動負債」の「役員賞与引当金」との整合性をチェックする（上場会社の場合）。 □計算書類に関する附属明細書「引当金の明細」の「役員賞与引当金」の期末残高と一致していることを確認する。 □役員賞与引当金計算資料と照合する。 □役員賞与引当金資料と役員賞与支給に関する取締役会議事録と照合する。
個計45	個別	数値	その他の流動負債 ：9百万円	□（会社法）計算書類科目組替表より転記する。 □連結精算表用の個別財務諸表との一致を確認する。 □個別決算短信の貸借対照表「その他の流動負債」との整合性をチェックする（上場会社の場合）。 □総勘定科目内訳書より、株主総会想定問答用の「その他の流動負債」の計算書類科目内訳書を作成し、独立科目開示すべき内容が混入していないか、残高の整合性を確認する。
個計46	個別	数値	固定負債 ：28,110百万円	□（会社法）計算書類科目組替表より転記する。 □個別決算短信の貸借対照表「固定負債合計」との整合性をチェックする（上場会社の場合）。 □固定負債合計が固定負債科目の金額合計と一致しているかを計算確認する。
個計47	個別	数値	社債 ：5,000百万円	□（会社法）計算書類科目組替表より転記する。 □連結精算表用の個別財務諸表との一致を確認する。 □個別決算短信の貸借対照表「社債」との整合性をチェックする

ガイド No.	個別/連結	区分	記載内容	作業内容およびチェック事項
				（上場会社の場合）。 □総勘定科目内訳書より、株主総会想定問答用の「社債」の計算書類科目内訳書を作成し、整合性を確認する。 □「社債」の計算書類科目内訳書と社債目論見書を照合する。
個計48	個別	数値	転換型新株予約権付社債 ：4,000百万円	□（会社法）計算書類科目組替表より転記する。 □連結精算表用の個別財務諸表との一致を確認する。 □個別決算短信の貸借対照表「転換型新株予約権付社債」との整合性をチェックする（上場会社の場合）。 □総勘定科目内訳書より、株主総会想定問答用の「転換型新株予約権付社債」の計算書類科目内訳書を作成し、整合性を確認する。 □「転換型新株予約権付社債」の計算書類科目内訳書と社債目論見書を照合する。 □「転換型新株予約権付社債」の登記簿謄本と照合する。
個計49	個別	数値	長期借入金 ：15,100百万円	□（会社法）計算書類科目組替表より転記する。 □連結精算表用の個別財務諸表との一致を確認する。 □個別決算短信の貸借対照表「長期借入金」との整合性をチェックする（上場会社の場合）。 □総勘定科目内訳書より、株主総会想定問答用の「長期借入金」の計算書類科目内訳書を作成し、整合性を確認する。 □「長期借入金」の計算書類科目内訳書と借入金残高確認状・金銭消費貸借契約書・借入金返済予定表を照合する。 □税務用科目内訳書「長期借入金明細書」と照合する。
個計50	個別	数値	退職給付引当金 ：1,635百万円	□（会社法）計算書類科目組替表より転記する。 □連結精算表用の個別財務諸表との一致を確認する。 □個別決算短信の貸借対照表「固定負債」の「退職給付引当金」との整合性をチェックする（上場会社の場合）。 □計算書類に関する附属明細書「引当金の明細」の「退職給付引当金」の期末残高と一致していることを確認する。 □退職給付引当金計算資料と照合する。 □退職給付引当金資料と退職給付契約書等と照合する。
個計51	個別	数値	役員退職慰労引当金 ：1,674百万円	□（会社法）計算書類科目組替表より転記する。 □連結精算表用の個別財務諸表との一致を確認する。 □個別決算短信の貸借対照表「固定負債」の「役員退職給付引当金」との整合性をチェックする（上場会社の場合）。 □計算書類に関する附属明細書「引当金の明細」の「役員退職給付引当金」の期末残高と一致していることを確認する。 □役員退職給付引当金計算資料と照合する。 □役員退職給付引当金資料と役員退職慰労金規程に基づく計算資料と照合する。
個計52	個別	数値	再評価に係る繰延税金負債 ：700百万円	□（会社法）計算書類科目組替表より転記する。 □連結精算表用の個別財務諸表との一致を確認する。 □個別決算短信の貸借対照表「再評価に係る繰延税金負債」との整合性をチェックする（上場会社の場合）。 □総勘定科目内訳書より、株主総会想定問答用の「再評価に係る繰延税金負債」の計算書類科目内訳書を作成し、整合性を確認する。 □「再評価に係る繰延税金負債」の計算書類科目内訳書と土地再

ガイド No.	個別/連結	区分	記載内容	作業内容およびチェック事項
				評価計算資料と照合する。 □土地再評価に関する取締役会議事録と照合する。
個計53	個別	数値	負ののれん ：－百万円 〈当該ケースは記載無し〉	□（会社法）計算書類科目組替表より転記する。 □連結精算表用の個別財務諸表との一致を確認する。 □個別決算短信の貸借対照表「負ののれん」との整合性をチェックする（上場会社の場合）。 □合併・事業譲渡・事業譲受等の契約書および取締役会議事録と照合する。 □総勘定科目内訳書より、株主総会想定問答用の「負ののれん」の計算書類科目内訳書を作成し、残高の整合性を確認する。
個計54	個別	数値	その他の固定負債 ：－百万円 〈当該ケースは記載無し〉	□（会社法）計算書類科目組替表より転記する。 □連結精算表用の個別財務諸表との一致を確認する。 □個別決算短信の貸借対照表「その他固定負債」との整合性をチェックする（上場会社の場合）。 □総勘定科目内訳書より、株主総会想定問答用の「その他の固定負債」の計算書類科目内訳書を作成し、残高の整合性を確認する。
個計55	個別	数値	負債合計 ：57,093百万円	□（会社法）計算書類科目組替表より転記する。 □連結精算表用の個別財務諸表との一致を確認する。 □個別決算短信の貸借対照表「負債合計」との整合性をチェックする（上場会社の場合）。 □円単位の「流動負債＋固定負債」の合計値と一致するかを確認する。
個計56	個別	数値	株主資本 ：5,278百万円	□（会社法）計算書類科目組替表より転記する。 □連結精算表用の個別財務諸表との一致を確認する。 □個別決算短信の貸借対照表「株主資本」との整合性をチェックする（上場会社の場合）。 □株主資本を構成する円単位の科目金額合計値と一致しているかを確認する。 □株主資本等変動計算書「株主資本合計」の「当期末残高」と照合する。 □円単位の「資本金＋新株式申込証拠金＋資本剰余金＋利益剰余金＋自己株式＋自己株式申込証拠金」の合計値と一致するかを確認する。
個計57	個別	数値	資本金 ：990百万円	□（会社法）計算書類科目組替表より転記する。 □連結精算表用の個別財務諸表との一致を確認する。 □個別決算短信の貸借対照表「資本金」との整合性をチェックする（上場会社の場合）。 □総勘定科目内訳書より、株主総会想定問答用の「資本金」の計算書類科目内訳書を作成し、整合性を確認する。 □「資本金」の計算書類科目内訳書と登記簿謄本を照合する。 □株主資本等変動計算書「資本金」の「当期末残高」と照合する。
個計58	個別	数値	新株式申込証拠金 ：－百万円 〈当該ケースは記載無し〉	□（会社法）計算書類科目組替表より転記する。 □連結精算表用の個別財務諸表との一致を確認する。 □個別決算短信の貸借対照表「新株式申込証拠金」との整合性をチェックする（上場会社の場合）。 □総勘定科目内訳書より、株主総会想定問答用の「新株式申込証拠金」の計算書類科目内訳書を作成し、整合性を確認する。

ガイド No.	個別/連結	区分	記載内容	作業内容およびチェック事項
				□「新株式申込証拠金」の計算書類科目内訳書と増資に関する取締役会議事録を照合する。 □株主資本等変動計算書「新株式申込証拠金」の「当期末残高」と照合する。
個計59	個別	数値	資本剰余金 ：230百万円	□（会社法）計算書類科目組替表より転記する。 □連結精算表用の個別財務諸表との一致を確認する。 □個別決算短信の貸借対照表「資本剰余金」との整合性をチェックする（上場会社の場合）。 □円単位の「資本準備金＋その他資本剰余金」の合計値と一致するかを確認する。
個計60	個別	数値	資本準備金 ：100百万円	□（会社法）計算書類科目組替表より転記する。 □連結精算表用の個別財務諸表との一致を確認する。 □個別決算短信の貸借対照表「資本準備金」との整合性をチェックする（上場会社の場合）。 □株主資本等変動計算書「資本準備金」の「当期末残高」と照合する。
個計61	個別	数値	その他資本剰余金 ：130百万円	□（会社法）計算書類科目組替表より転記する。 □連結精算表用の個別財務諸表との一致を確認する。 □個別決算短信の貸借対照表「その他資本剰余金」との整合性をチェックする（上場会社の場合）。 □総勘定科目内訳書より、株主総会想定問答用の「その他資本剰余金」の計算書類科目内訳書を作成し、整合性を確認する。 □「その他資本剰余金」の計算書類科目内訳書と取締役会議事録を照合する。 □株主資本等変動計算書の「その他資本剰余金」の「当期末残高」と照合する。
個計62	個別	数値	利益剰余金 ：4,258百万円	□（会社法）計算書類科目組替表より転記する。 □連結精算表用の個別財務諸表との一致を確認する。 □個別決算短信の貸借対照表「利益剰余金」との整合性をチェックする（上場会社の場合）。 □円単位の「利益準備金＋その他利益剰余金」の合計値と一致するかを確認する。
個計63	個別	数値	利益準備金 ：90百万円	□（会社法）計算書類科目組替表より転記する。 □連結精算表用の個別財務諸表との一致を確認する。 □個別決算短信の貸借対照表「利益準備金」との整合性をチェックする（上場会社の場合）。 □株主資本等変動計算書の「利益準備金」の「当期末残高」と照合する。
個計64	個別	数値	その他利益剰余金 ：4,168百万円	□（会社法）計算書類科目組替表より転記する。 □連結精算表用の個別財務諸表との一致を確認する。 □個別決算短信の貸借対照表「その他利益剰余金」との整合性をチェックする（上場会社の場合）。 □円単位の「その他利益剰余金」を構成する貸借対照表科目の合計値と一致するかを確認する。 □円単位の「中間配当金積立金＋固定資産圧縮積立金＋別途積立金＋繰越利益剰余金」の合計値と一致するかを確認する。 □株主資本等変動計算書の「その他利益剰余金」の「当期末残高」と照合する。

ガイド No.	個別 /連結	区分	記載内容	作業内容およびチェック事項
個計65	個別	数値	中間配当積立金 ：200百万円	□（会社法）計算書類科目組替表より転記する。 □連結精算表用の個別財務諸表との一致を確認する。 □個別決算短信の貸借対照表「中間配当金積立金」との整合性をチェックする（上場会社の場合）。 □「中間配当金積立金」の積立に関する取締役会議事録と照合する。
個計66	個別	数値	固定資産圧縮積立金 ：1,925百万円	□（会社法）計算書類科目組替表より転記する。 □連結精算表用の個別財務諸表との一致を確認する。 □個別決算短信の貸借対照表「固定資産圧縮積立金」との整合性をチェックする（上場会社の場合）。 □「固定資産圧縮積立金」の積立に関する取締役会議事録と照合する。 □法人税申告書の別表5との照合を図る。
個計67	個別	数値	別途積立金 ：59百万円	□（会社法）計算書類科目組替表より転記する。 □連結精算表用の個別財務諸表との一致を確認する。 □個別決算短信の貸借対照表「別途積立金」との整合性をチェックする（上場会社の場合）。 □「別途積立金」の積立に関する取締役会議事録と照合する。
個計68	個別	数値	繰越利益剰余金 ：1,984百万円	□（会社法）計算書類科目組替表より転記する。 □連結精算表用の個別財務諸表との一致を確認する。 □個別決算短信の貸借対照表「繰越利益剰余金」との整合性をチェックする（上場会社の場合）。 □「繰越利益剰余金」の積立に関する取締役会議事録と照合する。 □修正後残高試算表の「繰越利益剰余金」と損益計算書「当期純利益」の円単位の合計額と一致しているかを確認する。
個計69	個別	数値	自己株式 ：△200百万円	□（会社法）計算書類科目組替表より転記する。 □連結精算表用の個別財務諸表との一致を確認する。 □個別決算短信の貸借対照表「自己株式」との整合性をチェックする（上場会社の場合）。 □総勘定科目内訳書より、株主総会想定問答用の「自己株式」の計算書類科目内訳書を作成し、整合性を確認する。 □「自己株式」の計算書類科目内訳書と自己株式管理簿と照合する。 □自己株式に関する実査資料・預り証・株主名簿等と照合する。 □株主資本等変動計算書「自己株式」の「当期末残高」と照合する。
個計70	個別	数値	自己株式申込証拠金 ：－百万円 〈当該ケースは記載無し〉	□（会社法）計算書類科目組替表より転記する。 □連結精算表用の個別財務諸表との一致を確認する。 □個別決算短信の貸借対照表「自己株式申込証拠金」との整合性をチェックする（上場会社の場合）。 □総勘定科目内訳書より、株主総会想定問答用の「自己株式申込証拠金」の計算書類科目内訳書を作成し、整合性を確認する。 □「新株式払金」または「自己株式申込証拠金」の計算書類科目内訳書と自己株式処分に関する取締役会議事録を照合する。 □株主資本等変動計算書「自己株式申込証拠金」の「当期末残高」

ガイド No.	個別/連結	区分	記載内容	作業内容およびチェック事項
				と照合する。
個計71	個別	数値	評価・換算差額等 ：806百万円	□（会社法）計算書類科目組替表より転記する。 □連結精算表用の個別財務諸表との一致を確認する。 □個別決算短信の貸借対照表「評価・換算差額等」との整合性をチェックする（上場会社の場合）。 □「評価・換算差額等」を構成する円単位の科目合計値と一致しているかを確認する。 □株主資本等変動計算書「評価・換算差額等」の「当期末残高」と照合する。
個計72	個別	数値	その他有価証券評価差額金 ：6百万円	□（会社法）計算書類科目組替表より転記する。 □連結精算表用の個別財務諸表との一致を確認する。 □個別決算短信の貸借対照表「株式等評価差額金」との整合性をチェックする（上場会社の場合）。 □総勘定科目内訳書より、株主総会想定問答用の「株式等評価差額金」の計算書類科目内訳書を作成し、整合性を確認する。 □「株式等評価差額金」の計算書類科目内訳書と株式等評価計算資料と照合する。 □株主資本等変動計算書「その他有価証券評価差額金」の「当期末残高」と照合する。
個計73	個別	数値	土地再評価差額金 ：800百万円	□（会社法）計算書類科目組替表より転記する。 □連結精算表用の個別財務諸表との一致を確認する。 □個別決算短信の貸借対照表「土地再評価差額金」との整合性をチェックする（上場会社の場合）。 □総勘定科目内訳書より、株主総会想定問答用の「土地再評価差額金」の計算書類科目内訳書を作成し、整合性を確認する。 □「土地再評価差額金」の計算書類科目内訳書と土地再評価計算資料と照合する。 □土地再評価に関する取締役会議事録と照合する。 □株主資本等変動計算書「土地再評価差額金」の「当期末残高」と照合する。
個計74	個別	数値	新株予約権 ：80百万円	□（会社法）計算書類科目組替表より転記する。 □連結精算表用の個別財務諸表との一致を確認する。 □個別決算短信の貸借対照表「新株予約権」との整合性をチェックする（上場会社の場合）。 □株主資本等変動計算書の「新株予約権」の「当期末残高」と照合する。
個計75	個別	数値	純資産合計 ：6,164百万円	□（会社法）計算書類科目組替表より転記する。 □連結精算表用の個別財務諸表との一致を確認する。 □個別決算短信の貸借対照表「純資産合計」との整合性をチェックする（上場会社の場合）。 □円単位の「株主資本」と「評価・換算差額等」の合計値と一致しているかを確認する。 □株主資本等変動計算書「純資産」の「当期末残高」と照合する。
個計76	個別	数値	純資産及び負債合計 ：63,258百万円	□（会社法）計算書類科目組替表より転記する。 □連結精算表用の個別財務諸表との一致を確認する。 □個別決算短信の貸借対照表「純資産及び負債合計」との整合性をチェックする（上場会社の場合）。 □円単位の「負債合計」と「純資産合計」の「合計値」と一致し

ガイド No.	個別/連結	区分	記載内容	作業内容およびチェック事項
				ているかを確認する。 ☐ 「資産合計」の合計値と一致しているかを確認する。

5．根拠条文

<会社計算規則>

第二章　貸借対照表等

第104条（通則）貸借対照表等（貸借対照表及び連結貸借対照表をいう。以下この編において同じ。）については、この章に定めるところによる。

第105条（貸借対照表等の区分）　貸借対照表等は、次に掲げる部に区分して表示しなければならない。
　一　資産
　二　負債
　三　純資産
2　資産の部又は負債の部の各項目は、当該項目に係る資産又は負債を示す適当な名称を付さなければならない。

　　　　　　　　　…略…

第106条（資産の部の区分）　資産の部は、次に掲げる項目に区分しなければならない。この場合において、各項目（第2号に掲げる項目を除く。）は、適当な項目に細分しなければならない。
　一　流動資産
　二　固定資産
　三　繰延資産
2　固定資産に係る項目は、次に掲げる項目に区分しなければならない。この場合において、各項目は、適当な項目に細分しなければならない。
　一　有形固定資産
　二　無形固定資産
　三　投資その他の資産
3　次の各号に掲げる資産は、当該各号に定めるものに属するものとする。
　一　次に掲げる資産　流動資産
　　イ　現金及び預金（1年内に期限の到来しない預金を除く。）
　　ロ　受取手形（通常の取引（当該会社の事業目的のための営業活動において、経常的に又は短期間に循環して発生する取引をいう。以下この章において同じ。）に基づいて発生した手形債権（破産債権、再生債権、更生債権その他これらに準ずる債権で1年内に弁済を受けることができないことが明らかなものを除く。）をいう。）
　　ハ　売掛金（通常の取引に基づいて発生した事業上の未収金（当該未収金に係る債権が破産債権、再生債権、更生債権その他これらに準ずる債権で1年内に弁済を受けることができないことが明らかなものである場合における当該未収金を除く。）をいう。）
　　ニ　売買目的有価証券及び1年内に満期の到来する有価証券
　　ホ　商品（販売の目的をもって所有する土地、建物その他の不動産を含む。）
　　ヘ　製品、副産物及び作業くず
　　ト　半製品（自製部分品を含む。）
　　チ　原料及び材料（購入部分品を含む。）
　　リ　仕掛品及び半成工事
　　ヌ　消耗品、消耗工具、器具及び備品その他の貯蔵品であって、相当な価額以上のもの
　　ル　前渡金（商品、原材料等の購入のための前渡金（当該前渡金に係る債権が破産債権、再生債権、更生債権その他これらに準ずる債権で1年内に弁済を受けることができないことが明らかなものである場合における当該前渡金を除く。）をいう。）
　　ヲ　前払費用であって、1年内に費用となるべきもの
　　ワ　未収収益
　　カ　次に掲げる繰延税金資産
　　　（1）流動資産に属する資産又は流動負債に属する負債に関連する繰延税金資産
　　　（2）特定の資産又は負債に関連しない繰延税金資産であって、1年内に取り崩されると認められるもの
　　ヨ　その他の資産であって、1年内に現金化できると認められるもの
　二　次に掲げる資産（ただし、イからまでに掲げる資産については、事業の用に供するものに限る。）　有形固定資産
　　イ　建物及び暖房、照明、通風等の付属設備
　　ロ　構築物（ドック、橋、岸壁、さん橋、軌道、貯水池、坑道、煙突その他土地に定着する土木設備又は工作物をいう。）
　　ハ　機械及び装置並びにホイスト、コンベヤー、起重機等の搬送設備その他の付属設備
　　ニ　船舶及び水上運搬具
　　ホ　鉄道車両、自動車その他の陸上運搬具

ヘ　工具、器具及び備品（耐用年数1年以上のものに限る。）
　　　ト　土地
　　　チ　建設仮勘定（イからトまでに掲げる資産で事業の用に供するものを建設した場合における支出及び当該建設の目的のために充当した材料をいう。）
　　　リ　その他の有形資産であって、有形固定資産に属する資産とすべきもの
　　三　次に掲げる資産　**無形固定資産**
　　　イ　特許権
　　　ロ　借地権（地上権を含む。）
　　　ハ　商標権
　　　ニ　実用新案権
　　　ホ　意匠権
　　　ヘ　鉱業権
　　　ト　漁業権（入漁権を含む。）
　　　チ　ソフトウエア
　　　リ　のれん
　　　ヌ　その他の無形資産であって、無形固定資産に属する資産とすべきもの
　　四　次に掲げる資産　**投資その他の資産**
　　　イ　**関係会社の株式**（売買目的有価証券に該当する株式を除く。以下同じ。）その他流動資産に属しない有価証券
　　　ロ　出資金
　　　ハ　長期貸付金
　　　ニ　次に掲げる**繰延税金資産**
　　　　(1)有形固定資産、無形固定資産若しくは投資その他の資産に属する資産又は固定負債に属する負債に関連する繰延税金資産
　　　　(2)特定の資産又は負債に関連しない繰延税金資産であって、1年内に取り崩されると認められないもの
　　　ホ　その他の資産であって、**投資その他の資産**に属する資産とすべきもの
　　　ヘ　その他の資産であって、流動資産、有形固定資産、無形固定資産又は繰延資産に属しないもの
　　五　繰延資産として計上することが適当であると認められるもの　**繰延資産**
4　前項に規定する「1年内」とは、次の各号に掲げる貸借対照表等の区分に応じ、当該各号に定める日から起算して1年以内の日をいう（以下この編において同じ。）。
　　一　成立の日における貸借対照表　会社の成立の日
　　二　事業年度に係る貸借対照表　事業年度の末日の翌日
　　三　臨時計算書類の貸借対照表　臨時決算日の翌日
　　四　連結貸借対照表　連結会計年度の末日の翌日
第107条（負債の部の区分）　負債の部は、次に掲げる項目に区分しなければならない。この場合において、各項目は、適当な項目に細分しなければならない。
　　一　流動負債
　　二　固定負債
2　次の各号に掲げる負債は、当該各号に定めるものに属するものとする。
　　一　次に掲げる負債　流動負債
　　　イ　支払手形（通常の取引に基づいて発生した手形債務をいう。）
　　　ロ　買掛金（通常の取引に基づいて発生した事業上の未払金をいう。）
　　　ハ　前受金（受注工事、受注品等に対する前受金をいう。）
　　　ニ　引当金（資産に係る引当金及び1年内に使用されないと認められるものを除く。）
　　　ホ　通常の取引に関連して発生する未払金又は**預り金**で一般の取引慣行として発生後短期間に支払われるもの
　　　ヘ　未払費用
　　　ト　前受収益
　　　チ　次に掲げる**繰延税金負債**
　　　　(1)流動資産に属する資産又は流動負債に属する負債に関連する繰延税金負債
　　　　(2)特定の資産又は負債に関連しない繰延税金負債であって、1年内に取り崩されると認められるもの
　　　リ　その他の負債であって、1年内に支払又は返済されると認められるもの
　　二　次に掲げる負債　固定負債
　　　イ　社債
　　　ロ　長期借入金
　　　ハ　引当金（資産に係る引当金及び前号ニに掲げる引当金を除く。）
　　　ニ　次に掲げる**繰延税金負債**
　　　　(1)有形固定資産、無形固定資産若しくは投資その他の資産に属する資産又は固定負債に属する負債に関連する繰延税金負債
　　　　(2)特定の資産又は負債に関連しない繰延税金負債であって、1年内に取り崩されると認められないもの
　　　ホ　のれん
　　　ヘ　その他の負債であって、流動負債に属しないもの
第108条（純資産の部の区分）　純資産の部は、次の各号に掲げる貸借対照表等の区分に応じ、当該各号に定める項目に区分しなければならない。
　　一　株式会社の貸借対照表　次に掲げる項目
　　　イ　株主資本
　　　ロ　評価・換算差額等
　　　ハ　新株予約権
　　　　　　　　…略…
2　株主資本に係る項目は、次に掲げる項目に区分しなければならない。この場合において、第5号に掲げる項目は、控除項目とする。
　　一　資本金

二　新株式申込証拠金
　　三　資本剰余金
　　四　利益剰余金
　　五　自己株式
　　六　自己株式申込証拠金
　　　　　　　…略…
4　株式会社の貸借対照表の資本剰余金に係る項目は、次に掲げる項目に区分しなければならない。
　　一　資本準備金
　　二　その他資本剰余金
5　株式会社の貸借対照表の利益剰余金に係る項目は、次に掲げる項目に区分しなければならない。
　　一　利益準備金
　　二　その他利益剰余金
6　第4項第2号及び前項第2号に掲げる項目は、適当な名称を付した項目に細分することができる。
7　評価・換算差額等に係る項目は、次に掲げる項目その他適当な名称を付した項目に細分しなければならない。ただし、第4号に掲げる項目は、連結貸借対照表に限る。
　　一　その他有価証券評価差額金
　　二　繰延ヘッジ損益
　　三　土地再評価差額金
　　四　為替換算調整勘定
8　新株予約権に係る項目は、自己新株予約権に係る項目を控除項目として区分することができる。
　　　　　　　…略…
第109条（貸倒引当金等の表示）　各資産に係る引当金は、次項の規定による場合のほか、当該各資産の項目に対する控除項目として、貸倒引当金その他当該引当金の設定目的を示す名称を付した項目をもって表示しなければならない。ただし、流動資産、有形固定資産、無形固定資産、投資その他の資産又は繰延資産の区分に応じ、これらの資産に対する控除項目として一括して表示することを妨げない。

2　各資産に係る引当金は、当該各資産の金額から直接控除し、その控除残高を当該各資産の金額として表示することができる。

第110条（有形固定資産に対する減価償却累計額の表示）　各有形固定資産に対する減価償却累計額は、次項の規定による場合のほか、当該各有形固定資産の項目に対する控除項目として、減価償却累計額の項目をもって表示しなければならない。ただし、これらの有形固定資産に対する控除項目として一括して表示することを妨げない。

2　各有形固定資産に対する減価償却累計額は、当該各有形固定資産の金額から直接控除し、その控除残高を当該各有形固定資産の金額として表示することができる。

第111条（有形固定資産に対する減損損失累計額の表示）　各有形固定資産に対する減損損失累計額は、次項及び第3項の規定による場合のほか、当該各有形固定資産の金額（前条第2項の規定により有形固定資産に対する減価償却累計額を当該有形固定資産の金額から直接控除しているときは、その控除後の金額）から直接控除し、その控除残高を当該各有形固定資産の金額として表示しなければならない。

2　減価償却を行う各有形固定資産に対する減損損失累計額は、当該各有形固定資産の項目に対する控除項目として、減損損失累計額の項目をもって表示することができる。ただし、これらの有形固定資産に対する控除項目として一括して表示することを妨げない。

3　前条第1項及び前項の規定により減価償却累計額及び減損損失累計額を控除項目として表示する場合には、減損損失累計額を減価償却　累計額に合算して、減価償却累計額の項目をもって表示することができる。

第112条（無形固定資産の表示）　各無形固定資産に対する減価償却累計額及び減損損失累計額は、当該各無形固定資産の金額から直接控除し、その控除残高を当該各無形固定資産の金額として表示しなければならない。

第113条（関係会社株式等の表示）　関係会社の株式又は出資金は、**関係会社株式**又は**関係会社出資金**の項目をもって別に表示しなければならない。

2　前項の規定は、連結貸借対照表及び持分会社の貸借対照表については、適用しない。

第114条（繰延税金資産等の表示）　流動資産に属する繰延税金資産の金額及び流動負債に属する繰延税金負債の金額については、その差額のみを繰延税金資産又は繰延税金負債として流動資産又は流動負債に表示しなければならない。

2　固定資産に属する繰延税金資産の金額及び固定負債に属する繰延税金負債の金額については、その差額のみを繰延税金資産又は繰延税金負債として固定資産又は固定負債に表示しなければならない。

第115条（繰延資産の表示）　各繰延資産に対する償却累計額は、当該各繰延資産の金額から直接控除し、その控除残高を各繰延資産の金額として表示しなければならない。

第117条（新株予約権の表示）　自己新株予約権の額は、新株予約権の金額から直接控除し、その控除残高を新株予約権の金額として表示しなければならない。ただし、自己新株予約権を控除項目として表示することを妨げない。

第2章 損益計算書

　損益計算書の完成までに記入すべき箇所として、合計26箇所を設定しました（ガイドNo.【個計77】～【個計102】）。

　以下、その26箇所について、記載例、作成手順、使用する基礎資料、根拠法令の条文を示しながら、説明していきます。

1．作成上のポイント

　会計帳簿の修正後残高試算表の総勘定科目ごとの帳簿残高について、会社計算規則に従った会社法計算書類科目に組替仕訳を起票し、これを会社法計算書類科目組替表へ転記し、会社法計算書類科目ごとの残高を記載します。

　その会社法計算書類科目金額を所定の表示単位処理・端数処理を行って、会社計算規則等の区分ごとの表示順位に従って、損益計算書へ転記します。

　作成手順は、以下の通りです。

　①「修正後残高試算表」⇒②「会社法計算書類科目への組替仕訳」起票⇒③「会社法計算書類科目組替表」へ転記・「会社法計算書類科目残高」計算・記入⇒④「会社法計算書類科目組替表」の「会社法計算書類科目残高」について、所定の表示単位処理・端数処理した金額を会社計算規則等の区分ごとの表示順位に従って「会社法上の損益計算書」へ転記

2．記載例

損 益 計 算 書
(自平成○8年4月1日　至平成○9年3月31日)

(単位：百万円)

科　　目			金　　額	
Ⅰ．売上高			【個計77】	32,361
Ⅱ．売上原価			【個計78】	20,273
売上総利益（売上総損失）			【個計79】	12,087
Ⅲ．販売費及び一般管理費			【個計80】	5,695
営業利益（営業損失）			【個計81】	6,391
Ⅳ．営業外収益			【個計82】	76
1．受取利息	【個計83】	36		
2．受取配当金	【個計84】	19		
3．その他営業外収益	【個計85】	20		
Ⅴ．営業外費用			【個計86】	1,300
1．支払利息	【個計87】	1,256		
2．その他営業外費用	【個計88】	43		
経常利益（経常損失）			【個計89】	5,168
Ⅵ．特別利益			【個計90】	67
1．固定資産売却益	【個計91】	12		
2．投資有価証券売却益	【個計92】	50		
3．前期損益修正益	【個計93】	5		
Ⅶ．特別損失			【個計94】	600
1．固定資産売却損	【個計95】	550		
2．固定資産除却損	【個計96】	50		
税引前当期純利益（税引前当期純損失）			【個計97】	4,636
法人税、住民税及び事業税	【個計98】	2,066		
過年度法人税等追徴額	【個計99】	784		
法人税等調整額	【個計100】	△92	【個計101】	2,758
当期純利益（当期純損失）			【個計102】	1,878

株主資本等変動計算書「当期純利益」（P251）と一致

3．作成手順

3－1．修正後残高試算表の起票

修正後残高試算表（損益計算書科目関係）
（自平成○8年4月1日　至平成○9年3月31日）
㈱スリー・シー・コンサルティング

（単位：円）

No.	総勘定科目	貸借	期首残高	借　方	貸　方	残　高
73	A製品売上高	(貸)			25,000,000,000	(25,000,000,000)
74	B製品売上高	(貸)			7,361,116,000	(7,361,116,000)
	【売上高計】					【32,361,116,000】
75	期首製品たな卸高	借		1,200,000,000		1,200,000,000
76	当期製品製造原価	借		20,490,119,000		20,490,119,000
77	期末製品たな卸高	(貸)			1,615,864,000	(1,615,864,000)
78	原材料評価損	借		199,620,000		199,620,000
	【売上原価合計】					【20,273,875,000】
	【売上総利益】					【12,087,241,000】
79	販売手数料	借		1,000,000,000		1,000,000,000
80	広告宣伝費	借		412,504,000		412,504,000
81	役員報酬	借		150,004,000		150,004,000
82	従業員給与	借		1,463,640,000		1,463,640,000
83	通勤費	借		50,400,000		50,400,000
84	従業員賞与	借		229,000,000		229,000,000
85	賞与引当金繰入額	借		26,000,000		26,000,000
86	退職給付費用	借		143,365,694		143,365,694
87	役員退職慰労引当金繰入額	借		156,392,000		156,392,000
88	福利厚生費	借		243,620,000		243,620,000
89	旅費交通費	借		206,250,000		206,250,000
90	水道光熱費	借		100,000,000		100,000,000
91	通信費	借		237,250,000		237,250,000
92	消耗品費	借		164,300,000		164,300,000
93	賃借料	借		150,000,000		150,000,000
94	租税公課	借		308,584,000		308,584,000
95	貸倒引当金繰入額	借		4,216,000		4,216,000
96	減価償却費	借		64,920,000		64,920,000
97	監査法人監査報酬	借		85,025,000		85,025,000

No.	科目	区分		金額		残高
98	交際費	借		196,893,000		196,893,000
99	研究開発費	借		220,568,306		220,568,306
100	雑費	借		80,313,000		80,313,000
101	役員賞与引当金繰入額	借		2,000,000		2,000,000
	【販売費及び一般管理費計】					【5,695,245,000】
106	受取利息	(貸)			36,891,000	(36,891,000)
107	受取配当金	(貸)			19,833,000	(19,833,000)
109	為替差益	(貸)			12,005,000	(12,005,000)
110	雑益	(貸)			8,009,000	(8,009,000)
	【営業外収益合計】					【76,738,000】
111	支払利息	借		896,500,000		896,500,000
112	社債利息	借		360,281,000		360,281,000
113	社債発行費	借		31,253,000		31,253,000
114	雑損失	借		11,976,000		11,976,000
	【営業外費用合計】					【1,300,010,000】
	【経常利益】					【5,168,724,000】
116	前期損益修正益	(貸)			5,623,000	(5,623,000)
117	固定資産売却益	(貸)			12,130,000	(12,130,000)
118	投資有価証券売却益	(貸)			50,002,000	(50,002,000)
	【特別利益】					【67,755,000】
119	固定資産売却損	借		550,001,000		550,001,000
120	固定資産除却損	借		50,005,000		50,005,000
	【特別損失】					【600,006,000】
	【税引前当期純利益】					【4,636,473,000】
122	法人税等充当額	借		2,066,392,200		2,066,392,200
123	過年度法人税等追徴額	借		784,900,769		784,900,769
124	法人税等調整額	借			92,979,969	△92,979,969
	【法人税等合計】					【2,758,313,000】
	【当期純利益】					【1,878,160,000】

3-2. 勘定科目から会社法計算書類科目への組替仕訳の起票

「修正後残高試算表」から「会社法計算科目組替表」へ

種類	区分	No.または表示	総勘定科目または会社法計算書類科目	金額(円)	種類	区分	No.または表示	総勘定科目または会社法計算書類科目	金額(円)
G/L	P/L	73	A製品売上高	25,000,000,000	個/計	P/L	売上高	売上高	32,361,116,000
G/L	P/L	74	B製品売上高	7,361,116,000					
G/L	P/L	77	期末製品たな卸高	1,615,864,000	G/L	P/L	75	期首製品たな卸高	1,200,000,000

第2章 損益計算書

種類	区分	No.または表示	総勘定科目または会社法計算書類科目	金額（円）	種類	区分	No.または表示	総勘定科目または会社法計算書類科目	金額（円）
個/計	P/L	売上原価	売上原価	20,273,875,000	G/L	P/L	76	当期製品製造原価	20,490,119,000
					G/L	P/L	78	原材料評価損	199,620,000
個/計	P/L	販売費及び一般管理費	販売費及び一般管理費	5,695,245,000	G/L	P/L	79	販売手数料	1,000,000,000
					G/L	P/L	80	広告宣伝費	412,504,000
					G/L	P/L	81	役員報酬	150,004,000
					G/L	P/L	82	従業員給与	1,463,640,000
					G/L	P/L	83	通勤費	50,400,000
					G/L	P/L	84	従業員賞与	229,000,000
					G/L	P/L	85	賞与引当金繰入額	26,000,000
					G/L	P/L	86	退職給付費用	143,365,694
					G/L	P/L	87	役員退職慰労引当金繰入額	156,392,000
					G/L	P/L	88	福利厚生費	243,620,000
					G/L	P/L	89	旅費交通費	206,250,000
					G/L	P/L	90	水道光熱費	100,000,000
					G/L	P/L	91	通信費	237,250,000
					G/L	P/L	92	消耗品費	164,300,000
					G/L	P/L	93	賃借料	150,000,000
					G/L	P/L	94	租税公課	308,584,000
					G/L	P/L	95	貸倒引当金繰入額	4,216,000
					G/L	P/L	96	減価償却費	64,920,000
					G/L	P/L	97	監査法人監査報酬	85,025,000
					G/L	P/L	98	交際費	196,893,000
					G/L	P/L	99	研究開発費	220,568,306
					G/L	P/L	100	雑費	80,313,000
					G/L	P/L	101	役員賞与引当金繰入額	2,000,000
G/L	P/L	106	受取利息	36,891,000	個/計	P/L	営業外収益	受取利息	36,891,000
G/L	P/L	107	受取配当金	19,833,000	個/計	P/L	営業外収益	受取配当金	19,833,000
G/L	P/L	109	為替差益	12,005,000	個/計	P/L	営業外収益	その他営業外収益	20,014,000
G/L	P/L	110	雑益	8,009,000					
個/計	P/L	営業外費用	支払利息	1,256,781,000	G/L	P/L	111	支払利息	896,500,000
					G/L	P/L	112	社債利息	360,281,000
個/計	P/L	営業外費用	その他営業外費用	43,229,000	G/L	P/L	113	社債発行費	31,253,000
					G/L	P/L	114	雑損失	11,976,000
G/L	P/L	116	前期損益修正益	5,623,000	個/計	P/L	特別利益	前期損益修正益	5,623,000

種類	区分	No.または表示	総勘定科目または会社法計算書類科目	金額（円）	種類	区分	No.または表示	総勘定科目または会社法計算書類科目	金額（円）
G/L	P/L	117	固定資産売却益	12,130,000	個/計	P/L	特別利益	固定資産売却益	12,130,000
G/L	P/L	118	投資有価証券売却益	50,002,000	個/計	P/L	特別利益	投資有価証券売却益	50,002,000
個/計	P/L	特別損失	固定資産売却損	550,001,000	G/L	P/L	119	固定資産売却損	550,001,000
個/計	P/L	特別損失	固定資産除却損	50,005,000	G/L	P/L	120	固定資産除却損	50,005,000
個/計	P/L	法人税等	法人税、住民税及び事業税	2,066,392,200	G/L	P/L	122	法人税等充当額	2,066,392,200
個/計	P/L	法人税等	過年度法人税等追徴額	784,900,769	G/L	P/L	123	過年度法人税等追徴額	784,900,769
個/計	P/L	法人税等	法人税等調整額	△92,979,969	G/L	P/L	124	法人税等調整額	△92,979,969

3-3．総勘定科目から会社法計算書類科目への組替表（損益計算書関係）

	個別会計（修正後残高試算表）			総勘定科目から会社法計算書類科目への組替仕訳貸方：（ ）表示	会社法計算書類「損益計算書」			
No.	総勘定科目	貸借	修正後残高試算表金額（円）		開示科目名	開示科目金額（円）	ガイドNo.	表示単位金額（百万円・切捨て）
73	A製品売上高	（貸）	(25,000,000,000)	25,000,000,000				
74	B製品売上高	（貸）	(7,361,116,000)	7,361,116,000				
				(32,361,116,000)	売上高	(32,361,116,000)	個計77（1）	32,361百万円
75	期首製品たな卸高	借	1,200,000,000	(1,200,000,000)				
76	当期製品製造原価	借	20,490,119,000	(20,490,119,000)				
77	期末製品たな卸高	（貸）	(1,615,864,000)	1,615,864,000				
78	原材料評価損	借	199,620,000	(199,620,000)				
				20,273,875,000	売上原価	(20,273,875,000)	個計78（2）	20,273百万円
					売上総利益（売上総損失）	12,087,241,000	個計79（1）−（2）＝（3）	12,087百万円
79	販売手数料	借	1,000,000,000	(1,000,000,000)				
80	広告宣伝費	借	412,504,000	(412,504,000)				
81	役員報酬	借	150,004,000	(150,004,000)				
82	従業員給与	借	1,463,640,000	(1,463,640,000)				
83	通勤費	借	50,400,000	(50,400,000)				
84	従業員賞与	借	229,000,000	(229,000,000)				
85	賞与引当金繰入額	借	26,000,000	(26,000,000)				
86	退職給付費用	借	143,365,694	(143,365,694)				

No.	総勘定科目	貸借	修正後残高試算表金額（円）	総勘定科目から会社法計算書類科目への組替仕訳 貸方：（ ）表示	開示科目名	開示科目金額（円）	ガイドNo.	表示単位金額（百万円・切捨て）
87	役員退職慰労引当金繰入額	借	156,392,000	(156,392,000)				
88	福利厚生費	借	243,620,000	(243,620,000)				
89	旅費交通費	借	206,250,000	(206,250,000)				
90	水道光熱費	借	100,000,000	(100,000,000)				
91	通信費	借	237,250,000	(237,250,000)				
92	消耗品費	借	164,300,000	(164,300,000)				
93	賃借料	借	150,000,000	(150,000,000)				
94	租税公課	借	308,584,000	(308,584,000)				
95	貸倒引当金繰入額	借	4,216,000	(4,216,000)				
96	減価償却費	借	64,920,000	(64,920,000)				
97	監査法人監査報酬	借	85,025,000	(85,025,000)				
98	交際費	借	196,893,000	(196,893,000)				
99	研究開発費	借	220,568,306	(220,568,306)				
100	雑費	借	80,313,000	(80,313,000)				
101	役員賞与引当金繰入額	借	2,000,000	(2,000,000)				
				5,695,245,000	販売費及び一般管理費	5,695,245,000	個計80 (4)	5,695百万円
					営業利益（営業損失）	(6,391,996,000)	個計81 (3)−(4)=(5)	6,391百万円
106	受取利息	(貸)	(36,891,000)	36,891,000				
				(36,891,000)	受取利息	(36,891,000)	個計83 (6)	36百万円
107	受取配当金	(貸)	(19,833,000)	19,833,000				
				(19,833,000)	受取配当金	(19,833,000)	個計84 (7)	19百万円
109	為替差益	(貸)	(12,005,000)	12,005,000				
110	雑益	(貸)	(8,009,000)	8,009,000				
				(20,014,000)	その他の営業外収益	(20,014,000)	個計85 (8)	20百万円
					営業外収益	(76,738,000)	個計82 (6)+(7)+(8)=(9)	76百万円
111	支払利息	借	896,500,000	(896,500,000)				
112	社債利息	借	360,281,000	(360,281,000)				
				1,256,781,000	支払利息	1,256,781,000	個計87 (10)	1,256百万円
113	社債発行費	借	31,253,000	(31,253,000)				
114	雑損失	借	11,976,000	(11,976,000)				

\multicolumn{3}{c	}{個別会計（修正後残高試算表）}	総勘定科目から会社法計算書類科目への組替仕訳 貸方：( )表示	\multicolumn{4}{c}{会社法計算書類「損益計算書」}
No.	総勘定科目	貸借	修正後残高試算表金額（円）		開示科目名	開示科目金額（円）	ガイドNo.	表示単位金額（百万円・切捨て）
				43,229,000	その他営業外費用	43,229,000	個計88 (11)	43百万円
	【営業外費用合計】		【1,300,010,000】		営業外費用	1,300,010,000	個計86 (10)+(11)=(12)	1,300百万円
	【経常利益】		【5,168,724,000】		経常利益（経常損失）	(5,168,724,000)	個計89 (5)+(9)−(12)=(13)	5,168百万円
116	前期損益修正益	(貸)	(5,623,000)	5,623,000				
				(5,623,000)	前期損益修正益	(5,623,000)	個計93 (14)	5百万円
117	固定資産売却益	(貸)	(12,130,000)	12,130,000				
				(12,130,000)	固定資産売却益	(12,130,000)	個計91 (15)	12百万円
118	投資有価証券売却益	(貸)	(50,002,000)	50,002,000				
				(50,002,000)	投資有価証券売却益	(50,002,000)	個計92 (16)	50百万円
					特別利益	(67,755,000)	個計90 (14)+(15)+(16)=(17)	67百万円
119	固定資産売却損	借	550,001,000	(550,001,000)				
					固定資産売却損	550,001,000	個計95 (18)	550百万円
120	固定資産除却損	借	50,005,000	(50,005,000)				
				50,005,000	固定資産除却損	50,005,000	個計96 (19)	50百万円
					特別損失	600,006,000	個計94 (18)+(19)=(20)	600百万円
	【税引前当期純利益】		【4,636,473,000】		税引前当期純利益（税引前当期純損失）	(4,636,473,000)	個計97 (13)+(17)−(20)=(21)	4,636百万円
122	法人税等充当額	借	2,066,392,200	(2,066,392,200)				
				2,066,392,200	法人税、住民税及び事業税	2,066,392,200	個計98 (22)	2,066百万円
123	過年度法人税等追徴額	借	784,900,769	(784,900,769)				
				784,900,769	過年度法人税等追徴額	784,900,769	個計99 (23)	784百万円
124	法人税等調整額	借	△92,979,969	92,979,969				
				(92,979,969)	法人税等調整額	△92,979,969	個計100 (24)	△92百万円

個別会計（修正後残高試算表）				総勘定科目から会社法計算書類科目への組替仕訳 貸方：（　）表示	会社法計算書類「損益計算書」			
No.	総勘定科目	貸借	修正後残高試算表金額（円）		開示科目名	開示科目金額（円）	ガイドNo.	表示単位金額（百万円・切捨て）
					（法人税等合計表示額）	2,758,313,000	個計101 (22)+(23)+(24)=(25)	2,758百万円
					当期純利益 （当期純損失）	(1,878,160,000)	個計102 (21)－(25)=(26)	1,878百万円

4．記載項目別作業一覧

ガイドNo.	個別/連結	区分	記載内容	作業内容およびチェック事項
個計77	個別	数値	売上高 ：32,361百万円	□（会社法）計算書類科目組替表より転記する。 □消費税課税・非課税区分表および消費税等申告書との照合をする。 □連結精算表用の個別財務諸表との一致を確認する。 □個別決算短信の売上高との整合性をチェックする（上場会社の場合）。 □事業報告「事業の経過およびその成果」を個別開示ベースで表示している場合は、当該「売上高」との一致を検証する。 □事業報告「財産および損益の状況の推移」を個別開示ベースで表示している場合は、当該「売上高」との一致を検証する。 □総勘定科目内訳書より、株主総会想定問答用の「売上高」の計算書類科目内訳書を作成し、異常取引が含まれていないかを確認する。 □売上高について、（業績予想）予算実績の差異分析を行い、差異原因の内容をまとめた株主・債権者への説明資料を作成する。 □売上高について、前期比較分析を行い、差異原因の内容をまとめた株主・債権者への説明資料を作成する。
個計78	個別	数値	売上原価 ：20,273百万円	□（会社法）計算書類科目組替表より転記する。 □連結精算表用の個別財務諸表との一致を確認する。 □「期首製品たな卸高」は、前期末の貸借対照表「製品」金額と一致していることを確認する。 □「期末製品たな卸高」は、当期末の貸借対照表「製品」金額と一致していることを確認する。 □「当期製品製造原価」は、「製造原価報告書」と一致しているかを確認する。 □「当期製品製造原価」の「期首仕掛品たな卸高」や「期首原材料たな卸高」の金額は、前期末の貸借対照表の「仕掛品」や「原材料」とそれぞれ一致しているかを確認する。 □総勘定科目内訳書より、株主総会想定問答用の「売上原価」の計算書類科目内訳書を作成し、異常取引が含まれていないかを確認する。 □製品単価について、予算実績の差異分析を行い、差異原因の内容をまとめた株主・債権者への説明資料を作成する。 □製品単価および売上原価について、前期比較分析を行い、差異

ガイド No.	個別/連結	区分	記載内容	作業内容およびチェック事項
				原因の内容をまとめた株主・債権者への説明資料を作成する。 □個別決算短信の比較損益計算書「売上原価」との整合性をチェックする（上場会社の場合）。
個計79	個別	数値	売上総利益 ：12,087百万円	□（会社法）計算書類科目組替表より転記する。 □粗利益率「売上総利益÷売上高×100％」について、予算実績の差異分析を行い、差異原因の内容をまとめた株主・債権者への説明資料を作成する。 □粗利益率「売上総利益÷売上高×100％」について、前期比較分析を行い、差異原因の内容をまとめた株主・債権者への説明資料を作成する。 □個別決算短信の比較損益計算書「売上総利益」との整合性をチェックする（上場会社の場合）。 □「売上高－売上原価」の計算結果がマイナスの場合は、「売上総損失」を絶対値表示しなければならない。
個計80	個別	数値	販売費及び一般管理費 ：5,695百万円	□（会社法）計算書類科目組替表より転記する。 □連結精算表用の個別財務諸表との一致を確認する。 □計算書類に関する附属明細書「販売費及び一般管理費の明細」の合計金額との一致を確認する。 □総勘定科目内訳書より、株主総会想定問答用の「販売費及び一般管理費」の計算書類科目内訳書を作成し、異常取引が含まれていないかを確認する。 □販売費及び一般管理費について、予算実績の差異分析を行い、差異原因の内容をまとめた株主・債権者への説明資料を作成する。 □販売費及び一般管理費について、前期比較分析を行い、差異原因の内容をまとめた株主・債権者への説明資料を作成する。 □個別決算短信の比較損益計算書「販売費及び一般管理費」との整合性をチェックする（上場会社の場合）。 □役員賞与引当金計上を行う場合、役員賞与引当金繰入額が販売費及び一般管理費に含まれているかを確認する。 □役員賞与引当金繰入額は事業報告「取締役および監査役の報酬」に含まれることに留意を要する（取締役会議事録などの確認が必要）。
個計81	個別	数値	営業利益 ：6,391百万円	□（会社法）計算書類科目組替表より転記する。 □営業利益率「営業利益÷売上高×100％」について、予算実績の差異分析を行い、差異原因の内容をまとめた株主・債権者への説明資料を作成する。 □営業利益率「営業利益÷売上高×100％」について、前期比較分析を行い、差異原因の内容をまとめた株主・債権者への説明資料を作成する。 □個別決算短信の比較損益計算書「営業利益」との整合性をチェックする（上場会社の場合）。 □「売上高－売上原価－販売費及び一般管理費」の計算結果がマイナスの場合は、「営業損失」の絶対値表示しなければならない。 □事業報告「事業の経過およびその成果」を個別開示ベースで表示している場合は、当該「営業利益」との一致を検証する。 □事業報告の「財産および損益の状況の推移」を個別開示ベースで表示している場合は、当該「営業利益」との一致を検証する。
個計82	個別	数値	営業外収益	□（会社法）計算書類科目組替表より転記する。

第2章 損益計算書　243

ガイド No.	個別/連結	区分	記載内容	作業内容およびチェック事項
			：76百万円	□予算実績の差異分析を行い、差異原因の内容をまとめた株主・債権者への説明資料を作成する。 □前期比較分析を行い、差異原因の内容を株主・債権者への説明資料を作成する。 □個別決算短信の比較損益計算書「営業外収益」との整合性をチェックする（上場会社の場合）。
個計83	個別	数値	受取利息 ：36百万円	□（会社法）計算書類科目組替表より転記する。 □連結精算表用の個別財務諸表との一致を確認する。 □総勘定科目内訳書、投資有価証券管理台帳および定期預金等の証書より、株主総会想定問答用の「受取利息」の計算書類科目内訳書を作成し、計上もれ・誤りがないかを確認する。 □有価証券実査資料と受取利息計算対応元本との整合性をチェックする。 □運用利回り等について、予算実績の差異分析を行い、差異原因の内容をまとめた株主・債権者への説明資料を作成する。 □運用利回り等について、前期比較分析を行い、差異原因の内容をまとめた株主・債権者への説明資料を作成する。 □個別決算短信の比較損益計算書「受取利息」との整合性をチェックする（上場会社の場合）。 □法人税申告書の別表6(1)「所得税額の控除及びみなし配当金額の一部控除に関する明細書」との整合性をチェックする。
個計84	個別	数値	受取配当金 ：19百万円	□（会社法）計算書類科目組替表より転記する。 □連結精算表用の個別財務諸表との一致を確認する。 □総勘定科目内訳書、投資有価証券管理台帳、配当金通知書等より、株主総会想定問答用の「受取配当金」の計算書類科目内訳書を作成し、計上もれ・誤りがないかを確認する。 □有価証券実査資料と配当金計算対応元本（株式等）との整合性をチェックする。 □運用利回り等について、予算実績の差異分析を行い、差異原因の内容をまとめた株主・債権者への説明資料を作成する。 □運用利回り等について、前期比較分析を行い、差異原因の内容をまとめた株主・債権者への説明資料を作成する。 □個別決算短信の比較損益計算書「受取配当金」との整合性をチェックする（上場会社の場合）。 □法人税申告書の別表8「受取配当等の益金不算入に関する明細書」との整合性をチェックする。
個計85	個別	数値	その他営業外収益 ：20百万円	□（会社法）計算書類科目組替表より転記する。 □連結精算表用の個別財務諸表との一致を確認する。 □総勘定科目内訳書より、株主総会想定問答用の「その他営業外収益」の計算書類科目内訳書を作成し、他の開示科目へ独立表示させるべきものが混入していないかを確認する。 □予算実績の差異分析を行い、差異原因の内容をまとめた株主・債権者への説明資料を作成する。 □前期比較分析を行い、差異原因の内容をまとめた株主・債権者への説明資料を作成する。 □個別決算短信の比較損益計算書「その他の営業外収益」との整合性をチェックする（上場会社の場合）。
個別86	個別	数値	営業外費用 ：1,300百万円	□（会社法）計算書類科目組替表より転記する。 □予算実績の差異分析を行い、差異原因の内容をまとめた株主・

ガイド No.	個別/連結	区分	記載内容	作業内容およびチェック事項
				債権者への説明資料を作成する。 □前期比較分析を行い、差異原因の内容をまとめた株主・債権者への説明資料を作成する。 □個別決算短信の比較損益計算書「営業外費用」との整合性をチェックする（上場会社の場合）。
個別87	個別	数値	支払利息 ：1,256百万円	□（会社法）計算書類科目組替表より転記する。 □連結精算表用の個別財務諸表との一致を確認する。 □総勘定科目内訳書、借入金管理台帳および社債管理台帳等より、株主総会想定問答用の「支払利息」の計算書類科目内訳書を作成し、計上もれ・誤りがないかを確認する。 □借入金・社債等管理台帳と支払利息計算対応元本との整合性をチェックする。 □平均調達コスト等について、予算実績の差異分析を行い、差異原因の内容をまとめた株主・債権者への説明資料を作成する。 □平均調達コスト等について、前期比較分析を行い、差異原因の内容をまとめた株主・債権者への説明資料を作成する。 □個別決算短信の比較損益計算書「支払利息」との整合性をチェックする（上場会社の場合）。
個計88	個別	数値	その他営業外費用 ：43百万円	□（会社法）計算書類科目組替表より転記する。 □連結精算表用の個別財務諸表との一致を確認する。 □総勘定科目内訳書より、株主総会想定問答用の「その他営業外費用」の計算書類科目内訳書を作成し、他の開示科目として独立表示させるべきものが混入していないかを確認する。 □予算実績の差異分析を行い、差異原因の内容をまとめた株主・債権者への説明資料を作成する。 □前期比較分析を行い、差異原因の内容をまとめた株主・債権者への説明資料を作成する。 □個別決算短信の比較損益計算書「その他の営業外費用」との整合性をチェックする（上場会社の場合）。
個計89	個別	数値	経常利益 ：5,168百万円	□（会社法）計算書類科目組替表より転記する。 □連結精算表用の個別財務諸表との一致を確認する。 □経常利益率「経常利益÷売上高×100％」について、予算実績の差異分析を行い、差異原因の内容をまとめた株主・債権者への説明資料を作成する。 □経常利益率「経常利益÷売上高×100％」について、前期比較分析を行い、差異原因の内容をまとめた株主・債権者への説明資料を作成する。 □個別決算短信の比較損益計算書「経常利益」との整合性をチェックする（上場会社の場合）。 □「売上高－売上原価－販売費及び一般管理費＋営業外収益－営業外費用」の計算結果がマイナスの場合は、「経常損失」を絶対値表示しなければならない。 □事業報告「事業の経過およびその成果」を個別開示ベースで表示している場合は、当該「経常利益」との一致を検証する。 □事業報告「財産および損益の状況の推移」を個別開示ベースで表示している場合は、当該「経常利益」との一致を検証する。
個計90	個別	数値	特別利益 ：67百万円	□（会社法）計算書類科目組替表より転記する。 □特別利益発生の経緯および内容をまとめた株主・債権者への説明資料を作成する。

第2章 損益計算書　245

ガイドNo.	個別/連結	区分	記載内容	作業内容およびチェック事項
				□個別決算短信の比較損益計算書「特別利益」との整合性をチェックする（上場会社の場合）。
個計91	個別	数値	固定資産売却益 　：12百万円	□（会社法）計算書類科目組替表より転記する。 □連結精算表用の個別財務諸表との一致を確認する。 □総勘定科目内訳書より、株主総会想定問答用の「固定資産売却益」の計算書類科目内訳書を作成し異常取引が混入していないかを確認する。 □稟議書および取締役会議事録等との整合性および経緯・内容を検証する。 □固定資産売買契約書との整合性を検証する。 □不動産登記簿謄本等との整合性を検証する。 □固定資産払出原価について、固定資産管理台帳との整合性を図る。 □固定資産払出原価について、前期の法人税申告書の別表16(1)・(2)の減価償却資産明細の期末簿価との整合性を図る。 □個別決算短信の比較損益計算書「固定資産売却益」との整合性をチェックする（上場会社の場合）。
個計92	個別	数値	投資有価証券売却益 　：50百万円	□（会社法）計算書類科目組替表より転記する。 □連結精算表用の個別財務諸表との一致を確認する。 □総勘定科目内訳書より、株主総会想定問答用の「投資有価証券売却益」の計算書類科目内訳書を作成し異常取引が混入していないかを確認する。 □稟議書および取締役会議事録等との整合性および経緯・内容を検証する。 □投資有価証券売買契約書との整合性を検証する。 □投資有価証券払出原価について、投資有価証券管理台帳との整合性を図る。 □個別決算短信の比較損益計算書「投資有価証券売却益」との整合性をチェックする（上場会社の場合）。
個計93	個別	数値	前期損益修正益 　：5百万円	□（会社法）計算書類科目組替表より転記する。 □連結精算表用の個別財務諸表との一致を確認する。 □総勘定科目内訳書より、株主総会想定問答用の「前期損益修正益」の計算書類科目内訳書を作成し異常取引が混入していないかを確認する。 □稟議書および取締役会議事録等より、発生の原因および経緯・内容を検証し、再発防止の取組み案を協議する。 □個別決算短信の比較損益計算書「前期損益修正益」との整合性をチェックする（上場会社の場合）。
個計94	個別	数値	特別損失 　：600百万円	□（会社法）計算書類科目組替表より転記する。 □特別損失発生の経緯および内容をまとめた株主・債権者への説明資料を作成する。 □個別決算短信の比較損益計算書「特別損失」との整合性をチェックする（上場会社の場合）。
個計95	個別	数値	固定資産売却損 　：550百万円	□（会社法）計算書類科目組替表より転記する。 □連結精算表用の個別財務諸表との一致を確認する。 □総勘定科目内訳書より、株主総会想定問答用の「固定資産売却損」の計算書類科目内訳書を作成し異常取引が混入していないかを確認する。

ガイド No.	個別 /連結	区分	記載内容	作業内容およびチェック事項
				□稟議書および取締役会議事録等との整合性および経緯・内容を検証する。 □固定資産売買契約書との整合性を検証する。 □不動産登記簿謄本等との整合性を検証する。 □固定資産払出原価について、固定資産管理台帳との整合性を図る。 □固定資産払出原価について、前期の法人税申告書の別表16(1)・(2)の減価償却資産明細の期末簿価との整合性を図る。 □個別決算短信の比較損益計算書「固定資産売却損」との整合性をチェックする（上場会社の場合）。
個計96	個別	数値	固定資産除却損 ：50百万円	□（会社法）計算書類科目組替表より転記する。 □連結精算表用の個別財務諸表との一致を確認する。 □総勘定科目内訳書より、株主総会想定問答用の「固定資産除却損」の計算書類科目内訳書を作成し異常取引が混入していないかを確認する。 □稟議書および取締役会議事録等との整合性および経緯・内容を検証する。 □固定資産廃棄証明書との整合性を検証する。 □不動産登記簿謄本等との整合性を検証する。 □固定資産払出原価について、固定資産管理台帳との整合性を図る。 □固定資産払出原価について、前期の法人税申告書の別表16(1)・(2)の減価償却資産明細の期末簿価との整合性を図る。 □個別決算短信の比較損益計算書「固定資産除却損」との整合性をチェックする（上場会社の場合）。
個計97	個別	数値	税引前当期純利益 ：4,636百万円	□（会社法）計算書類科目組替表より転記する。 □個別決算短信の比較損益計算書「税引前当期純利益」との整合性をチェックする（上場会社の場合）。 □連結子会社がなく、非連結決算短信を発表する上場会社においては、比較個別キャッシュ・フロー計算書の税引前当期純利益の金額と一致していることを確認する。 □「経常利益＋特別利益－特別損失」の計算結果がマイナスの場合は、「税引前当期純損失」を絶対値表示しなければならない。
個計98	個別	数値	法人税、住民税及び事業税 ：2,066百万円	□（会社法）計算書類科目組替表より転記する。 □連結精算表用の個別財務諸表との一致を確認する。 □総勘定科目内訳書より、株主総会想定問答用の「法人税、住民税及び事業税」の計算書類科目内訳書を作成し異常取引が混入していないかを確認する。 □法定実効税率「法人税、住民税及び事業税÷税引前当期純利益×100％」について、予算実績の差異分析を行い、差異原因の内容をまとめた株主・債権者への説明資料を作成する。 □法定実効税率「法人税、住民税及び事業税÷税引前当期純利益×100％」について、前期比較分析を行い、差異原因の内容をまとめた株主・債権者への説明資料を作成する。 □個別決算短信の比較損益計算書「法人税、住民税及び事業税」との整合性をチェックする（上場会社の場合）。 □「法人税、住民税及び事業税」の計算書類科目内訳書と法人税申告書、法人住民税申告書、および納税一覧とを照合する。 □法人税申告書の別表4・別表5の記載内容を確認し、課税所得

ガイド No.	個別/連結	区分	記載内容	作業内容およびチェック事項
				の正確性を検証する。
個計99	個別	数値	過年度法人税等追徴額 ：784百万円	□（会社法）計算書類科目組替表より転記する。 □連結精算表用の個別財務諸表との一致を確認する。 □総勘定科目内訳書より、株主総会想定問答用の「過年度法人税等追徴額」の計算書類科目内訳書を作成し異常取引が混入していないかを確認する。 □「過年度法人税等追徴額」の計算書類科目内訳書と修正申告書との整合性を図る。 □「過年度法人税等追徴額」の計算書類科目内訳書と税務調査報告書との整合性を図る。 □個別決算短信の比較損益計算書「過年度法人税等追徴額」との整合性をチェックする（上場会社の場合）。
個計100	個別	数値	法人税等調整額 ：△92百万円	□（会社法）計算書類科目組替表より転記する。 □連結精算表用の個別財務諸表との一致を確認する。 □総勘定科目内訳書より、株主総会想定問答用の「法人税等調整額」の計算書類科目内訳書を作成し異常取引が混入していないかを確認する。 □税効果会計管理表と法人税申告書の別表4・別表5の記載内容の妥当性を検証する。 □繰延税金資産回収予定表の妥当性を検証する。 □税効果会計管理表との整合性を図る。 □法定実効税率と法定税率の差異分析報告書の妥当性を検証する。
個計101	個別	数値	（法人税等合計額） ：2,758百万円	□（会社法）計算書類科目組替表より転記する。 □個別決算短信の比較損益計算書の法人税等合計額との整合性をチェックする（上場会社の場合）。
個計102	個別	数値	当期純利益 ：1,878百万円	□（会社法）計算書類科目組替表より転記する。 □連結精算表用の個別財務諸表との一致を確認する。 □個別決算短信の当期純利益との整合性をチェックする（上場会社の場合）。 □当期純利益について、（業績予想）予算実績の差異分析を行い、差異原因の内容をまとめた株主・債権者への説明資料を作成する。 □当期純利益について、前期比較分析を行い、差異原因の内容をまとめた株主・債権者への説明資料を作成する。 □個別決算短信の比較損益計算書「当期純利益」との整合性をチェックする（上場会社の場合）。 □「税引前当期純利益－法人税等合計額【個計103】」の計算結果がマイナスの場合は、「当期純損失」を絶対値表示しなければならない。 □事業報告「事業の経過およびその成果」を個別開示ベースで表示している場合は、当該「当期純利益」との一致を検証する。 □事業報告「財産および損益の状況の推移」を個別開示ベースで表示している場合は、当該「当期純利益」との一致を検証する。 □当該「当期純利益」金額と株主資本等変動計算書「当期純利益」の金額の一致を検証する。

5．根拠条文

<会社計算規則>

第三章　損益計算書等

第118条（通則）　損益計算書等（**損益計算書及び連結損益計算書**をいう。以下この編において同じ。）については、この章の定めるところによる。

第119条（損益計算書等の区分）　損益計算書等は、次に掲げる項目に区分して表示しなければならない。この場合において、各項目について細分することが適当な場合には、適当な項目に細分することができる。
　一　売上高
　二　売上原価
　三　販売費及び一般管理費
　四　営業外収益
　五　営業外費用
　六　特別利益
　七　特別損失

2　特別利益に属する利益は、固定資産売却益、前期損益修正益その他の項目の区分に従い、細分しなければならない。

3　特別損失に属する損失は、固定資産売却損、減損損失、災害による損失、前期損益修正損その他の項目の区分に従い、細分しなければならない。

4　前二項の規定にかかわらず、前二項の各利益又は各損失のうち、その金額が重要でないものについては、当該利益又は損失を細分しないこととすることができる。

5　連結会社が2以上の異なる種類の事業を営んでいる場合には、連結損益計算書の第1項第1号から第3号までに掲げる収益又は費用は、その営む事業の種類ごとに区分することができる。

6　次の各号に掲げる場合における連結損益計算書には、当該各号に定める額を相殺した後の額を表示することができる。
　一　連結貸借対照表の資産の部に計上されたのれんの償却額及び負債の部に計上されたのれんの償却額が生ずる場合（これらの償却額が重要である場合を除く。）　連結貸借対照表の資産の部に計上されたのれんの償却額及び負債の部に計上されたのれんの償却額
　二　持分法による投資利益及び持分法による投資損失が生ずる場合　投資利益及び投資損失

7　損益計算書等の各項目は、当該項目に係る収益若しくは費用又は利益若しくは損失を示す適当な名称を付さなければならない。

第120条（売上総損益金額）　売上高から売上原価を減じて得た額（以下「売上総損益金額」という。）は、売上総利益金額として表示しなければならない。

2　前項の規定にかかわらず、売上総損益金額が零未満である場合には、零から売上総損益金額を減じて得た額を、売上総損失金額として表示しなければならない。

第121条（営業損益金額）　売上総損益金額から販売費及び一般管理費の合計額を減じて得た額（以下「営業損益金額」という。）は、営業利益金額として表示しなければならない。

2　前項の規定にかかわらず、営業損益金額が零未満である場合には、零から営業損益金額を減じて得た額を、営業損失金額として表示しなければならない。

第122条（経常損益金額）　営業損益金額に営業外収益を加算して得た額から営業外費用を減じて得た額（以下「経常損益金額」という。）は、経常利益金額として表示しなければならない。

2　前項の規定にかかわらず、経常損益金額が零未満である場合には、零から経常損益金額を減じて得た額を、経常損失金額として表示しなければならない。

第123条（税引前当期純損益金額）経常損益金額に特別利益を加算して得た額から特別損失を減じて得た額（以下「税引前当期純損益金額」という。）は、**税引前当期純利益**金額（連結損益計算書にあっては、税金等調整前当期純利益金額）として表示しなければならない。

2　前項の規定にかかわらず、税引前当期純損益金額が零未満である場合には、零から税引前当期純損益金額を減じて得た額を、税引前当期純損失金額（連結損益計算書にあっては、税金等調整前当期純損失金額）として表示しなければならない。

3　前二項の規定にかかわらず、臨時計算書類の損益計算書の税引前当期純損益金額の表示については、適当な名称を付すことができる。

第124条（税等）　次に掲げる項目の金額は、その内容を示す名称を付した項目をもって、税引前当期純利益金額又は税引前当期純損失金額（連結損益計算書にあっては、税金等調整前当期純利益金額又は税金等調整前当期純損失金額）の次に表示しなければならない。ただし、第3号及び第4号に掲げる項目は、連結損益計算書に限る。
　一　当該事業年度（連結損益計算書にあっては、連結会計年度）に係る**法人税等**
　二　**法人税等調整額**（税効果会計の適用により計上される前号に掲げる法人税等の調整をいう。）
　三　税金等調整前当期純利益として表示した額があるときは、当該額のうち少数株主持分に属するもの
　四　税金等調整前当期純損失として表示した額があるときは、当該額のうち少数株主持分に属するもの

2　法人税等の更正、決定等による納付税額又は還付税額がある場合には、前項第1号に掲げる項目の次に、その内容を示す名称を付した項目をもって表示するものとする。ただし、これらの金額の重要性が乏しい場合は、同号に掲げる項目の金額に含めて表示することができる。

第125条（当期純損益金額）　第1号から第3号までに掲げる額の合計額から第4号及び第5号に掲げる額の合計額を減じて得た額（以下「当期純損益金額」という。）は、**当期純利益**金額として表示しなければならない。
一　税引前当期純損益金額
二　前条第1項第4号に掲げる項目の金額
三　前条第2項に規定する場合（同項ただし書の場合を除く。）において、還付税額があるときは当該還付金額
四　前条第1項第1号から第3号までに掲げる項目の金額
五　前条第2項に規定する場合（同項ただし書の場合を除く。）において、納付税額があるときは、当該金額に納付税額

2　前項の規定にかかわらず、当期純損益金額が零未満である場合には、零から当期純損益金額を減じて得た額を、**当期純損失**金額として表示しなければならない。

3　前二項の規定にかかわらず、臨時計算書類の損益計算書の当期純損益金額の表示については、適当な名称を付すことができる。

第126条（包括利益）　損益計算書等には、包括利益に関する事項を表示することができる。

第3章 株主資本等変動計算書

　株主資本等変動計算書の完成までに記入すべき箇所として、合計74箇所を設定しました（ガイドNo.【個計103】～【個計176】）。
　以下、その74箇所について、記載例、作成手順、使用する基礎資料等を示しながら説明していきます。

1．作成上のポイント

　株主資本等変動計算書は、「2期比較の貸借対照表の純資産の増減内訳書」を意味します。
　この点に関して、会計帳簿体系を、
① 　従前の残高勘定・損益勘定の簿記体系を維持する方法
② 　①のうち純資産の部については「期首残高勘定」・「当期増加勘定」・「当期減少勘定」
　　に分割する方法
とする2つが考えられます。
　ここでは、①を前提とした作成方法を説明していきます。
　損益計算書について、従前の商法上の当期純利益以下の当期未処分利益計算プロセスがなくなったことにより、当期未処分利益の一勘定制を「繰越利益剰余金」に置き換えて説明することにします。

＜法人税の確定申告書等の添付書類の変更＞
　会社法（平成17年法律第86号、平成18年5月1日施行）の規定に基づく会社計算規則（法務省令第13号）の規定により、利益処分案および損失処理案が廃止され、新たに株主資本等変動計算書等が導入されました。
　これを受け、平成18年度税制改正において、この会社法の適用を受ける法人の平成18年5月1日以後に終了する事業年度等に関する法人税の確定申告書等の添付書類のうち、損益金の処分表が、株主資本等変動計算書に変わりました（法人税法施行規則第33条・第35条・第37条の10・第37条の12・第37条の17）。

2．記載例

2－1．株主資本等変動計算書（No.1）の例

株主資本等変動計算書（No.1）
（自平成○8年4月1日　至平成○9年3月31日）

（単位：百万円）

科　目	株主資本					
	資本金	資本剰余金		利益剰余金	
		資本準備金	その他資本剰余金	利益準備金	その他利益剰余金
〔前期末残高〕 平成○8年3月31日残高	【個計103】 1,080	【個計107】 130	【個計111】 82	【個計118】 65	【個計123】 2,665
当期変動額					
資本金から その他資本剰余金へ振替	【個計104】 △90		【個計112】 90		
資本準備金から その他資本剰余金へ振替		【個計108】 △30	【個計113】 30		
自己株式の取得					
自己株式の処分			【個計114】 0		
自己株式の消却			【個計115】 △72		
利益準備金から その他利益剰余金へ振替				【個計119】 △10	【個計124】 10
その他利益剰余金から 利益準備金へ振替				【個計120】 35	【個計125】 △35
剰余金の配当					【個計126】 △300
利益処分による役員賞与					【個計127】 △50
当期純利益					【個計128】 1,878
株主資本以外の項目の 当期変動額（純額）					
当期変動額合計	【個計105】 △90	【個計109】 △30	【個計116】 47	【個計121】 25	【個計129】 1,503
〔当期末残高〕 平成○9年3月31日残高	【個計106】 990	【個計110】 100	【個計117】 130	【個計122】 90	【個計130】 4,168

2-2. 株主資本等変動計算書（No.2）の例

株主資本等変動計算書（No.2）
（自平成○8年4月1日　至平成○9年3月31日）

（単位：百万円）

科　目	株主資本 自己株式	株主資本 株主資本合計	評価・換算差額等 その他有価証券評価差額金	評価・換算差額等 土地再評価差額金	新株予約権	純資産合計
〔前期末残高〕平成○8年3月31日残高	【個計131】△150	【個計137】3,872	【個計151】5	【個計155】800	【個計159】80	【個計163】4,757
当期変動額						
資本金からその他資本剰余金へ振替		【個計138】―				【個計164】―
資本準備金からその他資本剰余金へ振替		【個計139】―				【個計165】―
自己株式の取得	【個計132】△122	【個計140】△122				【個計166】△122
自己株式の処分	【個計133】0	【個計141】0				【個計167】0
自己株式の消却	【個計134】72	【個計142】―				【個計168】―
利益準備金からその他利益剰余金へ振替		【個計143】―				【個計169】―
その他利益剰余金から利益準備金へ振替		【個計144】―				【個計170】―
剰余金の配当		【個計145】△300				【個計171】△300
利益処分による役員賞与		【個計146】△50				【個計172】△50
当期純利益		【個計147】1,878				【個計173】1,878
株主資本以外の項目の当期変動額（純額）		【個計148】―	【個計152】1	【個計156】―	【個計160】―	【個計174】1
当期変動額合計	【個計135】△49	【個計149】1,406	【個計153】1	【個計157】―	【個計161】―	【個計175】1,407
〔当期末残高〕平成○9年3月31日残高	【個計136】△200	【個計150】5,278	【個計154】6	【個計158】800	【個計162】80	【個計176】6,164

3．作成手順

3−1．総勘定元帳の作成

総勘定元帳
（総勘定科目番号）：No.○○ 【貸方】（総勘定科目名）：繰越利益剰余金

日付	伝票No.	相手勘定	摘要	借方	貸方	期末残高
○8.4.1			前期繰越			481,140,000
○8.6.28	略	未払配当金	配当金へ振替	150,000,000		331,140,000
○8.6.28	略	未払役員賞与	役員賞与へ振替	50,000,000		281,140,000
○8.6.28	略	利益準備金	利益準備金積立	20,000,000		261,140,000
○8.6.28	略	中間配当積立金	中間配当積立金積立	150,000,000		111,140,000
○8.12.10	略	中間配当積立金	中間配当積立金取崩		150,000,000	261,140,000
○8.12.10	略	利益準備金	利益準備金取崩高		10,000,000	271,140,000
○8.12.10	略	未払中間配当金	中間配当金へ振替	150,000,000		121,140,000
○8.12.10	略	利益準備金	利益準備金積立額	15,000,000		106,140,000
○9.3.31		損益	当期純利益振替		1,878,160,000	1,984,300,000
			小計	535,000,000	2,038,160,000	
			前期繰越		481,140,000	
○9.3.31			次期繰越	1,984,300,000		
			計	2,519,300,000	2,519,300,000	
○9.4.1			前期繰越			1,984,300,000

3−2．会社法計算書類の比較貸借対照表「純資産の部」の作成

計算式	純資産の部	ガイドNo.	当期（P215〜216参照）	前期	増減差額
(1)=①+②+③+④	株主資本	個計56	円【5,278,957,471】	円【3,872,795,669】	円【1,406,161,802】
①	資本金	個計57	990,000,000	1,080,000,000	△90,000,000
②＝A＋B	資本剰余金	個計59	【230,000,000】	【212,071,000】	【17,929,000】
A	資本準備金	個計60	100,000,000	130,000,000	△30,000,000
B	その他資本剰余金	個計61	130,000,000	82,071,000	47,929,000
③＝C＋D	利益剰余金	個計62	【4,258,957,471】	【2,730,797,471】	【1,528,160,000】
C	利益準備金	個計63	90,000,000	65,000,000	25,000,000
D＝D1＋D2＋D3＋D4	その他利益剰余金	個計64	【4,168,957,471】	【2,665,797,471】	【1,503,160,000】
D1	中間配当積立金	個計65	200,000,000	200,000,000	0
D2	固定資産圧縮積立金	個計66	1,925,657,471	1,925,657,471	0

D3	別途積立金	個計67	59,000,000	59,000,000	0
D4	繰越利益剰余金	個計68	1,984,300,000	481,140,000	1,503,160,000
④	自己株式	個計69	△200,000,000	△150,072,802	△49,927,198
(2)=E1+E2	評価換算差額等	個計71	【806,000,000】	【805,000,000】	【1,000,000】
E1	その他有価証券評価差額金	個計72	6,000,000	5,000,000	1,000,000
E2	土地再評価差額金	個計73	800,000,000	800,000,000	0
(3)	新株予約権	個計74	80,000,000	80,000,000	0
(1)+(2)+(3)	【純資産合計】	個計75	【6,164,957,471】	【4,757,795,669】	【1,407,161,802】

※ 「増減差額」の原因を「総勘定元帳」より確認します。

3-3.「会社法計算書類 貸借対照表科目増減差額から株主資本等変動計算書科目への組替仕訳伝票」の作成

「会社法計算書類の2期比較貸借対照表」の前期末残高、当期末残高と「総勘定元帳」の当期増減内容より、下記の仕訳を完成させます。

(1) 資本金関係

種類	区分	ガイドNo.または表示	会社法計算書類科目	金額(円)	種類	区分	ガイドNo.または表示	会社法計算書類科目	金額(円)
					株/変	株主資本	個計103	資本金：前期末残高	1,080,000,000 ⇒1,080百万円
					株/変	株主資本	個計104	資本金：資本金からその他資本剰余金へ振替	①△90,000,000 ⇒△90百万円
株/変	株主資本	個計106	資本金：当期末残高	990,000,000 ⇒990百万円					
			借方計	990,000,000				貸方計	990,000,000

※ 増減内容は、当該科目に対応する「総勘定科目元帳」の内容から記入します。
　　当期変動額合計【個計105】＝①＝△90,000,000円＝△90百万円

(2) 資本準備金関係

種類	区分	ガイドNo.または表示	会社法計算書類科目	金額(円)	種類	区分	ガイドNo.または表示	会社法計算書類科目	金額(円)
					株/変	株主資本	個計107	資本準備金：前期末残高	130,000,000 ⇒130百万円
					株/変	株主資本	個計108	資本準備金：資本準備金からその他資本剰余金へ振替	①△30,000,000 ⇒△30百万円
株/変	株主資本	個計110	資本準備金：当期末残高	100,000,000 ⇒100百万円					
			借方計	100,000,000				貸方計	100,000,000

※ 増減内容は、当該科目に対応する「総勘定科目元帳」の内容から記入します。
　　当期変動額合計【個計109】＝①＝△30,000,000円＝△30百万円

（3） その他資本剰余金関係

種類	区分	ガイドNo.または表示	会社法計算書類科目	金　額（円）	種類	区分	ガイドNo.または表示	会社法計算書類科目	金　額（円）
					株/変	株主資本	個計111	その他資本剰余金：前期末残高	82,071,000 ⇒82百万円
					株/変	株主資本	個計112	その他資本剰余金：資本金からその他資本剰余金へ振替	① 90,000,000 ⇒90百万円
					株/変	株主資本	個計113	その他資本剰余金：資本準備金からその他資本剰余金へ振替	② 30,000,000 ⇒30百万円
					株/変	株主資本	個計114	その他資本剰余金：自己株式の処分	③ 2,802 ⇒0百万円
					株/変	株主資本	個計115	その他資本剰余金：自己株式の消却	④△72,072,000 ⇒△72百万円
株/変	株主資本	個計117	その他資本剰余金：当期末残高	130,000,000 ⇒130百万円					
			借方計	130,000,000				貸方計	130,000,000

※　増減内容は、当該科目に対応する「総勘定科目元帳」の内容から記入します。
　　当期変動額合計【個計116】＝①＋②＋③＋④＝47,930,802円＝47百万円

（4） 利益準備金関係

種類	区分	ガイドNo.または表示	会社法計算書類科目	金　額（円）	種類	区分	ガイドNo.または表示	会社法計算書類科目	金　額（円）
					株/変	株主資本	個計118	利益準備金：前期末残高	65,000,000 ⇒65百万円
					株/変	株主資本	個計119	利益準備金：利益準備金からその他利益剰余金へ振替	①△10,000,000 ⇒△10百万円
					株/変	株主資本	個計120	利益剰余金：その他利益剰余金から利益準備金へ振替	② 35,000,000 ⇒35百万円
株/変	株主資本	個計122	利益準備金：当期末残高	90,000,000 ⇒90百万円					
			借方計	90,000,000				貸方計	90,000,000

※　増減内容は、当該科目に対応する「総勘定科目元帳」の内容から記入します。
　　当期変動額合計【個計121】＝①＋②＝25,000,000円＝25百万円

（5） その他利益剰余金関係

種類	区分	ｶﾞｲﾄﾞNo.または表示	会社法計算書類科目	金額（円）	種類	区分	ｶﾞｲﾄﾞNo.または表示	会社法計算書類科目	金額（円）
					株/変	株主資本	個計123	その他利益剰余金：前期末残高	2,665,797,471 ⇒2,665百万円
					株/変	株主資本	個計124	その他利益剰余金：利益準備金からその他利益剰余金へ振替	① 10,000,000 ⇒10百万円
					株/変	株主資本	個計125	その他利益剰余金：その他利益剰余金から利益準備金へ振替	②△35,000,000 ⇒△35百万円
					株/変	株主資本	個計126	その他利益剰余金：剰余金の配当	③△300,000,000 ⇒△300百万円
					株/変	株主資本	個計127	その他利益剰余金：利益処分による役員賞与	④△50,000,000 ⇒△50百万円
					株/変	株主資本	個計128	その他利益剰余金：当期純利益	⑤1,878,160,000 ⇒1,878百万円
株/変	株主資本	個計130	その他利益剰余金：当期末残高	4,168,957,471 ⇒4,168百万円					
			借方計	4,168,957,471				貸方計	4,168,957,471

※ 増減内容は、当該科目に対応する「総勘定科目元帳」の内容から記入します。
　　当期変動額合計【個計129】＝①＋②＋③＋④＋⑤＝1,503,160,000円＝1,503百万円

（6） 自己株式関係

種類	区分	ｶﾞｲﾄﾞNo.または表示	会社法計算書類科目	金額（円）	種類	区分	ｶﾞｲﾄﾞNo.または表示	会社法計算書類科目	金額（円）
					株/変	株主資本	個計131	自己株式：前期末残高	△150,072,802 ⇒△150百万円
					株/変	株主資本	個計132	自己株式：自己株式の取得	①△122,001,000 ⇒△122百万円
					株/変	株主資本	個計133	自己株式：自己株式の処分	② 1,802 ⇒0百万円
					株/変	株主資本	個計134	自己株式：自己株式の消却	③ 72,072,000 ⇒72百万円
株変	株主資本	個計136	自己株式：当期末残高	△200,000,000 ⇒△200百万円					
			借方計	△200,000,000				貸方計	△200,000,000

※ 増減内容は、当該科目に対応する「総勘定科目元帳」の内容から記入します。
　　当期変動額合計【個計136】＝①＋②＋③＝△49,927,198円＝△49百万円

（7） その他有価証券評価差額金関係

種類	区分	ガイドNo.または表示	会社法計算書類科目	金額（円）	種類	区分	ガイドNo.または表示	会社法計算書類科目	金額（円）
					株/変	評価・換算等	個計151	その他有価証券評価差額金：前期末残高	5,000,000 ⇒5百万円
					株/変	評価・換算等	個計152	その他有価証券評価差額金：株主資本以外の項目の当期変動額(純額)	① 1,000,000 ⇒1百万円
株/変	評価・換算等	個計154	その他有価証券評価差額金：当期末残高	6,000,000 ⇒6百万円					
			借方計	6,000,000				貸方計	6,000,000

※ 増減内容は、当該科目に対応する「総勘定科目元帳」の内容から記入します。
　当期変動額合計【個計153】＝①＝1,000,000円＝1百万円

（8） 土地再評価差額金関係

種類	区分	ガイドNo.または表示	会社法計算書類科目	金額（円）	種類	区分	ガイドNo.または表示	会社法計算書類科目	金額（円）
					株/変	評価・換算等	個計155	土地再評価差額金：前期末残高	800,000,000 ⇒800百万円
					株/変	評価・換算等	個計156	土地再評価差額金評価差額金：株主資本以外の項目の当期変動額(純額)	① 0 ⇒－百万円
株/変	評価・換算等	個計158	土地再評価差額金：当期末残高	800,000,000 ⇒800百万円					
			借方計	800,000,000				貸方計	800,000,000

※ 増減内容は、当該科目に対応する「総勘定科目元帳」の内容から記入します。
　当期変動額合計【個計157】＝①＝0円＝－百万円

（9） 新株予約権関係

種類	区分	ガイドNo.または表示	会社法計算書類科目	金額（円）	種類	区分	ガイドNo.または表示	会社法計算書類科目	金額（円）
					株/変	新株予約権	個計159	新株予約権：前期末残高	80,000,000 ⇒80百万円
					株/変	新株予約権	個計160	新株予約権：株主資本以外の項目の当期変動額(純額)	① 0 ⇒－百万円
株/変	新株予約権	個計162	新株予約権：当期末残高	80,000,000 ⇒80百万円					

種類	区分	ｶﾞｲﾄﾞNo.または表示	会社法計算書類科目	金額(円)	種類	区分	ｶﾞｲﾄﾞNo.または表示	会社法計算書類科目	金額(円)
			借方計	80,000,000				貸方計	80,000,000

※ 増減内容は、当該科目に対応する「総勘定科目元帳」の内容から記入します。
　当期変動額合計【個計161】＝①＝0円＝一百万円

　各科目の株主資本合計は、下記の計算結果を百万円未満切捨てて表示しております。
　　資本金＋資本準備金＋その他資本剰余金＋利益準備金＋その他利益剰余金＋自己株式
　　＝株主資本合計
　各科目の純資産合計は、下記の計算結果を百万円未満切捨てて表示しております。
　　株主資本合計＋その他有価証券評価差額金＋土地再評価差額金＋新株予約権
　　＝純資産合計

4．記載項目別作業一覧

ガイドNo.	個別/連結	区分	記載内容	作業内容およびチェック事項
個計103	個別	数値	資本金： 〔前期末残高〕平成○8年3月31日残高 ：1,080百万円	□列見出し項目名「前期末残高」欄には、前期末の決算日を明記して「平成○8年3月31日残高」と記入表示する。 □総勘定元帳（資本金）の「前期繰越」残高と照合する。 □連結精算表用の個別財務諸表の株主資本等変動計算書「資本金：前期末残高」との一致を確認する。 □「会社法計算書類貸借対照表科目増減差額から株主資本等変動計算書科目への組替仕訳伝票」と照合する。 □個別決算短信の株主資本等変動計算書「資本金：前期末残高」との整合性をチェックする（上場会社の場合）。 □会社法計算書類の前期の貸借対照表「純資産の部」の「資本金」と照合する。
個計104	個別	数値	資本金： 当期変動額： 資本金からその他資本剰余金へ振替 ：△90百万円	□総勘定元帳（資本金）の「借方：当期減少金額」と照合する。 □連結精算表用の個別財務諸表の株主資本等変動計算書「資本金：資本金からその他資本剰余金へ振替」との一致を確認する。 □「会社法計算書類貸借対照表科目増減差額から株主資本等変動計算書科目への組替仕訳伝票」と照合する。 □「登記簿謄本（資本金）」と照合する。 □個別決算短信の株主資本等変動計算書「資本金：当期変動額」との整合性をチェックする（上場会社の場合）。 □「資本金」の総勘定元帳の当期増減内容を分析し、当該記入内容と照合する。
個計105	個別	数値	資本金： 当期変動額合計 ：△90百万円	□総勘定元帳（資本金）の「次期繰越－前期繰越」の増減差額と照合する。 □連結精算表用の個別財務諸表の株主資本等変動計算書「資本金：当期変動額」との一致を確認する。 □「会社法計算書類貸借対照表科目増減差額から株主資本等変動計算書科目への組替仕訳伝票」と照合する。

第3章　株主資本等変動計算書　259

ガイド No.	個別/連結	区分	記載内容	作業内容およびチェック事項
個計 106	個別	数値	資本金： 〔当期末残高〕平成○9年3月31日残高 ：990百万円	□列見出し項目名「当期末残高」欄には、前期末の決算日を明記して「平成○9年3月31日残高」と記入表示する。 □総勘定元帳（資本金）の「次期繰越」と照合する。 □連結精算表用の個別財務諸表の株主資本等変動計算書「資本金：当期末残高」との一致を確認する。 □「会社法計算書類貸借対照表科目増減差額から株主資本等変動計算書科目への組替仕訳伝票」と照合する。 □「登記簿謄本（資本金）」と照合する。 □個別決算短信の株主資本等変動計算書の「資本金：当期末残高」との整合性をチェックする（上場会社の場合）。 □会社法計算書類の当期の貸借対照表「純資産の部」の「資本金」と照合する。
個計 107	個別	数値	資本準備金： 〔前期末残高〕平成○8年3月31日残高 ：130百万円	□総勘定元帳（資本準備金）の「前期繰越」と照合する。 □連結精算表用の個別財務諸表の株主資本等変動計算書「資本準備金：前期末残高」との一致を確認する。 □「会社法計算書類貸借対照表科目増減差額から株主資本等変動計算書科目への組替仕訳伝票」と照合する。 □個別決算短信の株主資本等変動計算書「資本準備金：前期末残高」との整合性をチェックする（上場会社の場合）。 □会社法計算書類の前期の貸借対照表「純資産の部」の「資本準備金」と照合する。
個計 108	個別	数値	資本準備金： 当期変動額 資本準備金からその他資本剰余金へ振替 ：△30百万円	□総勘定元帳（資本準備金）の「借方：当期減少金額」と照合する。 □連結精算表用の個別財務諸表の株主資本等変動計算書の資本準備金「資本準備金からその他資本剰余金へ振替」との一致を確認する。 □「会社法計算書類貸借対照表科目増減差額から株主資本等変動計算書科目への組替仕訳伝票」と照合する。 □個別決算短信の株主資本等変動計算書「資本準備金：当期変動額」との整合性をチェックする（上場会社の場合）。
個計 109	個別	数値	資本準備金： 当期変動額合計 ：△30百万円	□総勘定元帳（資本準備金）の「次期繰越－前期繰越」の増減差額と照合する。 □連結精算表用の個別財務諸表の株主資本等変動計算書「資本準備金：当期変動額」との一致を確認する。 □「会社法計算書類貸借対照表科目増減差額から株主資本等変動計算書科目への組替仕訳伝票」と照合する。
個計 110	個別	数値	資本準備金： 〔当期末残高〕平成○9年3月31日残高 ：100百万円	□総勘定元帳（資本準備金）の「次期繰越」と照合する。 □連結精算表用の個別財務諸表の株主資本等変動計算書「資本準備金：当期末残高」との一致を確認する。 □「会社法計算書類貸借対照表科目増減差額から株主資本等変動計算書科目への組替仕訳伝票」と照合する。 □個別決算短信の株主資本等変動計算書「資本準備金：当期末残高」との整合性をチェックする（上場会社の場合）。 □会社法計算書類の当期の貸借対照表「純資産の部」の「資本準備金」と照合する。
個計 111	個別	数値	その他資本剰余金： 〔前期末残高〕平成○8年3月31日残高	□総勘定元帳（資本金および資本準備金減少差益・自己株式処分益）の「前期繰越合計」と照合する。 □連結精算表用の個別財務諸表の株主資本等変動計算書「資

ガイド No.	個別/連結	区分	記載内容	作業内容およびチェック事項
	個別	数値	：82百万円	本金及び資本準備金減少差益・自己株式処分益」の「前期末残高合計」との一致を確認する。 □「会社法計算書類貸借対照表科目増減差額から株主資本等変動計算書科目への組替仕訳伝票」と照合する。 □個別決算短信の株主資本等変動計算書「その他資本剰余金：前期末残高」との整合性をチェックする（上場会社の場合）。 □会社法計算書類の前期の貸借対照表「純資産の部」の「その他資本剰余金」と照合する。
個計 112	個別	数値	その他資本剰余金： 当期変動額： 資本金からその他資本剰余金へ振替 ：90百万円	□総勘定元帳（資本金および資本準備金減少差益）の「貸方：当期増加金額」と照合する。 □連結精算表用の個別財務諸表の株主資本等変動計算書「その他の資本剰余金：資本金からその他資本剰余金へ振替」との一致を確認する。 □「会社法計算書類貸借対照表科目増減差額から株主資本等変動計算書科目への組替仕訳伝票」と照合する。 □個別決算短信の株主資本等変動計算書「その他資本剰余金：当期変動額：資本金からその他資本剰余金へ振替」との整合性をチェックする（上場会社の場合）。
個計 113	個別	数値	その他資本剰余金： 当期変動額： 資本準備金からその他資本剰余金へ振替 ：30百万円	□総勘定元帳（資本金および資本準備金減少差益）の「貸方：当期増加金額」と照合する。 □連結精算表用の個別財務諸表の株主資本等変動計算書「その他の資本剰余金：資本準備金からその他資本剰余金へ振替」との一致を確認する。 □「会社法計算書類貸借対照表科目増減差額から株主資本等変動計算書科目への組替仕訳伝票」と照合する。 □個別決算短信の株主資本等変動計算書の「その他資本剰余金：当期変動額：資本準備金からその他資本剰余金へ振替」との整合性をチェックする（上場会社の場合）。
個計 114	個別	数値	その他資本剰余金： 当期変動額： 自己株式の処分 ：0百万円	□総勘定元帳（自己株式処分差益）の「貸方：当期増加金額」と照合する。 □連結精算表用の個別財務諸表の株主資本等変動計算書「その他の資本剰余金：自己株式の処分」との一致を確認する。 □「会社法計算書類貸借対照表科目増減差額から株主資本等変動計算書科目への組替仕訳伝票」と照合する。 □個別決算短信の株主資本等変動計算書「その他資本剰余金：当期変動額：自己株式の処分」との整合性をチェックする（上場会社の場合）。
個計 115	個別	数値	その他資本剰余金： 当期変動額： 自己株式の消却 ：△72百万円	□総勘定元帳（自己株式処分差益）の「借方：当期減少金額（自己株式消却）」と照合する。 □連結精算表用の個別財務諸表の株主資本等変動計算書「その他の資本剰余金：自己株式の消却」との一致を確認する。 □「会社法計算書類貸借対照表科目増減差額から株主資本等変動計算書科目への組替仕訳伝票」と照合する。 □個別決算短信の株主資本等変動計算書「その他資本剰余金：当期変動額：自己株式の消却」との整合性をチェックする（上場会社の場合）。

第3章 株主資本等変動計算書　261

ガイドNo.	個別/連結	区分	記載内容	作業内容およびチェック事項
個計116	個別	数値	その他資本剰余金： 当期変動額合計 ：47百万円	□総勘定元帳（資本金および資本準備金減少差益・自己株式処分差益）の「次期繰越計－前期繰越計」の増減差額と照合する。 □連結精算表用の個別財務諸表の株主資本等変動計算書「その他資本剰余金：当期変動額：合計」との一致を確認する。 □「会社法計算書類貸借対照表科目増減差額から株主資本等変動計算書科目への組替仕訳伝票」と照合する。
個計117	個別	数値	その他資本剰余金： 〔当期末残高〕平成○9年3月31日残高 ：130百万円	□総勘定元帳（資本金および資本準備金減少差益・自己株式処分差益）の「次期繰越計」と照合する。 □連結精算表用の個別財務諸表の株主資本等変動計算書「その他資本剰余金：当期末残高」との一致を確認する。 □「会社法計算書類貸借対照表科目増減差額から株主資本等変動計算書科目への組替仕訳伝票」と照合する。 □個別決算短信の株主資本等変動計算書「その他資本剰余金：当期末残高」との整合性をチェックする（上場会社の場合）。 □会社法計算書類の当期の貸借対照表「純資産の部」の「その他資本剰余金」と照合する。
個計118	個別	数値	利益準備金： 〔前期末残高〕平成○8年3月31日残高 ：65百万円	□総勘定元帳（利益準備金）の「前期繰越」と照合する。 □連結精算表用の個別財務諸表の株主資本等変動計算書の利益準備金「前期末残高」との一致を確認する。 □「会社法計算書類貸借対照表科目増減差額から株主資本等変動計算書科目への組替仕訳伝票」と照合する。 □個別決算短信の株主資本等変動計算書「利益準備金：前期末残高」との整合性をチェックする（上場会社の場合）。 □会社法計算書類の前期の貸借対照表「純資産の部」の「利益準備金」と照合する。
個計119	個別	数値	利益準備金： 当期変動額： 利益準備金からその他利益剰余金へ振替 ：△10百万円	□総勘定元帳（利益準備金）の「借方：当期減少金額」と照合する。 □連結精算表用の個別財務諸表の株主資本等変動計算書「利益準備金：利益準備金からその他利益剰余金へ振替」との一致を確認する。 □「会社法計算書類貸借対照表科目増減差額から株主資本等変動計算書科目への組替仕訳伝票」と照合する。 □個別決算短信の株主資本等変動計算書「利益準備金：当期変動額」との整合性をチェックする（上場会社の場合）。
個計120	個別	数値	利益準備金： 当期変動額： その他利益剰余金から利益準備金へ振替 ：35百万円	□総勘定元帳（利益準備金）の「貸方：当期増加金額」と照合する。 □連結精算表用の個別財務諸表の株主資本等変動計算書「利益準備金：その他利益剰余金から利益準備金へ振替」との一致を確認する。 □「会社法計算書類貸借対照表科目増減差額から株主資本等変動計算書科目への組替仕訳伝票」と照合する。 □個別決算短信の株主資本等変動計算書「利益準備金：当期変動額」との整合性をチェックする（上場会社の場合）。
個計121	個別	数値	利益準備金： 当期変動額合計 ：25百万円	□総勘定元帳（利益準備金）の「次期繰越－前期繰越」の増減差額と照合する。 □連結精算表用の個別財務諸表の株主資本等変動計算書「利

ガイド No.	個別/連結	区分	記載内容	作業内容およびチェック事項
				益準備金：当期変動額」との一致を確認する。 ☐「会社法計算書類貸借対照表科目増減差額から株主資本等変動計算書科目への組替仕訳伝票」と照合する。
個計 122	個別	数値	利益準備金： 〔当期末残高〕平成○9年3月31日残高 ：90百万円	☐総勘定元帳（利益準備金）の「次期繰越」と照合する。 ☐連結精算表用の個別財務諸表の株主資本等変動計算書の利益準備金「当期末残高」との一致を確認する。 ☐「会社法計算書類貸借対照表科目増減差額から株主資本等変動計算書科目への組替仕訳伝票」と照合する。 ☐個別決算短信の株主資本等変動計算書「利益準備金：当期末残高」との整合性をチェックする（上場会社の場合）。 ☐会社法計算書類の当期の貸借対照表「純資産の部」の「利益準備金」と照合する。
個計 123	個別	数値	その他利益剰余金： 〔前期末残高〕平成○8年3月31日残高 ：2,665百万円	☐総勘定元帳（その他利益剰余金構成要素）の「前期繰越計」と照合する。 ☐連結精算表用の個別財務諸表の株主資本等変動計算書「その他利益剰余金：前期末残高」との一致を確認する。 ☐「会社法計算書類貸借対照表科目増減差額から株主資本等変動計算書科目への組替仕訳伝票」と照合する。 ☐個別決算短信の株主資本等変動計算書「その他利益剰余金：前期末残高」との整合性をチェックする（上場会社の場合）。 ☐会社法計算書類の前期の貸借対照表「純資産の部」の「その他利益剰余金」と照合する。
個計 124	個別	数値	その他利益剰余金： 当期変動額： 利益準備金からその他利益剰余金へ振替 ：10百万円	☐総勘定元帳（繰越利益剰余金）の「貸方：当期増加金額」と照合する。 ☐連結精算表用の個別財務諸表の株主資本等変動計算書「その他利益剰余金：利益準備金からその他利益剰余金へ振替」との一致を確認する。 ☐「会社法計算書類貸借対照表科目増減差額から株主資本等変動計算書科目への組替仕訳伝票」と照合する。 ☐個別決算短信の株主資本等変動計算書「その他利益剰余金：当期変動額：利益準備金からその他利益剰余金へ振替」との整合性をチェックする（上場会社の場合）。
個計 125	個別	数値	その他利益剰余金： 当期変動額： その他利益剰余金から利益準備金へ振替 ：△35百万円	☐総勘定元帳（繰越利益剰余金）の「借方：当期減少金額」と照合する。 ☐連結精算表用の個別財務諸表の株主資本等変動計算書「利益準備金：その他利益剰余金から利益準備金へ振替」との一致を確認する。 ☐「会社法計算書類貸借対照表科目増減差額から株主資本等変動計算書科目への組替仕訳伝票」と照合する。 ☐個別決算短信の株主資本等変動計算書「その他利益剰余金：当期変動額：その他利益剰余金から利益準備金へ振替」との整合性をチェックする（上場会社の場合）。

ガイドNo.	個別/連結	区分	記載内容	作業内容およびチェック事項
個計126	個別	数値	その他利益剰余金： 当期変動額： 剰余金の配当 　　　　：△300百万円	□総勘定元帳（繰越利益剰余金）の「借方：当期減少金額」と照合する。 □連結精算表用の個別財務諸表の株主資本等変動計算書「その他の利益準備金：剰余金の配当」との一致を確認する。 □「会社法計算書類貸借対照表科目増減差額から株主資本等変動計算書科目への組替仕訳伝票」と照合する。 □個別決算短信の株主資本等変動計算書「その他利益剰余金：当期変動額：剰余金の配当」との整合性をチェックする（上場会社の場合）。 □前期の株主総会議事録（剰余金配当）、中間配当に関する取締役会議事録と照合する。
個計127	個別	数値	その他利益剰余金： 当期変動額： 利益処分による役員賞与 　　　　：△50百万円	□総勘定元帳（繰越利益剰余金）の「借方：当期減少金額」と照合する。 □連結精算表用の個別財務諸表の株主資本等変動計算書「その他の利益準備金：利益処分による役員賞与」との一致を確認する。 □「会社法計算書類貸借対照表科目増減差額から株主資本等変動計算書科目への組替仕訳伝票」と照合する。 □個別決算短信の株主資本等変動計算書「その他利益剰余金：当期変動額：利益処分による役員賞与」との整合性をチェックする（上場会社の場合）。 □会社法施行前の株主総会議事録（利益処分案：役員賞与）と照合する。
個計128	個別	数値	その他利益剰余金： 当期変動額： 当期純利益 　　　　：1,878百万円	□「会社法計算書類科目組替表」の「当期純利益」と照合する。 □連結精算表用の個別財務諸表の株主資本等変動計算書「その他の利益準備金：当期純利益」との一致を確認する。 □「会社法計算書類貸借対照表科目増減差額から株主資本等変動計算書科目への組替仕訳伝票」と照合する。 □個別決算短信の株主資本等変動計算書「その他利益剰余金：当期変動額：当期純利益」との整合性をチェックする（上場会社の場合）。 □会社法計算書類の損益計算書「当期純利益」と照合する。
個計129	個別	数値	その他利益剰余金： 当期変動額合計 　　　　：1,503百万円	□総勘定元帳（利益準備金）の「次期繰越－前期繰越」の増減差額と照合する。 □連結精算表用の個別財務諸表の株主資本等変動計算書「その他利益譲与金：当期変動額：合計」との一致を確認する。 □「会社法計算書類貸借対照表科目増減差額から株主資本等変動計算書科目への組替仕訳伝票」と照合する。
個計130	個別	数値	その他利益剰余金： 〔当期末残高〕平成○9年3月31日残高 　　　　：4,168百万円	□総勘定元帳（その他利益剰余金を構成する総勘定科目）の「次期繰越計」と照合する。 □連結精算表用の個別財務諸表の株主資本等変動計算書「その他利益剰余金：当期末残高」との一致を確認する。 □「会社法計算書類貸借対照表科目増減差額から株主資本等変動計算書科目への組替仕訳伝票」と照合する。 □個別決算短信の株主資本等変動計算書「その他利益剰余金：当期末残高」との整合性をチェックする（上場会社の場合）。 □会社法計算書類の当期の貸借対照表「純資産の部」の「その他利益剰余金」と照合する。

ガイド No.	個別/連結	区分	記載内容	作業内容およびチェック事項
個計 131	個別	数値	自己株式： 〔前期末残高〕平成○8年3月31日残高 ：△150百万円	□「総勘定元帳（自己株式）」の「前期繰越（マイナス表示）」と照合する。 □連結精算表用の個別財務諸表の株主資本等変動計算書「自己株式：前期末残高」との一致を確認する。 □「会社法計算書類貸借対照表科目増減差額から株主資本等変動計算書科目への組替仕訳伝票」と照合する。 □個別決算短信の株主資本等変動計算書「自己株式：前期末残高」との整合性をチェックする（上場会社の場合）。 □会社法計算書類の前期の貸借対照表「純資産の部」の「自己株式」と照合する。
個計 132	個別	数値	自己株式： 当期変動額： 自己株式の取得 ：△122百万円	□総勘定元帳（自己株式＜マイナス表示＞）の「借方：当期増加金額」と照合する。 □連結精算表用の個別財務諸表の株主資本等変動計算書「自己株式：自己株式の取得」との一致を確認する。 □「会社法計算書類貸借対照表科目増減差額から株主資本等変動計算書科目への組替仕訳伝票」と照合する。 □個別決算短信の株主資本等変動計算書「自己株式：当期変動額：自己株式の取得」との整合性をチェックする（上場会社の場合）。 □自己株式管理簿の当期増加欄と照合する。
個計 133	個別	数値	自己株式： 当期変動額： 自己株式の処分 ：0百万円	□総勘定元帳（自己株式＜マイナス表示＞）の「貸方：当期減少金額」と照合する。 □連結精算表用の個別財務諸表の株主資本等変動計算書「自己株式：自己株式の処分」との一致を確認する。 □「会社法計算書類貸借対照表科目増減差額から株主資本等変動計算書科目への組替仕訳伝票」と照合する。 □個別決算短信の株主資本等変動計算書「自己株式：当期変動額：自己株式の処分」との整合性をチェックする（上場会社の場合）。 □自己株式管理簿の当期減少欄(自己株式処分)と照合する。
個計 134	個別	数値	自己株式： 当期変動額： 自己株式の消却 ：72百万円	□総勘定元帳（自己株式＜マイナス表示＞）の「貸方：当期減少金額」と照合する。 □連結精算表用の個別財務諸表の株主資本等変動計算書「自己株式：自己株式の消却」との一致を確認する。 □「会社法計算書類貸借対照表科目増減差額から株主資本等変動計算書科目への組替仕訳伝票」と照合する。 □個別決算短信の株主資本等変動計算書「自己株式：当期変動額：自己株式の消却」との整合性をチェックする（上場会社の場合）。 □自己株式管理簿の当期減少欄(自己株式消却)と照合する。
個計 135	個別	数値	自己株式： 当期変動額合計 ：△49百万円	□総勘定元帳（自己株式）の「次期繰越－前期繰越」の増減差額と照合する。 □連結精算表用の個別財務諸表の株主資本等変動計算書「自己株式：当期変動額：合計」との一致を確認する。 □「会社法計算書類貸借対照表科目増減差額から株主資本等変動計算書科目への組替仕訳伝票」と照合する。
個計 136	個別	数値	自己株式： 〔当期末残高〕平成○9	□総勘定元帳（自己株式）の「次期繰越（マイナス表示）」と照合する。

第3章　株主資本等変動計算書　265

ガイド No.	個別/連結	区分	記載内容	作業内容およびチェック事項
個計 136	個別	数値	年3月31日残高 ：△200百万円	□連結精算表用の個別財務諸表の株主資本等変動計算書「自己株式：当期末残高」との一致を確認する。 □「会社法計算書類貸借対照表科目増減差額から株主資本等変動計算書科目への組替仕訳伝票」と照合する。 □個別決算短信の株主資本等変動計算書「自己株式：当期末残高」との整合性をチェックする（上場会社の場合）。 □会社法計算書類の当期の貸借対照表「純資産の部」の「自己株式」と照合する。
個計 137	個別	数値	株主資本： 〔前期末残高〕平成○8年3月31日残高 ：3,872百万円	□連結精算表用の個別財務諸表の株主資本等変動計算書「株主資本：前期末残高」との一致を確認する。 □株主資本等変動計算書の円単位の「前期末残高」に関して、下記科目の合計値と照合する。 　資本金＋資本準備金＋その他資本剰余金＋利益準備金＋その他利益剰余金＋自己株式＝株主資本 □個別決算短信の株主資本等変動計算書「株主資本：前期末残高」との整合性をチェックする（上場会社の場合）。 □会社法計算書類の前期の貸借対照表「純資産の部」の「株主資本」と照合する。
個計 138	個別	数値	株主資本： 当期変動額： 資本金からその他資本剰余金へ振替 ：一百万円	□連結精算表用の個別財務諸表の株主資本等変動計算書「株主資本：資本金からその他資本剰余金への振替」との一致を確認する。 □株主資本等変動計算書の円単位の「資本金からその他資本剰余金への振替」に関して、下記科目の合計値と照合する。 　資本金＋資本準備金＋その他資本剰余金＋利益準備金＋その他利益剰余金＋自己株式＝株主資本 □個別決算短信の株主資本等変動計算書「株主資本：資本金からその他資本剰余金への振替」との整合性をチェックする（上場会社の場合）。
個計 139	個別	数値	株主資本： 当期変動額： 資本準備金からその他資本剰余金へ振替 ：一百万円	□連結精算表用の個別財務諸表の株主資本等変動計算書「株主資本：資本準備金からその他資本剰余金への振替」との一致を確認する。 □株主資本等変動計算書の円単位の「資本準備金からその他資本剰余金への振替」に関して、下記科目の合計値と照合する。 　資本金＋資本準備金＋その他資本剰余金＋利益準備金＋その他利益剰余金＋自己株式＝株主資本 □個別決算短信の株主資本等変動計算書「株主資本：資本準備金からその他資本剰余金への振替」との整合性をチェックする（上場会社の場合）。
個計 140	個別	数値	株主資本： 当期変動額： 自己株式の取得 ：△122百万円	□連結精算表用の個別財務諸表の株主資本等変動計算書「株主資本：自己株式の取得」との一致を確認する。 □株主資本等変動計算書の円単位の「自己株式の取得」に関して、下記科目の合計値と照合する。 　資本金＋資本準備金＋その他資本剰余金＋利益準備金＋その他利益剰余金＋自己株式＝株主資本 □個別決算短信の株主資本等変動計算書「株主資本：自己株式の取得」との整合性をチェックする（上場会社の場合）。

ガイド No.	個別/連結	区分	記載内容	作業内容およびチェック事項
個計 141	個別	数値	株主資本： 当期変動額： 自己株式の処分 ：0百万円	□連結精算表用の個別財務諸表の株主資本等変動計算書「株主資本：自己株式の処分」との一致を確認する。 □株主資本等変動計算書の円単位の「自己株式の処分」に関して、下記科目の合計値と照合する。 　資本金＋資本準備金＋その他資本剰余金＋利益準備金＋その他利益剰余金＋自己株式＝株主資本 □個別決算短信の「株主資本等変動計算書」の「株主資本：自己株式の処分」との整合性をチェックする（上場会社の場合）。
個計 142	個別	数値	株主資本： 当期変動額： 自己株式の消却 ：―百万円	□連結精算表用の個別財務諸表の株主資本等変動計算書「株主資本：自己株式の消却」との一致を確認する。 □株主資本等変動計算書の円単位の「自己株式の消却」に関して、下記科目の合計値と照合する。 　資本金＋資本準備金＋その他資本剰余金＋利益準備金＋その他利益剰余金＋自己株式＝株主資本 □個別決算短信の株主資本等変動計算書「株主資本：自己株式の消却」との整合性をチェックする（上場会社の場合）
個計 143	個別	数値	株主資本： 当期変動額： 利益準備金からその他利益剰余金へ振替 ：―百万円	□連結精算表用の個別財務諸表の株主資本等変動計算書「株主資本：利益準備金からその他利益剰余金へ振替」との一致を確認する。 □株主資本等変動計算書の円単位の「利益準備金からその他利益剰余金へ振替」に関して、下記科目の合計値と照合する。 　資本金＋資本準備金＋その他資本剰余金＋利益準備金＋その他利益剰余金＋自己株式＝株主資本 □個別決算短信の株主資本等変動計算書「株主資本：利益準備金からその他利益剰余金へ振替」との整合性をチェックする（上場会社の場合）。
個計 144	個別	数値	株主資本： 当期変動額： その他利益剰余金から利益準備金へ振替 ：―百万円	□連結精算表用の個別財務諸表の株主資本等変動計算書「株主資本：その他利益剰余金から利益準備金へ振替」との一致を確認する。 □株主資本等変動計算書の円単位の「その他利益剰余金から利益準備金へ振替」に関して、下記科目の合計値と照合する。 　資本金＋資本準備金＋その他資本剰余金＋利益準備金＋その他利益剰余金＋自己株式＝株主資本 □個別決算短信の株主資本等変動計算書「株主資本：その他利益剰余金から利益準備金へ振替」との整合性をチェックする（上場会社の場合）。
個計 145	個別	数値	株主資本： 当期変動額： 剰余金の配当 ：△300百万円	□連結精算表用の個別財務諸表の株主資本等変動計算書「株主資本：剰余金の配当」との一致を確認する。 □株主資本等変動計算書の円単位の「剰余金の配当」に関して、下記科目の合計値と照合する。 　資本金＋資本準備金＋その他資本剰余金＋利益準備金＋その他利益剰余金＋自己株式＝株主資本 □個別決算短信の株主資本等変動計算書「株主資本：剰余金の配当」との整合性をチェックする（上場会社の場合）。

第3章 株主資本等変動計算書

ガイド No.	個別 /連結	区分	記載内容	作業内容およびチェック事項
個計 146	個別	数値	株主資本： 当期変動額： 利益処分による役員賞与 ：△50百万円	□連結精算表用の個別財務諸表の株主資本等変動計算書「株主資本：利益処分による役員賞与」との一致を確認する。 □株主資本等変動計算書の円単位の「利益処分による役員賞与」に関して、下記科目の合計値と照合する。 　　資本金＋資本準備金＋その他資本剰余金＋利益準備金＋その他利益剰余金＋自己株式＝株主資本 □個別決算短信の株主資本等変動計算書「株主資本：利益処分による役員賞与」との整合性をチェックする（上場会社の場合）。
個計 147	個別	数値	株主資本： 当期変動額： 当期純利益 ：1,878百万円	□連結精算表用の個別財務諸表の株主資本等変動計算書「株主資本：当期純利益」との一致を確認する。 □株主資本等変動計算書の円単位の「当期純利益」に関して、下記科目の合計値と照合する。 　　資本金＋資本準備金＋その他資本剰余金＋利益準備金＋その他利益剰余金＋自己株式＝株主資本 □個別決算短信の株主資本等変動計算書「株主資本：当期純利益」との整合性をチェックする（上場会社の場合）。
個計 148	個別	数値	株主資本： 当期変動額： 株主資本以外の項目の当期変動額（純額） ：一百万円	□連結精算表用の個別財務諸表の株主資本等変動計算書「株主資本：株主資本以外の項目の当期変動額（純額）」との一致を確認する。 □株主資本等変動計算書の円単位の「株主資本以外の項目の当期変動額（純額）」に関して、下記科目の合計値と照合する。 　　資本金＋資本準備金＋その他資本剰余金＋利益準備金＋その他利益剰余金＋自己株式＝株主資本 □個別決算短信の株主資本等変動計算書「株主資本：株主資本以外の項目の当期変動額（純額）」との整合性をチェックする（上場会社の場合）。
個計 149	個別	数値	株主資本： 当期変動額： 当期変動額合計 ：1,406百万円	□連結精算表用の個別財務諸表の株主資本等変動計算書「株主資本：当期変動額合計」との一致を確認する。 □株主資本等変動計算書の円単位の「当期変動額合計」に関して、下記科目の合計値と照合する。 　　資本金＋資本準備金＋その他資本剰余金＋利益準備金＋その他利益剰余金＋自己株式＝株主資本 □個別決算短信の株主資本等変動計算書「株主資本：当期変動額合計」との整合性をチェックする（上場会社の場合）。
個計 150	個別	数値	株主資本： 〔当期末残高〕平成○9年3月31日残高 ：5,278百万円	□連結精算表用の個別財務諸表の株主資本等変動計算書「株主資本：当期末残高」との一致を確認する。 □株主資本等変動計算書の円単位の「当期末残高」に関して、下記科目の合計値と照合する。 　　資本金＋資本準備金＋その他資本剰余金＋利益準備金＋その他利益剰余金＋自己株式＝株主資本 □個別決算短信の株主資本等変動計算書「株主資本：当期末残高」との整合性をチェックする（上場会社の場合）。 □会社法計算書類の当期の貸借対照表「純資産の部」の「株主資本」と照合する。
個計 151	個別	数値	その他有価証券評価差額金：	□総勘定元帳（その他有価証券評価差額金）の「前期繰越」と照合する。

ガイド No.	個別/連結	区分	記載内容	作業内容およびチェック事項
個計 151	個別	数値	〔前期末残高〕平成○8年3月31日残高 ：5百万円	□連結精算表用の個別財務諸表の株主資本等変動計算書「その他有価証券評価差額金：前期末残高」との一致を確認する。 □「会社法計算書類貸借対照表科目増減差額から株主資本等変動計算書科目への組替仕訳伝票」と照合する。 □個別決算短信の株主資本等変動計算書「その他有価証券評価差額金：前期末残高」との整合性をチェックする（上場会社の場合）。 □会社法計算書類の前期の貸借対照表「純資産の部」の「その他有価証券評価差額金」と照合する。
個計 152	個別	数値	その他の有価証券評価差額金： 当期変動額： 株主資本以外の項目の当期変動額（純額） ：1百万円	□総勘定元帳（その他有価証券評価差額金）の「借方：当期減少金額」と照合する。 □連結精算表用の個別財務諸表の株主資本等変動計算書「その他有価証券評価差額金：株主資本以外の項目の当期変動額（純額）」との一致を確認する。 □「会社法計算書類貸借対照表科目増減差額から株主資本等変動計算書科目への組替仕訳伝票」と照合する。 □個別決算短信の株主資本等変動計算書「その他有価証券評価差額金：当期変動額：株主資本以外の項目の当期変動額（純額）」との整合性をチェックする（上場会社の場合）。
個計 153	個別	数値	その他有価証券評価差額金： 当期変動額合計 ：1百万円	□総勘定元帳（その他有価証券評価差額金）の「次期繰越－前期繰越」の増減差額と照合する。 □連結精算表用の個別財務諸表の株主資本等変動計算書「その他有価証券評価差額金」の「当期変動額：合計」との一致を確認する。 □「会社法計算書類貸借対照表科目増減差額から株主資本等変動計算書科目への組替仕訳伝票」と照合する。
個計 154	個別	数値	その他有価証券評価差額金： 〔当期末残高〕平成○9年3月31日残高 ：6百万円	□総勘定元帳（その他有価証券評価差額金）の「次期繰越」と照合する。 □連結精算表用の個別財務諸表の株主資本等変動計算書「その他有価証券評価差額金：当期末残高」との一致を確認する。 □「会社法計算書類貸借対照表科目増減差額から株主資本等変動計算書科目への組替仕訳伝票」と照合する。 □個別決算短信の株主資本等変動計算書の「その他有価証券評価差額金：当期末残高」との整合性をチェックする（上場会社の場合）。 □会社法計算書類の当期の貸借対照表「純資産の部」の「その他の有価証券評価差額金」と照合する。
個計 155	個別	数値	土地再評価差額金： 〔前期末残高〕平成○8年3月31日残高 ：800百万円	□総勘定元帳（土地再評価差額金）の「前期繰越」と照合する。 □連結精算表用の個別財務諸表の株主資本等変動計算書「土地再評価差額金：前期末残高」との一致を確認する。 □「会社法計算書類貸借対照表科目増減差額から株主資本等変動計算書科目への組替仕訳伝票」と照合する。 □個別決算短信の株主資本等変動計算書「土地再評価差額金：前期末残高」との整合性をチェックする（上場会社の場合）。 □会社法計算書類の前期の貸借対照表「純資産の部」の「土地再評価差額金」と照合する。

ガイド No.	個別/連結	区分	記載内容	作業内容およびチェック事項
個計 156	個別	数値	土地評価差額金： 当期変動額： 株主資本以外の項目の当期変動額（純額） ：一百万円	□総勘定元帳（土地再評価差額金）の「当期増減金額」と照合する。 □連結精算表用の個別財務諸表の株主資本等変動計算書「土地再評価差額金：株主資本以外の項目の当期変動額（純額）」との一致を確認する。 □「会社法計算書類貸借対照表科目増減差額から株主資本等変動計算書科目への組替仕訳伝票」と照合する。 □個別決算短信の株主資本等変動計算書「土地再評価差額金：当期変動額：株主資本以外の項目の当期変動額（純額）」との整合性をチェックする（上場会社の場合）。
個計 157	個別	数値	土地再評価差額金： 当期変動額合計 ：一百万円	□総勘定元帳（土地再評価差額金）の「次期繰越－前期繰越」の増減差額と照合する。 □連結精算表用の個別財務諸表の株主資本等変動計算書「土地再評価差額金」の「当期変動額：合計」との一致を確認する。 □「会社法計算書類貸借対照表科目増減差額から株主資本等変動計算書科目への組替仕訳伝票」と照合する。
個計 158	個別	数値	土地再評価差額金： 〔当期末残高〕平成○9年3月31日残高 ：800百万円	□総勘定元帳（土地再評価差額金）の「次期繰越」と照合する。 □連結精算表用の個別財務諸表の株主資本等変動計算書「土地再評価差額金：当期末残高」との一致を確認する。 □「会社法計算書類貸借対照表科目増減差額から株主資本等変動計算書科目への組替仕訳伝票」と照合する。 □個別決算短信の株主資本等変動計算書「土地再評価差額金：当期末残高」との整合性をチェックする（上場会社の場合）。 □会社法計算書類の当期の貸借対照表「純資産の部」の「土地再評価差額金」と照合する。
個計 159	個別	数値	新株予約権： 〔前期末残高〕平成○8年3月31日残高 ：80百万円	□総勘定元帳（新株予約権）の「前期繰越」と照合する。 □連結精算表用の個別財務諸表の株主資本等変動計算書「新株予約権：前期末残高」との一致を確認する。 □「会社法計算書類貸借対照表科目増減差額から株主資本等変動計算書科目への組替仕訳伝票」と照合する。 □個別決算短信の株主資本等変動計算書「新株予約権：前期末残高」との整合性をチェックする（上場会社の場合）。 □会社法計算書類の前期の貸借対照表「純資産の部」の「新株予約権」と照合する。
個計 160	個別	数値	新株予約権： 当期変動額： 株主資本以外の項目の当期変動額（純額） ：一百万円	□総勘定元帳（新株予約権）の「当期増減金額」と照合する。 □連結精算表用の個別財務諸表の株主資本等変動計算書「新株予約権：株主資本以外の項目の当期変動額（純額）」との一致を確認する。 □「会社法計算書類貸借対照表科目増減差額から株主資本等変動計算書科目への組替仕訳伝票」と照合する。 □個別決算短信の株主資本等変動計算書「新株予約権：当期変動額：株主資本以外の項目の当期変動額（純額）」との整合性をチェックする（上場会社の場合）。
個計 161	個別	数値	新株予約権： 当期変動額合計 ：一百万円	□総勘定元帳（新株予約権）の「次期繰越－前期繰越」の増減差額と照合する。 □連結精算表用の個別財務諸表の株主資本等変動計算書「新

ガイド No.	個別/連結	区分	記載内容	作業内容およびチェック事項
				株予約権」の「当期変動額：合計」との一致を確認する。 □「会社法計算書類貸借対照表科目増減差額から株主資本等変動計算書科目への組替仕訳伝票」と照合する。
個計 162	個別	数値	新株予約権： 〔当期末残高〕平成○9年3月31日残高 ：80百万円	□総勘定元帳（新株予約権）の「次期繰越」と照合する。 □連結精算表用の個別財務諸表の株主資本等変動計算書「新株予約権：当期末残高」との一致を確認する。 □「会社法計算書類貸借対照表科目増減差額から株主資本等変動計算書科目への組替仕訳伝票」と照合する。 □個別決算短信の株主資本等変動計算書「新株予約権：当期末残高」との整合性をチェックする（上場会社の場合）。 □会社法計算書類の当期の貸借対照表「純資産の部」の「新株予約権」と照合する。
個計 163	個別	数値	純資産合計： 〔前期末残高〕平成○8年3月31日残高 ：4,757百万円	□連結精算表用の個別財務諸表の株主資本等変動計算書「株主資本：前期末残高」との一致を確認する。 □株主資本等変動計算書の円単位の「前期末残高」に関して、下記科目の合計値と照合する。 　株主資本＋その他有価証券評価差額金＋土地再評価差額金＋新株予約権＝純資産合計 □個別決算短信の株主資本等変動計算書「株主資本：前期末残高」との整合性をチェックする（上場会社の場合）。 □会社法計算書類の前期の貸借対照表「純資産の部」の「株主資本」と照合する。
個計 164	個別	数値	純資産合計： 当期変動額： 資本金からその他資本剰余金へ振替 ：一百万円	□連結精算表用の個別財務諸表の株主資本等変動計算書「純資産合計：資本金からその他資本剰余金への振替」との一致を確認する。 □株主資本等変動計算書の円単位の「資本金からその他資本剰余金への振替」に関して、下記科目の合計値と照合する。 　株主資本＋その他有価証券評価差額金＋土地再評価差額金＋新株予約権＝純資産合計 □個別決算短信の株主資本等変動計算書「純資産合計：資本金からその他資本剰余金への振替」との整合性をチェックする（上場会社の場合）。
個計 165	個別	数値	純資産合計： 当期変動額： 資本準備金からその他資本剰余金へ振替 ：一百万円	□連結精算表用の個別財務諸表の株主資本等変動計算書「純資産合計：資本準備金からその他資本剰余金への振替」との一致を確認する。 □株主資本等変動計算書の円単位の「資本準備金からその他資本剰余金への振替」に関して、下記科目の合計値と照合する。 　株主資本＋その他有価証券評価差額金＋土地再評価差額金＋新株予約権＝純資産合計 □個別決算短信の株主資本等変動計算書「純資産合計：資本準備金からその他資本剰余金への振替」との整合性をチェックする（上場会社の場合）。
個計 166	個別	数値	純資産合計： 当期変動額： 自己株式の取得 ：△122百万円	□連結精算表用の個別財務諸表の株主資本等変動計算書「株主資本：自己株式の取得」との一致を確認する。 □株主資本等変動計算書の円単位の「自己株式の取得」に関して、下記科目の合計値と照合する。 　株主資本＋その他有価証券評価差額

第3章 株主資本等変動計算書　271

ガイドNo.	個別/連結	区分	記載内容	作業内容およびチェック事項
				金＋新株予約権＝純資産合計 □個別決算短信の株主資本等変動計算書「純資産合計：自己株式の取得」との整合性をチェックする（上場会社の場合）。
個計167	個別	数値	純資産合計： 当期変動額： 自己株式の処分 　　　：0百万円	□連結精算表用の個別財務諸表の株主資本等変動計算書「純資産合計：自己株式の処分」との一致を確認する。 □株主資本等変動計算書の円単位の「自己株式の処分」に関して、下記科目の合計値と照合する。 　株主資本＋その他有価証券評価差額金＋土地再評価差額金＋新株予約権＝純資産合計 □個別決算短信の株主資本等変動計算書「純資産合計：自己株式の処分」との整合性をチェックする（上場会社の場合）。
個計168	個別	数値	純資産合計： 当期変動額： 自己株式の消却 　　　：―百万円	□連結精算表用の個別財務諸表の株主資本等変動計算書「純資産合計：自己株式の消却」との一致を確認する。 □株主資本等変動計算書の円単位の「自己株式の消却」に関して、下記科目の合計値と照合する。 　株主資本＋その他有価証券評価差額金＋土地再評価差額金＋新株予約権＝純資産合計 □個別決算短信の株主資本等変動計算書「純資産合計：自己株式の消却」との整合性をチェックする（上場会社の場合）。
個計169	個別	数値	純資産合計： 当期変動額： 利益準備金からその他利益剰余金へ振替 　　　：―百万円	□連結精算表用の個別財務諸表の株主資本等変動計算書「純資産合計：利益準備金からその他利益剰余金へ振替」との一致を確認する。 □株主資本等変動計算書の円単位の「利益準備金からその他利益剰余金へ振替」に関して、下記科目の合計値と照合する。 　株主資本＋その他有価証券評価差額金＋土地再評価差額金＋新株予約権＝純資産合計 □個別決算短信の株主資本等変動計算書「純資産合計：利益準備金からその他利益剰余金へ振替」との整合性をチェックする（上場会社の場合）。
個計170	個別	数値	純資産合計： 当期変動額： その他利益剰余金から利益準備金へ振替 　　　：―百万円	□連結精算表用の個別財務諸表の株主資本等変動計算書「純資産合計：その他利益剰余金から利益準備金へ振替」との一致を確認する。 □株主資本等変動計算書の円単位の「その他利益剰余金から利益準備金へ振替」に関して、下記科目の合計値と照合する。 　株主資本＋その他有価証券評価差額金＋土地再評価差額金＋新株予約権＝純資産合計 □個別決算短信の株主資本等変動計算書「純資産合計：その他利益剰余金から利益準備金へ振替」との整合性をチェックする（上場会社の場合）。
個計171	個別	数値	純資産合計： 当期変動額： 剰余金の配当 　　　：△300百万円	□連結精算表用の個別財務諸表の株主資本等変動計算書「純資産合計：剰余金の配当」との一致を確認する。 □株主資本等変動計算書の円単位の「剰余金の配当」に関して、下記科目の合計値と照合する。 　株主資本＋その他有価証券評価差額金＋土地再評価差額金＋新株予約権＝純資産合計 □個別決算短信の株主資本等変動計算書「純資産合計：剰余金の配当」との整合性をチェックする（上場会社の場合）。

ガイド No.	個別/連結	区分	記載内容	作業内容およびチェック事項
個計 172	個別	数値	純資産合計： 当期変動額： 利益処分による役員賞与 ：△50百万円	□連結精算表用の個別財務諸表の株主資本等変動計算書「純資産合計：利益処分による役員賞与」との一致を確認する。 □株主資本等変動計算書の円単位の「利益処分による役員賞与」に関して、下記科目の合計値と照合する。 　株主資本＋その他有価証券評価差額金＋土地再評価差額金＋新株予約権＝純資産合計 □個別決算短信の株主資本等変動計算書「純資産合計：利益処分による役員賞与」との整合性をチェックする（上場会社の場合）。
個計 173	個別	数値	純資産合計： 当期変動額： 当期純利益 ：1,878百万円	□連結精算表用の個別財務諸表の株主資本等変動計算書「純資産合計：当期純利益」との一致を確認する。 □株主資本等変動計算書の円単位の「当期純利益」に関して、下記科目の合計値と照合する。 　株主資本＋その他有価証券評価差額金＋土地再評価差額金＋新株予約権＝純資産合計 □個別決算短信の株主資本等変動計算書「純資産合計：当期純利益」との整合性をチェックする（上場会社の場合）。
個計 174	個別	数値	株主資本： 当期変動額： 株主資本以外の項目の当期変動額（純額） ：1百万円	□連結精算表用の個別財務諸表の株主資本等変動計算書「純資産合計：株主資本以外の項目の当期変動額（純額）」との一致を確認する。 □株主資本等変動計算書の円単位の「株主資本以外の項目の当期変動額（純額）」に関して、下記科目の合計値と照合する。 　株主資本＋その他有価証券評価差額金＋土地再評価差額金＋新株予約権＝純資産合計 □個別決算短信の株主資本等変動計算書「純資産合計：株主資本以外の項目の当期変動額（純額）」との整合性をチェックする（上場会社の場合）。
個計 175	個別	数値	純資産合計： 当期変動額： 当期変動額合計 ：1,407百万円	□連結精算表用の個別財務諸表の株主資本等変動計算書「純資産合計：当期変動額合計」との一致を確認する。 □株主資本等変動計算書の円単位の「当期変動額合計」に関して、下記科目の合計値と照合する。 　株主資本＋その他有価証券評価差額金＋土地再評価差額金＋新株予約権＝純資産合計 □個別決算短信の株主資本等変動計算書「純資産合計：当期変動額合計」との整合性をチェックする（上場会社の場合）。
個計 176	個別	数値	株主資本： 〔当期末残高〕平成○9年3月31日残高 ：6,164百万円	□連結精算表用の個別財務諸表の株主資本等変動計算書「純資産合計：当期末残高」との一致を確認する。 □株主資本等変動計算書の円単位の「当期末残高」に関して、下記科目の合計値と照合する。 　株主資本＋その他有価証券評価差額金＋土地再評価差額金＋新株予約権＝純資産合計 □個別決算短信の株主資本等変動計算書「純資産合計：当期末残高」との整合性をチェックする（上場会社の場合）。 □会社法計算書類の当期の貸借対照表「純資産の部」の「純資産合計」と照合する。

5．根拠条文

<会社計算規則>

第四章　株主資本等変動計算書等

第127条　株主資本等変動計算書等（株主資本等変動計算書、連結株主資本等変動計算書及び社員資本等変動計算書をいう。以下この編において同じ。）については、この条に定めるところによる。

2　株主資本等変動計算書等は、次の各号に掲げる株主資本等変動計算書等の区分に応じ、当該各号に定める項目に区分して表示しなければならない。
　一　株主資本等変動計算書　次に掲げる項目
　　イ　株主資本
　　ロ　評価・換算差額等
　　ハ　新株予約権
　　　　　…略…

3　次の各号に掲げる項目は、当該各号に定める項目に区分しなければならない。
　一　株主資本等変動計算書の**株主資本**　次に掲げる項目
　　イ　資本金
　　ロ　新株式申込証拠金
　　ハ　資本剰余金
　　ニ　利益剰余金
　　ホ　自己株式
　　ヘ　自己株式申込証拠金
　　　　　…略…

4　株主資本等変動計算書の次の各号に掲げる項目は、当該各号に定める項目に区分しなければならない。この場合において、第1号ロ及び第2号ロに掲げる項目は、適当な名称を付した項目に細分することができる。
　一　資本剰余金　次に掲げる項目
　　イ　資本準備金
　　ロ　その他資本剰余金
　二　利益剰余金　次に掲げる項目
　　イ　利益準備金
　　ロ　その他利益剰余金

5　評価・換算差額等に係る項目は、次に掲げる項目その他適当な名称を付した項目に細分することができる。
　一　その他有価証券評価差額金
　二　繰延ヘッジ損益
　三　土地再評価差額金
　四　為替換算調整勘定

6　新株予約権に係る項目は、自己新株予約権に係る項目を控除項目として区分することができる。

7　資本金、資本剰余金、利益剰余金及び自己株式に係る項目は、それぞれ次に掲げるものについて明らかにしなければならない。この場合において、第2号に掲げるものは、各変動事由ごとに当期変動額及び変動事由を明らかにしなければならない。
　一　前期末残高
　二　当期変動額
　三　当期末残高

8　評価・換算差額等、新株予約権…略…に係る項目は、それぞれ前期末残高及び当期末残高並びにその差額について明らかにしなければならない。この場合において、主要な当期変動額について、その変動事由とともに明らかにすることを妨げない。
　　　　　…略…

6．分配可能額に関する考察

　会社法では、債権者保護の観点より、金銭等の分配（利益配当、中間配当や資本および準備金の減少に伴う払戻し）や自己株式の有償取得、すなわち剰余金の分配に財産規制をかけています。

6-1．剰余金の額の計算

　剰余金の額は、下記（①+②-③-④-⑤-⑥+⑦+⑧+⑨+⑩-⑪-⑫-⑬-⑭-⑮-⑯-⑰-⑱-⑲）の計算結果となります。

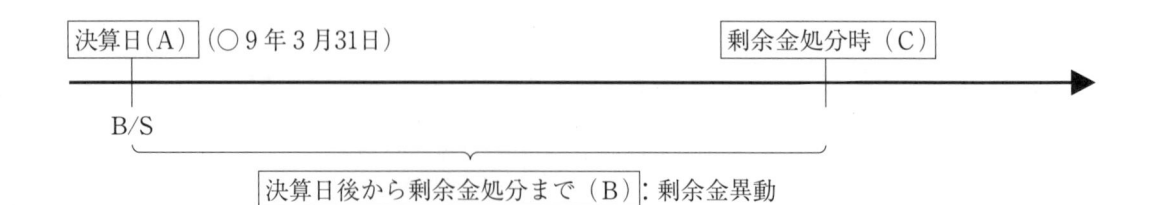

```
決算日(A) (○9年3月31日)                    剰余金処分時（C）
─┼─────────────────────────┼──────→
 │B/S
 └──────────────────┘
   決算日後から剰余金処分まで（B）：剰余金異動
```

▼剰余金の額

①	B/S 資産	63,258,373,471円	③	B/S 負債	57,093,416,000円
			④	B/S 資本金	990,000,000円
			⑤	B/S 法定準備金	B/S 資本準備金 100,000,000円
					B/S 利益準備金　90,000,000円
			⑥	B/S 法務省令による勘定科目	B/S 新株式申込証拠金
					B/S 自己株式申込証拠金
					B/S その他有価証券評価差額金 6,000,000円
					B/S 繰延ヘッジ損益
					B/S 土地再評価差額金 800,000,000円
					B/S 新株予約権　80,000,000円
			⑪	Bの期間の剰余金の異動	自己株式消却額
			⑫		剰余金の配当
②	B/S 自己株式	200,000,000円	⑬		剰余金の資本金組入
⑦	Bの期間の剰余金の異動	自己株式処分損益	⑭		剰余金の資本準備金組入額
⑧		資本金減少差益	⑮		剰余金の利益準備金組入額
⑨		資本準備金減少差益	⑯		配当に伴う資本準備金または利益準備金の積立額
⑩		利益準備金減少差益	⑰		吸収型組織再編に伴う自己株式処分損益
			⑱		吸収型組織再編後の資本剰余金から吸収型再編直前の資本剰余金を減じた額
			⑲		吸収型組織再編後の利益剰余金から吸収型再編直前の利益剰余金を減じた額
				剰余金（ア）	**4,298,957,471円**

※　B/S金額（P211～216）は、会社法計算書類科目組替表より転記します。

6-2．分配可能額の計算

①　のれん等調整額＝(無形固定資産)のれん×1／2＋繰延資産合計

② 資本等金額＝最終事業年度末日の資本金＋資本準備金＋利益準備金
③ 最終事業年度末日のその他資本剰余金合計額

＜連結配当規制適用会社の場合＞

	貸借対照表(A)	連結貸借対照表(B)	A－B＝増減差額
株主資本	C	C′	C－C′＝C″
マイナスのその他有価証券評価差額金	D	D′	D－D′＝D″
マイナスの土地再評価差額金	E	E′	E－E′＝E″
のれん等調整額	①	①′	①－①′＝①″
合計	F	F′	F－F′＝F″
最終事業年度末日後の子会社からの自己株式の取得に係る、当該子会社における帳簿価額に対する持分相当額			G
連結配当規制金額（マイナスの場合は「0」）			F″＋G＝④

▼分配可能額

エ	剰余金処分時の自己株式の帳簿価額（会461②三）　200,000,000円		ア	剰余金（会461②一）（P274）	4,298,957,471円
オ	事業年度の末日後における自己株式処分額（会461②四)				
カ	法務省令で定める勘定科目（会461②六）	①≦②の場合⇒「0」（会計規186一イ）			
キ		①≦②＋③の場合⇒「①－②」（会計規186一ロ）			
ク		②＋③＜①かつ「のれん」×1/2≦②＋③の場合⇒「①－②」（会計規186一ハ（1））			
ケ		②＋③＜①かつ②＋③＜「のれん」×1/2の場合⇒「③＋繰延資産合計」（会計規186一ハ（2））			
コ		最終事業年度の末日における貸借対照表で、「その他の有価証券評価差額金」がマイナスであった場合⇒「その絶対額」（会計規186二）			
サ		最終事業年度の末日における貸借対照表で、「土地再評価差額金」がマイナスであった場合⇒「その絶対額」（会計規186三）			
シ		株式会社が、連結配当規制適用会社である場合⇒「④」（マイナスの場合は「0」）（会計規186四）	イ	臨時計算書類による期間利益（期間損失の場合はマイナス）（会461②二イ・五）	
ス		最終事業年度末日後に、臨時計算書類を複数回作成した場合における最終の臨時計算書類に係る損益（会計規186五）	ウ	臨時計算書類の期間内の自己株式処分額（会461②二ロ）	

セ	3,000,000円－（資本金＋資本準備金＋利益準備金＋新株予約権＋評価・換算差額等）（会計規186六）（マイナスの場合は「0」）	キ	法務省令で定める勘定科目（会461②六）	最終事業年度末日後に自己株式を取得した場合、取得価額から取得株式に交付した当該会社の株式以外の財産の帳簿価額および社債等を控除した額（会計規186九）
ソ	設立時または成立後の株式の交付に伴う義務が履行されたことで、最終事業年度末日後に増加したその他資本剰余金（会計規44） ・出資された財産等の価額が不足する場合の支払責任（会52一） ・不公正な払込金額で株式を引き受けた者等の支払責任（会212①各号） ・不公正な払込金額で新株引受権を引き受けた者等の支払責任（会285①各号）（会計規186ハイ）			
カ	前事業年度がない場合の自己株式の処分に伴う自己株式の対価（設立の期日）（会計規186ハロ）			最終事業年度の末日後に吸収型再編または特定募集をした際に、処分した自己株式の対価の額（会計規186十）
	分配可能額　　4,098,957,471円			

6－3．財産規制の対象となる剰余金の配当等

剰余金の配当を含め、以下の項目は財産規制の対象となります。

1．配当（現物配当を含む）〔会461①八・453〕
2．中間配当〔会454⑤〕
3．資本の減少に伴う払戻し〔会461①八・447〕
4．準備金の減少に伴う払戻し〔会461①八・448〕
5．自己株式の取得（譲渡制限株式の取得）〔会461①一〕：会138一ハ・二ハ
6．自己株式の取得（株主との合意による自己株式の取得＜子会社から、あるいは市場取引等での取得に限る＞）〔会461①二〕：会157①
7．自己株式の取得（2号以外の自己株式取得）〔会461①三〕：会157①
8．自己株式の取得（全部取得条項付種類株式の取得）〔会461①四〕：会173①
9．自己株式の取得（相続人等に対する売渡し請求による取得）〔会461①五〕：会176①
10．自己株式の取得（所在不明株主の株式を買取り）〔会461①六〕：会197③
11．自己株式の取得（1株に満たない端数株式の買取り）〔会461①七〕：会234④

〈参考文献〉会社法実務研究会編『詳解　実務会社法』㈱ぎょうせい、2006年

6－5．根拠条文

＜会社法＞
第446条（剰余金の額）　株式会社の剰余金の額は、**第1号から第4号までに掲げる額の合計額から第5号から第7号までに掲げる額の合計額を減じて得た額**とする。
一　最終事業年度の末日におけるイ及びロに掲げる額の合計額からハからホまでに掲げる額の合計額を減じて得た額
　イ　資産の額
　ロ　自己株式の帳簿価額の合計額
　ハ　負債の額
　ニ　資本金及び準備金の額の合計額
　ホ　ハ及びニに掲げるもののほか、法務省令で定める各勘定科目に計上した額の合計額
二　最終事業年度の末日後に自己株式の処分をした場合における当該自己株式の対価の額から当該自己株式の帳簿価額を控除して得た額
三　最終事業年度の末日後に資本金の額の減少をした場合における当該減少額（次条第1項第2号の額を除く。）
四　最終事業年度の末日後に準備金の額の減少をした場合における当該減少額（第448条第1項第2号の額を除く。）
五　最終事業年度の末日後に第178条第1項の規定により自己株式の消却をした場合における当該自己株式の帳簿価額
六　最終事業年度の末日後に剰余金の配当をした場合における次に掲げる額の合計額
　イ　第454条第1項第1号の配当財産の帳簿価額の総額（同条第4項第1号に規定する金銭分配請求権を行使した株主に割り当てた当該配当財産の帳簿価額を除く。）
　ロ　第454条第4項第1号に規定する金銭分配請求権を行使した株主に交付した金銭の額の合計額
　ハ　第456条に規定する基準未満株式の株主に支払った金銭の額の合計額
七　前二号に掲げるもののほか、**法務省令で定める各勘定科目に計上した額の合計額**

第461条（配当等の制限）　次に掲げる行為により株主に対して交付する金銭等（当該株式会社の株式を除く。以下この節において同じ。）の帳簿価額の総額は、当該行為がその効力を生ずる日における分配可能額を超えてはならない。
一　第138条第1号ハ又は第2号ハの請求に応じて行う当該株式会社の株式の買取り
二　第156条第1項の規定による決定に基づく当該株式会社の株式の取得（第163条に規定する場合又は第165条第1項に規定する場合における当該株式会社による株式の取得に限る。）
三　第157条第1項の規定による決定に基づく当該株式会社の株式の取得
四　第173条第1項の規定による当該株式会社の株式の取得
五　第176条第1項の規定による請求に基づく当該株式会社の株式の買取り
六　第197条第3項の規定による当該株式会社の株式の買取り
七　第234条第4項の規定による当該株式会社の株式の買取り
八　剰余金の配当

2　前項に規定する「分配可能額」とは、第1号及び第2号に掲げる額の合計額から第3号から第6号までに掲げる額の合計額を減じて得た額をいう（以下この節において同じ。）。
一　剰余金の額
二　臨時計算書類につき第441条第4項の承認（同項ただし書に規定する場合にあっては、同条第3項の承認）を受けた場合における次に掲げる額
　イ　第441条第1項第2号の期間の利益の額として法務省令で定める各勘定科目に計上した額の合計額
　ロ　第441条第1項第2号の期間内に自己株式を処分した場合における当該自己株式の対価の額
三　自己株式の帳簿価額
四　最終事業年度の末日後に自己株式を処分した場合における当該自己株式の対価の額
五　第2号に規定する場合における第441条第1項第2号の期間の損失の額として法務省令で定める各勘定科目に計上した額の合計額
六　前三号に掲げるもののほか、法務省令で定める各勘定科目に計上した額の合計額

＜会社計算規則＞
第177条（最終事業年度の末日における控除額）　法第446条第1号ホに規定する法務省令で定める各勘定項目に計上した額の合計額は、第1号に掲げる額から第2号から第4号までに掲げる額の合計額を減じて得た額とする。
一　法第446条第1号イ及びロに掲げる額の合計額
二　法第446条第1号ハ及びニに掲げる額の合計額
三　その他資本剰余金の額
四　その他利益剰余金の額

第178条（最終事業年度の末日後に生ずる控除額）　法第446条第7号に規定する法務省令で定める各勘定項目に計上した額の合計額は、第1号から第3号ま

でに掲げる額の合計額から第4号及び第5号に掲げる額を減じて得た額とする。
一　最終事業年度の末日後に剰余金の額を減少して資本金の額又は準備金の額を増加した場合における当該減少額
二　最終事業年度の末日後に剰余金の配当をした場合における第46条第1号ロ及び第2号ロに掲げる額
三　最終事業年度の末日後に株式会社が吸収型再編受入行為に際して処分する自己株式に係る法第446条第2号に掲げる額
四　最終事業年度の末日後に株式会社が吸収型再編受入行為をした場合における当該吸収型再編受入行為に係る次に掲げる額の合計額
　イ　吸収型再編後資本剰余金額から吸収型再編直前資本剰余金額を減じて得た額
　ロ　吸収型再編後利益剰余金額から吸収型再編直前利益剰余金額を減じて得た額
五　最終事業年度の末日後に第44条の規定により増加したその他資本剰余金の額
2　前項の規定にかかわらず、最終事業年度のない株式会社における法第446条第7号に規定する法務省令で定める各勘定項目に計上した額の合計額は、第1号から第4号までに掲げる額の合計額から第5号から第11号までに掲げる額の合計額を減じて得た額とする。
一　成立の日後に法第178条第1項の規定により自己株式の消却をした場合における当該自己株式の帳簿価額
二　成立の日後に剰余金の配当をした場合における当該剰余金の配当に係る法第446条第6号に掲げる額
三　成立の日後に剰余金の額を減少して資本金の額又は準備金の額を増加した場合における当該減少額
四　成立の日後に剰余金の配当をした場合における第46条第1号ロ及び第2号ロに掲げる額
五　成立の日におけるその他資本剰余金の額
六　成立の日におけるその他利益剰余金の額
七　成立の日後に自己株式の処分をした場合（吸収型再編受入行為に際して自己株式の処分をした場合を除く。）における当該自己株式の対価の額から当該自己株式の帳簿価額を減じて得た額
八　成立の日後に資本金の額の減少をした場合における当該減少額（法第447条第1項第2号の額を除く。）
九　成立の日後に準備金の額の減少をした場合における当該減少額（法第448条第1項第2号の額を除く。）
十　成立の日後に株式会社が吸収型再編受入行為をした場合における当該吸収型再編に係る次に掲げる額の合計額
　イ　吸収型再編後資本剰余金額から吸収型再編直前資本剰余金額を減じて得た額
　ロ　吸収型再編後利益剰余金額から吸収型再編直前利益剰余金額を減じて得た額
十一　成立の日後に第44条の規定により増加したその他資本剰余金の額
3　最終事業年度の末日後に株式会社以外の法人が株式会社となった場合には、株式会社となった日における当該株式会社のその他資本剰余金の額及びその他利益剰余金の額の合計額を最終事業年度の末日における剰余金の額とみなす。

第184条（臨時計算書類の利益の額）　法第461条第2項第2号イに規定する法務省令で定める各勘定項目に計上した額の合計額は、次に掲げる額の合計額とする。
一　臨時計算書類の損益計算書に計上された当期純損益金額（零以上の額に限る。）
二　第44条の規定により増加したその他資本剰余金の額

第185条（臨時計算書類の損失の額）　法第461条第2項第5号に規定する法務省令で定める各勘定項目に計上した額の合計額は、零から臨時計算書類の損益計算書に計上された当期純損益金額（零未満の額に限る。）を減じて得た額とする。

第186条（その他減ずるべき額）　法第461条第2項第6号に規定する法務省令で定める各勘定項目に計上した額の合計額は、第1号から第8号までに掲げる額の合計額から第9号及び第10号に掲げる額の合計額を減じて得た額とする。
一　最終事業年度（法第461条第2項第2号に規定する場合にあっては、法第441条第1項第2号の期間（当該期間が2以上ある場合にあっては、その末日が最も遅いもの）。以下この号、次号、第3号、第6号ハ、第8号イ及び第9号において同じ。）の末日（最終事業年度がない場合（法第461条第2項第2号に規定する場合を除く。）にあっては、成立の日。以下この号、次号、第3号、第6号ハ、第8号イ及び第9号において同じ。）におけるのれん等調整額（資産の部に計上したのれんの額を2で除して得た額及び繰延資産の部に計上した額の合計額をいう。以下この号及び第4号において同じ。）が次のイからハまでに掲げる場合に該当する場合における当該イからハまでに定める額
　イ　当該のれん等調整額が資本等金額（最終事業年度の末日における資本金の額及び準備金の額の合計額をいう。以下この号において同じ。）以下である場合　零
　ロ　当該のれん等調整額が資本等金額及び最終事業年度の末日におけるその他資本剰余金の額の合計額以下である場合（イに掲げる場合を除く。）　当該のれん等調整額から資本等金額を減

じて得た額
　ハ　当該のれん等調整額が資本等金額及び最終事業年度の末日におけるその他資本剰余金の額の合計額を超えている場合　次に掲げる場合の区分に応じ、次に定める額
　　(1)最終事業年度の末日におけるのれんの額を2で除して得た額が資本等金額及び最終事業年度の末日におけるその他資本剰余金の額の合計額以下の場合　当該のれん等調整額から資本等金額を減じて得た額
　　(2)最終事業年度の末日におけるのれんの額を2で除して得た額が資本等金額及び最終事業年度の末日におけるその他資本剰余金の額の合計額を超えている場合　最終事業年度の末日におけるその他資本剰余金の額及び繰延資産の部に計上した額の合計額
二　最終事業年度の末日における貸借対照表のその他有価証券評価差額金の項目に計上した額（当該額が零以上である場合にあっては、零）を零から減じて得た額
三　最終事業年度の末日における貸借対照表の土地再評価差額金の項目に計上した額（当該額が零以上である場合にあっては、零）を零から減じて得た額
四　株式会社が連結配当規制適用会社であるとき（第2条第3項第72号のある事業年度が最終事業年度である場合に限る。）は、イ及びロに掲げる額の合計額からハに掲げる額を減じて得た額（当該額が零未満である場合にあっては、零）
　イ　最終事業年度の末日における貸借対照表の(1)から(3)までに掲げる額の合計額から(4)に掲げる額を減じて得た額
　　(1)株主資本の額
　　(2)その他有価証券評価差額金の項目に計上した額(当該額が零以上である場合にあっては、零)
　　(3)土地再評価差額金の項目に計上した額（当該額が零以上である場合にあっては、零）
　　(4)のれん等調整額（当該のれん等調整額が資本金の額、資本剰余金の額及び利益準備金の額の合計額を超えている場合にあっては、資本金の額、資本剰余金の額及び利益準備金の額の合計額）
　ロ　最終事業年度の末日後に子会社から当該株式会社の株式を取得した場合における当該株式の取得直前の当該子会社における帳簿価額のうち、当該株式会社の当該子会社に対する持分に相当する額
　ハ　最終事業年度の末日における連結貸借対照表の(1)から(3)までに掲げる額の合計額から(4)に掲げる額を減じて得た額
　　(1)株主資本の額
　　(2)その他有価証券評価差額金の項目に計上した額(当該額が零以上である場合にあっては、零)
　　(3)土地再評価差額金の項目に計上した額（当該額が零以上である場合にあっては、零）
　　(4)のれん等調整額（当該のれん等調整額が資本金の額及び資本剰余金の額の合計額を超えている場合にあっては、資本金の額及び資本剰余金の額の合計額）
五　最終事業年度の末日（最終事業年度がない場合にあっては、成立の日。第7号及び第10号において同じ。）後に2以上の臨時計算書類を作成した場合における最終の臨時計算書類以外の臨時計算書類に係る法第461条第2項第2号に掲げる額(同号ロに掲げる額のうち、吸収型再編受入行為及び特定募集（次の要件のいずれにも該当する場合におけるロの募集をいう。以下この条において同じ。）に際して処分する自己株式に係るものを除く。)から同項第5号に掲げる額を減じて得た額
　イ　最終事業年度の末日後に法第173条第1項の規定により当該株式会社の株式の取得（株式の取得に際して当該株式の株主に対してロの募集により当該株式会社が払込み又は給付を受けた財産のみを交付する場合における当該株式の取得に限る。）をすること。
　ロ　法第二編第二章第八節の規定によりイの株式（当該株式の取得と同時に当該取得した株式の内容を変更する場合にあっては、当該変更後の内容の株式）の全部又は一部を引き受ける者の募集をすること。
　ハ　イの株式の取得に係る法第171条第1項第3号の日とロの募集に係る法第199条第1項第4号の期日が同一の日であること。
六　3百万円に相当する額から次に掲げる額の合計額を減じて得た額（当該額が零未満である場合にあっては、零）
　イ　資本金の額及び準備金の額の合計額
　ロ　新株予約権の額
　ハ　最終事業年度の末日の貸借対照表の評価・換算差額等の各項目に計上した額（当該項目に計上した額が零未満である場合にあっては、零）の合計額
七　最終事業年度の末日後株式会社が吸収型再編受入行為又は特定募集に際して処分する自己株式に係る法第461条第2項第2号ロに掲げる額
八　次に掲げる額の合計額
　イ　最終事業年度の末日後に第44条の規定により増加したその他資本剰余金の額
　ロ　最終事業年度がない株式会社が成立の日後に自己株式を処分した場合における当該自己株式の対価の額
九　最終事業年度の末日後に株式会社が当該株式会

社の株式を取得した場合（法第155条第12号に掲げる場合以外の場合において、当該株式の取得と引換えに当該株式の株主に対して当該株式会社の株式を交付するときに限る。）における当該取得した株式の帳簿価額から次に掲げる額の合計額を減じて得た額
　イ　当該取得に際して当該取得した株式の株主に交付する当該株式会社の株式以外の財産（社債等（自己社債及び自己新株予約権を除く。ロにおいて同じ。）を除く。）の帳簿価額
　ロ　当該取得に際して当該取得した株式の株主に交付する当該株式会社の社債等に付すべき帳簿価額
十　最終事業年度の末日後に株式会社が吸収型再編受入行為又は特定募集に際して処分する自己株式に係る法第461条第2項第4号（最終事業年度がない場合にあっては、第8号）に掲げる額

第 4 章 個別注記表

　会社法施行により、新たに「個別注記表」という計算書類が加わりました。

　これは、貸借対照表、損益計算書、および株主資本等変動計算書の補足情報をまとめたものです。

　本書では、個別注記表の完成までに記入すべき箇所として441箇所を設定しました（ガイドNo.【個注１】～【個注441】）。

　以下、その441箇所について、記載例、使用する基礎資料、根拠法令の条文等を示しながら作成方法を説明していきます。

　なお、関連当事者の注記については、平成18年５月１日以後最初に到来する決算日（事業年度の末日）であって、かつ、最初に開催する株主総会の招集通知に合わせてその内容を通知する場合には、省略できます。

　一般の上場企業の場合には、平成18年２月決算の定時株主総会の招集通知は、会社法施行後になるので、平成19年２月決算の定時株主総会の招集通知は２回目になります。つまり、会社法施行後に最初に到来する決算日であっても、最初に開催する株主総会に合わせてその内容を通知すべきものにはならず、省略の条件を満たしません。

　したがって、平成19年２月決算以降の会計監査人設置会社またはその他の公開会社（株式譲渡制限のない会社）は、「関連当事者との取引に関する注記」の記載が原則通り必要になります。

＜会社計算規則＞
附則第７条（提供計算書類の提供等に関する経過措置）
　第129条第１項第８号の規定は、この省令の施行後最初に到来する事業年度の末日に係る個別注記表であって、この省令の施行後最初に開催する株主総会の招集の通知に併せてその内容を通知すべきものについては、適用しない。
⇒【関連当事者との取引に関する注記】

1．継続企業の前提に関する注記

1．記載例（該当する場合の例）

1．継続企業の前提に関する注記【個注1】
　当社は、当期において、○○百万円の債務超過になっています。当該状況により、継続企業の前提に関する重要な疑義が存在しております。当社は、当該状況を解消すべく、経営の再構築を進めており、海外子会社の整理、大幅な人員削減、○○事業からの撤退、本社移転を含む合理化等を計画し、実施しています。
　また、主要仕入先およびその子会社に対する買掛債務等○○百万円（うち外貨建○○百万円）については、平成○9年4月25日付で、今後1年間の返済予定額の決定を含む返済計画の申し入れを行い、現在交渉中です。
　更に、株式会社○○銀行が当社に対して有していた貸付債権○○百万円とそれに付帯する利息債権等については、平成○9年1月27日付で、○○株式会社に譲渡しました。当社は同社と返済総額の大幅な削減を含む返済計画についての交渉を行っており、平成○9年6月3日に「特定債務等の調整の促進のための特定調停に関する法律」に基づき、東京簡易裁判所に特定調停の申立てを行っています。
　上記交渉の結果の如何によっては、当社に対し法的措置をとる可能性があります。
　財務諸表は継続企業を前提として作成されており、このような重要な疑義の影響を財務諸表には反映しておりません。

2．記載項目別作業一覧

ガイドNo.	個別/連結	区分	記載内容	作業内容およびチェック事項
個注1	個別	非数値	1．継続企業の前提に関する注記 「当社は、当期において、○○百万円の債務超過になっています。…。」	□再建計画に関する取締役会議事録、事業再建に関する再建計画書、事業再建支援に関する合意書を基礎資料として作成する。 □決算短信の「継続企業の前提に関する注記」の内容との整合性を図る（上場企業の場合）。

3．根拠条文

＜会社計算規則＞
第128条（通則）　注記表（個別注記表及び連結注記表をいう。以下この編において同じ。）については、この章の定めるところによる。
第129条（注記表の区分）　注記表は、次に掲げる項目に区分して表示しなければならない。

一　継続企業の前提に関する注記
…略…
第131条（継続企業の前提に関する注記）　継続企業の前提に関する注記は、当該会社の事業年度の末日において、財務指標の悪化の傾向、重要な債務の不履行等財政破綻の可能性その他会社が将来にわたって

事業を継続するとの前提（以下この条において「継続企業の前提」という。）に重要な疑義を抱かせる事象又は状況が存在する場合における次に掲げる事項とする。
一　当該事象又は状況が存在する旨及びその内容
二　継続企業の前提に関する重要な疑義の存在の有無
三　当該事象又は状況を解消又は大幅に改善するための経営者の対応及び経営計画
四　当該重要な疑義の影響の計算書類（連結注記表にあっては、連結計算書類）への反映の有無

2．重要な会計方針に関する注記

1．記載例

2．重要な会計方針に関する注記
（1）有価証券の評価基準および評価方法【個注2】
　　　売買目的有価証券………決算期末の市場価格等に基づく時価法
　　　子会社株式および関連会社株式…移動平均法による原価法
　　　その他の有価証券………【時価のあるその他有価証券】
　　　　決算期末の市場価格等に基づく時価法
　　　（評価差額は全部資本直入法により、売却原価は移動平均法により算定しております。）
　　　【時価のないその他有価証券】
　　　移動平均法による原価法

（2）デリバティブの評価基準および評価方法＜該当がある場合＞【個注3】
　　時価法によっております。なお、ヘッジ会計の要件を満たす取引については、ヘッジ会計を採用しております。

（3）たな卸資産の評価基準および評価方法【個注4】
　（評価基準および評価方法）
　　　製品……先入先出法による原価法
　　　仕掛品…総平均法による原価法
　　　材料……後入先出法による原価法

（4）固定資産の減価償却方法
　（有形固定資産）【個注5】
　　有形固定資産の減価償却は、定率法によっております。
　　但し、平成10年4月1日以降に取得した建物（建物附属設備を除く）については、定額法を採用しております。
　　なお、主な耐用年数は以下の通りであります。
　　　建物　　　8年〜50年

機械装置　　５年～17年
（無形固定資産）【個注６】
　　無形固定資産の減価償却は、定額法によっております。
　　但し、のれんは、20年に亘って均等償却しております。
　　また、ソフトウェア（自社利用分）については、社内における利用可能期間（５年）に基づく定額法によっております。
（長期前払費用）【個注７】
　　長期前払費用は均等償却を採用しております。

（５）繰延資産の処理方法
　　開発費は、５年間に亘り均等償却しております。【個注８】
　　社債発行費は、支出時に全額費用処理しております。

（６）引当金の計上方法
　　引当金の計上基準は、次の通りであります。【個注９】
　　貸倒引当金……………債権の貸倒れによる損失に備えるため、回収不能見込額を計上しております。
　　　①　一般債権　　　　　　　　　　　貸倒実績率によっております。
　　　②　貸倒懸念債権および破産更生債権　財務内容評価法によっております。
　　賞与引当金……………従業員に対して支給する賞与の支出に充てるため、将来の支給見込額のうち当期の負担額を計上しております。【個注10】
　　役員賞与引当金………取締役および監査役に対して支給する賞与の支出に充てるため、将来の支給見込額のうち当期の負担額を計上しております。【個注11】
　　退職給付引当金………従業員に対する退職給付に備えるため、当期末における退職給付債務に基づき、当期末に発生している額を計上しております。【個注12】
　　役員退職慰労引当金…役員退職慰労金の支払に備えるため、内規に基づく期末要支給額を計上しております。【個注13】

（７）リースの会計処理方法【個注14】
　　　リース物件の所有権が借主に移転すると認められるもの以外のファイナンス・リース取引については、通常の賃貸借取引に係る方法に準じた会計処理によっております。

（８）ヘッジ会計の方法【個注15】
　　①　ヘッジ会計の方法
　　　ａ．金利スワップ取引については、繰延ヘッジ処理を適用しています。
　　　ｂ．通貨オプション取引および連結子会社向け債権債務をヘッジする目的で締結した為替予約取引および通貨スワップ取引についてはヘッジ会計を適用せず、当事業年度末に時価評価を行い、その評価差額は当事業年度の営業外損益として計上しております。
　　　＜設例では、発生していないと仮定＞
　　②　ヘッジ手段とヘッジ対象
　　　ａ．金融資産（大口定期預金等）および負債（社債）から発生する将来のキャッシュ・フ

ローに伴う金利変動リスクをヘッジするため、金利スワップ取引を行っています。
　　ｂ．売上債権に係る外貨建取引に伴う為替変動リスクをヘッジするため、為替予約取引および通貨オプション取引を行っています。
③　ヘッジ方針
　　ａ．資産および負債に係る為替変動リスクおよび金利変動リスクをヘッジする目的でデリバティブ取引を行っています。
　　ｂ．デリバティブ取引の方針および実施内容については、主として毎期初に当社の取締役会の承認を受け、また期中の取引およびリスクの管理については、主に社内管理規程に基づいて実施しています。
　　ｃ．デリバティブ取引については、主として信用力の高い金融機関を取引相手に、一定の限度額を設けて実施しています。
④　ヘッジの有効性評価の方法
　　金利スワップ取引については、回帰分析による事前テストを毎期初に、また回帰分析および比率分析による事後テストを毎期末に実施しております。

(9) その他財務諸表作成のための基本となる重要な事項【個注16】
　消費税等の会計処理
　　消費税等の会計処理は税抜き方式によっております。

2．記載項目別作業一覧

ガイドNo.	個別/連結	区分	記載内容	作業内容およびチェック事項
個注2	個別	非数値	2．重要な会計方針に関する注記 （1）有価証券の評価基準および評価方法　…略…	□経理規程（重要な会計方針）との整合性を図る。
個注3	個別	非数値	（2）デリバティブの評価基準および評価方法　…略…	□同上
個注4	個別	非数値	（3）たな卸資産の評価基準および評価方法　…略…	□同上
個注5	個別	非数値	（4）固定資産の減価償却方法（有形固定資産）…略…	□同上
個注6	個別	非数値	（4）固定資産の減価償却方法（無形固定資産）…略…	□同上
個注7	個別	非数値	（4）固定資産の減価償却方法（長期前払費用）…略…	□同上
個注8	個別	非数値	（5）繰延資産の処理方法　…略…	□同上
個注9	個別	非数値	（6）引当金の計上方法（貸倒引当金）…略…	□同上
個注10	個別	非数値	（6）引当金の計上方法（賞与引当金）…略…	□同上
個注11	個別	非数値	（6）引当金の計上方法（役員賞与引当金）…略…	□同上
個注12	個別	非数値	（6）引当金の計上方法（退職給付引当金）…略…	□同上
個注13	個別	非数値	（6）引当金の計上方法（役員退職慰労引当金）…略…	□同上
個注14	個別	非数値	（7）リースの会計処理方法　…略…	□同上
個注15	個別	非数値	（8）ヘッジ会計の方法　…略…	□同上
個注16	個別	非数値	（9）その他財務諸表作成のための基本となる重要な事項 消費税等の会計処理　…略…	□同上

3．根拠条文

<会社計算規則>

第五章　注記表

第128条（通則）　注記表（個別注記表及び連結注記表をいう。以下この編において同じ。）については、この章の定めるところによる。

第129条（注記表の区分）　注記表は、次に掲げる項目に区分して表示しなければならない。

…略…

二　重要な会計方針に係る事項（連結注記表にあっては、連結計算書類の作成のための基本となる重要な事項）に関する注記

…略…

第132条（重要な会計方針に係る事項に関する注記）

重要な会計方針に係る事項に関する注記は、計算書類の作成のために採用している会計処理の原則及び手続並びに表示方法その他計算書類作成のための基本となる事項（次項において「会計方針」という。）であって、次に掲げる事項（重要性の乏しいものを除く。）とする。

一　資産の評価基準及び評価方法
二　固定資産の減価償却の方法
三　引当金の計上基準
四　収益及び費用の計上基準
五　その他計算書類の作成のための基本となる重要な事項

3．会計の方針の変更に関する注記

1．記載例

3．会計方針の変更に関する注記

（1）たな卸資産の評価方法の変更

当期より、収益費用の対応の適正化を図る為に、【個注17】売価還元原価法より先入先出法による原価法へ変更しております。【個注18】

この変更により、従来の方法に比し、営業利益、経常利益および税引前当期純利益が50百万円減少しております。【個注19】

（2）役員賞与に関する会計基準

当期より、「役員賞与に関する会計基準」（企業会計基準第4号　平成17年11月29日企業会計基準委員会）に基づき、当期に負担すべき役員賞与の期間損益の適正化を図る為、【個注20】従来、利益処分項目として処理していた役員賞与を当期費用（販売費及び一般管理費）として処理する方法に変更しております。【個注21】

当該変更により、従前の方法に比べて、営業利益、経常利益および税引前当期純利益が2百万円が減少しております。【個注22】

（3）貸借対照表の純資産の部の表示に関する会計基準【個注23】

当事業年度末より、貸借対照表の表示について「貸借対照表の純資産の部の表示に関する会計基準」（企業会計基準委員会　平成17年12月9日）および「貸借対照表の純資産の部の表示に関する会計基準等の適用指針」（企業会計基準適用指針第8号　平成17年12月9日）を適用しております。従来の基準に従った資本の部の合計に相当する金額は、6,084百万円

【個注24】であります。

2．記載項目別作業一覧

ガイド No.	個別/連結	区分	記載内容	作業内容およびチェック事項
個注17	個別	非数値	3．会計方針の変更に関する注記 （1）たな卸資産の評価方法の変更 （変更理由） 「収益費用の対応の適正化を図る為に、…」	□会計方針変更に関する監査法人との協議資料と照合する。 □会計方針変更の同一事例と照合する。 □会計方針の変更に関する開示委員会議事録と照合する。
個注18	個別	非数値	（1）たな卸資産の評価方法の変更 （変更の旨） 「売価還元原価法より先入先出法による原価法へ変更しております。」	□同上
個注19	個別	数値	（1）たな卸資産の評価方法の変更 （変更の影響額） 「この変更により、従来の方法に比し、営業利益、経常利益および税引前当期純利益が50百万円減少しております。」	□同上 □影響額の計算資料と照合する。
個注20	個別	非数値	（2）役員賞与に関する会計基準 （変更理由） 「「役員賞与に関する会計基準」（企業会計基準第4号 平成17年11月29日企業会計基準委員会）に基づき、当期に負担すべき役員賞与の期間損益の適正化を図る為、…」	□会計方針変更に関する監査法人との協議資料と照合する。 □会計方針変更の同一事例と照合する。 □会計方針の変更に関する開示委員会議事録と照合する。
個注21	個別	非数値	（2）役員賞与に関する会計基準 （変更の旨） 「従来、利益処分項目として処理していた役員賞与を当期費用（販売費及び一般管理費）として処理する方法に変更しております。」	□会計方針変更に関する監査法人との協議資料と照合する。 □会計方針変更の同一事例と照合する。 □会計方針の変更に関する開示委員会議事録と照合する。
個注22	個別	数値	（2）役員賞与に関する会計基準 （変更の影響額） 「当該変更により、従前の方法に比べて、営業利益、経常利益および税引前当期純利益が2百万円が減少しております。」	□同上 □影響額の計算資料と照合する。
個注23	個別	非数値	（3）貸借対照表の純資産の部の表示に関する会計基準 （変更理由・変更の旨） 「当事業年度末より、貸借対照表の表示について「貸借対照表の純資産の部の表示に関する会計基準」（企業会計基準委員会　平成17年12月9日）および「貸借対照表の純資産の部の表示に関する会計基準等の適用指針」（企業会計基準適用指針第8号　平成17年12月9日）を適用しております。	□同上

288　第Ⅴ部　個別計算書類の作成プロセス

ガイド No.	個別/連結	区分	記載内容	作業内容およびチェック事項
個注24	個別	数値	（3）貸借対照表の純資産の部の表示に関する会計基準（変更の影響額） 「従来の基準に従った資本の部の合計に相当する金額は、6,084百万円であります。」	□同上 □影響額の計算資料と照合する。

3．根拠条文

```
＜会社計算規則＞
第132条（重要な会計方針に係る事項に関する注記）
　　…略…
2　会計方針を変更した場合には、次に掲げる事項（重要性の乏しいものを除く。）も重要な会計方針に関する注記とする。
　一　会計処理の原則又は手続を変更したときは、その旨、変更の理由及び当該変更が計算書類に与えている影響の内容
　　…略…
```

4．表示方法の変更に関する注記

1．記載例

> 4．表示方法の変更に関する注記
> （損益計算書）
> （1）前期まで特別利益の「その他」に含めて表示していた「投資有価証券売却益」は、特別利益の総額の100分の10を超えることとなったため区分掲記することに変更しました。【個注25】
> なお、前期における投資有価証券売却益の金額は2百万円であります。【個注26】

2．記載項目別作業一覧

ガイド No.	個別/連結	区分	記載内容	作業内容およびチェック事項
個注25	個別	非数値	4．表示方法の変更に関する注記 「（1）前期まで特別利益の「その他」に含めて表示していた「投資有価証券売却益」は、特別利益の総額の100分の10を超えることとなったため区分掲記することに変更しました。」	□当期の会社法計算書類科目内訳書（投資有価証券売却益）、前期の会社法計算書類科目内訳書（特別利益：その他）、表示方法変更に関する監査法人との協議資料、表示方法の変更に関する開示委員会議事録を基礎資料として作成する。
個注26	個別	数値	（変更による影響額） 「なお、前期における投資有価証券売却益の金額は2百万円であります。」	□同上 □影響額の計算資料と照合する。

3．根拠条文

<会社計算規則>
第132条（重要な会計方針に係る事項に関する注記）
…略…
2　会計方針を変更した場合には、次に掲げる事項（重要性の乏しいものを除く。）も重要な会計方針に関する注記とする。
…略…
二　表示方法を変更したときは、その内容
…略…

5．貸借対照表に関する注記—（1）有形固定資産の減価償却累計額

1．記載例

> 5．貸借対照表に関する注記
> （1）有形固定資産の減価償却累計額　　6,839百万円【個注27】
> 　上記金額には、減損損失累計額729百万円【個注28】が含まれています。

2．記載項目別作業一覧

ガイドNo.	個別/連結	区分	記載内容	作業内容およびチェック事項
個注27	個別	数値	（1）有形固定資産の減価償却累計額 6,839百万円	□法人税申告書の別表16(1)・(2)の「減価償却資産の償却額の計算に関する明細書」と照合する。 □固定資産管理台帳（総括表）と照合する。 □減価償却費総括表と照合する。 □計算書類に係る附属明細書「有形固定資産及び無形固定資産の明細」の「減価償却累計額」との一致を検証する。 □連結精算表用の個別財務諸表との一致を確認する。 □個別決算短信の貸借対照表注記の「減価償却累計額注記額」との整合性をチェックする（上場会社の場合）。
個注28	個別	数値	「上記金額には、減損損失累計額729百万円が含まれています。」	□固定資産管理台帳（総括表）と照合する。 □減損損失累計額に関して、減損評価資料および取締役会決議議事録と照合する。

3．根拠条文

<会社計算規則>
第134条（貸借対照表等に関する注記）　貸借対照表等に関する注記は、次に掲げる事項（連結注記表にあっては、第6号から第9号までに掲げる事項を除く。）とする。
…略…
三　資産に係る減価償却累計額を直接控除した場合における各資産の資産項目別の減価償却累計額（一括して注記することが適当な場合にあっては、各資産について一括した減価償却累計額）

四 資産に係る減損損失累計額を減価償却累計額に合算して減価償却累計額の項目をもって表示した場合にあっては、減価償却累計額に減損損失累計額が含まれている旨

5．貸借対照表に関する注記—（2）流動資産の関係会社株式のうち、親会社株式

1．記載例

> 5．貸借対照表に関する注記
> （2）流動資産の関係会社株式のうち、親会社株式　　　10百万円【個注29】

2．記載項目別作業一覧

ガイドNo.	個別/連結	区分	記載内容	作業内容およびチェック事項
個注29	個別	数値	（2）流動資産の関係会社株式のうち、親会社株式　10百万円	□会社法計算書類科目内訳書（流動資産：関係会社株式）より転記する。 □関係会社株式管理台帳と照合する。 □投資有価証券実査資料と照合する。

3．根拠条文

＜会社計算規則＞
第134条（貸借対照表等に関する注記）　貸借対照表等に関する注記は、次に掲げる事項（連結注記表にあっては、第6号から第9号までに掲げる事項を除く。）とする。
　…略…
九　当該株式会社の親会社株式の各表示区分別の金額

5．貸借対照表に関する注記—（3）関係会社に対する債権および債務

1．作成上のポイント

関係会社の短期・長期金銭債権・債務の注記額は、下記のプロセスにより作成します。

・作成手順1

「関係会社の範囲」を実質支配関係にあると判断した基礎資料に基づいて正確に確定します。関係会社は、被支配会社としての「a．親会社」、「b．その他の関係会社」、および

支配会社としての「c．子会社」、「d．関連会社」の4つの会社から成ります。

区分	属性（実質支配力基準で判定）	事例会社
被支配	親会社	㈱ディスクローズ1
	その他関係会社	㈱ドリーム
支配	子会社	㈱ライン（連結子会社） ㈱システムサポート ㈱医療システム開発 ㈱医療情報サービス
	関連会社	㈱メディカルサポート（持分法適用会社） ㈱映像システム ㈱ビジュアルシステム

・作成手順2

　主要勘定科目（貸借対照表）に補助科目コードとして「関係会社コード」を設定し、会計システム上、総勘定科目別の補助元帳一覧を作成できるようにします。これにより総勘定科目内訳書を作成します。

・作成手順3

　総勘定科目内訳書に基づいて、株主総会用の「会社法計算書類科目内訳書（相手先別）」を作成します。相手先は、一般としては「上位5社程度」と、関係グループとしては「関連当事者属性」を明示し、それ以外は「その他」に要約します。

・作成手順4

　「会社法計算書類科目内訳書（相手先別）」のうち、関係会社属性該当分を短期・長期の金銭債権・金銭債務を区分して集計し、表示単位処理し、「関係会社に対する金銭債権・金銭債務の注記額」へ転記します。

　仮に短期金銭債権科目が「受取手形」および「売掛金」のみと仮定すると、会社法計算書類科目内訳書は以下のようになります。

　「関係会社」属性分だけを集計すると、

　　受取手形　　　　　290,000,000円　（P292③：会社法計算書類科目内訳書「受取手形」）
　　売掛金　　　　　1,155,678,000円　（P293③：会社法計算書類科目内訳書「売掛金」）
　　短期金銭債権計　　1,445,678,000円

となるので、表示単位処理（百万円未満切捨て）して、1,445百万円を「関係会社に対する短期金銭債権注記額」（P294）として転記します。

会社法計算書類科目内訳書「受取手形」

(SOURCE) 総勘定科目内訳書（受取手形）
㈱スリー・シー・コンサルティング

番号	区分	相手先	相手先別金額	関係会社属性	関連当事者属性	役員属性	注記事項 役員に対する債権	注記事項 関係会社に対する債権	注記事項 関連当事者に対する債権
1	関連当事者グループ	㈱ディスクローズ1	18,000,000	親会社	親会社・法人主要株主	×		18,000,000	18,000,000
2		㈱ドリーム	−	その他の関係会社	その他の関係会社・法人主要株主	×		−	−
3		㈱ジン	−	×	親会社の子会社	×		−	−
4		㈱コンプライアンス	−	×	その他の関係会社の親会社	×		−	−
5		㈱マインド	−	×	その他の関係会社の子会社	×		−	−
6		㈱ライン	100,000,000	子会社	連結子会社	×		100,000,000	100,000,000
7		㈱テン	68,000,000	子会社	非連結子会社	×		68,000,000	68,000,000
8		㈱システムサポート	48,000,000	子会社	非連結子会社	×		48,000,000	48,000,000
9		㈱医療システム開発	32,000,000	子会社	非連結子会社	×		32,000,000	32,000,000
10		㈱医療情報サービス	−	子会社	非連結子会社	×		−	−
11		㈱メディカルサポート	24,000,000	子会社	関連会社	×		24,000,000	24,000,000
12		㈱映像システム	−	関連会社	関連会社	×		−	−
13		㈱ビジュアルシステム	−	関連会社	関連会社	×		−	−
14		㈱ビジュアルアート	−	×	関連会社の子会社	×		−	−
15		清水一之	−	×	役員（取締役）	○			
16		㈱安田屋	−	×	（代表取締役 安田浩一）役員およびその近親者が議決権の過半数を自己の計算で所有している会社	×	−	−	−
17		㈱安田運輸	−	×	上記の子会社	×		−	−
22	一般	㈱甲社	80,000,000	×	×	×		−	−
99		その他	2,775,640,000	×	×	×		−	−
		合計	①′ 3,145,640,000				②′ 0	③′ 290,000,000	④′ 290,000,000

※ 「主要株主」：金融商品取引法第163条第1項「主要株主」は、「議決権の100分の10以上を所有する株主」をいう。
　「近親者」　：二親等内の親族をいう。
①′は、「会社法計算書類科目組替表（貸借対照表）」の「受取手形」金額と一致する（P212）。
②′は、「貸借対照表に関する注記：取締役および監査役に対する金銭債権」を構成する（P303）。…②′+②″
③′は、「貸借対照表に関する注記：関係会社に対する短期金銭債権」を構成する（P294）。…③′+③″
④′を、「関連当事者取引に関する注記：受取手形」へ各関連当事者ごとに記載する（P322・325・327・329〜331）。

会社法計算書類科目内訳書「売掛金」

(SOURCE) 総勘定科目内訳書（A製品売掛金・B製品売掛金）
㈱スリー・シー・コンサルティング

番号	区分	相手先	相手先別金額	関係会社属性	関連当事者属性	役員属性	注記事項 役員に対する債権	注記事項 関係会社に対する債権	注記事項 関連当事者に対する債権
1	関連当事者グループ	㈱ディスクローズ1	630,000,000	親会社	親会社・法人主要株主	×		630,000,000	630,000,000
2		㈱ドリーム	105,000,000	その他の関係会社	その他の関係会社・法人主要株主	×		105,000,000	105,000,000
3		㈱ジン	52,500,000	×	親会社の子会社	×		—	52,500,000
4		㈱コンプライアンス	31,500,000	×	その他の関係会社の親会社	×			31,500,000
5		㈱マインド	7,350,000	×	その他の関係会社の子会社	×		—	7,350,000
6		㈱ライン	120,000,000	子会社	連結子会社	×		120,000,000	120,000,000
7		㈱テン	105,000,000	子会社	非連結子会社	×		105,000,000	105,000,000
8		㈱システムサポート	58,128,000	子会社	非連結子会社	×		58,128,000	58,128,000
9		㈱医療システム開発	21,000,000	子会社	非連結子会社	×		21,000,000	21,000,000
10		㈱医療情報サービス	10,500,000	子会社	非連結子会社	×		10,500,000	10,500,000
11		㈱メディカルサポート	88,200,000	子会社	関連会社	×		88,200,000	88,200,000
12		㈱映像システム	9,450,000	関連会社	関連会社	×		9,450,000	9,450,000
13		㈱ビジュアルシステム	8,400,000	関連会社	関連会社	×		8,400,000	8,400,000
14		㈱ビジュアルアート	4,200,000	×	関連会社の子会社	×			4,200,000
15		清水一之	3,150,000	×	役員（取締役）	○	3,150,000		3,150,000
16		㈱安田屋	5,250,000	×	（代表取締役 安田浩一）役員およびその近親者が議決権の過半数を自己の計算で所有している会社	×			5,250,000
17		㈱安田運輸	1,050,000	×	上記の子会社	×			1,050,000
22	一般	㈱甲社	136,500,000	×	×	×			
99		その他	2,750,348,000	×	×	×			
		合計	①″ 4,147,526,000				②″ 3,150,000	③″ 1,155,678,000	④″ 1,260,678,000

※ 「主要株主」：金融商品取引法第163条第1項「主要株主」は、「議決権の100分の10以上を所有する株主」をいう。
「近親者」：二親等内の親族をいう。

①″は、「会社法計算書類科目組替表（貸借対照表）」の「売掛金」金額と一致する（P212）。
②″は、「貸借対照表に関する注記：取締役および監査役に対する金銭債権」を構成する（P303）。…②′＋②″
③″は、「貸借対照表に関する注記：関係会社に対する短期金銭債権」を構成する（P294）。…③′＋③″
④″を、「関連当事者取引に関する注記：売掛金」へ各関連当事者ごとに記載する（P322・325・327・329～331）。

2．記載例

> 5．貸借対照表に関する注記
> （3）関係会社に対する債権および債務の注記
>   関係会社に対する短期金銭債権　　1,445百万円【個注30】
>   関係会社に対する長期金銭債権　　　　40百万円【個注31】
>   関係会社に対する短期金銭債務　　　619百万円【個注32】
>   関係会社に対する長期金銭債務　　　150百万円【個注33】

3．記載項目別作業一覧

ガイドNo.	個別/連結	区分	記載内容	作業内容およびチェック事項
個注30	個別	数値	（3）関係会社に対する債権および債務の注記 関係会社に対する短期金銭債権 1,445百万円	□会社法計算書類科目内訳書の関係会社属性の金額の集計値との整合性を図る。 □会社法計算書類科目内訳書と補助元帳を照合する。 □関係会社向けの残高確認状により、残高の妥当性を検証する。 □個別決算短信の関係会社に対する債権債務注記額との整合性を検証する（上場会社の場合）。
個注31	個別	数値	関係会社に対する長期金銭債権 40百万円	□同上
個注32	個別	数値	関係会社に対する短期金銭債務 619百万円	□同上
個注33	個別	数値	関係会社に対する長期金銭債務 150百万円	□同上

4．根拠条文

> ＜会社計算規則＞
> 第134条（貸借対照表等に関する注記）　貸借対照表等に関する注記は、次に掲げる事項（連結注記表にあっては、第6号から第9号までに掲げる事項を除く。）とする。
> 　　　　　　　…略…
> 　六　関係会社に対する金銭債権又は金銭債務をその金銭債権又は金銭債務が属する項目ごとに、他の金銭債権又は金銭債務と区分して表示していないときは、当該関係会社に対する金銭債権又は金銭債務の当該関係会社に対する金銭債権又は金銭債務が属する項目ごとの金額又は2以上の項目について一括した金額

5．議決権に関する考察

5－1．議決権とは

原則として、1株1議決権ですが、下記の場合の株式については、議決権はありません。

① 単元未満株式（一単元株式未満の株式数）
② 議決権25％以上所有する会社が所有する当社株式（相互保有株式）
③ 自己株式
④ 機構名義失念株式

<会社法>
第308条（議決権の数）株主（株式会社がその総株主の議決権の４分の１以上を有することその他の事由を通じて株式会社がその経営を実質的に支配することが可能な関係にあるものとして法務省令で定める株主を除く。）は、株主総会において、その有する株式１株につき１個の議決権を有する。ただし、単元株式数を定款で定めている場合には、１単元の株式につき１個の議決権を有する。
2　前項の規定にかかわらず、株式会社は、自己株式については、議決権を有しない。

〈会社法施行規則〉
第67条（実質的に支配することが可能となる関係）
　法第308条第１項に規定する法務省令で定める株主は、株式会社（当該株式会社の子会社を含む。）が、当該株式会社の株主である会社等の議決権（同項その他これに準ずる法以外の法令（外国の法令を含む。）の規定により行使することができないとされる議決権を含み、役員等（会計監査人を除く。）の選任及び定款の変更に関する議案（これらの議案に相当するものを含む。）の全部につき株主総会（これに相当するものを含む。）において議決権を行使することができない株式（これに相当するものを含む。）に係る議決権を除く。以下この条において「相互保有対象議決権」という。）の総数の４分の１以上を有する場合における当該株主であるもの（当該株主であるもの以外の者が当該株式会社の株主総会の議案につき議決権を行使することができない場合（当該議案を決議する場合に限る。）における当該株主を除く。）とする。

▼株主名簿の例

１単元の株式数	1,000株									
株主名	開示属性	種類	住所	株主番号	被所有株式 A	出資比率 A÷B （四捨五入）	議決権口数 C=A÷１単元 （切捨て）	被議決権比率 C÷D （四捨五入）	順位
㈱ディスクローズ１	親会社	普通株式	略	略	10,500,900株	53.0％	10,500個	54.6％	①
㈱ドリーム	その他関係会社	普通株式	略	略	5,728,800株	28.9％	5,728個	29.8％	②
㈱AAA銀行	主要な借入先	普通株式	略	略	1,006,300株	5.1％	1,006個	5.2％	③
㈱BBB銀行	主要な借入先	普通株式	略	略	800,400株	4.0％	800個	4.2％	④
長谷川俊介		普通株式	略	略	780,200株	3.9％	780個	4.1％	⑤
秋山俊太郎		普通株式	略	略	103,500株	0.5％	103個	0.5％	⑥
清家太郎		普通株式	略	略	102,300株	0.5％	102個	0.5％	⑦
田中洋一		普通株式	略	略	100,100株	0.5％	100個	0.5％	⑧
島崎採子		普通株式	略	略	58,200株	0.3％	58個	0.3％	⑨
湯浅賢治		普通株式	略	略	54,600株	0.3％	54個	0.3％	⑩
（議決権のある株主計）	（10名）				（19,235,300株）	（97.0％）	（19,231個）	（100.0％）	
㈱メディカルサポート	議決権割合４分の１超の会社	相互保有株式			6,370株	0.1％	議決権なし		
㈱ライン	子会社	相互保有株式			3,330株	0.1％	議決権なし		
自己株式	自己株式				555,000株	2.8％	議決権なし		
合　計	発行済株式				B　19,800,000株	（100.0％）	D　19,231個		

5－2．相互保有株式の形態

議決権を持たない相互保有株式の例として、下記のA社株式10,000株がこれにあたります。

＜ケース1：親会社等が直接所有している場合＞

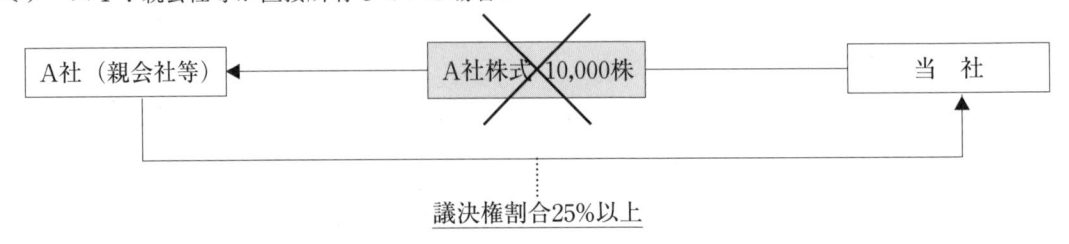

```
┌─────────────┐    ╳A社株式╳10,000株╳    ┌─────────┐
│ A社（親会社等）│ ◄─────────────────────── │  当  社  │
└─────────────┘                            └─────────┘
       ▲                                        │
       └────────────────────────────────────────┘
                    議決権割合25％以上
```

＜ケース2：親会社等と子会社で所有している場合＞

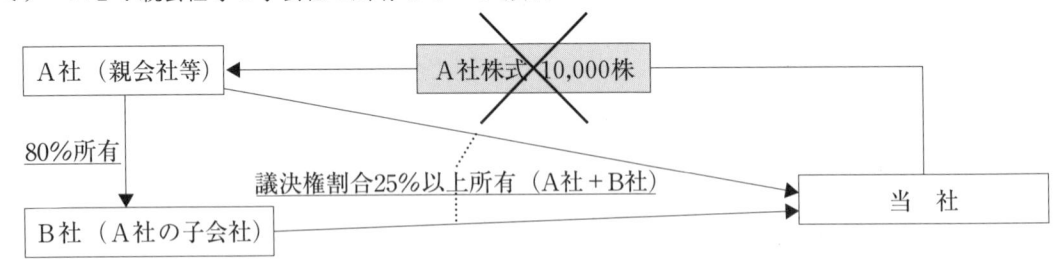

```
┌─────────────┐    ╳A社株式╳10,000株╳
│ A社（親会社等）│ ◄──────────────────────┐
└─────────────┘                          │
       │                                  │
   80％所有    議決権割合25％以上所有（A社＋B社）
       ▼                                  │
┌─────────────────┐                  ┌─────────┐
│ B社（A社の子会社）│─────────────────│  当  社  │
└─────────────────┘                  └─────────┘
```

＜ケース3：親会社等の子会社が所有している場合＞

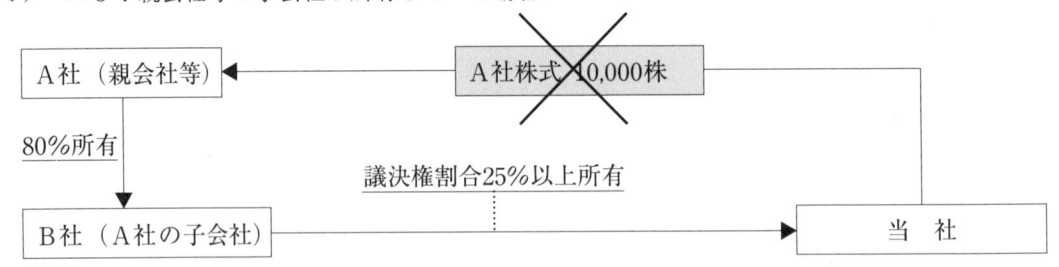

```
┌─────────────┐    ╳A社株式╳10,000株╳
│ A社（親会社等）│ ◄──────────────────────┐
└─────────────┘                          │
       │                                  │
   80％所有          議決権割合25％以上所有
       ▼                                  │
┌─────────────────┐                  ┌─────────┐
│ B社（A社の子会社）│─────────────────│  当  社  │
└─────────────────┘                  └─────────┘
```

5－3．失念株式とは

　株券保管振替制度の下では、上場会社については、株主名簿上、証券保管振替機構名義で登録されている株式について、権利確定日現在の通知に基づいて作成される実質株主名簿の記載に基づき議決権が付与されます。ただし、権利確定日の前に、証券保管振替機構から株券が引き出されているにもかかわらず、当該株券について権利確定日までに名義書換請求が行われないと、当該株券に係る株主については、権利確定日現在、株主名簿は証券保管振替機構名義のままにもかかわらず、実質株主通知が行われないことになります。

　このような株式を「機構名義失念株式」といい、従前は、議決権を有しない旨の明文規定（旧株券等保管振替法第35条第1項）が存在しましたが、平成13年3月に削除されました。ただし、解釈上は、従前通り、議決権を有しない株式として取り扱われます。

〈参考文献〉商事法務編『ハンドブックシリーズ①／株主総会』商事法務、2002年

5－4．直接・間接議決権の所有判定の形態

＜形式基準：議決権所有50％超の所有判定【子会社判定の例】＞

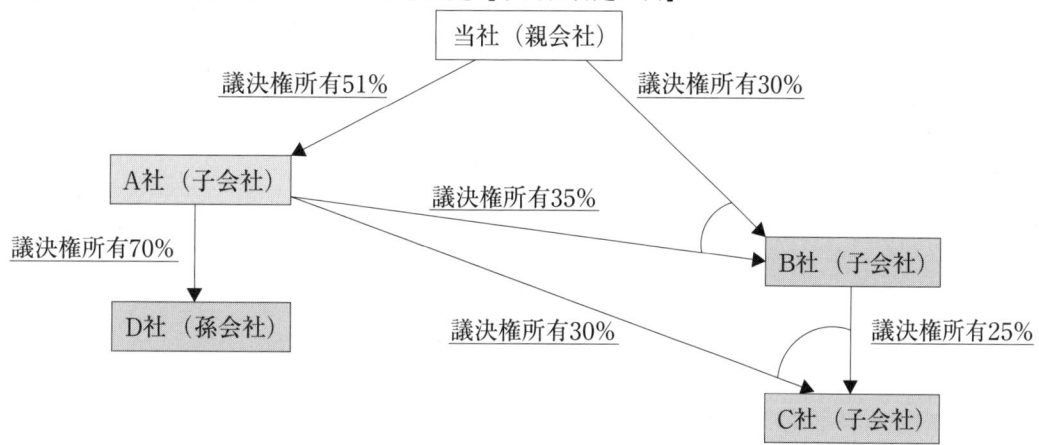

```
                    当社（親会社）
         議決権所有51%        議決権所有30%
              ↓                    ↓
         A社（子会社）  議決権所有35%  B社（子会社）
         ↓                              ↓
    議決権所有70%    議決権所有30%    議決権所有25%
         ↓                              ↓
      D社（孫会社）              C社（子会社）
```

＜形式基準：議決権所有50％超の所有判定【親会社判定の例】＞

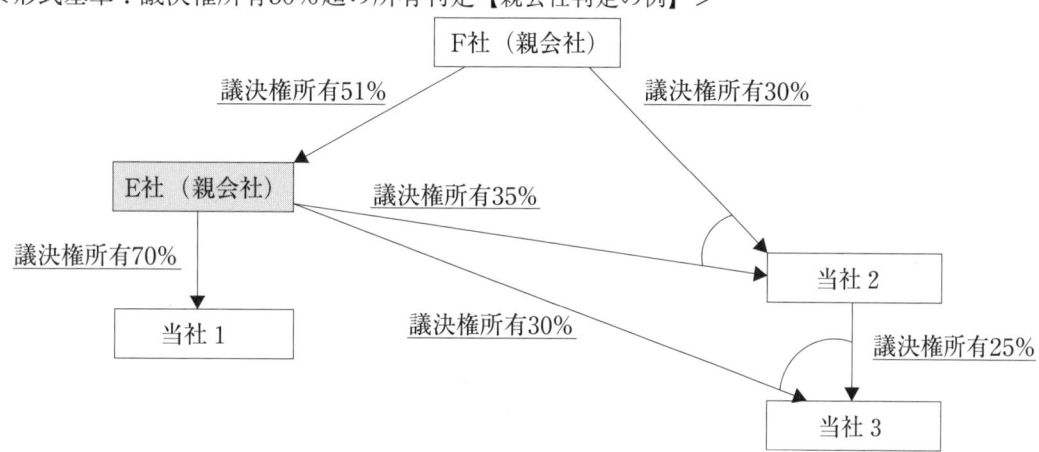

```
                    F社（親会社）
         議決権所有51%        議決権所有30%
              ↓                    ↓
         E社（親会社）  議決権所有35%    当社2
         ↓                              ↓
    議決権所有70%    議決権所有30%    議決権所有25%
         ↓                              ↓
         当社1                       当社3
```

5－5．関係会社の範囲

関係会社は、被支配会社としての①親会社、②その他関係会社（当社が関連会社となる会社）と支配会社としての③子会社、④関連会社の４つのグループから構成されています。その判定は「実質支配力および影響力基準」によって行われます。

区分	属性（実質支配力基準および影響力で判定）	事例会社
被支配	① 親会社	㈱ディスクローズ１
	② その他関係会社	㈱ドリーム
支配	③ 子会社	㈱ライン（連結子会社）　㈱テン ㈱システムサポート　㈱医療システム開発 ㈱医療情報サービス
	④ 関連会社	㈱メディカルサポート（持分法適用会社） ㈱映像システム　㈱ビジュアルシステム

(1) 子会社の範囲（支配力基準および影響力基準）（財務諸表等規則第8条）

判定対象会社 ↴

Q1：更生会社、再生会社、整理会社、破産会社その他これらに準ずる会社等であって、かつ、有効な支配従属関係が存在しないと認められる会社か？
　YES → 子会社でない
　NO ↓

Q2：他の会社等の議決権の過半数を自己の計算において所有している会社か？
　YES → 子会社である（ただし、※に該当する場合を除く）
　NO ↓

Q3：他の会社等の議決権の40／100以上、50／100以下を自己の計算において所有している会社か？
　NO ↓　　　YES ↓

Q4-1：自己の計算において所有している議決権と自己と出資、人事、資金、技術、取引等において緊密な関係にあることにより自己の意思と同一の内容の議決権を行使すると認められる者および自己の意思と同一の内容の議決権を行使することに同意している者が所有している議決権と合わせた場合（自己の計算において議決権を所有していない場合を含む）に他の会社等の議決権の過半数を占めている会社か？
　NO → 子会社でない
　YES ↓

Q4-2：自己の計算において所有している議決権と自己と出資、人事、資金、技術、取引等において緊密な関係にあることにより自己の意思と同一の内容の議決権を行使すると認められる者および自己の意思と同一の内容の議決権を行使することに同意している者が所有している議決権と合わせた場合に他の会社等の議決権の過半数を占めている会社か？
　NO ↓　　　YES → 子会社である（ただし、※に該当する場合を除く）

Q5：役員もしくは使用人である者、またはこれらであった者で自己が他の会社等の財務および営業または事業の方針の決定に関して影響を与えることができる者が、当該他の会社等の取締役会その他これに準ずる機関の構成員の過半数を占めているか？
　YES → 子会社である（ただし、※に該当する場合を除く）
　NO ↓

Q6：他の会社等の重要な財務および営業または事業の方針決定を支配する契約が存在しているか？
　YES → 子会社である（ただし、※に該当する場合を除く）
　NO ↓

Q7：他の会社等の資金調達（貸借対照表の負債に計上されてるもの）の総額の過半についての融資（債務保証および担保の提供を含む）を行っているか（自己と出資、人事、資金、技術、取引等において緊密な関係のある者が行う融資を合わせて資金調達額の総額の過半となる場合を含む）？
　YES → 子会社である（ただし、※に該当する場合を除く）
　NO ↓

Q8：その他の会社等の意思決定機関を支配していることが推測される事実が存在するか？
　YES → 子会社である（ただし、※に該当する場合を除く）
　NO ↓

※ 財務上または営業上もしくは事業上の関係からみて、他の会社等の意思決定機関を支配していないことが明らかであると認められる場合には、子会社から除かれます。
　YES → 子会社でない

（2）関連会社の範囲（支配力基準および影響力基準）（財務諸表等規則第8条）

```
                        ┌─子会社以外の会社等─┐
                                  ↓
   ┌──YES── Q1：更生会社、再生会社、整理会社、破産会社その他これらに準ずる会社等であって、かつ、当該会社等
   │         の財務および営業または事業の方針の決定に重要な影響を与えることができないと認められる会社か？
   │                              │NO
   │                              ↓
   │         Q2：子会社以外の他の会社等の議決権の20／100以上を自己の計算において所有している会社か？ ──YES──┐
   │                              │NO                                                                          │
   │                              ↓                                                                            │
   │         Q3：子会社以外の他の会社等の議決権の15／100以上、20/100未満を自己の計算において所有しているか？  │
   │                              │NO                                                                          │
   │                              ↓                                                                            │
   │         Q4：自己の計算において所有している議決権と自己と出資、人事、資金、技術、取                        │
   │             引等において緊密な関係にあることにより自己の意思と同一の内容の議決権を行                      │
   │             使すると認められる者および自己の意思と同一の内容の議決権を行使することに                      │
   │             同意している者が所有している議決権と合わせた場合（自己の計算において議    │YES               │
   │             決権を所有していない場合を含む）に、子会社以外の他の会社等の議決権の                          │
   │             過半数を占めている会社か？                                                                    │
   │                                                                                                           │
   ├──NO──┘       │YES                                                                                        │
   │                 ↓                                                                                         │
   │         Q5：役員もしくは使用人である者、またはこれらであった者で自己が子会社以外の他の会社等             │
   │             の財務および営業または事業の方針の決定に関して影響を与えることができる者が、当該子           │
   │             会社以外の他の会社等の代表取締役、取締役またはこれらに準ずる役職就任しているか？             │
   │                              │NO                    │YES                                                  │
   │                              ↓                      └───────────────────────────────────────────────────→│
   │         Q6：子会社以外の他の会社等に対して重要な融資（債務の保証および担保の提供を含む）を行っているか？│
   │                              │NO                    │YES                                                  │
   │                              ↓                      └───────────────────────────────────────────────────→│
   │         Q7：子会社以外の他の会社等に対して重要な技術提供を行っているか？ ──YES─────────────────────────→│
   │                              │NO                                                                          │
   │                              ↓                                                                            │
   │         Q8：子会社以外の他の会社等との間に重要な販売、仕入れその他営業上または事業上 ──YES─────────────→│
   │             の取引があるか？                                                                              │
   │                              │NO                                                                          │
   │                              ↓                                                                            │
   │         Q9：子会社以外の他の会社等の財務および営業または事業の決定に対して重要な影響を ──YES───────────→│
   │             与えることができることが推測される事実が存在するか？                                          │
   │                              │NO                                                                          │
   │                              ↓                                                                            │
   └──YES── ※ 財務上または営業上もしくは事業上の関係からみて、他の会社等の意思決定機関を支
              配していないことが明らかであると認められる場合には、関連会社から除かれます。
```

左：関連会社でない
右：関連会社である（ただし、※に該当する場合を除く）

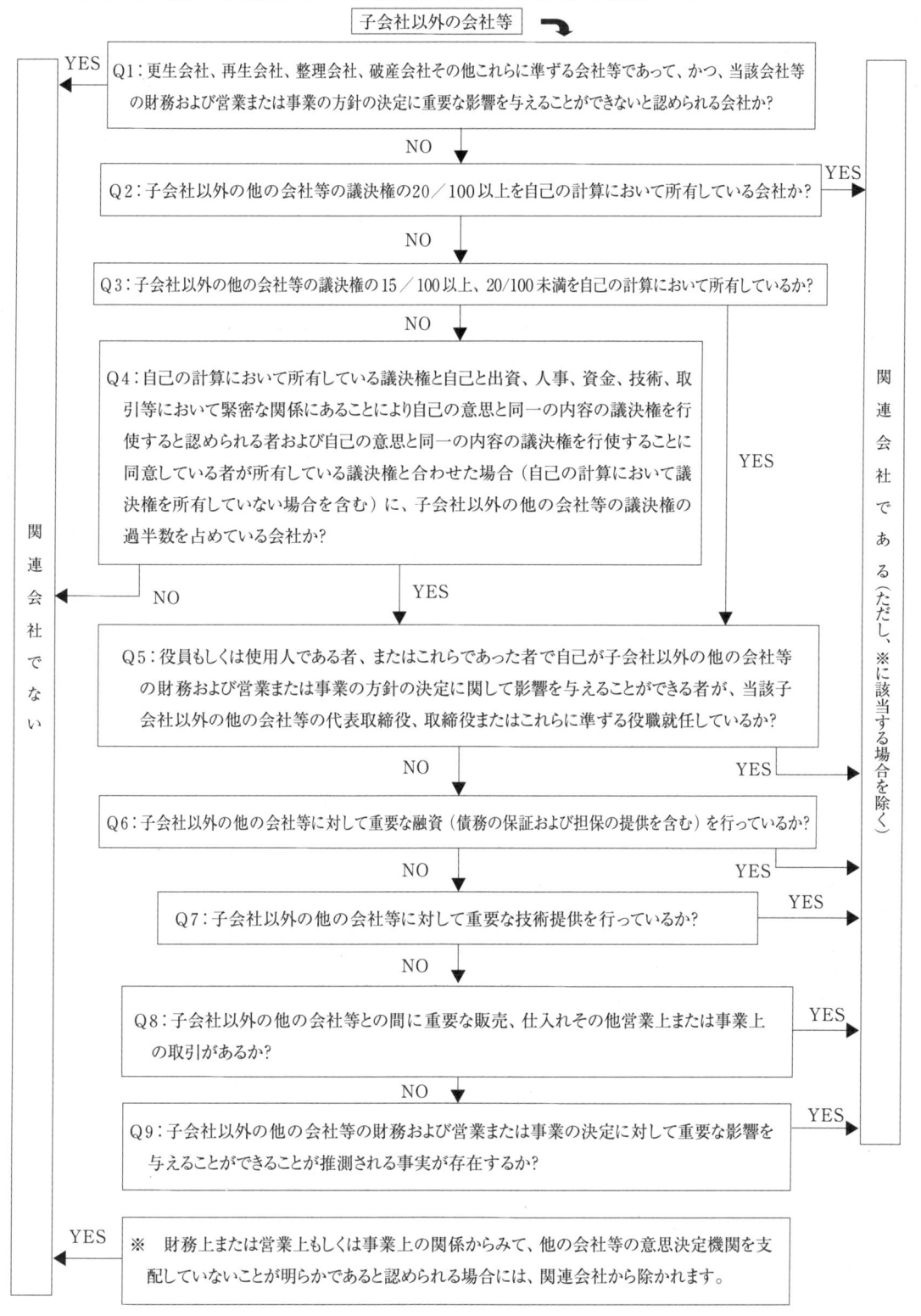

5−6．根拠条文

<会社法施行規則>
第3条（子会社及び親会社）　法第2条第3号に規定する法務省令で定めるものは、同号に規定する会社が他の会社等の財務及び事業の方針の決定を支配している場合における当該他の会社等とする。
2　法第2条第4号に規定する法務省令で定めるものは、会社等が同号に規定する株式会社の財務及び事業の方針の決定を支配している場合における当該会社等とする。
3　前二項に規定する「財務及び事業の方針の決定を支配している場合」とは、次に掲げる場合（財務上又は事業上の関係からみて他の会社等の財務又は事業の方針の決定を支配していないことが明らかであると認められる場合を除く。）をいう（以下この項において同じ。）。
　一　他の会社等（次に掲げる会社等であって、有効な支配従属関係が存在しないと認められるものを除く。以下この項において同じ。）の議決権の総数に対する自己（その子会社及び子法人等（会社以外の会社等が他の会社等の財務及び事業の方針の決定を支配している場合における当該他の会社等をいう。）を含む。以下この項において同じ。）の計算において所有している議決権の数の割合が100分の50を超えている場合
　　イ　民事再生法（平成11年法律第225号）の規定による再生手続開始の決定を受けた会社等
　　ロ　会社更生法（平成14年法律第154号）の規定による更生手続開始の決定を受けた株式会社
　　ハ　破産法（平成16年法律第75号）の規定による破産手続開始の決定を受けた会社等
　　ニ　その他イからハまでに掲げる会社等に準ずる会社等
　二　他の会社等の議決権の総数に対する自己の計算において所有している議決権の数の割合が100分の40以上である場合（前号に掲げる場合を除く。）であって、次に掲げるいずれかの要件に該当する場合
　　イ　他の会社等の議決権の総数に対する自己所有等議決権数（次に掲げる議決権の数の合計数をいう。次号において同じ。）の割合が100分の50を超えていること。
　　　（1）自己の計算において所有している議決権
　　　（2）自己と出資、人事、資金、技術、取引等において緊密な関係があることにより自己の意思と同一の内容の議決権を行使すると認められる者が所有している議決権
　　　（3）自己の意思と同一の内容の議決権を行使することに同意している者が所有している議決権
　　ロ　他の会社等の取締役会その他これに準ずる機関の構成員の総数に対する次に掲げる者（当該他の会社等の財務及び事業の方針の決定に関して影響を与えることができるものに限る。）の数の割合が100分の50を超えていること。
　　　（1）自己の役員
　　　（2）自己の業務を執行する社員
　　　（3）自己の使用人
　　　（4）（1）から（3）までに掲げる者であった者
　　ハ　自己が他の会社等の重要な財務及び事業の方針の決定を支配する契約等が存在すること。
　　ニ　他の会社等の資金調達額（貸借対照表の負債の部に計上されているものに限る。）の総額に対する自己が行う融資（債務の保証及び担保の提供を含む。ニにおいて同じ。）の額（自己と出資、人事、資金、技術、取引等において緊密な関係のある者が行う融資の額を含む。）の割合が100分の50を超えていること。
　　ホ　その他自己が他の会社等の財務及び事業の方針の決定を支配していることが推測される事実が存在すること。
　三　他の会社等の議決権の総数に対する自己所有等議決権数の割合が100分の50を超えている場合（自己の計算において議決権を所有していない場合を含み、前二号に掲げる場合を除く。）であって、前号ロからホまでに掲げるいずれかの要件に該当する場合
4　法第135条第1項の親会社についての第2項の規定の適用については、同条第1項の子会社を第2項の法第2条第4号に規定する株式会社とみなす。

<会社計算規則>
第2条（定義）第3項　…略…
　十九　関連会社　会社が他の会社等の財務及び事業の方針の決定に対して重要な影響を与えることができる場合における当該他の会社等（子会社を除く。）をいう。
　二十三　関係会社　当該株式会社の親会社、子会社及び関連会社並びに当該株式会社が他の会社等の関連会社である場合における当該他の会社等をいう。
　　…略…
4　前項第19号に規定する「財務及び事業の方針の決定に対して重要な影響を与えることができる場合」とは、次に掲げる場合（財務上又は事業上の関係からみて他の会社等の財務又は事業の方針の決定に対して重要な影響を与えることができないことが明らかであると認められる場合を除く。）をいう。
　一　他の会社等（次に掲げる会社等であって、当該会社等の財務又は事業の方針の決定に対して重要な影響を与えることができないと認められるもの

を除く。以下この項において同じ。）の議決権の総数に対する自己（その子会社を含む。以下この項において同じ。）の計算において所有している議決権の数の割合が100分の20以上である場合
- イ 民事再生法（平成11年法律第225号）の規定による再生手続開始の決定を受けた会社等
- ロ 会社更生法（平成14年法律第154号）の規定による更生手続開始の決定を受けた株式会社
- ハ 破産法（平成16年法律第75号）の規定による破産手続開始の決定を受けた会社等
- ニ その他イからハまでに掲げる会社等に準ずる会社等

二 他の会社等の議決権の総数に対する自己の計算において所有している議決権の数の割合が100分の15以上である場合（前号に掲げる場合を除く。）であって、次に掲げるいずれかの要件に該当する場合
- イ 次に掲げる者（他の会社等の財務及び事業の方針の決定に関して影響を与えることができるものに限る。）が他の会社等の代表取締役、取締役又はこれらに準ずる役職に就任していること。
  - （1）自己の役員
  - （2）自己の業務を執行する社員
  - （3）自己の使用人
  - （4）（1）から（3）までに掲げる者であった者
- ロ 自己が他の会社等に対して重要な融資を行っていること。
- ハ 自己が他の会社等に対して重要な技術を提供していること。
- ニ 自己と他の会社等との間に重要な販売、仕入れその他の事業上の取引があること。
- ホ その他自己が他の会社等の財務及び事業の方針の決定に対して重要な影響を与えることができることが推測される事実が存在すること。

三 他の会社等の議決権の総数に対する自己所有等議決権数（次に掲げる議決権の数の合計数をいう。）の割合が100分の20以上である場合（自己の計算において議決権を所有していない場合を含み、前二号に掲げる場合を除く。）であって、前号イからホまでに掲げるいずれかの要件に該当する場合
- イ 自己の計算において所有している議決権
- ロ 自己と出資、人事、資金、技術、取引等において緊密な関係があることにより自己の意思と同一の内容の議決権を行使すると認められる者が所有している議決権
- ハ 自己の意思と同一の内容の議決権を行使することに同意している者が所有している議決権

四 自己と自己から独立した者との間の契約その他これに準ずるものに基づきこれらの者が他の会社等を共同で支配している場合

5．貸借対照表に関する注記―（4）担保提供資産

1．記載例

5．貸借対照表に関する注記
（4）担保提供資産

（担保提供資産）	（担保の種類）	（担保に対応する債務）
土　地　2,500百万円	抵当権	長期借入金　15,450百万円
【個注34】	【個注35】	【個注36】

2．記載項目別作業一覧

ガイドNo.	個別/連結	区分	記載内容	作業内容およびチェック事項
個注34	個別	数値	（4）担保提供資産 （担保提供資産） 土地　2,500百万円	□担保資産明細書と照合する。 □預り証、不動産登記簿謄本と照合する。 □担保実行に関する取締役会議事録と照合する。

ガイド No.	個別/連結	区分	記載内容	作業内容およびチェック事項
				□固定資産管理台帳の担保物件の帳簿価額と照合する。
個注35	個別	数値	（担保の種類）抵当権	□同上
個別36	個別	数値	（担保に対応する債務） 長期借入金　15,450百万円	□担保資産明細書と照合する。 □預り証、不動産登記簿謄本と照合する。 □担保実行に関する取締役会議事録と照合する。 □金銭消費貸借契約書を閲覧する。

3．根拠条文

<会社計算規則>
第134条（貸借対照表等に関する注記）　貸借対照表等に関する注記は、次に掲げる事項（連結注記表にあっては、第6号から第9号までに掲げる事項を除く。）とする。

一　資産が担保に供されている場合における次に掲げる事項
　イ　資産が担保に供されていること。
　ロ　イの資産の内容及びその金額
　ハ　担保に係る債務の金額

5．貸借対照表に関する注記—（5）担保提供資産、（6）手形裏書残高、（7）保証債務

1．記載例

```
5．貸借対照表に関する注記
（5）手形割引残高　　　　　　　　　　　　55百万円【個注37】
（6）手形裏書残高　　　　　　　　　　　　44百万円【個注38】
（7）保証債務　　　　　　　　　　　　　700百万円【個注39】
　（うち保証債務）　　　　　　　　　　（500百万円【個注40】）
　（うち保証予約）　　　　　　　　　　（100百万円【個注41】）
　（うち経営指導念書等）　　　　　　　（100百万円【個注42】）
```

2．記載項目別作業一覧

ガイド No.	個別/連結	区分	記載内容	作業内容およびチェック事項
個注37	個別	数値	（5）手形割引残高　55百万円	□所在別手形管理台帳と照合する。 □手形実査資料と照合する。 □残高確認状と照合する。 □手形割引に関する稟議書と照合する。

ガイド No.	個別/連結	区分	記載内容	作業内容およびチェック事項
個注38	個別	数値	（6）手形裏書残高　44百万円	□所在別手形管理台帳と照合する。 □手形実査資料と照合する。 □裏書手形（写し）と照合する。 □裏書先への残高確認状と照合する。 □手形裏書に関する稟議書と照合する。
個注39	個別	数値	（7）保証債務　700百万円	□会社法計算書類科目内訳書（保証債務）と照合する。 □債務保証に関する取締役議事録と照合する。 □債務保証契約書と照合する。 □保証債務に関する残高確認状と照合する。
個注40	個別	数値	（うち保証債務　500百万円）	□債務保証に関する取締役議事録と照合する。 □債務保証契約書と照合する。 □保証債務に関する残高確認状と照合する。
個注41	個別	数値	（うち保証予約　100百万円）	□保証予約に関する取締役議事録と照合する。 □保証予約契約書と照合する。 □保証予約に関する残高確認状と照合する。
個注42	個別	数値	（うち経営指導念書等　100百万円）	□保証の経営指導念書等に関する取締役議事録と照合する。 □保証の経営指導念書等と照合する。 □保証の経営指導念書等に関する確認状と照合する。

3．根拠条文

<会社計算規則>
第134条（貸借対照表等に関する注記）　貸借対照表等に関する注記は、次に掲げる事項（連結注記表にあっては、第6号から第9号までに掲げる事項を除く。）とする。

…略…

五　**保証債務、手形遡求債務、重要な係争事件に係る損害賠償義務その他これらに準ずる債務（負債の部に計上したものを除く。）があるときは、当該債務の内容及び金額**

5．貸借対照表に関する注記―（8）取締役および監査役に対する金銭債権、（9）取締役および監査役に対する金銭債務

1．記載例

5．貸借対照表に関する注記
（8）取締役および監査役に対する金銭債権　　　　　3百万円　【個注43】
（9）取締役および監査役に対する金銭債務　　　　　1百万円　【個注44】

2．記載項目別作業一覧

ガイドNo.	個別/連結	区分	記載内容	作業内容およびチェック事項
個注43	個別	数値	（8）取締役および監査役に対する金銭債権 3百万円	□会社法計算書類科目内訳書（例：売掛金）の役員属性対応分の債権と照合する（P293参照）。 □（相手先：役員）補助元帳（債権科目）と照合する。 □役員に対する債権確認状と照合する。
個注44	個別	数値	（9）取締役および監査役に対する金銭債務 1百万円	□会社法計算書類科目内訳書（債務科目）の役員属性対応分の債務と照合する。 □（相手先：役員）補助元帳（債務科目）と照合する。 □役員に対する債務確認状と照合する。

3．根拠条文

```
＜会社計算規則＞
第134条（貸借対照表等に関する注記） 貸借対照表等
 に関する注記は、次に掲げる事項（連結注記表にあ
 っては、第6号から第9号までに掲げる事項を除
 く。）とする。
          …略…
 七 取締役、監査役及び執行役との間の取引による
    取締役、監査役及び執行役に対する金銭債権が
    あるときは、その総額
 八 取締役、監査役及び執行役との間の取引による
    取締役、監査役及び執行役に対する金銭債務が
    あるときは、その総額
          …略…
```

5．貸借対照表に関する注記―（10）金額の表示単位

1．記載例

> 5．貸借対照表に関する注記
> （10）金額は百万円未満を切捨て表示しております。【個注45】

2．記載項目別作業一覧

ガイドNo.	個別/連結	区分	記載内容	作業内容およびチェック事項
個注45	個別	非数値	「（10）金額は百万円未満を切捨て表示しております。」	□（原則）前期の会社法計算書類の表示単位処理方法を表示する。 □（原則）会社法計算書類の財務諸表の表示単位処理と同一とする。

3．根拠条文

> ＜会社計算規則＞
> 第89条　計算関係書類に係る事項の金額は、一円単位、千円単位又は百万円単位をもって表示するものとする。

6．損益計算書に関する注記—（1）関係会社との取引高

1．作成上のポイント

関係会社との取引高の注記額は、以下のプロセスにより作成します。

・作成手順1

「関係会社の範囲」を実質支配関係にあると判断した基礎資料に基づいて正確に確定します。関係会社は、被支配会社としての「a．親会社」、「b．その他の関係会社」、および支配会社としての「c．子会社」、「d．関連会社」の4つの会社から成ります。

関係会社の範囲判定については、P297〜301を参照してください。

・作成手順2

主要勘定科目（損益計算書）に補助科目コードとして「関係会社コード」を設定し、会計システム上、総勘定科目別の補助元帳一覧を作成できるようにします。これにより総勘定科目内訳書を作成します。

・作成手順3

総勘定科目内訳書に基づいて、株主総会用の「会社法計算書類科目内訳書（相手先別）」を作成します。相手先は、一般としては「上位5社程度」と、関係グループとしては「関連当事者属性」を明示し、それ以外は「その他」に要約します。

・作成手順4

「会社法計算書類科目内訳書（相手先別）」のうち、関係会社属性該当分を集計し、表示単位処理し、「関係会社に対する営業取引による取引高の総額注記」または「関係会社に対する営業取引以外の取引による取引高の総額」へ転記します。

仮に、「関係会社に対する営業取引による取引高の総額注記」対象を「売上高」だけと仮定すると、会社法計算書類科目内訳書は下記のようになります。

「関係会社」属性分だけを集計すると、7,300,000,000円②となりますので、表示単位処理（百万円未満切捨て）して、「関係会社に対する売上高　7,300百万円」を関係会社に対する営

業取引による取引高の総額注記として転記します。

会社法計算書類科目内訳書「売上高」

(SOURCE) 総勘定科目内訳書（A 製品売上高・B 製品売上高）
㈱スリー・シー・コンサルティング

番号	区分	相手先	相手先別金額	関係会社属性	関連当事者属性	役員属性	役員に対する売上高（参考）	関係会社に対する売上高	関連当事者に対する売上高
1	関連当事者グループ	㈱ディスクローズ1	4,800,000,000	親会社	親会社・法人主要株主	×		4,800,000,000	4,800,000,000
2		㈱ドリーム	500,000,000	その他の関係会社	その他の関係会社・法人主要株主	×		500,000,000	500,000,000
3		㈱ジン	250,000,000	×	親会社の子会社	×			250,000,000
4		㈱コンプライアンス	150,000,000	×	その他の関係会社の親会社	×			150,000,000
5		㈱マインド	35,000,000	×	その他の関係会社の子会社	×			35,000,000
6		㈱ライン	300,000,000	子会社	連結子会社	×		300,000,000	300,000,000
7		㈱テン	440,000,000	子会社	非連結子会社	×		440,000,000	440,000,000
8		㈱システムサポート	372,000,000	子会社	非連結子会社	×		372,000,000	372,000,000
9		㈱医療システム開発	307,000,000	子会社	非連結子会社	×		307,000,000	307,000,000
10		㈱医療情報サービス	50,000,000	子会社	非連結子会社	×		50,000,000	50,000,000
11		㈱メディカルサポート	246,000,000	子会社	関連会社	×		246,000,000	246,000,000
12		㈱映像システム	45,000,000	関連会社	関連会社	×		45,000,000	45,000,000
13		㈱ビジュアルシステム	40,000,000	関連会社	関連会社	×		40,000,000	40,000,000
14		㈱ビジュアルアート	200,000,000	×	関連会社の子会社	×		200,000,000	200,000,000
15		清水一之	15,000,000	×	役員（取締役）	○	15,000,000		15,000,000
16		㈱安田屋	25,000,000	×	（代表取締役 安田浩一）役員およびその近親者が議決権の過半数を自己の計算で所有している会社	×			25,000,000
17		㈱安田運輸	5,000,000	×	上記の子会社	×			5,000,000
22	一般	㈱甲社	650,000,000	×	×	×			
99		その他	23,931,116,000	×	×	×			
		合計	① 32,361,116,000				(参考) 15,000,000	② 7,300,000,000	③ 7,780,000,000

①は、「会社法計算書類科目組替表（損益計算書）」の「売上高」金額と一致する（P238）。
②を、「損益計算書に関する注記：関係会社に対する売上高」へ転記する。⇒「7,300百万円」（P307）
③を、「関連当事者取引に関する注記：売上高」へ各関連当事者ごとに記載する（P322・325・327・329～331）。

2．記載例

```
6．損益計算書に関する注記
(1) 関係会社との取引高
    関係会社との取引高は下記の通りです。
        売 上 高              7,300百万円【個注46】
        仕 入 高              1,571百万円【個注47】
        営業取引以外の取引高      150百万円【個注48】
```

3．記載項目別作業一覧

ガイド No.	個別/連結	区分	記載内容	作業内容およびチェック事項
個注46	個別	数値	（1）関係会社との取引高 「関係会社との取引高は下記の通りです。」 　　売上高　7,300百万円	□会社法計算書類科目内訳書の関係会社属性の金額の集計値との整合性を図る。 □会社法計算書類科目内訳書と補助元帳を照合する。 □関係会社向けの残高確認状により、取引残高の妥当性を検証する。 □個別決算短信の関係会社に対する取引高注記額との整合性を検証する（上場会社の場合）。
個注47	個別	数値	「関係会社との取引高は下記の通りです。」 　　仕入高　1,571百万円	□同上
個注48	個別	数値	「関係会社との取引高は下記の通りです。」 　　営業取引以外の取引高 　　　　　　　　150百万円	□同上 □営業取引以外の取引高についての契約書および取締役会議事録と照合する。

4．根拠条文

```
＜会社計算規則＞                                    …略…
第129条（注記表の区分）注記表は、次に掲げる項目    第135条（損益計算書に関する注記）損益計算書に関
に区分して表示しなければならない。                   する注記は、関係会社との営業取引による取引高の
        …略…                                      総額及び営業取引以外の取引による取引高の総額と
    四　損益計算書に関する注記                        する。
```

6．損益計算書に関する注記—（2）金額の表示

1．記載例

> 6．損益計算書関係注記
> （2）金額は百万円未満を切捨て表示しております。【個注49】

2．記載項目別作業一覧

ガイドNo.	個別/連結	区分	記載内容	作業内容およびチェック事項
個注49	個別	非数値	「（2）金額は百万円未満を切捨て表示しております。」	□（原則）前期の会社法計算書類の表示単位処理方法を表示する。 □（原則）会社法計算書類の財務諸表の表示単位処理と同一とする。

3．根拠条文

<会社計算規則>
第89条　計算関係書類に係る事項の金額は、一円単位、千円単位又は百万円単位をもって表示するものとする。

7．株主資本等変動計算書に関する注記

1．作成上のポイント

　株主資本等変動計算書について、連結計算書類を作成しない会社の場合には、「発行済株式の数」、「当事業年度中に行った剰余金の配当」、「当該事業年度の末日後に行う剰余金の配当」、および「当該事業年度の末日における当該株式会社が発行している新株予約権の目的となる当該株式会社の株式の数」も注記しなければなりません（P177〜178参照）。

2．記載例（連結計算書類を作成している場合）

7．株主資本等変動計算書に関する注記
（1）自己株式の種類および株式数

	前事業年度末株式数	当事業年度増加株式数	当事業年度減少株式数	当事業年度末株式数	摘要
自己株式 普通株式【個注50】	【個注51】 100,000株	【個注53】 655,005株	【個注55】 200,005株	【個注57】 555,000株	
合　計	【個注52】 100,000株	【個注54】 655,005株	【個注56】 200,005株	【個注58】 555,000株	（注）

（注）
1．自己株式当期増加の主な内訳は下記の通りです。
　① 単元未満株式買取　　　652,995株【個注59】
　② 子会社からの取得　　　　2,010株【個注60】
2．自己株式当期減少の主な内訳は下記の通りです。
　① 自己株式の処分　　　　　　　5株【個注61】
　② 自己株式の消却　　　　200,000株【個注62】

3．記載項目別作業一覧

ガイド No.	個別 /連結	区分	記載内容	作業内容およびチェック事項
個注50	個別	非数値	7．株主資本変動計算書に関する注記 （1）自己株式の種類および数 自己株式　普通株式	□（普通株式）自己株式管理簿と照合する。 □自己株式実査資料と照合する。 □登記簿謄本（株式の種類）を確認する。
個注51	個別	数値	前事業年度末株式数： 自己株式　普通株式 　　　　　　　：100,000株	□（普通株式）自己株式管理簿の前期繰越と照合する。 □前期末の自己株式実査資料と照合する。
個注52	個別	数値	前事業年度末株式数： 自己株式　合計：100,000株	□合計計算照合する。 □前期の株主資本等変動計算書の注記の当期末株式数と照合する。 □前期の個別決算短信の自己株式数と一致していることを検証する。
個注53	個別	数値	当事業年度増加株式数： 自己株式　普通株式 　　　　　　　：655,005株	□（普通株式）自己株式管理簿の当期増加合計と照合する。 □株主名簿管理人からの自己株式買取状況表、自己株式買付報告書や自己株式買取に関する契約書、自己株式買取に関する取締役会議事録等と照合する。
個注54	個別	数値	当事業年度増加株式数： 自己株式　合計：655,005株	□合計計算照合する。

ガイドNo.	個別/連結	区分	記載内容	作業内容およびチェック事項
個注55	個別	数値	当事業年度減少株式数： 自己株式　普通株式：200,005株	□（普通株式）自己株式管理簿の当期減少合計と照合する。 □自己株式処分に関する契約書、自己株式処分に関する取締役会議事録、自己株式消却証明書、自己株式消却に関する取締役会議事録、登記簿謄本等と照合する。
個注56	個別	数値	当事業年度減少株式数： 自己株式　合計：200,005株	□合計計算照合する。
個注57	個別	数値	当事業年度末株式数： 自己株式　普通株式 ：555,000株	□（普通株式）自己株式管理簿の次期繰越と照合する。 □当期末の（普通株式）自己株式実査資料と照合する。
個注58	個別	数値	当事業年度末株式数： 自己株式　合計：555,000株	□合計計算照合する。 □当期末の自己株式実査資料と照合する。 □株主名簿の自己株式名義株数と照合する。 □当期の個別決算短信の自己株式数と一致していることを検証する。
個注59	個別	数値	（注） 「1．自己株式当事業年度増加の主な内訳は下記の通りです。」 ①　単元未満株式買取 652,995株	□自己株式管理簿の増加株数（単元未満株式買取）と照合する。 □株主名簿管理人からの単元未満株式買取状況報告書と照合する。
個注60	個別	数値	②　子会社からの取得 2,010株	□自己株式管理簿の増加株数（子会社からの取得）と照合する。 □子会社からの自己株式買取に関する取締役会議事録と照合する。 □子会社からの自己株式買取に関する株式譲渡契約書と照合する。
個注61	個別	数値	「2．自己株式当事業年度減少の主な内訳は下記の通りです。」 ①　自己株式の処分　5株	□自己株式管理簿の減少株数（自己株式の処分）と照合する。 □自己株式の処分に関する取締役会議事録と照合する。 □自己株式の処分に関する株式譲渡契約書と照合する。
個注62	個別	数値	②　自己株式の消却 200,000株	□自己株式管理簿の減少株数（自己株式の消却）と照合する。 □自己株式の消却に関する取締役会議事録と照合する。 □株主名簿管理人の株券消却証明書と照合する。 □登記簿謄本と照合する。

4．根拠条文

<会社計算規則>
第136条（株主資本等変動計算書に関する注記）株主資本等変動計算書に関する注記は、次に掲げる事項とする。この場合において、連結注記表を作成する株式会社は、**第2号に掲げる事項以外の事項は、省略することができる**。

一　当該事業年度の末日における**発行済株式の数**（種類株式発行会社にあっては、種類ごとの発行済株式の数）
二　当該事業年度の末日における**自己株式の数**（種類株式発行会社にあっては、種類ごとの自己株式の数）

第4章　個別注記表　311

　三　当該事業年度中に行った剰余金の配当（当該事業年度の末日後に行う剰余金の配当のうち、剰余金の配当を受ける者を定めるための法第124条第1項に規定する基準日が当該事業年度中のものを含む。）に関する次に掲げる事項その他の事項
　　イ　配当財産が金銭である場合における当該金銭の総額
　　ロ　配当財産が金銭以外の財産である場合における当該財産の帳簿価額（当該剰余金の配当をした日においてその時の時価を付した場合にあっては、当該時価を付した後の帳簿価額）の総額
　四　**当該事業年度の末日における当該株式会社が発行している新株予約権**（法第236条第1項第4号の期間の初日が到来していないものを除く。）の**目的となる当該株式会社の株式の数**（種類株式発行会社にあっては、種類及び種類ごとの数）

8．税効果会計に関する注記

1．記載例

8．税効果会計に関する注記

項　　目		金　額
1．繰延税金資産および繰延税金負債の主な原因の内訳		
繰延税金資産		
製品評価損	【個注63】	468
減損損失	【個注64】	296
賞与引当金	【個注65】	38
貸倒引当金	【個注66】	17
未払事業税	【個注67】	151
役員退職慰労引当金	【個注68】	681
退職給付引当金	【個注69】	665
減価償却超過額	【個注70】	12
その他	【個注71】	－
繰延税金資産小計	【個注72】	2,332
評価性引当額（△表示）	【個注73】	－
繰延税金資産合計	【個注74】	2,332
繰延税金負債		
前払年金費用	【個注75】	－
固定資産圧縮積立金	【個注76】	△1,321
その他有価証券評価差額金	【個注77】	△4
繰延税金負債合計	【個注78】	△1,325
繰延税金資産の純額	【個注79】	1,006
繰延税金資産の総額は、貸借対照表の以下の項目に含まれています。		
流動資産－繰延税金資産	【個注80】	972
固定資産－繰延税金資産	【個注81】	34
流動負債－繰延税金負債	【個注82】	－
固定負債－繰延税金負債	【個注83】	－

			2．法定実効税率と税効果適用後の法人税等の負担率との差異の内訳		
			法定実効税率＜任意記載事項＞	【個注84】	40.7%
			（調整）		
			交際費等永久に損金に算入されない項目	【個注85】	1.9%
			受取配当金等永久に益金に算入されない項目	【個注86】	△0.3%
			住民税均等割	【個注87】	0.1%
			その他	【個注88】	0.2%
			税効果適用後の法人税等負担率	【個注89】	42.6%

2．記載項目別作業一覧

ガイドNo.	個別/連結	区分	記載内容	作業内容およびチェック事項
個注63	個別	数値	8．税効果会計に関する注記 1．繰延税金資産および繰延税金負債の主な原因の内訳 繰延税金資産　製品評価損：468百万円	□税効果会計管理台帳と照合する。 □税効果会計管理台帳と、法人税申告書別表4・別表5とを照合する。
個注64	個別	数値	繰延税金資産　減損損失：296百万円	□同上
個注65	個別	数値	繰延税金資産　賞与引当金：38百万円	□同上
個注66	個別	数値	繰延税金資産　貸倒引当金：17百万円	□同上
個注67	個別	数値	繰延税金資産　未払事業税：151百万円	□同上
個注68	個別	数値	繰延税金資産　役員退職慰労引当金：681百万円	□同上
個注69	個別	数値	繰延税金資産　退職給付引当金：665百万円	□同上
個注70	個別	数値	繰延税金資産　減価償却超過額：12百万円	□同上
個注71	個別	数値	繰延税金資産　その他：一百万円	□同上
個注72	個別	数値	繰延税金資産　繰延税金資産小計：2,332百万円	□税効果会計管理台帳と照合する。
個注73	個別	数値	繰延税金資産　評価性引当額：一百万円	□税効果会計管理台帳と照合する。 □繰延税金回収可能性検討表と照合する。
個注74	個別	数値	繰延税金資産　繰延税金資産合計：2,332百万円	□税効果会計管理台帳と照合する。
個注75	個別	数値	繰延税金負債　前払年金費用：一百万円	□税効果会計管理台帳と照合する。
個注76	個別	数値	繰延税金負債　固定資産圧縮積立金 ：△1,321百万円	□税効果会計管理台帳と照合する。 □税効果会計管理台帳と、法人税申告書別表4・別表5とを照合する。 □貸借対照表の同科目金額と照合する。
個注77	個別	数値	繰延税金負債　その他有価証券評価差額金 ：△4百万円	□同上
個注78	個別	数値	繰延税金負債　繰延税金負債合計 ：△1,325百万円	□税効果会計管理台帳と照合する。
個注79	個別	数値	繰延税金資産純額：1,006百万円…①	□税効果会計管理台帳と照合する。 □「円単位の繰延税金資産合計－繰延税金負債合計」の計算結果を表示単

ガイドNo.	個別/連結	区分	記載内容	作業内容およびチェック事項
				位処理して転記する。
個注80	個別	数値	「繰延税金資産の総額は、貸借対照表の以下の項目に含まれています。」 流動資産　繰延税金資産：972百万円…②	□会社法計算書類の貸借対照表「流動資産」の繰延税金資産の金額を転記する。
個注81	個別	数値	固定資産　繰延税金資産：34百万円…③	□会社法計算書類の貸借対照表「固定資産」の繰延税金資産の金額を転記する。
個注82	個別	数値	流動負債　繰延税金負債：—百万円…④	□会社法計算書類の貸借対照表「流動負債」の繰延税金負債の金額を転記する。
個注83	個別	数値	固定負債　繰延税金負債：—百万円…⑤	□会社法計算書類の貸借対照表「固定負債」の繰延税金負債の金額を転記する。 □「②+③+④」の円単位の合計値が①の円単位金額と一致していることを確認する。
個注84	個別	数値	２．法定実効税率と税効果適用後の法人税等の負担率との差異の内訳 法定実効税率：40.7%	□法人税率30.00%、道府県民税率6.00%、市町村民税率14.70%、事業税率7.56%と仮定すると、合計法定税率＝30.00%＋30.00%×(6.00%＋14.70%)＋7.56%＝43.77% □「合計法定税率43.77%÷(1＋事業税率7.56%)＝40.7%（小数第1位未満四捨五入）」との一致を検証する。 □税効果会計管理台帳（税率差異計算）と照合する。
個注85	個別	数値	（調整） 交際費等永久に損金に算入されない項目：1.9%	□税効果会計管理台帳（税率差異計算）と照合する。
個注86	個別	数値	受取配当金等永久に益金に算入されない項目：△0.3%	□同上
個注87	個別	数値	住民税均等割：0.1%	□同上
個注88	個別	数値	その他：0.2%	□同上
個注89	個別	数値	税効果適用後の法人税等負担率：42.6%	□（法人税、住民税及び事業税＋法人税等調整額）÷税引前当期純利益×100%＝(2,066,392,200＋△92,979,969)÷4,636,473,000＝42.6%との一致を検証する（P240参照）。 □税効果会計管理台帳（税率差異計算）と照合する。

3．根拠条文

＜会社計算規則＞
第138条（税効果会計に関する注記）　税効果会計に関する注記は、次に掲げるもの（重要でないものを除く。）の**発生の主な原因**とする。

一　繰延税金資産（その算定に当たり繰延税金資産から控除された金額がある場合における当該金額を含む。）
　二　繰延税金負債

9．リース取引に関する注記

1．記載例

9．リース取引に関する注記
(1) リース物件の所有権が借主に移転すると認められるもの以外のファイナンス・リース取引
①　リース物件の取得価額相当額、減価償却累計額相当額および期末残高相当額

区　分	取得価額相当額 （百万円）	減価償却累計額相当額 （百万円）	期末残高相当額 （百万円）
機械及び装置	【個注90】　800	【個注91】　450	【個注92】　350
工具、器具及び備品	【個注93】　580	【個注94】　480	【個注95】　100
合　計	【個注96】　1,380	【個注97】　930	【個注98】　450

②　未経過リース料期末残高相当額
　　　1年内　　　　　　　　　　　　　280百万円【個注99】
　　　1年超　　　　　　　　　　　　　170百万円【個注100】
　　　合計　　　　　　　　　　　　　　450百万円【個注101】
③　支払リース料、減価償却費相当額および支払利息相当額
　　　支払リース料　　　　　　　　　　358百万円【個注102】
　　　減価償却費相当額　　　　　　　　333百万円【個注103】
　　　支払利息相当額　　　　　　　　　 39百万円【個注104】
④　減価償却費相当額の算定方法　【個注105】
　　　リース期間を耐用年数とし、残存価額を零とする定額法によっております。
⑤　利息相当額の算定方法　【個注106】
　　　リース料総額とリース物件の取得価額相当額との差額を利息相当額とし、各連結会計年度への配分方法については、利息法によっております。
(2) オペレーティング・リース取引
　　未経過リース料
　　　1年内　　　　　　　　　　　　　 22百万円【個注107】
　　　1年超　　　　　　　　　　　　　 13百万円【個注108】
　　　合計　　　　　　　　　　　　　　 36百万円【個注109】

2．記載項目別作業一覧

ガイドNo.	個別/連結	区分	記載内容	作業内容およびチェック事項
個注90	個別	数値	9．リース取引に関する注記 （1）リース物件の所有権が借主に移転すると認められるもの以外のファイナンス・リース取引 ① リース物件の取得価額相当額、減価償却累計額相当額および期末残高相当額 機械及び装置：取得価額相当額 　　　　　　　　　　　：800百万円…①	□リース管理台帳と照合する。 □リース契約書と照合する。 □リース会社からの期末現在のリース残高報告書と照合する。
個計91	個別	数値	機械及び装置：減価償却累計額相当額 　　　　　　　　　　　：450百万円…②	□同上
個計92	個別	数値	機械及び装置：期末残高相当額 　　　　　　　　　　　：350百万円…③	□同上
個計93	個別	数値	工具、器具及び備品：取得価額相当額 　　　　　　　　　　　：580百万円…④	□同上
個計94	個別	数値	工具、器具及び備品：減価償却累計額相当額：480百万円…⑤	□同上
個計95	個別	数値	工具、器具及び備品：期末残高相当額 　　　　　　　　　　　：100百万円…⑥	□同上
個計96	個別	数値	合計：取得価額相当額：1,380百万円…⑦	□円単位の「①＋④」の計算結果を表示単位処理する。
個計97	個別	数値	合計：減価償却累計額相当額 　　　　　　　　　　　：930百万円…⑧	□円単位の「②＋⑤」の計算結果を表示単位処理する。
個計98	個別	数値	合計：期末残高相当額：450百万円…⑨	□円単位の「③＋⑥」の計算結果を表示単位処理する。
個計99	個別	数値	② 未経過リース料期末残高相当額 　1年内　280百万円	□リース管理台帳と照合する。 □リース契約書と照合する。 □リース会社からの期末現在のリース残高報告書と照合する。
個計100	個別	数値	1年超　170百万円	□同上
個計101	個別	数値	合計　450百万円	□円単位の合計結果を表示単位処理する。
個計102	個別	数値	③ 支払リース料、減価償却費相当額および支払利息相当額 支払リース料　358百万円	□リース管理台帳と照合する。 □リース契約書と照合する。 □リース会社からの期末現在のリース残高報告書と照合する。
個計103	個別	数値	減価償却費相当額　333百万円	□同上
個計104	個別	数値	支払利息相当額　39百万円	□同上
個計105	個別	非数値	④ 減価償却費相当額の算定方法 「リース期間を耐用年数とし、残存価額を零とする定額法によっております。」	□リース契約書と照合する。
個計106	個別	非数値	⑤ 利息相当額の算定方法 「リース料総額とリース物件の取得価額相	□同上

ガイド No.	個別/連結	区分	記載内容	作業内容およびチェック事項
			当額との差額を利息相当額とし、各事業年度への配分方法については、利息法によっております。」	
個計107	個別	数値	（2）オペレーティング・リース取引 未経過リース料　1年内　22百万円	□オペレーティング・リース管理台帳と照合する。 □オペレーティング・リース契約書と照合する。 □期末現在のオペレーティング・リース残高報告書と照合する。
個計108	個別	数値	未経過リース料　1年超　13百万円	□同上
個計109	個別	数値	未経過リース料　合計　36百万円	□円単位の合計結果を表示単位処理する。

3．根拠条文

<会社計算規則>
第129条（注記表の区分）　注記表は、次に掲げる項目に区分して表示しなければならない。
　　　　　　　…略…
　七　リースにより使用する固定資産に関する注記
第139条（リースにより使用する固定資産に関する注記）　リースにより使用する固定資産に関する注記は、ファイナンス・リース取引（リース取引のうち、リース契約に基づく期間の中途において当該リース契約を解除することができないもの又はこれに準ずるもので、リース物件（当該リース契約により使用する物件をいう。以下この条において同じ。）の借主が、当該リース物件からもたらされる経済的利益を実質的に享受することができ、かつ、当該リース物件の使用に伴って生じる費用等を実質的に負担することとなるものをいう。以下この条において同じ。）の借主である株式会社が当該ファイナンス・リース取引について通常の売買取引に係る方法に準じて会計処理を行っていない場合におけるリース物件（固定資産に限る。以下この条において同じ。）に関する事項とする。この場合において、当該リース物件の全部又は一部に係る次に掲げる事項（各リース物件について一括して注記する場合にあっては、一括して注記すべきリース物件に関する事項）を含めることを妨げない。
一　当該事業年度の末日における取得原価相当額
二　当該事業年度の末日における減価償却累計額相当額
三　当該事業年度の末日における未経過リース料相当額
四　前三号に掲げるもののほか、当該リース物件に係る重要な事項

10．関連当事者との取引に関する注記

1．作成上のポイント

　個別注記表の「関連当事者との取引に関する注記」に関しては、平成18年5月1日以後最初に到来する決算日（事業年度の末日）であって、かつ最初に開催する株主総会に合わせてその内容を通知する場合には、省略できます。

　P281で説明したように、平成19年2月決算以降の会計監査人設置会社またはその他の公

開会社（株式譲渡制限のない会社）は、「関連当事者との取引に関する注記」の記載が原則どおり必要となります。

会社法決算における関連当事者注記で留意すべき点は、連結子会社については省略できる旨を定めた連結財務諸表等規則第15条の４と同様の規定がないので、原則として連結子会社との取引も関連当事者注記対象取引になるという点です。

ただし、P335の会社計算規則第140条第２項に該当する場合（取引に係る条件につき市場価格その他当該取引に係る公正な価格を勘案して一般の取引の条件と同様のものを決定していることが明白な場合における取引等）は省略できます。

＜会社計算規則＞
第７条（提供計算書類の提供等に関する経過措置）
第129条第１項第８号の規定は、この省令の施行後最初に到来する事業年度の末日に係る個別注記表であって、この省令の施行後最初に開催する株主総会の招集の通知に併せてその内容を通知すべきものについては、適用しない。⇒【関連当事者との取引に関する注記】

＜連結財務諸表規則＞
第15条の４（関連当事者との取引に関する注記）
…略…
２　連結財務諸表提出会社と関連当事者との取引のうち、連結財務諸表の作成に当たって相殺消去した取引については、注記を要しない。

２．作成手順

関連当事者との取引高、債権・債務等の注記額は、以下のプロセスにより作成します。

・作成手順１

「関連当事者の範囲」を、実質支配関係にあると判断した基礎資料に基づいて正確に確定します。

▼関連当事者の範囲

属性区分	関連当事者属性の種類	事例会社
（１）親会社および法人主要株主等	①　親会社（実質支配力および影響力基準）	㈱ディスクローズ１
	②　その他の関係会社およびその他の関係会社の親会社	㈱ドリーム（その他の関係会社） ㈱コンプライアンス（その他の関係会社の親会社）
	③　法人主要株主（議決権割合10％以上）	（㈱ディスクローズ１） （㈱ドリーム）
（２）役員および個人主要株主等	④　個人主要株主（議決権割合10％以上）および近親者（二親等内）	―
	⑤　役員およびその近親者	取締役　清水一之
	⑥　個人主要株主およびその近親者が議決権の過半数を自己の計算において所有している会社ならびに当該会社の子会社	―

		⑦ 役員およびその近親者が議決権の過半数を自己の計算において所有している会社ならびに当該会社の子会社	㈱安田屋 ㈱安田運輸（上記の子会社）
（3）兄弟会社等		⑧ 親会社の子会社	㈱ジン
		⑨ その他の関係会社の子会社	㈱マインド
		⑩ 法人主要株主が議決権の過半数を自己の計算において所有している会社等および当該会社等の子会社	―
（4）子会社等		⑪ 子会社	㈱ライン（連結子会社） ㈱テン（非連結子会社） ㈱システムサポート（同上） ㈱医療システム開発（同上） ㈱医療情報サービス（同上）
		⑫ 関連会社および当該関連会社の子会社	㈱メディカルサポート（持分法適用会社） ㈱映像システム（非連結関連会社） ㈱ビジュアルシステム（同上） ㈱ビジュアルアート（上記関連会社の子会社）

・作成手順2

　主要勘定科目（貸借対照表）に補助科目コードとして「関連当事者コード」を設定し、会計システム上、総勘定科目別の補助元帳一覧を作成できるようにします。これにより総勘定科目内訳書を作成します。

・作成手順3

　総勘定科目内訳書に基づいて、株主総会用の「会社法計算書類科目内訳書（相手先別）」を作成します。相手先は、一般としては「上位5社程度」と、関係グループとしては「関連当事者属性」を明示し、それ以外は「その他」に要約します。

・作成手順4

　「会社法計算書類科目内訳書（相手先別）」のうち、関連当事者属性該当分を取引高および債権・金銭債務を区分して集計し、表示単位処理し、「各属性区分ごとの関連当事者の注記額」へ転記します。

会社法計算書類科目内訳書「売上高」

(SOURCE) 総勘定科目内訳書（A製品売上高・B製品売上高）
㈱スリー・シー・コンサルティング

番号	区分	相手先	相手先別金額	関係会社属性	関連当事者属性	役員属性	役員に対する売上高（参考）	関係会社に対する売上高	関連当事者に対する売上高
1	関連当事者グループ	㈱ディスクローズ1	4,800,000,000	親会社	親会社・法人主要株主	×		4,800,000,000	4,800,000,000
2		㈱ドリーム	500,000,000	その他の関係会社	その他の関係会社・法人主要株主	×		500,000,000	500,000,000
3		㈱ジン	250,000,000	×	親会社の子会社	×			250,000,000
4		㈱コンプライアンス	150,000,000	×	その他の関係会社の親会社	×			150,000,000
5		㈱マインド	35,000,000	×	その他の関係会社の子会社	×			35,000,000
6		㈱ライン	300,000,000	子会社	連結子会社	×		300,000,000	300,000,000
7		㈱テン	440,000,000	子会社	非連結子会社	×		440,000,000	440,000,000
8		㈱システムサポート	372,000,000	子会社	非連結子会社	×		372,000,000	372,000,000
9		㈱医療システム開発	307,000,000	子会社	非連結子会社	×		307,000,000	307,000,000
10		㈱医療情報サービス	50,000,000	子会社	非連結子会社	×		50,000,000	50,000,000
11		㈱メディカルサポート	246,000,000	子会社	関連会社	×		246,000,000	246,000,000
12		㈱映像システム	45,000,000	関連会社	関連会社	×		45,000,000	45,000,000
13		㈱ビジュアルシステム	40,000,000	関連会社	関連会社	×		40,000,000	40,000,000
14		㈱ビジュアルアート	200,000,000	×	関連会社の子会社	×		200,000,000	200,000,000
15		清水一之	15,000,000	×	役員（取締役）	○	15,000,000		15,000,000
16		㈱安田屋	25,000,000	×	（代表取締役安田浩一）役員およびその近親者が議決権の過半数を自己の計算で所有している会社	×			25,000,000
17		㈱安田運輸	5,000,000	×	上記の子会社	×			5,000,000
22	一般	㈱甲社	650,000,000	×	×	×			
99		その他	23,931,116,000	×	×	×			
		合計	① 32,361,116,000				(参考) 15,000,000	② 7,300,000,000	③ 7,780,000,000

①は、「会社法計算書類科目組替表（損益計算書）」の「売上高」金額と一致する（P238）。
②を、「損益計算書に関する注記：関係会社に対する売上高」へ転記する。⇒「7,300百万円」（P307）
③を、「関連当事者取引に関する注記：売上高」へ各関連当事者ごとに記載する（P322・325・327・329～331）。

会社法計算書類科目内訳書「受取手形」

(SOURCE) 総勘定科目内訳書（受取手形）
㈱スリー・シー・コンサルティング

番号	区分	相手先	相手先別金額	関係会社属性	関連当事者属性	役員属性	注記事項 役員に対する債権	注記事項 関係会社に対する債権	注記事項 関連当事者に対する債権
1	関連当事者グループ	㈱ディスクローズ1	18,000,000	親会社	親会社・法人主要株主	×		18,000,000	18,000,000
2		㈱ドリーム	−	その他の関係会社	その他の関係会社・法人主要株主	×		−	−
3		㈱ジン	−	×	親会社の子会社	×		−	−
4		㈱コンプライアンス	−	×	その他の関係会社の親会社	×		−	−
5		㈱マインド	−	×	その他の関係会社の子会社	×		−	−
6		㈱ライン	100,000,000	子会社	連結子会社	×		100,000,000	100,000,000
7		㈱テン	68,000,000	子会社	非連結子会社	×		68,000,000	68,000,000
8		㈱システムサポート	48,000,000	子会社	非連結子会社	×		48,000,000	48,000,000
9		㈱医療システム開発	32,000,000	子会社	非連結子会社	×		32,000,000	32,000,000
10		㈱医療情報サービス	−	子会社	非連結子会社	×		−	−
11		㈱メディカルサポート	24,000,000	子会社	関連会社	×		24,000,000	24,000,000
12		㈱映像システム	−	関連会社	関連会社	×		−	−
13		㈱ビジュアルシステム	−	関連会社	関連会社	×		−	−
14		㈱ビジュアルアート	−	×	関連会社の子会社	×		−	−
15		清水一之	−	×	役員（取締役）	○		−	−
16		㈱安田屋	−	×	（代表取締役安田浩一）役員およびその近親者が議決権の過半数を自己の計算で所有している会社	×	−	−	−
17		㈱安田運輸	−	×	上記の子会社	×		−	−
22	一般	㈱甲社	80,000,000	×	×	×		−	−
99		その他	2,775,640,000	×	×	×		−	−
		合計	①′ 3,145,640,000				②′ 0	③′ 290,000,000	④′ 290,000,000

※ 「主要株主」：金融商品取引法第163条第1項「主要株主」は、「議決権の100分の10以上を所有する株主」をいう。
　「近親者」　：二親等内の親族をいう。
①′は、「会社法計算書類科目組替表（貸借対照表）」の「受取手形」金額と一致する（P212）。
②′は、「貸借対照表に関する注記：取締役および監査役に対する金銭債権」を構成する（P303）。…②′+②″
③′は、「貸借対照表に関する注記：関係会社に対する短期金銭債権」を構成する（P294）。…③′+③″
④′は、「関連当事者との取引に関する注記：受取手形」へ各関連当事者ごとに記載する（P322・325・327・329〜331）。

会社法計算書類科目内訳書「売掛金」

(SOURCE) 総勘定科目内訳書（A製品売掛金・B製品売掛金）

㈱スリー・シー・コンサルティング

番号	区分	相手先	相手先別金額	関係会社属性	関連当事者属性	役員属性	注記事項 役員に対する債権	注記事項 関係会社に対する債権	注記事項 関連当事者に対する債権
1	関連当事者グループ	㈱ディスクローズ1	630,000,000	親会社	親会社・法人主要株主	×		630,000,000	630,000,000
2		㈱ドリーム	105,000,000	その他の関係会社	その他の関係会社・法人主要株主	×		105,000,000	105,000,000
3		㈱ジン	52,500,000	×	親会社の子会社	×		－	52,500,000
4		㈱コンプライアンス	31,500,000	×	その他の関係会社の親会社	×			31,500,000
5		㈱マインド	7,350,000	×	その他の関係会社の子会社	×		－	7,350,000
6		㈱ライン	120,000,000	子会社	連結子会社	×		120,000,000	120,000,000
7		㈱テン	105,000,000	子会社	非連結子会社	×		105,000,000	105,000,000
8		㈱システムサポート	58,128,000	子会社	非連結子会社	×		58,128,000	58,128,000
9		㈱医療システム開発	21,000,000	子会社	非連結子会社	×		21,000,000	21,000,000
10		㈱医療情報サービス	10,500,000	子会社	非連結子会社	×		10,500,000	10,500,000
11		㈱メディカルサポート	88,200,000	子会社	関連会社	×		88,200,000	88,200,000
12		㈱映像システム	9,450,000	関連会社	関連会社	×		9,450,000	9,450,000
13		㈱ビジュアルシステム	8,400,000	関連会社	関連会社	×		8,400,000	8,400,000
14		㈱ビジュアルアート	4,200,000	×	関連会社の子会社	×			4,200,000
15		清水一之	3,150,000	×	役員（取締役）	○	3,150,000		3,150,000
16		㈱安田屋	5,250,000	×	（代表取締役 安田浩一）役員およびその近親者が議決権の過半数を自己の計算で所有している会社	×			5,250,000
17		㈱安田運輸	1,050,000	×	上記の子会社	×			1,050,000
22	一般	㈱甲社	136,500,000	×	×	×			
99		その他	2,750,348,000	×	×	×			
		合計	①″ 4,147,526,000				②″ 3,150,000	③″ 1,155,678,000	④″ 1,260,678,000

※ 「主要株主」：金融商品取引法第163条第1項「主要株主」は、「議決権の100分の10以上を所有する株主」をいう。
　「近親者」：二親等内の親族をいう。

①″は、「会社法計算書類科目組替表（貸借対照表）」の「売掛金」金額と一致する（P212）。
②″は、「貸借対照表に関する注記：取締役および監査役に対する金銭債権」を構成する（P303）。…②′+②″
③″は、「貸借対照表に関する注記：関係会社に対する短期金銭債権」を構成する（P294）。…③′+③″
④″は、「関連当事者との取引に関する注記：売掛金」へ各関連当事者ごとに記載する（P322・325・327・329～331）。

10. 関連当事者との取引に関する注記—属性：（1）財務諸表提出会社の親会社および法人主要株主等

1．記載例

10．関連当事者との取引に関する注記
属性：（1）財務諸表提出会社の親会社および法人主要株主等

属性	会社等の名称	住所	資本金（百万円）	議決権等の被所有割合	事業の内容または職業	関係内容 役員等の兼任等	関係内容 事業上の関係	取引の内容	取引金額（百万円）	科目	期末残高（百万円）
【個注110】親会社	【個注111】株式会社ディスクローズ1	【個注112】東京都中央区日本橋	【個注113】5,000	【個注114】54.6%直接	【個注115】産業機械の販売	【個注116】無	【個注117】工作機械の販売	【個注118】売上高	【個注119】4,800	【個注120】受取手形	【個注121】18
										【個注122】売掛金	【個注123】630
							【個注124】原材料仕入	【個注125】仕入高	【個注126】85	【個注127】支払手形	【個注128】8
										【個注129】買掛金	【個注130】18
							【個注131】資金借入	【個注132】支払利息	【個注133】2	【個注134】長期借入金	【個注135】100
							【個注136】備品購入	【個注137】器具及び備品	【個注138】30	—	—
【個注139】その他の関係会社およびその他の関係会社の親会社	【個注140】株式会社ドリームその他の関係会社	【個注141】東京都中央区日本橋	【個注142】3,000	【個注143】29.8%直接	【個注144】インターネット販売	【個注145】無	【個注146】ネットワークシステムの販売	【個注147】売上高	【個注148】500	【個注149】売掛金	【個注150】105
	【個注151】株式会社コンプライアンスその他の関係会社の親会社	【個注152】東京都豊島区北大塚	【個注153】2,000	【個注154】(29.8%)間接	【個注155】経営コンサルティング	【個注156】無	【個注157】情報システム構築	【個注158】売上高	【個注159】150	【個注160】売掛金	【個注161】31

取引条件ないし取引条件の決定方針等【個注162】
　市場価格を勘案し一般的取引条件と同様に決定しております。
（注）上記の表における取引金額のうち、期末残高には消費税等を含めており、取引金額等には消費税等を含めておりません。

2．記載項目別作業一覧

ガイドNo.	個別/連結	区分	記載内容	作業内容およびチェック項目
個注110	個別	非数値	10．関連当事者との取引に関する注記 属性：（1）財務諸表提出会社の親会社および法人主要株主等 属性：親会社	□関連当事者属性判定表と照合する。 □当社株主名簿と照合する。 □企業グループ関係図と照合する。 □（上場会社の場合）連結決算短信の支配関係図と照合する。
個注111	個別	非数値	会社等の名称：株式会社ディスクローズ1	□親会社の登記簿謄本と照合する。
個注112	個別	非数値	住所：東京都中央区日本橋	□同上
個注113	個別	数値	資本金（百万円）：5,000	□同上
個注114	個別	数値	議決権等の被所有割合：54.6%	□当社の株主名簿と照合する（間接所有分も含む）。
個注114	個別	非数値	事業の内容または職業：産業機械の販売	□親会社の登記簿謄本または定款と照合する。
個注116	個別	非数値	役員等の兼任等：無	□当該親会社と当社の事業報告の附属明細書「役員の兼務状況」を照合する。 □当該親会社と当社の登記簿謄本（役員欄）と照合する。
個注117	個別	非数値	事業上の関係：工作機械の販売	□当該親会社に対する販売契約書等と照合する。
個注118	個別	非数値	取引の内容：売上高…①	□通常、当該売上関係に対応する会社法計算書類の損益計算書科目を記載する。
個注119	個別	数値	取引金額：4,800百万円	□会社法計算書類科目内訳書（売上高）の当該親会社の残高金額を表示単位処理して転記する（例示サンプル：P319参照）。
個注120	個別	非数値	科目：受取手形	□①に対応する債権科目、つまり、会社法計算書類の貸借対照表科目を記載する。
個注121	個別	数値	期末残高：18百万円	□会社法計算書類科目内訳書（受取手形）の当該親会社の残高金額を表示単位処理して転記する（例示サンプル：P320参照）。
個注122	個別	非数値	科目：売掛金	□①に対応する債権科目、つまり、会社法計算書類の貸借対照表科目を記載する。
個注123	個別	数値	期末残高：630百万円	□会社法計算書類科目内訳書（売掛金）の当該親会社の残高金額を表示単位処理して転記する（例示サンプル：P321参照）。
個注124	個別	非数値	事業上の関係：原材料の仕入	□当該親会社からの原材料仕入契約書等と照合する。
個注125	個別	非数値	取引の内容：仕入高…②	□通常、当該原材料仕入関係に対応する会社法計算書類の損益計算書科目（製造原価報告書科目）を記載する。
個注126	個別	数値	取引金額：85百万円	□会社法計算書類科目内訳書（仕入高）の当該親会社の残高金額を表示単位処理して転記する。

ガイド No.	個別/連結	区分	記載内容	作業内容およびチェック項目
個注127	個別	非数値	科目：支払手形	□②に対応する債務科目、つまり、会社法計算書類の貸借対照表科目を記載する。
個注128	個別	数値	期末残高：8百万円	□会社法計算書類科目内訳書（支払手形）の当該親会社の残高金額を表示単位処理して転記する。
個注129	個別	非数値	科目：買掛金	□②に対応する債務科目、つまり、会社法計算書類の貸借対照表科目を記載する。
個注130	個別	数値	期末残高：18百万円	□会社法計算書類科目内訳書（買掛金）の当該親会社の残高金額を表示単位処理して転記する。
個注131	個別	非数値	事業上の関係：資金借入	□当該親会社からの資金調達の金銭消費貸借契約書と照合する。 □当該親会社からの資金調達の取締役会議事録と照合する。
個注132	個別	非数値	取引の内容：支払利息…③	□通常、当該資金借入関係に対応する会社法計算書類の損益計算書科目を記載する。
個注133	個別	数値	取引金額：2百万円	□会社法計算書類科目内訳書（支払利息）の該当内訳残高金額を表示単位処理して転記する。
個注134	個別	非数値	科目：長期借入金	□③に対応する債務科目、つまり、会社法計算書類の貸借対照表科目を記載する。
個注135	個別	数値	期末残高：100百万円	□会社法計算書類科目内訳書（長期借入金）の当該内訳残高金額を表示単位処理して転記する。
個注136	個別	非数値	事業上の関係：備品購入	□当該親会社からの固定資産購入契約書と照合する。 □当該親会社からの固定資産購入の取締役会議事録と照合する。
個注137	個別	非数値	取引の内容：器具及び備品	□固定資産関係に対応する会社法計算書類の貸借対照表科目を記載する。
個注138	個別	数値	取引金額：30百万円	□会社法計算書類科目内訳書（器具及び備品）の該当内訳残高金額を表示単位処理して転記する。 □固定資産管理台帳と照合する。
個注139〜個注161	…略…	…略…	…略…	□上記と同様に作成する。
個注162	個別	数値	取引条件ないし取引条件の決定方針等「市場価格を勘案し一般的取引条件と同様に決定しております。 （注）上記の表における取引金額の内、期末残高には消費税等を含めており、取引金額等には消費税等を含めておりません。」	□関連当事者取引価額検討委員会議事録と照合する。 □関連当事者取引価額に関する監査法人との協議記録と照合する。 □関連当事者取引価額に関する税務当局の所見記録等と照合する（移転価格税制等）。

10. 関連当事者との取引に関する注記—属性：（2）財務諸表提出会社の役員および個人主要株主等

1．記載例

10．関連当事者との取引に関する注記
属性：（2）財務諸表提出会社の役員および個人主要株主等

属性	会社等の名称	住所	資本金（百万円）	議決権等の被所有割合	事業の内容または職業	関係内容 役員等の兼任等	関係内容 事業上の関係	取引の内容	取引金額（百万円）	科目	期末残高（百万円）
【個注163】役員	【個注164】取締役 清水一之	【個注165】東京都台東区上野	【個注166】—	【個注167】—％	【個注168】—	【個注169】無	【個注170】インターネットシステムの販売	【個注171】売上高	【個注172】15	【個注173】売掛金	【個注174】3
							【個注175】ソフトウェア購入	【個注176】仕入高	【個注177】9	【個注178】買掛金	【個注179】1
【個注180】役員およびその近親者が議決権の過半数を自己の計算で所有している会社	【個注181】株式会社安田屋（代表取締役安田浩一同族会社）	【個注182】東京都足立区北千住	【個注183】10	【個注184】—％	【個注185】運輸管理業	【個注186】無	【個注187】情報システム構築	【個注188】売上高	【個注189】25	【個注190】売掛金	【個注191】5
	【個注192】株式会社安田運輸（上記の会社の子会社）	【個注193】東京都足立区北千住	【個注194】10	【個注195】—％	【個注196】運輸	【個注197】無	【個注198】インターネットシステムの販売	【個注199】売上高	【個注200】5	【個注201】売掛金	【個注202】1

取引条件ないし取引条件の決定方針等【個注203】
　市場価格を勘案し一般的取引条件と同様に決定しております。
（注）上記の表における取引金額のうち、期末残高には消費税等を含めており、取引金額等には消費税等を含めておりません。

2．記載項目別作業一覧

ガイドNo.	個別/連結	区分	記載内容	作業内容およびチェック項目
個注163	個別	非数値	属性：（2）財務諸表提出会社の役員および個人主要株主等 属性：役員	□関連当事者属性判定表と照合する。 □当社役員名簿と照合する。 □関連当事者グループ関係図と照合する。 □（上場会社の場合）連結決算短信の関連当事者取引関係注記と照合する。

ガイド No.	個別/連結	区分	記載内容	作業内容およびチェック項目
個注164	個別	非数値	会社等の名称：取締役　清水一之	□当社の登記簿謄本と照合する。
個注165	個別	非数値	住所：東京都台東区上野	□個人の住民票または履歴書と照合する。
個注166	個別	数値	資本金（百万円）：―	□個人なので、該当なし。
個注167	個別	数値	議決権等の被所有割合：―%	□当社の株主名簿と照合する。
個注168	個別	非数値	事業の内容または職業：―	□履歴書（兼務状況等）と照合する。
個注169	個別	非数値	役員等の兼任等：無	□当社の事業報告の附属明細書「役員の兼務状況」と照合する。 □本人からの兼務状況報告書と照合する。
個注170	個別	非数値	事業上の関係：インターネットシステムの販売	□販売契約書等と照合する。
個注171	個別	非数値	取引の内容：売上高…①	□通常、当該売上関係に対応する会社法計算書類の損益計算書科目を記載する。
個注172	個別	数値	取引金額：15百万円	□会社法計算書類科目内訳書（売上高）の当該内訳残高金額を表示単位処理して転記する（例示サンプル：P319参照）。
個注173	個別	非数値	科目：売掛金	□①に対応する債権科目、つまり、会社法計算書類の貸借対照表科目を記載する。
個注174	個別	数値	期末残高：3百万円	□会社法計算書類科目内訳書（売掛金）の当該親会社の残高金額を表示単位処理して転記する（例示サンプル：P321参照）。
個注175	個別	数値	事業上の関係：ソフトウェアの購入	□購入契約書等と照合する。 □取締役会議事録と照合する。
個注176	個別	数値	取引の内容：仕入高…②	□通常、当該売上関係に対応する会社法計算書類の損益計算書科目を記載する。
個注177	個別	数値	取引金額：9百万円	□会社法計算書類科目内訳書（仕入高）の当該内訳残高金額を表示単位処理して転記する。
個注178	個別	数値	科目：買掛金	□②に対応する債務科目、つまり、会社法計算書類の貸借対照表科目を記載する。
個注179	個別	数値	期末残高：1百万円	□会社法計算書類科目内訳書（買掛金）の当該親会社の残高金額を表示単位処理して転記する。
個注180	個別	非数値	属性：役員およびその近親者が議決権の過半数を自己の計算で所有している会社	□役員からの同族会社報告書と照合する。 □上記の会社の株主名簿と照合する。 □法人税申告書の別表2と照合する。 □上記の会社の登記簿謄本と照合する。 □関連当事者属性判定表と照合する。
個注181	個別	非数値	会社等の名称：株式会社安田屋	□当該会社の登記簿謄本と照合する。
個注182	個別	非数値	住所：東京都足立区北千住	□同上
個注183	個別	数値	資本金（百万円）：10	□同上
個注184	個別	数値	議決権等の被所有割合：―%	□当社の株主名簿と照合する。
個注185	個別	非数値	事業の内容または職業：運輸管理業	□当該会社の登記簿謄本と照合する。

ガイド No.	個別/連結	区分	記載内容	作業内容およびチェック項目
個注186	個別	非数値	役員等の兼任等：無	□当該会社と当社の事業報告の附属明細書「役員の兼務状況」を照合する。 □当該会社と当社の登記簿謄本（役員欄）と照合する。
個注187	個別	非数値	事業上の関係：情報システムの構築	□当該会社との請負契約書と照合する。
個注188	個別	非数値	取引の内容：売上高…③	□通常、当該売上関係に対応する会社法計算書類の損益計算書科目を記載する。
個注189	個別	数値	取引金額：25百万円	□会社法計算書類科目内訳書（売上高）の当該内訳残高金額を表示単位処理して転記する（例示サンプル：P319参照）。
個注190	個別	非数値	科目：売掛金	□③に対応する債権科目、つまり、会社法計算書類の貸借対照表科目を記載する。
個注191	個別	数値	期末残高：5百万円	□会社法計算書類科目内訳書（売掛金）の当該親会社の残高金額を表示単位処理して転記する（例示サンプル：P321参照）。
個注192～個注203	…略…	…略…	…略…	□上記と同様に作成する。

---

10. 関連当事者との取引に関する注記―属性：（3）財務諸表提出会社の兄弟会社等

1．記載例

10．関連当事者との取引に関する注記
属性：（3）財務諸表提出会社の兄弟会社等

属性	会社等の名称	住所	資本金（百万円）	議決権等の被所有割合	事業の内容または職業	関係内容 役員等の兼任等	関係内容 事業上の関係	取引の内容	取引金額（百万円）	科目	期末残高（百万円）
【個注204】親会社の子会社	【個注205】株式会社ジン	【個注206】東京都港区六本木	【個注207】300	【個注208】―%	【個注209】情報提供サービス	【個注210】無	【個注211】情報システム構築	【個注212】売上高	【個注213】250	【個注214】売掛金	【個注215】52
【個注216】その他の関係会社の子会社	【個注217】株式会社マインド	【個注218】東京都新宿区西新宿	【個注219】100	【個注220】―%	【個注221】システム開発	【個注222】無	【個注223】情報システム構築	【個注224】売上高	【個注225】35	【個注226】売掛金	【個注227】7

取引条件ないし取引条件の決定方針等【個注228】
　市場価格を勘案し一般的取引条件と同様に決定しております。
（注）上記の表における取引金額のうち、期末残高には消費税等を含めており、取引金額等には消費税等を含めておりません。

2．記載項目別作業一覧

ガイドNo.	個別/連結	区分	記載内容	作業内容およびチェック事項
個注204	個別	非数値	属性：（3）財務諸表提出会社の兄弟会社等 属性：親会社の子会社	□関連当事者属性判定表と照合する。 □当該会社の株主名簿と照合する。 □関連当事者グループ関係図と照合する。 □連結決算短信の関連当事者取引関係注記と照合する（上場会社の場合）。
個注205	個別	非数値	会社等の名称：株式会社ジン	□当該会社の登記簿謄本と照合する。
個注206	個別	非数値	住所：東京都港区六本木	□同上
個注207	個別	数値	資本金（百万円）：300	□同上
個注208	個別	数値	議決権等の被所有割合：—％	□当社の株主名簿と照合する（間接所有分も含む）。
個注209	個別	非数値	事業の内容または職業：情報提供サービス	□当該会社の登記簿謄本または定款と照合する。
個注210	個別	非数値	役員等の兼任等：無	□当該会社と当社の事業報告の附属明細書「役員の兼務状況」を照合する。 □当該会社と当社の登記簿謄本（役員欄）を照合する。
個注211	個別	非数値	事業上の関係：情報システム構築	□当該会社に対する販売契約書等を照合する。
個注212	個別	非数値	取引の内容：売上高…①	□通常、当該売上関係に対応する会社法計算書類の損益計算書科目を記載する。
個注213	個別	数値	取引金額：250百万円	□会社法計算書類科目内訳書（売上高）の当該親会社の残高金額を表示単位処理して転記する（例示サンプル：P319参照）。
個注214	個別	非数値	科目：売掛金	□①に対応する債権科目、つまり、会社法計算書類の貸借対照表科目を記載する。
個注215	個別	数値	期末残高：52百万円	□会社法計算書類科目内訳書（売掛金）の当該親会社の残高金額を表示単位処理して転記する（例示サンプル：P321参照）。
個注216	個別	非数値	属性：その他関係会社の子会社	□関連当事者属性判定表と照合する。 □当該子会社の株主名簿と照合する。 □関連当事者グループ関係図と照合する。 □連結決算短信の関連当事者取引関係注記と照合する（上場会社の場合）。
個注217	個別	非数値	会社等の名称：株式会社マインド	□当該会社の登記簿謄本と照合する。
個注218	個別	非数値	住所：東京都新宿区西新宿	□同上
個注219	個別	数値	資本金（百万円）：100	□同上
個注220	個別	数値	議決権等の被所有割合：—％	□当社の株主名簿と照合する（間接所有分も含む）。
個注221	個別	非数値	事業の内容または職業：システム開発	□当該会社の登記簿謄本または定款と照合する。

ガイド No.	個別/連結	区分	記載内容	作業内容およびチェック事項
個注222	個別	非数値	役員等の兼任等：無	□当該会社と当社の事業報告の附属明細書「役員の兼務状況」と照合する。 □当該会社と当社の登記簿謄本（役員欄）の照合する。
個注223	個別	非数値	事業上の関係：情報システム構築	□当該会社に対する販売契約書等の照合する。
個注224	個別	非数値	取引の内容：売上高…②	□通常、当該売上関係に対応する会社法計算書類の損益計算書科目を記載する。
個注225	個別	数値	取引金額：35百万円	□会社法計算書類科目内訳書（売上高）の当該親会社の残高金額を表示単位処理して転記する（例示サンプル：P319参照）。
個注226	個別	非数値	科目：売掛金	□②に対応する債権科目、つまり、会社法計算書類の貸借対照表科目を記載する。
個注227	個別	数値	期末残高：7百万円	□会社法計算書類科目内訳書（売掛金）の当該親会社の残高金額を表示単位処理して転記する（例示サンプル：P321参照）。
個注228	個別	数値	取引条件ないし取引条件の決定方針等「市場価格を勘案し一般的取引条件と同様に決定しております。 （注）上記の表における取引金額のうち、期末残高には消費税等を含めており、取引金額等には消費税等を含めておりません。」	□関連当事者取引価額検討委員会議事録と照合する。 □関連当事者取引価額に関する監査法人との協議記録と照合する。 □関連当事者取引価額に関する税務当局の所見記録等と照合（移転価格税制等）する。

---

10. 関連当事者との取引に関する注記—属性：（4）財務諸表提出会社の子会社等

1．記載例

10. 関連当事者との取引に関する注記
属性：（4）財務諸表提出会社の子会社等（その1）

属性	会社等の名称	住所	資本金（百万円）	議決権等の所有割合	事業の内容または職業	関係内容 役員等の兼任等	関係内容 事業上の関係	取引の内容	取引金額（百万円）	科目	期末残高（百万円）
【個注229】子会社	【個注230】株式会社ライン（連結子会社）	【個注231】東京都中央区銀座	【個注232】400	【個注233】80.0%	【個注234】工作制御装置開発	【個注235】取締役1名	【個注236】製造部品の販売	【個注237】売上高	【個注238】300	【個注239】受取手形 【個注241】売掛金	【個注240】100 【個注242】120
								【個注243】工作機械部品の仕入	【個注244】仕入高	【個注245】200	【個注246】買掛金	【個注247】80

						【個注248】配当金受取	【個注249】受取配当金	【個注250】24	—	—
						【個注251】資金借入	【個注252】支払利息	【個注253】2	【個注254】長期借入金	【個注255】50
【個注256】株式会社テン（非連結子会社）	【個注257】大阪府大阪市北区	【個注258】200	【個注259】60.0%	【個注260】工作機械の販売	【個注261】取締役1名	【個注262】B商品販売	【個注263】売上高	【個注264】440	【個注265】受取手形 【個注267】売掛金	【個注266】68 【個注268】105
						【個注269】A商品仕入	【個注270】仕入高	【個注271】465	【個注272】支払手形 【個注274】買掛金	【個注273】46 【個注275】93
						【個注276】営業保証金	【個注277】受取利息	【個注278】2	【個注279】差入保証金	【個注280】20

10. 関連当事者との取引に関する注記
属性：（4）子会社等（その2）

属性	会社等の名称	住所	資本金（百万円）	議決権等の所有割合	事業の内容または職業	関係内容 役員等の兼任等	関係内容 事業上の関係	取引の内容	取引金額（百万円）	科目	期末残高（百万円）
子会社	【個注281】株式会社システムサポート（非連結子会社）	【個注282】京都府京都市下京区	【個注283】100	【個注284】100.0%	【個注285】システム運用サポート	【個注286】無	【個注287】B製品販売	【個注288】売上高	【個注289】372	【個注290】受取手形 【個注292】売掛金	【個注291】48 【個注293】58
							【個注294】A商品仕入	【個注295】仕入高	【個注296】550	【個注297】支払手形 【個注299】買掛金	【個注298】55 【個注300】110
							【個注301】営業保証金	【個注302】受取利息	【個注303】1	【個注304】差入保証金	【個注305】20
							【個注306】固定資産購入	【個注307】機械装置	【個注308】46		
	【個注309】医療システム開発（非連結子会社）	【個注310】愛知県名古屋市中区	【個注311】50	【個注312】100.0%	【個注313】医療システム機器の販売	【個注314】無	【個注315】B製品販売	【個注316】売上高	【個注317】307	【個注318】受取手形 【個注320】売掛金	【個注319】32 【個注321】21
							【個注322】A商品仕入	【個注323】仕入高	【個注324】150	【個注325】支払手形 【個注327】買掛金	【個注326】15 【個注328】30
							【個注329】営業保証金	【個注330】受取利息	【個注331】1	【個注332】差入保証金	【個注333】22
							【個注334】土地売却	【個注335】土地譲渡金額	【個注336】32	—	—

属性	会社等の名称	住所	資本金（百万円）	議決権等の所有割合	事業の内容または職業	関係内容 役員等の兼任等	関係内容 事業上の関係	取引の内容	取引金額（百万円）	科目	期末残高（百万円）
	【個注337】医療情報サービス（非連結子会社）	【個注338】東京都中央区日本橋	【個注339】50	【個注340】100.0%	【個注341】医療器械販売	【個注342】無	【個注343】医療機器販売	【個注344】売上高	【個注345】50	【個注346】売掛金	【個注347】10

取引条件ないし取引条件の決定方針等【個注348】
　市場価格を勘案し一般的取引条件と同様に決定しております。
（注）上記の表における取引金額のうち、期末残高には消費税等を含めており、取引金額等には消費税等を含めておりません。

属性	会社等の名称	住所	資本金（百万円）	議決権等の所有割合	事業の内容または職業	関係内容 役員等の兼任等	関係内容 事業上の関係	取引の内容	取引金額（百万円）	科目	期末残高（百万円）
【個注349】関連会社および当該関連会社の子会社	【個注350】株式会社メディカルサポート（関連会社・持分法適用会社）	【個注351】東京都中央区日本橋	【個注352】100	【個注353】40.0%	【個注354】医療業務代行	【個注355】無	【個注356】B製品販売	【個注357】売上高	【個注358】246	【個注359】受取手形	【個注360】24
										【個注361】売掛金	【個注362】88
							【個注363】A原材料仕入	【個注364】仕入高	【個注365】120	【個注366】支払手形	【個注367】55
										【個注368】買掛金	【個注369】110
							【個注370】配当金の受取	【個注371】受取配当金	【個注372】10	【個注373】未収金	【個注374】10
	【個注375】株式会社映像システム（関連会社）	【個注376】東京都中央区京橋	【個注377】100	【個注378】35.0%	【個注379】映像システム開発	【個注380】無	【個注381】情報システム構築	【個注382】売上高	【個注383】45	【個注384】売掛金	【個注385】9
	【個注386】株式会社ビジュアルシステム（関連会社）	【個注387】東京都中央区茅場町	【個注388】50	【個注389】25.0%	【個注390】ゲームシステム開発	【個注391】無	【個注392】情報システム構築	【個注393】売上高	【個注394】40	【個注395】売掛金	【個注396】8
	【個注397】株式会社ビジュアルアート（関連会社）	【個注398】東京都中央区日本橋	【個注399】20	【個注400】20.0%	【個注401】動画システム開発	【個注402】無	【個注403】情報システム構築	【個注404】売上高	【個注405】200	【個注406】売掛金	【個注407】4

取引条件ないし取引条件の決定方針等【個注408】
　市場価格を勘案し一般的取引条件と同様に決定しております。
（注）上記の表における取引金額のうち、期末残高には消費税等を含めており、取引金額等には消費税等を含めておりません。

2．記載項目別作業一覧

ガイド No.	個別/連結	区分	記載内容	作成手順および基礎資料等
個注229	個別	非数値	属性：（4）財務諸表提出会社の子会社等 属性：子会社	□関連当事者属性判定表と照合する。 □当該会社の株主名簿と照合する。 □企業グループ関係図と照合する。 □関係会社株式管理台帳と照合する。 □有価証券実査資料と照合する。 □連結決算短信の支配関係図と照合する（上場会社の場合）。
個注230	個別	非数値	会社等の名称：株式会社ライン	□当該会社の登記簿謄本と照合する。
個注231	個別	非数値	住所：東京都中央区日本橋	□同上
個注232	個別	数値	資本金（百万円）：400	□同上
個注233	個別	数値	議決権等の所有割合：80.0%	□当該会社の株主名簿と照合する（間接所有分も含む）。
個注234	個別	非数値	事業の内容または職業： 工作制御装置開発	□当該会社の登記簿謄本または定款と照合する。
個注235	個別	非数値	役員等の兼任等：取締役1名	□当該会社と当社の事業報告の附属明細書「役員の兼務状況」と照合する。 □当該会社と当社の登記簿謄本（役員欄）の照合する。
個注236	個別	非数値	事業上の関係： 製造部品の販売	□当該会社に対する販売契約書等の照合する。
個注237	個別	非数値	取引の内容：売上高…①	□通常、当該売上関係に対応する会社法計算書類の損益計算書科目を記載する。
個注238	個別	数値	取引金額：300百万円	□会社法計算書類科目内訳書（売上高）の当該親会社の残高金額を表示単位処理して転記する（例示サンプル：P319参照）。
個注239	個別	非数値	科目：受取手形	□①に対応する債権科目、つまり、会社法計算書類の貸借対照表科目を記載する。
個注240	個別	数値	期末残高：100百万円	□会社法計算書類科目内訳書（受取手形）の当該親会社の残高金額を表示単位処理して転記する例示サンプル：P320参照）。
個注241	個別	非数値	科目：売掛金	□①に対応する債権科目、つまり、会社法計算書類の貸借対照表科目を記載する。
個注242	個別	数値	期末残高：120百万円	□会社法計算書類科目内訳書（売掛金）の当該親会社の残高金額を表示単位処理して転記する（例示サンプル：P321参照）。
個注243	個別	非数値	事業上の関係： 工作製造部品の仕入	□当該会社からの原材料仕入契約書等と照合する。
個注244	個別	非数値	取引の内容：仕入高…②	□通常、当該原材料仕入関係に対応する会社法計算書類の損益計算書科目（製造原価報告書科目）を記載する。
個注245	個別	数値	取引金額：200百万円	□会社法計算書類科目内訳書（仕入高）の当該会社の残高金額を表示単位処理して転記する。
個注246	個別	非数値	科目：買掛金	□②に対応する債務科目、つまり、会社法計算書類の貸借対照表科目を記載する。

ガイド No.	個別/連結	区分	記載内容	作成手順および基礎資料等
個注247	個別	数値	期末残高：80百万円	□会社法計算書類科目内訳書（買掛金）の当該会社の残高金額を表示単位処理して転記する。
個注248	個別	非数値	事業上の関係：配当金の受取	□当該会社からの配当金通知書と照合する。
個注249	個別	非数値	取引の内容：受取配当金	□通常、当該配当受取関係に対応する会社法計算書類の損益計算書科目を記載する。
個注250	個別	数値	取引金額：24百万円	□会社法計算書類科目内訳書（受取配当金）の当該会社の残高金額を表示単位処理して転記する。
個注251	個別	非数値	事業上の関係：資金借入	□当該会社からの資金調達の金銭消費貸借契約書の照合する。 □当該会社からの資金調達の取締役会議事録と照合する。
個注252	個別	非数値	取引の内容：支払利息…③	□通常、当該資金借入関係に対応する会社法計算書類の損益計算書科目を記載する。
個注253	個別	数値	取引金額：2百万円	□会社法計算書類科目内訳書（支払利息）の該当内訳残高金額を表示単位処理して転記する。
個注254	個別	非数値	科目：長期借入金	□③に対応する債務科目、つまり、会社法計算書類の貸借対照表科目を記載する。
個注255	個別	数値	期末残高：50百万円	□会社法計算書類科目内訳書（長期借入金）の当該内訳残高金額を表示単位処理して転記する。
個注256〜個注348	…略…	…略…	…略…	□上記と同様に作成する。

ガイド No.	個別/連結	区分	記載内容	作業内容およびチェック事項
個注349	個別	非数値	属性：（4）財務諸表提出会社の子会社等 属性：関連会社および関連会社の子会社	□関連当事者属性判定表と照合する。 □当該会社の株主名簿と照合する。 □企業グループ関係図と照合する。 □関係会社株式管理台帳と照合する。 □有価証券実査資料と照合する。 □連結決算短信の支配関係図と照合する（上場会社の場合）。
個注350	個別	非数値	会社等の名称： 株式会社メディカルサポート	□当該会社の登記簿謄本と照合する。
個注351	個別	非数値	住所：東京都中央区日本橋	□同上
個注352	個別	数値	資本金（百万円）：100	□同上
個注353	個別	数値	議決権等の所有割合：40.0％	□当該会社の株主名簿と照合する（間接所有分も含む）。
個注354	個別	非数値	事業の内容または職業： 医療業務代行	□当該会社の登記簿謄本または定款と照合する。
個注355	個別	非数値	役員等の兼任等：無	□当該会社と当社の事業報告の附属明細書「役員の兼務状況」を照合する。 □当該会社と当社の登記簿謄本（役員欄）を照合する。

ガイドNo.	個別/連結	区分	記載内容	作業内容およびチェック事項
個注356	個別	非数値	事業上の関係：B製品販売	□当該会社に対する販売契約書等と照合する。
個注357	個別	非数値	取引の内容：売上高…①	□通常、当該売上関係に対応する会社法計算書類の損益計算書科目を記載する。
個注358	個別	数値	取引金額：246百万円	□会社法計算書類科目内訳書（売上高）の当該親会社の残高金額を表示単位処理して転記する（例示サンプル：P319参照）。
個注359	個別	非数値	科目：受取手形	□①に対応する債権科目、つまり、会社法計算書類の貸借対照表科目を記載する。
個注360	個別	数値	期末残高：24百万円	□会社法計算書類科目内訳書（受取手形）の当該親会社の残高金額を表示単位処理して転記する（例示サンプル：P320参照）。
個注361	個別	非数値	科目：売掛金	□①に対応する債権科目、つまり、会社法計算書類の貸借対照表科目を記載する。
個注362	個別	数値	期末残高：88百万円	□会社法計算書類科目内訳書（売掛金）の当該親会社の残高金額を表示単位処理して転記する（例示サンプル：P321参照）。
個注363	個別	非数値	事業上の関係：A原材料仕入	□当該会社からの原材料仕入契約書等の照合
個注364	個別	非数値	取引の内容：仕入高…②	□通常、当該原材料仕入関係に対応する会社法計算書類の損益計算書科目（製造原価報告書科目）を記載する。
個注365	個別	数値	取引金額：120百万円	□会社法計算書類科目内訳書（仕入高）の当該会社の残高金額を表示単位処理して転記する。
個注366	個別	非数値	科目：支払手形	□②に対応する債務科目、つまり、会社法計算書類の貸借対照表科目を記載する。
個注367	個別	数値	期末残高：55百万円	□会社法計算書類科目内訳書（支払手形）の当該会社の残高金額を表示単位処理して転記する。
個注368	個別	非数値	科目：買掛金	□②に対応する債務科目、つまり、会社法計算書類の貸借対照表科目を記載する。
個注369	個別	数値	期末残高：110百万円	□会社法計算書類科目内訳書（買掛金）の当該会社の残高金額を表示単位処理して転記する。
個注370	個別	非数値	事業上の関係：配当金の受取	□当該会社からの配当金通知書と照合する。
個注371	個別	非数値	取引の内容：受取配当金…③	□通常、当該配当金受取関係に対応する会社法計算書類の損益計算書科目を記載する。
個注372	個別	数値	取引金額：10百万円	□会社法計算書類科目内訳書（受取配当金）の当該会社の残高金額を表示単位処理して転記する。
個注373	個別	非数値	科目：未収入金	□③に対応する債務科目、つまり、会社法計算書類の貸借対照表科目を記載する。
個注374	個別	数値	期末残高：10百万円	□会社法計算書類科目内訳書（その他流動資産）の当該会社の残高金額を表示単位処理して転記する。
個注375〜個注408	個別	…略…	…略…	□上記と同様に作成する。

3．根拠条文

<会社計算規則>
第129条（注記表の区分）　注記表は、次に掲げる項目に区分して表示しなければならない。
　　…略…
　八　関連当事者との取引に関する注記
　　…略…

第140条（関連当事者との取引に関する注記）　関連当事者との取引に関する注記は、株式会社と関連当事者との間に取引がある場合における次に掲げる事項であって、重要なものとする。ただし、会計監査人設置会社以外の株式会社にあっては、第4号から第6号まで及び第8号に掲げる事項を省略することができる。
　一　当該関連当事者が**会社等**であるときは、次に掲げる事項
　　イ　その名称
　　ロ　当該関連当事者の総株主の議決権の総数に占める株式会社が有する議決権の数の割合
　　ハ　当該株式会社の総株主の議決権の総数に占める当該関連当事者が有する議決権の数の割合
　二　当該関連当事者が**個人**であるときは、次に掲げる事項
　　イ　その氏名
　　ロ　当該株式会社の総株主の議決権の総数に占める当該関連当事者が有する議決権の数の割合
　三　当該株式会社と当該関連当事者との関係
　四　取引の内容
　五　取引の種類別の取引金額
　六　取引条件及び取引条件の決定方針
　七　取引により発生した債権又は債務に係る主な項目別の当該事業年度の末日における残高
　八　取引条件の変更があったときは、その旨、変更の内容及び当該変更が計算書類に与えている**影響の内容**
2　関連当事者との間の取引のうち次に掲げる取引については、前項に規定する注記を要しない。
　一　一般競争入札による取引並びに預金利息及び配当金の受取りその他取引の性質からみて取引条件が一般の取引と同様であることが明白な取引
　二　取締役、会計参与、監査役又は執行役（以下この条において「役員」という。）に対する報酬等の給付
　三　前二号に掲げる取引のほか、当該取引に係る条件につき市場価格その他当該取引に係る公正な価格を勘案して一般の取引の条件と同様のものを決定していることが明白な場合における当該取引
3　関連当事者との取引に関する注記は、第1項各号に掲げる区分に従い、関連当事者ごとに表示しなければならない。
4　前三項に規定する「関連当事者」とは、次に掲げる者をいう。
　一　当該株式会社の**親会社**
　二　当該株式会社の**子会社**
　三　当該株式会社の**親会社の子会社**（当該親会社が会社でない場合にあっては、当該親会社の子会社に相当するものを含む。）
　四　当該株式会社の**その他の関係会社**（当該株式会社が他の会社の関連会社である場合における当該他の会社をいう。以下この号において同じ。）並びに当該その他の関係会社の親会社（当該その他の関係会社が株式会社でない場合にあっては、親会社に相当するもの）及び子会社（当該その他の関係会社が会社でない場合にあっては、子会社に相当するもの）
　五　当該株式会社の**関連会社及び当該関連会社の子会社**（当該関連会社が会社でない場合にあっては、子会社に相当するもの）
　六　当該株式会社の**主要株主**（自己又は他人の名義をもって当該株式会社の総株主の議決権の総数の100分の10以上の議決権（次に掲げる株式に係る議決権を除く。）を保有している株主をいう。）及び**その近親者**（二親等内の親族をいう。以下この条において同じ。）
　　イ　信託業を営む者が信託財産として所有する株式
　　ロ　証券業を営む者が引受け又は売出しを行う業務により取得した株式
　　ハ　証券取引法第156条の24第1項に規定する業務を営む者がその業務として所有する株式
　七　当該株式会社の**役員及びその近親者**
　八　前二号に掲げる者が他の会社等の議決権の過半数を自己の計算において所有している場合における当該会社等及び当該会社等の子会社（当該会社等が会社でない場合にあっては、子会社に相当するもの）

11．1株当たり情報に関する注記

1．記載例

11．1株当たり情報に関する注記
（1） 1株当たり純資産額　　　　　　　　　　　316円18銭【個注409】
（2） 1株当たり当期純利益金額　　　　　　　　96円60銭【個注410】
　　　1株当たり当期純利益金額
　　　普通株主に帰属しない金額（百万円）　　　　　一百万円【個注411】
　　　普通株式に係る当期純利益（百万円）　　　1,878百万円【個注412】
　　　期中平均株式数（株）　　　　　　　　19,443,452株【個注413】

2．記載項目別作業一覧

ガイド No.	個別/連結	区分	記載内容	作業内容およびチェック事項
個注 409	個別	非数値	11．1株当たり情報に関する注記 （1）1株当たり純資産額 316円18銭	□（B/S純資産合計6,164,957,471円－新株予約権80,000,000円）÷（期末発行済株式数19,800,000株－期末自己株式数555,000株）＝316.18円
個注 410	個別	非数値	（2）1株当たり当期純利益金額 96円60銭	□（P/L当期純利益1,878,160,000円）÷（期中平均株式数19,443,452株）＝96.60円
個注 411	個別	非数値	1株当たり当期純利益金額 普通株主に帰属しない金額（百万円） 一百万円…①	□優先配当等、普通株主に帰属しない金額がある場合に、当該金額を記載する。
個注 412	個別	数値	普通株式に係る当期純利益（百万円） 1,878百万円…②	□原則として、会社法上の損益計算書「当期純利益」の金額を転記する（P241）。
個注 413	個別	数値	期中平均株式数（株） 19,443,452株…③	□「期中平均発行済株式数19,999,452株－期中平均自己株式数556,000株＝期中平均株式数19443,452株」の計算結果を転記する。 □期中平均発行済株式数について、「発行済株式管理簿」と照合する。 □期中平均自己株式数について、「自己株式管理簿」と照合する。 □決算短信の期中平均株式数と照合する（上場会社の場合）。

3．根拠条文

＜会社計算規則＞
第129条（注記表の区分）　注記表は、次に掲げる項目に区分して表示しなければならない。
　　　　　　　　　　　　　　　　　　　　　…略…

九　1株当たり情報に関する注記
　　　　　　　　　…略…
第141条（1株当たり情報に関する注記）　1株当たり情報に関する注記は、1株当たりの次に掲げる額とする。
　一　純資産額
　二　当期純利益金額又は当期純損失金額

＜企業会計基準＞
「企業会計基準第2号　1株当たり当期純利益に関する会計基準」
（平成14年9月25日　改正平成18年1月31日　企業会計基準委員会）
12．1株当たり当期純利益は、普通株式に係る当期純利益（第14項参照）を普通株式の期中平均株式数（第17項参照）で除して算定する。
　1株当たり当期純利益＝普通株式に係る当期純利益÷普通株式の期中平均株式数＝(損益計算書上の当期純利益－普通株主に帰属しない金額（第15項参照))÷(普通株式の期中平均発行済株式数－普通株式の期中平均自己株式数)
　また、損益計算書上、当期純損失の場合にも、当期純利益の場合と同様に、1株当たり当期純損失を算定する（本会計基準においては、1株当たり当期純利益に1株当たり当期純損失を含むものとする。）。
　　　　　　　　　…略…
13．普通株式と同等の株式が存在する場合には、これらの株式数を含めて1株当たり当期純利益を算定する。

普通株式に係る当期純利益
14．第12項にいう普通株式に係る当期純利益は、損益計算書上の当期純利益から、剰余金の配当に関連する項目で普通株主に帰属しない金額（以下「普通株主に帰属しない金額」という。）を控除して算定する。
15．第14項にいう普通株主に帰属しない金額には、優先配当額（第16項参照）などが含まれる。
16．第15項にいう普通株主に帰属しない金額に含まれる優先配当額は以下による。
　(1) 累積型配当優先株式（第46項参照）の場合
　　　1株当たり当期純利益の算定対象となる会計期間に係る要支払額
　(2) 非累積型配当優先株式（第46項参照）の場合
　　　1株当たり当期純利益の算定対象となる会計期間に基準日が属する剰余金の配当を基礎として算定した額

普通株式の期中平均株式数
17．第12項にいう普通株式の期中平均株式数は、普通株式の期中平均発行済株式数から期中平均自己株式数を控除して算定する。なお、連結財務諸表において1株当たり当期純利益を算定する際には、本会計基準にいう自己株式数は、子会社及び関連会社が保有する親会社等（子会社においては親会社、関連会社

社においては当該会社に対して持分法を適用する投資会社）の発行する普通株式数のうち、親会社等の持分に相当する株式数を含めるものとする。

「企業会計基準適用指針第4号　1株当たり当期純利益に関する会計基準の適用指針」
（平成14年9月25日改正　平成18年1月31日企業会計基準委員会）
　1株当たり当期純利益＝(損益計算書上の当期純利益－普通株主及び普通株主と同等の株主に帰属しない金額)÷(普通株式及び普通株式と同等の株式の期中平均株式数)

普通株式以外の株式に係る1株当たり当期純利益の算定
9．第11項（3）にいう参加可能額を損益計算書上の当期純利益から控除した場合には、非転換型の参加型株式に係る当期純利益を、当該株式の期中平均株式数で除して算定した金額も、普通株式に係る1株当たり当期純利益とともに、普通株式以外の株式に係る1株当たり当期純利益として算定し開示する［設例8］。ただし、当該非転換型の参加型株式が、証券取引所へ上場（これに準じるものを含む。）されていない場合で、重要性が乏しいときには、当該株式に係る1株当たり当期純利益を算定し開示しないことができる。
10．優先的ではないが異なる配当請求権を有する株式（第6項参照）が存在する場合には、当該株式に係る当期純利益を、当該株式の期中平均株式数で除して算定した金額も、第9項と同様、普通株式に係る1株当たり当期純利益とともに、普通株式以外の株式に係る1株当たり当期純利益として算定し開示する。ただし、当該優先的ではないが異なる配当請求権を有する株式が、証券取引所へ上場（これに準じるものを含む。）されていない場合で、重要性が乏しいときには、当該株式に係る1株当たり当期純利益を算定し開示しないことができる。
　普通株式以外の株式に係る1株当たり当期純利益＝(普通株式以外の株式に係る当期純利益)÷(1株当たり当期純利益普通株式以外の株式の期中平均株式数)

普通株式に係る当期純利益
11．1株当たり当期純利益を算定する際の普通株式に係る当期純利益は、損益計算書上の当期純利益から普通株主に帰属しない金額を控除して算定する（会計基準第14項）。普通株主に帰属しない金額には、例えば、以下が含まれる。
　(1) 優先配当額（会計基準第16項）
　(2) 配当優先株式に係る消却（償還）差額
　(3) 普通株主以外の株主が損益計算書上の当期純利益から当期の配当後の配当に参加できる額（以下「参加可能額」という。）（第12項参照）
12．第11項（3）にいう参加可能額は、非転換型の参加型株式が発行されており、あらかじめ定められた方法で算定できる場合に限る。この際、当該参加可

能額は、当該会計期間に係る剰余金の配当を仮定して算定する。また、この場合には、普通株式以外の株式の1株当たり当期純利益も開示する（第9項参照）［設例8］。

なお、転換型の参加型株式が発行されている場合には、1株当たり当期純利益の算定上、転換仮定方式（会計基準第30項）に準じて算定された株式数を、普通株式数に加える。

普通株式の期中平均株式数

13. 普通株式の期中平均株式数を算定する際、期中に普通株式が発行された場合、発行時から期末までの期間に応じた普通株式数（会計基準第50項（1））は、当該発行時から期末までの日数に応じた普通株式数を算定する方法の他、合理的な基礎に基づいて算定された当該平均株式数、例えば、当該発行時から期末までの月数に応じた普通株式数を算定する方法を用いることができる。同様に、例えば、会計期間における月末の普通株式の発行済株式数から自己株式数を控除した株式数の累計を平均して算定する方法（会計基準第50項（2））を用いることもできる。
14. 条件付発行可能普通株式は、特定の条件（ただし、単に時間の経過により条件が達成される場合を除く。）を満たしたときに、普通株式数に含める。
15. 条件付発行可能潜在株式は、特定の条件（ただし、単に時間の経過により条件が達成される場合を除く。）を満たした潜在株式が、実際に権利が行使されたときに、普通株式数に含める。
16. 当期に株式併合又は株式分割（同一種類の株式が交付される株式無償割当て等、株式分割と同様の効果を有する事象の他、時価より低い払込金額にて株主への割当てが行われた場合に含まれる株式分割相当部分を含む。以下同じ。）が行われた場合、普通株式の期中平均株式数の算定にあたっては、当期首に当該株式併合又は株式分割が行われたと仮定する（会計基準第19項）［設例9］［設例10］。

【1株当たり純資産額の算定】

34. 1株当たり純資産額は、普通株式に係る期末の純資産額（第35項参照）を、期末の普通株式（普通株式と同等の株式（第8項参照）を含む。以下同じ。）の発行済株式数から自己株式数を控除した株式数で除して算定する。なお、連結財務諸表において1株当たり純資産額を算定する際に控除する自己株式数には、1株当たり当期純利益の算定と同様（会計基準17項）、子会社及び関連会社が保有する親会社等（子会社においては親会社、関連会社においては当該会社に対して持分法を適用する投資会社）の発行する普通株式数のうち、親会社等の持分に相当する株式数を含めるものとする。
35. 第34項にいう普通株式に係る期末の純資産額は、貸借対照表の純資産の部の合計額から以下の金額を控除して算定する［設例11］。
    (1) 新株式申込証拠金
    (2) 自己株式申込証拠金
    (3) 普通株式よりも配当請求権又は残余財産分配請求権が優先的な株式の払込金額（当該優先的な株式に係る資本金及び資本剰余金の合計額）
    (4) 当該会計期間に係る剰余金の配当であって普通株主に関連しない金額
    (5) 新株予約権
    (6) 少数株主持分（連結財務諸表の場合）

    普通株式に係る1株当たり純資産額＝（貸借対照表の純資産の部の合計額－控除する金額）÷（期末の普通株式の発行済株式数－期末の普通株式の自己株式数）

36. 普通株式よりも配当請求権及び残余財産分配請求権が優先的ではなく、かつ、普通株式の配当請求権及び残余財産分配請求権とは異なる内容の権利に基づく金額が、あらかじめ定められた方法により算定可能な株式が存在する場合には、当該株式に係る期末の純資産額を当該株式の期末の株式数で除して算定した金額も、普通株式に係る1株当たり純資産額とともに、普通株式以外の株式に係る1株当たり純資産額として算定し開示する［設例12］。ただし、当該株式が、証券取引所へ上場（これに準じるものを含む。）されていない場合で、重要性が乏しいときには、当該株式に係る1株当たり純資産額は、算定し開示しないことができる。

    普通株式以外の株式に係る1株当たり純資産額＝普通株式以外の株式に係る期末の純資産額÷普通株式以外の株式の期末の株式数

12．重要な後発事象に関する注記

1．作成上のポイント

以下のような事柄を記載します。

＜例＞

- 火災、出水等による重大な損害の発生
- 多額の増資または減資、および多額の社債の発行または繰上償還
- 会社の合併、重要な営業の譲渡または譲受
- 重要な係争事件の発生または解決
- 主要な取引先の倒産
- 株式併合および株式分割
- 継続企業の前提に重要な疑義を抱かせる事象または状況の発生

2．記載例

12．重要な後発事象に関する注記【個注414】
平成〇9年4月10日に発生した神奈川工場の火災により、重要な災害を受けました。
（1）当該重要な災害の発生年月日：平成〇9年4月10日
（2）当該重要な災害が発生した場所　神奈川県横浜市〇区〇丁目〇番〇号　神奈川工場
（3）当該重要な災害により被害を受けた資産の種類および帳簿価額ならびにそれに対し支払われた保険金額
　① 資産の種類：製品等棚卸資産および建物他固定資産
　② 帳簿価額
　　　平成〇9年3月末帳簿価額
　　　　a．製品等棚卸資産300百万円　b．建物他固定資産500百万円　計800百万円
　③ 支払われた保険金額
　　　保険金の支払に関しては、現在火災保険会社において査定中でありますが、当該工場は製品等な卸資産を含め建物他固定資産に対して総額5億50百万円を付保しております。
（4）当該重要な災害による被害が当該提出会社の事業に及ぼす影響
　　神奈川工場は被災により外部が大きな被害を受け、現在のところ操業を停止しており、稼動再開については外部要因もあり不透明な部分もありますが、平成〇9年6月全面稼動開始を目処に鋭意取り組んでおります。
　　また、稼動再開のための当面の復旧工事費の総額は2億20百万円程度見込んでおり、現時点において、被害を受けた資産の除却損および復旧費用等の発生による500百万円程度の特別損失の計上を予定しております。

3．記載項目別作業一覧

ガイドNo.	個別/連結	区分	記載内容	作業内容およびチェック事項
個注414	個別	非数値	12．重要な後発事象に関する注記 「平成〇9年4月10日に発生した神奈川工場の火災により、重要な災害を受けました。…」	□上場会社の場合、臨時報告書と照合する。 □損害への対応に関する取締役会議事録と照合する。

4．根拠条文

> ＜会社計算規則＞
> 第129条（注記表の区分） 注記表は、次に掲げる項目に区分して表示しなければならない。
> …略…
> 十　重要な後発事象に関する注記
>
> 第142条（重要な後発事象に関する注記）個別注記表における重要な後発事象に関する注記は、当該株式会社の事業年度の末日後、当該株式会社の翌事業年度以降の財産又は損益に重要な影響を及ぼす事象が発生した場合における当該事象とする。

13．連結配当規制適用会社に関する注記

1．作成上のポイント

　連結配当規制適用会社とは、ある事業年度の末日が最終事業年度の末日となる時から当該事業年度の次の事業年度の末日が最終事業年度の末日となる時までの間における当該株式会社の分配可能額の算定につき、会社計算規則第186条第4号の規定を適用する旨を当該ある事業年度に係る計算書類の作成に際して定めた株式会社（ある事業年度に係る連結計算書類を作成しているものに限る）をいいます（会計規2③七十二）。

　以下、連結配当規制金額が発生する場合について見てみましょう（便宜上、負債はないと仮定します）。

連結精算表　　　　　　　　　　　　　（単位：百万円）

	親会社	子会社	合計	連結仕訳	連結財務諸表
現金及び預金	1,260	180	1,440		1,440
親会社株式		60	60	△60	0
子会社株式	140		140	△140	0
のれん	④　400		400		⑩　400
繰延資産	⑤　200		200		⑪　200
資産合計	2,000	240	2,240	△200	2,040
【純資産の部】					
資本金	1,600	200	1,800	△200	1,600
資本準備金	180		180		180
その他資本剰余金	140		140		140

利益準備金	120		120		120
その他利益剰余金	400	40	440	△12	428
自己株式	△80		△80	⑥ △42	△122
株主資本	① 2,360	240	2,600	△254	⑦ 2,346
その他有価証券評価差額金	② △160		△160		⑧ △160
土地再評価差額金	③ △200		△200		⑨ △200
少数株主持分				72 △18	54
純資産合計	2,000	240	2,240	△200	2,040

・親会社（個別財務諸表）：株主資本①2,360＋その他有価証券評価差額金②△160＋土地再評価差額金③△200－（のれん④400×1/2＋繰延資産⑤200）
　　　　　　　　　　　＝1,600…A
・会社計算規則第186条第4号ロの金額＝子会社所有親会社株式60×持分比率70％
　　　　　　　　　　　＝⑥42…B
・連結財務諸表：株主資本⑦2,346＋その他有価証券評価差額金⑧△160＋土地再評価差額金⑨△200－（のれん⑩400×1/2＋繰延資産⑪200）＝1,586…C
・連結配当規制金額＝A＋B－C＝1,600＋42－1,586＝<u>56百万円</u>

〈参考文献〉会社法実務研究会編『詳解 実務会社法』㈱ぎょうせい、2006年

2．記載例

13．連結配当規制適用会社に関する注記【個注415】
　当社は、当事業年度の末日が最終事業年度の末日となる時以後、連結配当規制適用会社となることを定めております。

3．記載項目別作業一覧

ガイドNo.	個別/連結	区分	記載内容	作業内容およびチェック事項
個注415	個別	非数値	13．連結配当規制適用会社に関する注記 「当社は、当事業年度の末日が最終事業年度の末日となる時以後、連結配当規制適用会社となることを定めております。」	□連結配当規制に関する取締役会議事録と照合する。

4．根拠条文

<会社計算規則>
第129条（注記表の区分）　注記表は、次に掲げる項目に区分して表示しなければならない。
　　　　　　　…略…
　十一　連結配当規制適用会社に関する注記
第143条（連結配当規制適用会社に関する注記）　連結配当規制適用会社に関する注記は、当該事業年度の末日が最終事業年度の末日となる時後、連結配当規制適用会社となる旨とする。
第2条（定義）…略…
2　この省令において、次の各号に掲げる用語の意義は、当該各号に定めるところによる。
　　七十二　連結配当規制適用会社　ある事業年度の末日が最終事業年度の末日となる時から当該ある事業年度の次の事業年度の末日が最終事業年度の末日となる時までの間における当該株式会社の分配可能額の算定につき第186条第4号の規定を適用する旨を当該ある事業年度に係る計算書類の作成に際して定めた株式会社（ある事業年度に係る連結計算書類を作成しているものに限る。）をいう。
第186条（その他減ずるべき額）　法第461条第2項第6号に規定する法務省令で定める各勘定項目に計上した額の合計額は、第1号から第8号までに掲げる額の合計額から第9号及び第10号に掲げる額の合計額を減じて得た額とする。
　　　　　　　…略…
　四　株式会社が連結配当規制適用会社であるとき（第2条第3項第72号のある事業年度が最終事業年度である場合に限る。）は、イ及びロに掲げる額の合計額からハに掲げる額を減じて得た額（当該額が零未満である場合にあっては、零）
　　イ　最終事業年度の末日における貸借対照表の（1）から（3）までに掲げる額の合計額から（4）に掲げる額を減じて得た額
　　　（1）株主資本の額
　　　（2）その他有価証券評価差額金の項目に計上した額（当該額が零以上である場合にあっては、零）
　　　（3）土地再評価差額金の項目に計上した額（当該額が零以上である場合にあっては、零）
　　　（4）のれん等調整額（当該のれん等調整額が資本金の額、資本剰余金の額及び利益準備金の額の合計額を超えている場合にあっては、資本金の額、資本剰余金の額及び利益準備金の額の合計額）
　　ロ　最終事業年度の末日後に子会社から当該株式会社の株式を取得した場合における当該株式の取得直前の当該子会社における帳簿価額のうち、当該株式会社の当該子会社に対する持分に相当する額
　　ハ　最終事業年度の末日における連結貸借対照表の（1）から（3）までに掲げる額の合計額から（4）に掲げる額を減じて得た額
　　　（1）株主資本の額
　　　（2）その他有価証券評価差額金の項目に計上した額（当該額が零以上である場合にあっては、零）
　　　（3）土地再評価差額金の項目に計上した額（当該額が零以上である場合にあっては、零）
　　　（4）のれん等調整額（当該のれん等調整額が資本金の額及び資本剰余金の額の合計額を超えている場合にあっては、資本金の額及び資本剰余金の額の合計額）
　　　　　　　…略…

14．退職給付に関する注記＜任意記載事項＞

1．記載例

14．退職給付に関する注記＜任意記載事項＞
（1）採用している退職給付制度の概要【個注416】
　　当社は従業員退職金の50％について、確定給付型の制度としての厚生年金制度および適格退職金制度を残りの50％を退職一時金制度を採用しております。
（2）退職給付債務およびその内訳

①	退職給付債務		【個注417】	△2,532百万円
②	年金資産		【個注418】	230百万円
③	未積立退職給付債務		【個注419】	△2,302百万円
④	会計基準変更時差異の未処理額		【個注420】	75百万円
⑤	未認識数理計算上の差異		【個注421】	38百万円
⑥	未認識過去勤務債務		【個注422】	554百万円
⑦	貸借対照表計上額純額		【個注423】	△1,635百万円
⑧	前払年金費用		【個注424】	－百万円
⑨	退職給付引当金		【個注425】	△1,635百万円

（3）退職給付費用の内訳

退職給付費用		【個注426】	264百万円
①	勤務費用	【個注427】	175百万円
②	利息費用	【個注428】	19百万円
③	期待運用収益（減算）	【個注429】	△10百万円
④	過去勤務債務の費用処理額	【個注430】	39百万円
⑤	数理計算上の差異の費用処理額	【個注431】	15百万円
⑥	会計基準変更時差異の費用処理額	【個注432】	25百万円

（注）【個注433】
勤務費用は従業員拠出額および出向先負担額を控除しております。

①	割引率（％）	【個注434】	1.0
②	期待運用収益率（％）	【個注435】	5.0
③	退職給付見込額の期間配分の方法	【個注436】	期間定額基準
④	過去勤務債務の額の処理年数	【個注437】	10年
⑤	数理計算上の差異の処理年数	【個注438】	10年
⑥	会計基準変更時差異の処理年数	【個注439】	5年

2．記載項目別作業一覧

ガイドNo.	個別/連結	区分	記載内容	作業内容およびチェック事項
個注416	個別	非数値	14．退職給付に関する注記 （1）採用している退職給付制度の概要 「当社は従業員退職金の50％について、確定給付型の制度としての厚生年金制度および適格退職金制度、残りの50％を退職一時金制度を採用しております。」	□退職金規程と照合する。 □経理規程と照合 □適格退職金契約書と照合する。
個注417	個別	数値	（2）退職給付債務およびその内訳 ① 退職給付債務：△2,532百万円…A	□年金数理人による「退職給付債務計算表」と照合する。 □適格退職年金の決算書(簡)より転記する。

ガイド No.	個別/連結	区分	記載内容	作業内容およびチェック事項
				☐自己都合要支給額計算書(簡)より転記する。
個注418	個別	数値	② 年金資産：230百万円…B	☐信託銀行等からの年金資産残高証明書と照合する。 ☐適格退職年金の決算書(簡)より転記する。
個注419	個別	数値	③ 未積立退職給付債務 ：△2,302百万円	☐円単位のA＋Bの合計値を表示単位処理表示する。
個注420	個別	数値	④ 会計基準変更時差異の未処理額 ：75百万円	☐会計基準変更時差異計算表と照合する。
個注421	個別	数値	⑤ 未認識数理計算上の差異 ：38百万円	☐未認識数理計算上の差異計算表と照合する。
個注422	個別	数値	⑥ 未認識過去勤務債務：554百万円	☐未認識過去勤務債務計算表と照合する。
個注423	個別	数値	⑦ 貸借対照表計上額純額 ：△1,635百万円	☐円単位の「③＋④＋⑤＋⑥」の合計値を表示単位処理表示する。
個注424	個別	数値	⑧ 前払年金費用：－百万円	☐年金数理人による退職給付債務計算表と照合する。
個注425	個別	数値	⑨ 退職給付引当金：△1,635百万円	☐円単位の「⑦－⑧」の計算値を表示単位処理表示する。 ☐貸借対照表の退職給付引当金の金額との一致を検証する。
個注426	個別	数値	（3）退職給付費用の内訳 退職給付費用：264百万円	☐円単位の下記「①＋②＋③＋④＋⑤＋⑥」の合計値を表示単位処理表示する。
個注427	個別	数値	① 勤務費用：175百万円	☐退職給付引当資料と照合（簡）する。 ☐年金数理人による退職給付債務計算表と照合する。
個注428	個別	数値	② 利息費用：19百万円	☐年金数理人による退職給付債務計算表と照合する。
個注429	個別	数値	③ 期待運用収益（減算）：△10百万円	☐同上
個注430	個別	数値	④ 過去勤務債務の費用処理額 ：39百万円	☐未認識過去勤務債務計算表と照合する。
個注431	個別	数値	⑤ 数理計算上の差異の費用処理額 ：15百万円	☐未認識数理計算上の差異計算表と照合する。
個注432	個別	数値	⑥ 会計基準変更時差異の費用処理額 ：25百万円	☐会計基準変更時差異計算表と照合する。
個注433	個別	非数値	（注）「勤務費用は従業員拠出額および出向先負担額を控除しております。」	☐退職給付引当資料と照合する。
個注434	個別	数値	① 割引率（％）：1.0	☐年金数理人による退職給付債務計算表と照合する。
個注435	個別	数値	② 期待運用収益率（％）：5.0	☐同上
個注436	個別	数値	③ 退職給付見込額の期間配分の方法 ：期間定額基準	☐同上
個注437	個別	数値	④ 過去勤務債務の額の処理年数 ：10年	☐未認識過去勤務債務計算表と照合する。

ガイドNo.	個別/連結	区分	記載内容	作業内容およびチェック事項
個注438	個別	数値	⑤ 数理計算上の差異の処理年数 ：10年	□未認識数理計算上の差異計算表と照合する。
個注439	個別	数値	⑥ 会計基準変更時差異の処理年数 ：5年	□会計基準変更時差異計算表と照合する。

3．根拠条文

<財務諸表等規則>
第8条の13（退職給付に関する注記） 退職給付（退職以後に従業員に支給される退職一時金及び退職年金をいう。以下同じ。）については、次の各号に掲げる事項を注記しなければならない。
一 採用している退職給付制度の概要
二 退職給付債務の額（各従業員（既に退職した者を含む。以下この号において同じ。）に支給されると見込まれる退職給付（既に支給されたものを除く。）の額のうち、当該各従業員の就職の日から貸借対照表日まで（既に退職した者については、就職の日から退職の日まで）の間の勤務に基づき生じる部分に相当する額について、国債、政府関係機関債券又はその他の信用度の高い債券のうち貸借対照表日から償還期限までの期間の長いものの利回りを基礎として当該会社の定める率（以下この項において「割引率」という。）を用いて貸借対照表日から当該従業員に退職給付を支給すると予想される日までの期間を計算期間として割引計算することにより算出した額を、すべての従業員について合計した額をいう。以下同じ。）、年金資産の額（厚生年金基金契約及び適格退職年金契約等に基づき退職給付に充てるため積み立てられている資産に相当する額をいう。）、退職給付引当金の額及びその他の退職給付債務に関する事項
三 退職給付費用の額、勤務費用の額（各従業員に支給されると見込まれる退職給付の額のうち、当該各従業員の当該事業年度開始の日から貸借対照表日までの間の勤務に基づき生じる部分に相当する額について、割引率を用いて貸借対照表日から当該従業員に退職給付を支給すると予想される日までの期間を計算期間として割引計算することにより算出した額を、すべての従業員について合計した額をいう。）、利息費用の額（直前事業年度末における退職給付債務について、割引率を用いて計算した当該事業年度における利息に相当する額をいう。）及びその他の退職給付費用に関する事項
四 割引率、期待運用収益率、退職給付見込額の期間配分方法、過去勤務債務の額（退職給付制度の採用により発生する退職給付債務の額又は退職給付水準の改訂により発生する退職給付債務の増加額若しくは減少額をいう。）の処理年数及びその他の退職給付債務等の計算の基礎に関する事項
2 前項に定める事項は、当該会社が連結財務諸表を作成している場合には、記載することを要しない。

15．その他の注記

1．記載例

15．その他の注記
　決算日が休日でありましたので、決算日期日の手形金額が受取手形に含まれております。
【個注440】

　　受取手形　　　　　50百万円【個注441】

2．記載項目別作業一覧

ガイドNo.	個別/連結	区分	記載内容	作業内容およびチェック事項
個注440	個別	非数値	15．その他の注記 「決算日が休日でありましたので、決算日期日の手形金額が受取手形に含まれております。」	□期日別受取手形管理台帳と照合する。 □受取手形の残高確認状と照合する。
個注441	個別	数値	受取手形　50百万円	□同上

3．根拠条文

＜会社計算規則＞
第129条（注記表の区分）　注記表は、次に掲げる項目に区分して表示しなければならない。
　　　　　　　　…略…
　十二　その他の注記
第144条（その他の注記）　その他の注記は、第131条から前条までに掲げるもののほか、貸借対照表等、損益計算書等及び株主資本等変動計算書等により会社（連結注記表にあっては、企業集団）の財産又は損益の状態を正確に判断するために必要な事項とする。

第5章 監査報告書

1．記載例その1（「会計監査人の監査報告書」謄本）

独立監査人の監査報告書

平成○9年5月6日

株式会社　スリー・シー・コンサルティング
　取締役会　御中

ＡＢＣ　監査法人
指定社員・業務執行社員　公認会計士　○○○○　㊞
指定社員・業務執行社員　公認会計士　○○○○　㊞
指定社員・業務執行社員　公認会計士　○○○○　㊞

　当監査法人は、会社法第436条第2項第1号の規定に基づき、株式会社スリー・シー・コンサルティングの平成○8年4月1日から平成○9年3月31日までの第12期事業年度の計算書類、すなわち、貸借対照表、損益計算書、株主資本等変動計算書及び個別注記表並びにその附属明細書について監査を行った。この計算書類及びその附属明細書の作成責任は経営者にあり、当監査法人の責任は独立の立場から計算書類及びその附属明細書に対する意見を表明することにある。

　当監査法人は、我が国において一般に公正妥当と認められる監査の基準に準拠して監査を行った。監査の基準は、当監査法人に計算書類及びその附属明細書に重要な虚偽の表示がないかどうかの合理的な保証を得ることを求めている。監査は、試査を基礎として行われ、経営者が採用した会計方針及びその適用方法並びに経営者によって行われた見積りの評価も含め全体としての計算書類及びその附属明細書の表示を検討することを含んでいる。当監査法人は、監査の結果として意見表明のための合理的な基礎を得たと判断している。

　当監査法人は、上記の計算書類及びその附属明細書が、我が国において一般に公正妥当と認められる企業会計の基準に準拠して、当該計算書類及びその附属明細書に係る期間の財産及び損益の状況をすべての重要な点において適正に表示しているものと認める。

　会社と当監査法人又は業務執行社員との間には、公認会計士法の規定により記載すべき利害関係はない。

以　上

2．根拠条文

〈会社法〉
第436条（計算書類等の監査等）…略…
2　会計監査人設置会社においては、次の各号に掲げるものは、法務省令で定めるところにより、当該各号に定める者の監査を受けなければならない。
　一　前条第2項の計算書類及びその附属明細書　監査役（委員会設置会社にあっては、監査委員会）及び会計監査人
　　　　　　　…略…

〈会社計算規則〉
第154条（会計監査報告の内容）　会計監査人は、計算関係書類を受領したときは、次に掲げる事項を内容とする会計監査報告を作成しなければならない。
　一　会計監査人の監査の方法及びその内容
　二　計算関係書類が当該株式会社の財産及び損益の状況をすべての重要な点において適正に表示しているかどうかについての意見があるときは、その意思（当該意思が次のイからハまでに掲げる意見である場合にあっては、それぞれ当該イからハまでに定める事項）
　　イ　無限定適正意見　監査の対象となった計算関係書類が一般に公正妥当と認められる企業会計の慣行に準拠して、当該計算関係書類に係る期間の財産及び損益の状況をすべての重要な点において適正に表示していると認められる旨
　　ロ　除外事項を付した限定付適正意見　監査の対象となった計算関係書類が除外事項を除き一般に公正妥当と認められる企業会計の慣行に準拠して、当該計算関係書類に係る期間の財産及び損益の状況をすべての重要な点において適正に表示していると認められる旨並びに除外事項
　　ハ　不適正意見　監査の対象となった計算関係書類が不適正である旨及びその理由
　三　前号の意見がないときは、その旨及びその理由
　四　追記情報
　五　会計監査報告を作成した日
2　前項第4号に規定する「追記情報」とは、次に掲げる事項その他の事項のうち、会計監査人の判断に関して説明を付す必要がある事項又は計算関係書類の内容のうち強調する必要がある事項とする。
　一　継続企業の前提に係る事項
　二　正当な理由による会計方針の変更
　三　重要な偶発事象
　四　重要な後発事象
3　当該事業年度に係る計算書類（その附属明細書を含む。以下この項において同じ。）の監査をする時における過年度事項（当該事業年度より前の事業年度に係る計算書類に表示すべき事項をいう。以下この項において同じ。）が会計方針の変更その他の正当な理由により当該事業年度より前の事業年度に係る定時株主総会において承認又は報告をしたものと異なるものに修正されている場合において、当該事業年度に係る計算書類が当該修正後の過年度事項を前提として作成されているときは、会計監査人は、当該修正に係る事項をも、監査しなければならない。臨時計算書類及び連結計算書類についても、同様とする。

3．記載例その2（「監査役会の監査報告書」謄本）

<u>監　査　報　告　書</u>

　当監査役会は、平成○8年4月1日から平成○9年3月31日までの第12期事業年度の取締役の職務の執行に関して、各監査役が作成した監査報告書に基づき、審議の上、本監査報告書を作成し、以下のとおり報告いたします。

1．監査役及び監査役会の監査の方法及びその内容
　　監査役会は、監査の方針、職務の分担等を定め、各監査役から監査の実施状況及び結果について報告を受けるほか、取締役等及び会計監査人からその職務の執行状況について報告を受け、必要に応じて説明を求めました。
　　各監査役は、監査役会が定めた監査役監査の基準に準拠し、監査の方針、職務の分担等に従い、取締役、内部監査室その他の使用人等と意思疎通を図り、情報の収集及び監査の環境

の整備に努めるとともに、取締役会その他重要な会議に出席し、取締役及び使用人等からその職務の執行状況について報告を受け、必要に応じて説明を求め、重要な決裁書類等を閲覧し、本社及び主要な事業所において業務及び財産の状況を調査いたしました。また、取締役の職務の執行が法令及び定款に適合することを確保するための体制その他株式会社の業務の適正を確保するために必要なものとして会社法施行規則第100条第1項及び第3項に定める体制の整備に関する取締役会決議の内容及び当該決議に基づき整備されている当該体制（内部統制システム）の状況を監視及び検証いたしました。子会社については、子会社の取締役及び監査役等と意思疎通及び情報の交換を図り、必要に応じて子会社から事業の報告を受けました。以上の方法に基づき、当該事業年度に係る事業報告及びその附属明細書について検討いたしました。

　さらに、会計監査人が独立の立場を保持し、かつ、適正な監査を実施しているかを監視及び検証するとともに、会計監査人からその職務の執行状況について報告を受け、必要に応じて説明を求めました。また、会計監査人から「職務の遂行が適正に行われることを確保するための体制」（会社計算規則第159条各号に掲げる事項）を「監査に関する品質管理基準」（平成17年10月28日企業会計審議会）等に従って整備している旨の通知を受け、必要に応じて説明を求めました。

　以上の方法に基づき、当該事業年度に係る計算書類（貸借対照表、損益計算書、株主資本等変動計算書及び個別注記表及びその附属明細書）について検討いたしました。

2．監査の結果
（1）事業報告等の監査結果
　一　事業報告及びその附属明細書は、法令及び定款に従い、会社の状況を正しく示しているものと認めます。
　二　取締役の職務執行に関する不正の行為又は法令もしくは定款に違反する重大な事実は認められません。
　三　内部統制システムに関する取締役会決議の内容は相当であると認めます。また、当該内部統制システムに関する取締役の職務執行についても、指摘すべき事項は認められません。
（2）計算書類及びその附属明細書の監査結果
　　会計監査人ＡＢＣ監査法人の監査の方法及び結果は相当であると認めます。

平成〇9年5月8日

　　　　　　　　　　　　　　　株式会社　スリー・シー・コンサルティング監査役会
　　　　　　　　　　　　　　　　　　常勤監査役　鈴木　昭　㊞
　　　　　　　　　　　　　　　　　　常勤監査役　松井　陽一　㊞
　　　　　　　　　　　　　　　　　　監　査　役　河合　雄一　㊞

（注）監査役　鈴木昭及び河合雄一は会社法第2条に定める社外監査役であります。

　　　　　　　　　　　　　　　　　　　　　　　　　　　　　　　　　以　上

4．根拠条文

<会社法>
第436条（計算書類等の監査等）監査役設置会社（監査役の監査の範囲を会計に関するものに限定する旨の定款の定めがある株式会社を含み、会計監査人設置会社を除く。）においては、前条第2項の計算書類及び事業報告並びにこれらの附属明細書は、法務省令で定めるところにより、**監査役の監査を受けなければならない。**
2　会計監査人設置会社においては、次の各号に掲げるものは、法務省令で定めるところにより、当該各号に定める者の監査を受けなければならない。
　一　前条第2項の計算書類及びその附属明細書　監査役（委員会設置会社にあっては、監査委員会）及び会計監査人
　二　**前条第2項の事業報告及びその附属明細書　監査役**（委員会設置会社にあっては、監査委員会）

<会社法施行規則>
第129条（監査役の監査報告の内容）監査役は、事業報告及びその附属明細書を受領したときは、次に掲げる事項（監査役会設置会社の監査役の監査報告にあっては、第1号から第6号までに掲げる事項）を内容とする監査報告を作成しなければならない。
　一　監査役の監査（計算関係書類に係るものを除く。以下この款において同じ。）の方法及び内容
　二　事業報告及びその附属明細書が法令又は定款に従い当該株式会社の状況を正しく示しているかどうかについての意見
　三　当該株式会社の取締役（当該事業年度中に当該株式会社が委員会設置会社であった場合にあっては、執行役を含む。）の職務の遂行に関し、不正の行為又は法令若しくは定款に違反する重要な事実があったときは、その事実
　四　監査のために必要な調査ができなかったときは、その事実
　五　第118条第2号に掲げる事項（監査の範囲に属さないものを除く。）がある場合において、当該事項の内容が相当でないと認めるときは、その旨及びその理由
　六　第127条に規定する事項が事業報告の内容となっているときは、当該事項についての意見
　七　監査報告を作成した日
2　前項の規定にかかわらず、監査役の監査の範囲を会計に関するものに限定する旨の定款の定めがある株式会社の監査役は、前項各号に掲げる事項に代えて、事業報告を監査する権限がないことを明らかにした監査報告を作成しなければならない。

<会社計算規則>
第155条（会計監査人設置会社の監査役の監査報告の内容）会計監査人設置会社の監査役は、計算関係書類及び会計監査報告（第158条第3項に規定する場合にあっては、計算関係書類）を受領したときは、次に掲げる事項（監査役会設置会社の監査役の監査報告にあっては、第1号から第5号までに掲げる事項）を内容とする監査報告を作成しなければならない。
　一　監査役の監査の方法及びその内容
　二　会計監査人の監査の方法又は結果を相当でないと認めたときは、その旨及びその理由（第158条第3項に規定する場合にあっては、会計監査報告を受領していない旨）
　三　重要な後発事象（会計監査報告の内容となっているものを除く。）
　四　会計監査人の職務の遂行が適正に実施されることを確保するための体制に関する事項
　五　監査のため必要な調査ができなかったときは、その旨及びその理由
　六　監査報告を作成した日
第156条（会計監査人設置会社の監査役会の監査報告の内容等）会計監査人設置会社の監査役会は、前条の規定により監査役が作成した監査報告（以下この条において「監査役監査報告」という。）に基づき、監査役会の監査報告（以下この条において「監査役会監査報告」という。）を作成しなければならない。
2　監査役会監査報告は、次に掲げる事項を内容とするものでなければならない。この場合において、監査役は、当該事項に係る監査役会監査報告の内容が当該事項に係る監査役の監査役監査報告の内容と異なる場合には、当該事項に係る各監査役の監査役監査報告の内容を監査役会監査報告に付記することができる。
　一　監査役及び監査役会の監査の方法及びその内容
　二　前条第2号から第5号までに掲げる事項
　三　監査役会監査報告を作成した日
3　会計監査人設置会社の監査役会が監査役会監査報告を作成する場合には、監査役会は、1回以上、会議を開催する方法又は情報の送受信により同時に意見の交換をすることができる方法により、監査役会監査報告の内容（前項後段の規定による付記を除く。）を審議しなければならない。

第VI部
附属明細書の作成プロセス

附属明細書には、事業報告と計算書類の内容を補足する重要な情報を記載します。これまで作成した計算書類等の数値をベースとして、事業報告と計算書類に関する2つの附属明細書を完成させましょう。

第1章 事業報告の附属明細書

　本書では、事業報告の附属明細書の完成までに記入すべき箇所として、69箇所を設定しました（ガイドNo.【事附1】〜【事附69】）。

　以下、その69箇所について、記載例、使用する基礎資料、根拠法令の条文等を示しながら作成方法を説明していきます。

　なお、大会社においては、事業報告の附属明細書は、会計監査人の監査対象ではなくなり、監査役監査のみの対象となります。

1．取締役および監査役の兼務の状況の明細

　取締役は、株主から株式会社の経営を委任されているので、もし取締役が自己または第三者のために会社と競合する営業を行うと、当該株式会社の利益を著しく損なう危険性が生じます。

　そこで、取締役会設置会社においては、取締役が自己または第三者のために会社と同一の部類の営業を行う場合には、取締役会へ重要な事実を開示し、その承認を受けなければなりません（会356①一）。また、当該取引後に速やかに当該取引についての重要な事実を取締役会へ報告しなければなりません（会365②）。

　そこで、会社法は、取締役の兼務の状況を事業報告の附属明細書に記載することを義務づけました。また、監査役も兼任禁止規定（会335②）に触れる兼務状況の有無を確認するために、監査役の兼務の状況を事業報告の附属明細書に記載することを義務づけました。

〈会社法〉
第356条（競業及び利益相反取引の制限）取締役は、次に掲げる場合には、**株主総会**において、当該取引につき重要な事実を開示し、その承認を受けなければならない。
　　一　**取締役が自己又は第三者のために株式会社の事業の部類に属する取引をしようとするとき。**
　　　　　　　　…略…
第365条（競業及び取締役会設置会社との取引等の制限）取締役会設置会社における第356条の規定の適用については、同条第1項中「株主総会」とあるのは、「**取締役会**」とする。

2　取締役会設置会社においては、第356条第1項各号の取引をした取締役は、当該取引後、遅滞なく、当該取引についての**重要な事実を取締役会に報告し**なければならない。

第335条（監査役の資格等）第331条第1項及び第2項の規定は、監査役について準用する。

2　監査役は、株式会社若しくはその**子会社の取締役**若しくは支配人その他の使用人又は当該子会社の会計参与（会計参与が法人であるときは、その職務を行うべき社員）若しくは執行役を**兼ねることができ**

> ない。
> 3 監査役会設置会社においては、監査役は、3人以上で、そのうち半数以上は、社外監査役でなければならない。

1．記載例

1．取締役および監査役の兼務の状況の明細

区分	氏名	兼務する他の会社	兼務の内容	摘要
取締役	【事附1】前田敬之助	【事附2】株式会社ライン	【事附3】取締役社長	【事附4】同一の部類の営業を行っています。
	【事附5】清水一之	【事附6】株式会社テン	【事附7】取締役社長	
監査役	【事附8】鈴木 昭	【事附9】株式会社東京情報処理センター	【事附10】監査役＊	

＊ 附属明細書に開示すべき兼務状況は「業務執行取締役」などとの兼任者に限られますが、ここでは便宜上、監査役の兼務状況も表示しております。

2．記載項目別作業一覧

ガイドNo.	個別/連結	区分	記載内容	作業内容およびチェック事項
事附1	個別	非数値	1．取締役および監査役の兼務の状況の明細 取締役　氏名：前田敬之助	□当社および当該会社の登記簿謄本（役員欄）、当該役員の期末現在の兼務状況報告書より転記する。
事附2	個別	非数値	取締役　兼務する他の会社：株式会社ライン	□同上
事附3	個別	非数値	取締役　兼務の内容：取締役社長	□同上
事附4	個別	非数値	取締役　摘要 「同一の部類の営業を行っています。」	□同上
事附5	個別	非数値	取締役　氏名：清水一之	□同上
事附6	個別	非数値	取締役　兼務する他の会社：株式会社テン	□同上
事附7	個別	非数値	取締役　兼務の内容：取締役社長	□同上
事附8	個別	非数値	監査役　氏名：鈴木　昭	□同上
事附9	個別	非数値	監査役　兼務する他の会社 　　　：株式会社東京情報処理センター	□同上
事附10	個別	非数値	監査役　兼務の内容：監査役	□同上

3．根拠条文

> ＜会社法施行規則＞
> 第128条　事業報告の附属明細書は、事業報告の内容を補足する重要な事項をその内容とするものでなければならない。この場合において、株式会社が公開会社であるときは、次に掲げる事項（重要でないものを除く。）を事業報告の附属明細書の内容としな

ければならない。
一 他の会社の業務執行取締役、執行役、業務を執行する社員又は法第598条第1項の職務を行うべき者を兼ねる会社役員（会計参与を除く。）についての兼務の状況の明細（当該他の会社の事業が当該株式会社の事業と同一の部類のものであるときは、その旨を含む。）
　　　　　　　　…略…

＜附属明細書のひな型＞
（記載上の注意）
1．「兼務の内容」の欄には、無限責任社員、取締役、執行役、監査役又は支配人の別を記載する。
2．兼務の内容が重要でない場合は、その記載を省略することができる。
3．兼務する他の会社が計算書類作成会社と同一の営業の部類に属する営業を行っている場合には、その旨を「摘要」の欄に記載する。

2．取締役、監査役または支配株主との間の取引の明細

　取締役は、株主から株式会社の経営を委任されているので、もし取締役が自己または第三者のために会社と取引を行うと、当該株式会社の利益を著しく損なう危険性が生じます。また、株式会社が取締役の債務を保証することその他取締役以外の者との間において株式会社と当該取締役との利益が相反する取引をしようとするときも同様です。

　取締役設置会社においては、取締役が自己または第三者のために会社と利益相反する取引を行う場合には、取締役会へ重要な事実を開示し、その承認を受けなければなりません（会356①一）。また、当該取引後に速やかに当該取引についての重要な事実を取締役会へ報告しなければなりません（会365②）。

　会社法は、取締役の利益相反取引の内容を事業報告の附属明細書に記載することを義務づけました。また、監査役や支配株主もその地位を利用して利益相反取引を行う危険性があるので、同様に事業報告の附属明細書に記載することを義務づけました。

　ただし、新設された「関連当事者との取引に関する注記」が取締役および監査役に対する直接取引が対象になることもあり、事業報告の附属明細書では、「第三者との間の取引」として「間接取引のみ」が記載要請されています。

〈会社法〉
第356条（競業及び利益相反取引の制限）取締役は、次に掲げる場合には、株主総会において、当該取引につき重要な事実を開示し、その承認を受けなければならない。
　　　　　　　　…略…
二　取締役が自己又は第三者のために株式会社と取引をしようとするとき。
三　株式会社が取締役の債務を保証することその他取締役以外の者との間において株式会社と当該取締役との利益が相反する取引をしようとするとき。
2　民法第108条の規定〔注〕は、前項の承認を受けた同項第2号の取引については、適用しない。
第365条（競業及び取締役会設置会社との取引等の制限）取締役会設置会社における第356条の規定の適用については、同条第1項中「株主総会」とあるのは、「取締役会」とする。
2　取締役会設置会社においては、第356条第1項各号の取引をした取締役は、当該取引後、遅滞なく、当該取引についての重要な事実を取締役会に報告しなければならない。
〔注〕民法第108条（自己契約及び双方代理）同一の法律行為については、相手方の代理人となり、又は当事者双方の代理人となることはできない。ただし、債務の履行及び本人があらかじめ許諾した行為につ

いては、この限りでない。

▼利益相反取引（間接取引）の例示

区分	間接取引
自己のための取引	例1：X株式会社の取締役Cは自宅のローンとしてZ銀行から金銭を借り入れましたが、その借り入れにつきX株式会社が保証人となりました。 　　X株式会社　←保証契約→　Z銀行 　　　｜　　金銭消費貸借契約…｜↓貸付 　　取締役C　　…同一…　　取締役C ただし、取締役Cは、100％株主ではない。
第三者のための取引	例2：X株式会社の取締役DはX株式会社の子会社であるY株式会社の代表取締役を兼務していますが、Y株式会社の運転資金に用いるため、BはY株式会社を代表してZ銀行より融資を受けることになりました。その際に、X株式会社がDの保証人となりました。 　　X株式会社　←　保証契約　→　Z銀行 　　　｜　　金銭消費貸借契約…｜↓貸付 　　取締役…兼務…代表取締役D－Y株式会社 ただし、Y株式会社は、100％子会社でない。

〈会社法施行規則〉
第128条　事業報告の附属明細書は、事業報告の内容を補足する重要な事項をその内容とするものでなければならない。この場合において、株式会社が公開会社であるときは、次に掲げる事項（重要でないものを除く。）を事業報告の附属明細書の内容としなければならない。

…略…

二　**第三者との間の取引**であって、当該株式会社と会社役員又は支配株主（当該株式会社の親会社又は当該株式会社の総株主の議決権（会社役員（執行役を除く。）の選任及び定款の変更に関する議案の全部につき株主総会において議決権を行使することができない株式に係る議決権を除く。）の過半数を有する株主（当該株式会社の親会社を除く。）をいう。）との**利益が相反するものの明細**

参考：〈(旧)附属明細書のひな型〉
（日本公認会計士協会　会計制度委員会研究報告第9号）
（記載上の注意）
1．計算書類作成会社と**第三者**との間の取引で、計算書類作成会社と取締役、監査役（又は執行役）又は支配株主との利益が相反するものは、そのことが分かるように取引の内容に関連付けて記載する。
2．取締役、監査役（又は執行役）又は支配株主が第三者のためにする計算書類作成会社との間の取引は、その旨を「取引の内容」の欄に記載する。
3．「取引の内容」の欄には、取引の種類（製品その他の財産の譲渡、金銭の賃借等の別）、物件の種類、取引の条件等を具体的に記載する。なお、譲渡した財産の帳簿価額等を脚注するか又は「摘要」の欄に記載する。
4．当期の取引により発生した債権又は債務で、期末に残高がある場合は、その金額を記載するか又は「摘要」の欄に記載する。
5．当期に新たな取引がない場合でも、債権又は債務の期首残高があるときには、期首残高、当期増加額、当期減少額及び期末残高を脚注するか又は「摘要」の欄に記載する。
6．当期に前期以前の取引に係る条件の変更があった場合には、その旨及びその変更内容を脚注するか又は「摘要」の欄に記載する。

1．記載例

2．取締役、監査役または支配株主との間の取引の明細

区分	氏名または名称	兼務会社・役職名	取引内容	取引金額	摘要
取締役	【事附11】 前田敬之助	【事附12】 株式会社ライン 取締役社長	【事附13】 製品の売上高	【事附14】 300百万円	【事附15】 注1
			【事附16】 製品の仕入高	【事附17】 200百万円	【事附18】 注2
			【事附19】 受取配当金	【事附20】 24百万円	
			【事附21】 支払利息	【事附22】 2百万円	【事附23】 注3
取締役	【事附24】 清水一之	【事附25】 株式会社テン 取締役社長	【事附26】 製品の売上高	【事附27】 440百万円	【事附28】 注4
			【事附29】 製品の仕入高	【事附30】 465百万円	【事附31】 注5
			【事附32】 受取利息	【事附33】 2百万円	【事附34】 注6
支配株主	【事附41】 株式会社ディスクローズ1		【事附36】 製品の売上高	【事附37】 4,800百万円	【事附38】 注7
			【事附39】 製品の仕入高	【事附40】 85百万円	【事附41】 注8
			【事附42】 支払利息	【事附43】 2百万円	【事附44】 注9
			【事附45】 資産購入高	【事附46】 30百万円	

注1：期末現在の受取手形は100百万円【事附47】、売掛金は120百万円【事附48】です。
　　　市場価格による取引であり、通常の決済条件です。【事附49】
注2：期末買掛金は、80百万円【事附50】です。
　　　市場価格による取引であり、通常の決済条件です。【事附51】
注3：期末長期借入金は、50百万円【事附52】です。
　　　市場価格による取引であり、通常の決済条件です。【事附53】
注4：期末現在の受取手形は68百万円【事附54】、売掛金は105百万円【事附55】です。
　　　市場価格による取引であり、通常の決済条件です。【事附56】
注5：期末現在の支払手形は46百万円【事附57】、買掛金は93百万円【事附58】です。
　　　市場価格による取引であり、通常の決済条件です。【事附59】
注6：期末現在の差入保証金は20百万円【事附60】です。
　　　市場価格による取引であり、通常の決済条件です。【事附61】
注7：期末現在の受取手形は18百万円【事附62】、売掛金は630百万円【事附63】です。
　　　市場価格による取引であり、通常の決済条件です。【事附64】
注8：期末現在の支払手形は8百万円【事附65】、買掛金は18百万円【事附66】です。
　　　市場価格による取引であり、通常の決済条件です。【事附67】
注9：期末現在の長期借入金は100百万円【事附68】です。

> 市場価格による取引であり、通常の決済条件です。【事附69】

2．記載項目別作業一覧

ガイド No.	個別 /連結	区分	記載内容	作業内容およびチェック事項
事附11	個別	非数値	2．取締役、監査役または支配株主との間の取引の明細 取締役　氏名または名称 　　　　　　：前田敬之助	□当社の登記簿謄本（役員欄）と照合する。
事附12	個別	非数値	取締役　兼務会社・役職名 　：株式会社ライン取締役社長	□当該会社の登記簿謄本（役員欄）と照合する。 □期末現在における役員兼務状況報告書と照合する。 □事業報告の附属明細書「取締役及び監査役の兼務の状況の明細」と照合する。
事附13	個別	非数値	取締役　取引内容：製品の売上高	□会社法計算書類科目内訳書（売上高）と照合する。
事附14	個別	数値	取締役　取引金額：300百万円	□会社法計算書類科目内訳書（売上高）と照合する。 □子会社に対する残高確認状（売上高）と照合する。 □連結精算表の取引高の相殺に関する連結仕訳と照合する。
事附15	個別	非数値	取締役　摘要：注1	□摘要欄に記入できないので、脚注番号を付す。
事附16	個別	非数値	取締役　取引内容：製品の仕入高	□会社法計算書類科目内訳書（仕入高）と照合する。
事附17	個別	数値	取締役　取引金額：200百万円	□会社法計算書類科目内訳書（仕入高）と照合する。 □子会社に対する残高確認状（仕入高）と照合する。 □連結精算表の取引高の相殺に関する連結仕訳と照合する。
事附18	個別	非数値	取締役　摘要：注2	□摘要欄に記入できないので、脚注番号を付す。
事附19	個別	非数値	取締役　取引内容：受取配当金	□会社法計算書類科目内訳書（受取配当金）と照合する。
事附20	個別	数値	取締役　取引金額：24百万円	□会社法計算書類科目内訳書（受取配当金）と照合する。 □当該会社からの配当金通知書と照合する。 □連結精算表の取引高の相殺に関する連結仕訳と照合する。
事附21	個別	非数値	取締役　取引内容：支払利息	□会社法計算書類科目内訳書（支払利息）と照合する。
事附22	個別	数値	取締役　取引金額：2百万円	□会社法計算書類科目内訳書（支払利息）と照合する。 □子会社に対する残高確認状（支払利息）と照合する。 □連結精算表の取引高の相殺に関する連結仕訳と照合する。
事附23	個別	非数値	取締役　摘要：注3	□摘要欄に記入できないので、脚注番号を付す。
事附24	個別	非数値	取締役　氏名または名称 　　　　　　：清水一之	□当社の登記簿謄本（役員欄）と照合する。
事附25	個別	非数値	取締役　兼務会社・役職名	□当該会社の登記簿謄本（役員欄）と照合する。

第1章　事業報告の附属明細書

ガイドNo.	個別/連結	区分	記載内容	作業内容およびチェック事項
			：株式会社テン取締役社長	□期末現在における役員兼務状況報告書と照合する。 □事業報告の附属明細書「取締役および監査役の兼務の状況の明細」と照合する。
事附26	個別	非数値	取締役　取引内容：製品の売上高	□会社法計算書類科目内訳書（売上高）と照合する。
事附27	個別	数値	取締役　取引金額：440百万円	□会社法計算書類科目内訳書（売上高）と照合する。 □子会社に対する残高確認状（売上高）と照合する。 □連結精算表の取引高の相殺に関する連結仕訳と照合する。
事附28	個別	非数値	取締役　摘要：注4	□摘要欄に記入できないので、脚注番号を付す。
事附29	個別	非数値	取締役　取引内容：製品の仕入高	□会社法計算書類科目内訳書（仕入高）と照合する。
事附30	個別	数値	取締役　取引金額：465百万円	□会社法計算書類科目内訳書（仕入高）と照合する。 □子会社に対する残高確認状（仕入高）と照合する。 □連結精算表の取引高の相殺に関する連結仕訳と照合する。
事附31	個別	非数値	取締役　摘要：注5	□摘要欄に記入できないので、脚注番号を付す。
事附32	個別	非数値	取締役　取引内容：受取利息	□会社法計算書類科目内訳書（受取利息）と照合する。
事附33	個別	数値	取締役　取引金額：2百万円	□会社法計算書類科目内訳書（受取利息）と照合する。 □子会社に対する残高確認状（受取利息）と照合する。 □連結精算表の取引高の相殺に関する連結仕訳と照合する。
事附34	個別	非数値	取締役　摘要：注6	□摘要欄に記入できないので、脚注番号を付す。
事附35	個別	非数値	支配株主 ：株式会社ディスクローズ1	□当社の株主名簿と照合する。
事附36	個別	非数値	支配株主　取引内容 ：製品の売上高	□会社法計算書類科目内訳書（売上高）と照合する。
事附37	個別	数値	支配株主　取引金額 ：4,800百万円	□会社法計算書類科目内訳書（売上高）と照合する。 □親会社（支配株主）に対する残高確認状（売上高）と照合する。
事附38	個別	非数値	支配株主　摘要：注7	□摘要欄に記入できないので、脚注番号を付す。
事附39	個別	非数値	支配株主　取引内容 ：製品の仕入高	□会社法計算書類科目内訳書（仕入高）と照合する。
事附40	個別	数値	支配株主　取引金額：85百万円	□会社法計算書類科目内訳書（売上高）と照合する。 □親会社（支配株主）に対する残高確認状（売上高）と照合する。
事附41	個別	非数値	支配株主　摘要：注8	□摘要欄に記入できないので、脚注番号を付す。
事附42	個別	非数値	支配株主　取引内容：支払利息	□会社法計算書類科目内訳書（支払利息）と照合する。
事附43	個別	数値	支配株主　取引金額：2百万円	□会社法計算書類科目内訳書（支払利息）と照合する。 □親会社に対する残高確認状（支払利息）と照合する。
事附44	個別	非数値	支配株主　摘要：注9	□摘要欄に記入できないので、脚注番号を付す。
事附45	個別	非数値	支配株主　取引内容：資産購入高	□固定資産管理台帳（当期増加）と照合する。 □取締役会議事録と照合する。
事附46	個別	数値	支配株主　取引金額：30百万円	□同上

ガイド No.	個別/連結	区分	記載内容	作業内容およびチェック事項
事附47	個別	数値	「注1：期末現在の受取手形は100百万円、…」	□会社法計算書類科目内訳書（受取手形）と照合する。
事附48	個別	数値	「注1：期末現在の…売掛金は120百万円です。」	□会社法計算書類科目内訳書（売掛金）と照合する。
事附49	個別	非数値	「市場価格による取引であり、通常の決済条件です。」	□関連当事者取引価額検討委員会議事録と照合する。 □関連当事者取引価額に関する監査法人との協議記録と照合する。 □関連当事者取引価額に関する税務当局の所見記録等と照合する。
事附50	個別	数値	「注2：期末現在の買掛金は、80百万円です。」	□会社法計算書類科目内訳書（買掛金）と照合する。
事附51	個別	非数値	「市場価格による取引であり、通常の決済条件です。」	□関連当事者取引価額検討委員会議事録と照合する。 □関連当事者取引価額に関する監査法人との協議記録と照合する。 □関連当事者取引価額に関する税務当局の所見記録等と照合する。
事附52	個別	数値	「注3：期末現在の長期借入金は、50百万円です。」	□会社法計算書類科目内訳書（長期借入金）と照合する。
事附53	個別	非数値	「市場価格による取引であり、通常の決済条件です。」	□関連当事者取引価額検討委員会議事録と照合する。 □関連当事者取引価額に関する監査法人との協議記録と照合する。 □関連当事者取引価額に関する税務当局の所見記録等と照合する。
事附54	個別	数値	「注4：期末現在の受取手形は68百万円、…」	□会社法計算書類科目内訳書（受取手形）と照合する。
事附55	個別	数値	「注4：期末現在の…売掛金は105百万円です。」	□会社法計算書類科目内訳書（売掛金）と照合する。
事附56	個別	非数値	「市場価格による取引であり、通常の決済条件です。」	□関連当事者取引価額検討委員会議事録と照合する。 □関連当事者取引価額に関する監査法人との協議記録と照合する。 □関連当事者取引価額に関する税務当局の所見記録等と照合する。
事附57	個別	数値	「注5：期末現在の支払手形は46百万円、…」	□会社法計算書類科目内訳書（支払手形）と照合する。
事附58	個別	数値	「注5：期末現在の…買掛金は93百万円です。」	□会社法計算書類科目内訳書（買掛金）と照合する。
事附59	個別	非数値	「市場価格による取引であり、通常の決済条件です。」	□関連当事者取引価額検討委員会議事録と照合する。 □関連当事者取引価額に関する監査法人との協議記録と照合する。 □関連当事者取引価額に関する税務当局の所見記録等と照合する。
事附60	個別	数値	「注6：期末現在の差入保証金は20百万円です。」	□会社法計算書類科目内訳書（差入保証金）と照合する。
事附61	個別	非数値	「市場価格による取引であり、通常の決済条件です。」	□関連当事者取引価額検討委員会議事録と照合する。 □関連当事者取引価額に関する監査法人との協議記録

ガイド No.	個別/連結	区分	記載内容	作業内容およびチェック事項
				と照合する。 □関連当事者取引価額に関する税務当局の所見記録等と照合する。
事附62	個別	数値	「注7：期末現在の受取手形は18百万円、…」	□会社法計算書類科目内訳書（受取手形）と照合する。
事附63	個別	数値	「注7：期末現在の…売掛金は630百万円です。」	□会社法計算書類科目内訳書（売掛金）と照合する。
事附64	個別	非数値	「市場価格による取引であり、通常の決済条件です。」	□関連当事者取引価額検討委員会議事録と照合する。 □関連当事者取引価額に関する監査法人との協議記録と照合する。 □関連当事者取引価額に関する税務当局の所見記録等の照合する。
事附65	個別	数値	「注8：期末現在の支払手形は8百万円、…」	□会社法計算書類科目内訳書（支払手形）と照合する。
事附66	個別	数値	「注8：期末現在の…買掛金は18百万円です。」	□会社法計算書類科目内訳書（買掛金）と照合する。
事附67	個別	非数値	「市場価格による取引であり、通常の決済条件です。」	□関連当事者取引価額検討委員会議事録と照合する。 □関連当事者取引価額に関する監査法人との協議記録と照合する。 □関連当事者取引価額に関する税務当局の所見記録等と照合する。
事附68	個別	数値	「注9：期末現在の長期借入金は100百万円です。」	□会社法計算書類科目内訳書（長期借入金）と照合する。
事附69	個別	非数値	「市場価格による取引であり、通常の決済条件です。」	□関連当事者取引価額検討委員会議事録と照合する。 □関連当事者取引価額に関する監査法人との協議記録と照合する。 □関連当事者取引価額に関する税務当局の所見記録等と照合する。

3．根拠条文

＜会社法施行規則＞
第128条　事業報告の附属明細書は、事業報告の内容を補足する重要な事項をその内容とするものでなければならない。この場合において、株式会社が公開会社であるときは、次に掲げる事項（重要でないものを除く。）を事業報告の附属明細書の内容としなければならない。
　　…略…
　二　第三者との間の取引であって、当該株式会社と会社役員又は支配株主（当該株式会社の親会社又は当該株式会社の総株主の議決権（会社役員（執行役を除く。）の選任及び定款の変更に関する議案の全部につき株主総会において議決権を行使することができない株式に係る議決権を除く。）の過半数を有する株主（当該株式会社の親会社を除く。）をいう。）との利益が相反するものの明細

参考：＜（旧）附属明細書のひな型＞
（日本公認会計士協会　会計制度委員会研究報告第9号）
（記載上の注意）
1．計算書類作成会社と第三者との間の取引で、計算書類作成会社と取締役、監査役（又は執行役）又は支配株主との利益が相反するものは、そのことが分かるように取引の内容に関連付けて記載する。
2．取締役、監査役（又は執行役）又は支配株主が第三者のためにする計算書類作成会社との間の取引は、その旨を「取引の内容」の欄に記載する。
3．「取引の内容」の欄には、取引の種類（製品その

他の財産の譲渡、金銭の貸借等の別）、物件の種類、取引の条件等を具体的に記載する。なお、譲渡した財産の帳簿価額等を脚注するか又は「摘要」の欄に記載する。
4．当期の取引により発生した債権又は債務で、期末に残高がある場合は、その金額を記載するか又は「摘要」の欄に記載する。
5．当期に新たな取引がない場合でも、債権又は債務の期首残高があるときには、期首残高、当期増加額、当期減少額及び期末残高を脚注するか又は「摘要」の欄に記載する。
6．当期に前期以前の取引に係る条件の変更があった場合には、その旨及びその変更内容を脚注するか又は「摘要」の欄に記載する。

第2章 計算書類に関する附属明細書

　計算書類に関する附属明細書の完成までに記入すべき箇所として、121箇所を設定しました（ガイドNo.【計附1】～【計附121】）。

　以下、その121箇所について、記載例、使用する基礎資料、根拠法令の条文等を示しながら、作成方法を説明していきます。

　なお、計算書類に関する附属明細書は、大会社においては会計監査人監査および監査役監査の対象となります。

１．有形固定資産および無形固定資産の明細

1．記載例

１．有形固定資産および無形固定資産の明細
（1）帳簿価額による記載

区分	資産の種類	期首帳簿価額	当期増加額	当期減少額	当期償却額	期末帳簿価額	減価償却累計額	期末取得原価
有形固定資産	【計附1】建物	百万円【計附2】4,020	百万円【計附3】50	百万円【計附4】49	百万円【計附5】173	百万円【計附6】3,846	百万円【計附7】2,173	百万円【計附8】6,020
	【計附9】機械装置	【計附10】1,162	【計附11】1,200	【計附12】49	【計附13】378	【計附14】1,934	【計附15】4,205	【計附16】6,140
	【計附17】工具、器具及び備品	【計附18】94	【計附19】202	【計附20】―	【計附21】234	【計附22】61	【計附23】460	【計附24】522
	【計附25】土地	【計附26】15,000	【計附27】18,000	【計附28】5,999	【計附29】―	【計附30】27,000	【計附31】―	【計附32】27,000
	計	【計附33】20,276	【計附34】19,452	【計附35】6,099	【計附36】786	【計附37】32,842	【計附38】6,839	【計附39】39,682
無形固定	【計附40】のれん	【計附41】―	【計附42】29	【計附43】―	【計附44】―	【計附45】29	【計附46】―	【計附47】29

資産	【計附48】ソフトウェア	【計附49】—	【計附50】25	【計附51】—	【計附52】3	【計附53】21	【計附54】3	【計附55】25
	計	【計附56】—	【計附57】54	【計附58】—	【計附59】3	【計附60】50	【計附61】3	【計附62】54

(主な増加内容)
　工場予定の土地取得【計附63】　　　　18,000百万円【計附64】
　機械装置の更新に伴う取得【計附65】　　1,200百万円【計附66】
(主な減少内容)
　豊島区遊休土地売却に伴う減少【計附67】　5,999百万円【計附68】

(2) 取得原価による記載

区分	資産の種類	期首残高	当期増加額	当期減少額	期末残高	期末減価償却累計額または償却累計額	当期償却額	差引期末帳簿価額
有形固定資産	【計附1′】建物	百万円【計附2′】6,050	百万円【計附3′】50	百万円【計附4′】80	百万円【計附5′】6,020	百万円【計附6′】2,173	百万円【計附7′】173	百万円【計附8′】3,846
	【計附9′】機械装置	【計附10′】5,040	【計附11′】1,200	【計附12′】100	【計附13′】6,140	【計附14′】4,205	【計附15′】378	【計附16′】1,934
	【計附17′】工具、器具及び備品	【計附18′】320	【計附19′】202	【計附20′】—	【計附21′】522	【計附22′】460	【計附23′】234	【計附24′】61
	【計附25′】土地	【計附26′】15,000	【計附27′】18,000	【計附28′】5,999	【計附29′】27,000	【計附30′】—	【計附31′】—	【計附32′】27,000
	計	【計附33′】26,410	【計附34′】19,452	【計附35′】6,179	【計附36′】39,682	【計附37′】6,839	【計附38′】786	【計附39′】32,842
無形固定資産	【計附40′】のれん	【計附41′】—	【計附42′】29	【計附43′】—	【計附44′】29	【計附45′】—	【計附46′】—	【計附47′】29
	【計附48′】ソフトウェア	【計附49′】—	【計附50′】25	【計附51′】—	【計附52′】25	【計附53′】3	【計附54′】3	【計附55′】21
	計	【計附56′】—	【計附57′】54	【計附58′】—	【計附59′】54	【計附60′】3	【計附61′】3	【計附62′】50

…略…

2．記載項目別作業一覧

ガイドNo.	個別/連結	区分	記載内容	作業内容およびチェック事項
計附1	個別	非数値	1．有形固定資産および無形固定資産の明細	□前期の附属明細書「有形固定資産」の資産種類または貸借対照表「有形固定資産」の科目名を記載

第2章　計算書類に関する附属明細書

ガイドNo.	個別/連結	区分	記載内容	作業内容およびチェック事項
			（1）帳簿価額による記載 区分：有形固定資産 資産の種類：建物	する。
計附2	個別	数値	資産の種類：建物 期首帳簿価額：4,020百万円	□前期の附属明細書「有形固定資産（建物）」の期末帳簿価額を転記する。
計附3	個別	数値	資産の種類：建物 当期増加額：50百万円	□固定資産管理台帳（建物：増加額合計）と照合する。 □総勘定元帳（建物）の借方合計から振替高を控除した取得額と照合する。
計附4	個別	数値	資産の種類：建物 当期減少額：49百万円	□固定資産管理台帳（建物：減少額合計）と照合する。 □総勘定元帳（建物）の貸方合計から振替高を控除した減少額と照合する。
計附5	個別	数値	資産の種類：建物 当期減価償却額：173百万円	□減価償却総括表（当期減価償却額）と照合する。 □法人税申告書の別表16(1)・(2)の「減価償却資産の償却額の計算に関する明細書」（当期減価償却費計）と照合する。 □固定資産管理台帳（建物：当期減価償却額計）と照合する。
計附6	個別	数値	資産の種類：建物 期末帳簿価額：3,846百万円	□減価償却総括表（当期減価償却額）と照合する。 □法人税申告書の別表16(1)・(2)の「減価償却資産の償却額の計算に関する明細書」（期末帳簿価額計）と照合する。 □固定資産管理台帳（建物：期末帳簿価額計）と照合する。 □貸借対照表「建物」金額と照合する。
計附7	個別	数値	資産の種類：建物 減価償却累計額：2,173百万円	□減価償却総括表（減価償却累計額）と照合する。 □法人税申告書の別表16(1)・(2)の「減価償却資産の償却額の計算に関する明細書」（減価償却累計額計）と照合する。 □固定資産管理台帳（建物：減価償却累計額計）と照合する。
計附8	個別	数値	資産の種類：建物 期末取得価額：6,020百万円	□法人税申告書の別表16(1)・(2)の「減価償却資産の償却額の計算に関する明細書」（建物：取得価額計）と照合する。 □固定資産管理台帳（建物：期末取得価額計）と照合する。
計附9	個別	非数値	資産の種類：機械装置	□前期の附属明細書「有形固定資産」の資産種類または貸借対照表「有形固定資産」の科目名を記載する。
計附10	個別	数値	資産の種類：機械装置 期首帳簿価額：1,162百万円	□前期の附属明細書「有形固定資産（機械装置）」の期末帳簿価額を転記する。
計附11	個別	数値	資産の種類：機械装置 当期増加額：1,200百万円	□固定資産管理台帳（機械装置：増加額合計）と照合する。 □総勘定元帳（機械及び装置）の借方合計から振替高を控除した取得額と照合する。
計附12	個別	数値	資産の種類：機械装置	□固定資産管理台帳（機械装置：減少額合計）

ガイド No.	個別/連結	区分	記載内容	作業内容およびチェック事項
			当期減少額：49百万円	と照合する。 □総勘定元帳（機械装置）の貸方合計から振替高を控除した減少額と照合する。
計附13	個別	数値	資産の種類：機械装置 当期減価償却額：378百万円	□減価償却総括表（当期減価償却額）と照合する。 □法人税申告書の別表16(1)・(2)の「減価償却資産の償却額の計算に関する明細書」（当期減価償却費計）と照合する。 □固定資産管理台帳（機械装置：当期減価償却額計）と照合する。
計附14	個別	数値	資産の種類：機械装置 期末帳簿価額：1,934百万円	□減価償却総括表（当期減価償却額）と照合する。 □法人税申告書の別表16(1)・(2)の「減価償却資産の償却額の計算に関する明細書」（期末帳簿価額計）と照合する。 □固定資産管理台帳（機械装置：期末帳簿価額計）と照合する。 □貸借対照表「機械装置」金額と照合する。
計附15	個別	数値	資産の種類：機械装置 減価償却累計額：4,205百万円	□減価償却総括表（減価償却累計額）と照合する。 □法人税申告書の別表16(1)・(2)の「減価償却資産の償却額の計算に関する明細書」（減価償却累計額計）と照合する。 □固定資産管理台帳（機械装置：減価償却累計額計）と照合する。
計附16	個別	数値	資産の種類：機械装置 期末取得価額：6,140百万円	□法人税申告書の別表16(1)・(2)の「減価償却資産の償却額の計算に関する明細書」（機械装置：取得価額計）と照合する。 □固定資産管理台帳（機械装置：期末取得価額計）と照合する。
計附17	個別	非数値	資産の種類：工具、器具及び備品	□前期の附属明細書「有形固定資産」の資産種類または貸借対照表「有形固定資産」科目名を記載する。
計附18	個別	数値	資産の種類：工具、器具及び備品 期首帳簿価額：94百万円	□前期の附属明細書「有形固定資産（工具、器具及び備品）」の期末帳簿価額を転記する。
計附19	個別	数値	資産の種類：工具、器具及び備品 当期増加額：202百万円	□固定資産管理台帳（工具、器具及び備品：増加額合計）と照合する。 □総勘定元帳（工具、器具及び備品）の借方合計から振替高を控除した取得額と照合する。
計附20	個別	数値	資産の種類：工具、器具及び備品 当期減少額：一百万円	□固定資産管理台帳（工具、器具及び備品：減少額合計）と照合する。 □総勘定元帳（工具、器具及び備品）の貸方合計から振替高を控除した減少額と照合する。
計附21	個別	数値	資産の種類：工具、器具及び備品 当期減価償却額：234百万円	□減価償却総括表（当期減価償却額）と照合する。 □法人税申告書の別表16(1)・(2)の「減価償却資産の償却額の計算に関する明細書」（当期減価償却費計）と照合する。 □固定資産管理台帳（工具、器具及び備品：当期減価償却額計）と照合する。

ガイド No.	個別/連結	区分	記載内容	作業内容およびチェック事項
計附22	個別	数値	資産の種類：工具、器具及び備品 期末帳簿価額：61百万円	□減価償却総括表（当期減価償却額）と照合する。 □法人税申告書の別表16(1)・(2)の「減価償却資産の償却額の計算に関する明細書」（期末帳簿価額計）と照合する。 □固定資産管理台帳（工具、器具及び備品：期末帳簿価額計）と照合する。 □貸借対照表「工具、器具及び備品」金額と照合する。
計附23	個別	数値	資産の種類：工具、器具及び備品 減価償却累計額：460百万円	□減価償却総括表（減価償却累計額）と照合する。 □法人税申告書の別表16(1)・(2)の「減価償却資産の償却額の計算に関する明細書」（減価償却累計額計）と照合する。 □固定資産管理台帳（工具、器具及び備品：減価償却累計額計）と照合する。
計附24	個別	数値	資産の種類：工具、器具及び備品 期末取得価額：522百万円	□法人税申告書の別表16(1)・(2)の「減価償却資産の償却額の計算に関する明細書」（工具、器具及び備品：取得価額計）と照合する。 □固定資産管理台帳（工具、器具及び備品：期末取得価額計）と照合する。
計附25	個別	非数値	資産の種類：土地	□前期の附属明細書「有形固定資産」の資産種類または貸借対照表「有形固定資産」科目名を記載する。
計附26	個別	数値	資産の種類：土地 期首帳簿価額：15,000百万円	□前期の附属明細書「有形固定資産（土地）」の期末帳簿価額を転記する。
計附27	個別	数値	資産の種類：土地 当期増加額：18,000百万円	□固定資産管理台帳（土地：増加額合計）と照合する。 □総勘定元帳（土地）の借方合計から振替高を控除した取得額と照合する。
計附28	個別	数値	資産の種類：土地 当期減少額：5,999百万円	□固定資産管理台帳（土地：減少額合計）と照合する。 □総勘定元帳（土地）の貸方合計から振替高を控除した減少額と照合する。
計附29	個別	数値	資産の種類：土地 当期減価償却額：―百万円	□土地は、非償却資産であり、当期減価償却は発生しないので、常に「―」表示する。
計附30	個別	数値	資産の種類：土地 期末帳簿価額：27,000百万円	□固定資産管理台帳（土地：期末帳簿価額計）と照合する。 □貸借対照表の土地金額と照合する。
計附31	個別	数値	資産の種類：土地 減価償却累計額：―百万円	□土地は、非償却資産であり、当期減価償却額は発生しないので、常に「―」表示する。
計附32	個別	数値	資産の種類：土地 期末取得価額：27,000百万円	□固定資産管理台帳（土地：期末取得価額計）と照合する。
計附33	個別	数値	資産の種類：（有形固定資産）計 期首帳簿価額：20,276百万円	□前期の附属明細書「有形固定資産（計）」の期末帳簿価額を転記する。 □有形固定資産の円単位の期首帳簿価額を合計した計算結果を表示単位・端数処理して記載する。

ガイド No.	個別/連結	区分	記載内容	作業内容およびチェック事項
計附34	個別	数値	資産の種類：(有形固定資産) 計 当期増加額：19,452百万円	□有形固定資産の円単位の当期増加額を合計した計算結果を表示単位・端数処理して記載する。
計附35	個別	数値	資産の種類：(有形固定資産) 計 当期減少額：6,099百万円	□有形固定資産の円単位の当期減少額を合計した計算結果を表示単位・端数処理して記載する。
計附36	個別	数値	資産の種類：(有形固定資産) 計 当期減価償却額：786百万円	□有形固定資産の円単位の当期減価償却額を合計した計算結果を表示単位・端数処理して記載する。
計附37	個別	数値	資産の種類：(有形固定資産) 計 期末帳簿価額：32,842百万円	□有形固定資産の円単位の期末帳簿価額を合計した計算結果を表示単位・端数処理して記載する。 □貸借対照表「有形固定資産」金額との一致を検証する。
計附38	個別	数値	資産の種類：(有形固定資産) 計 減価償却累計額：6,839百万円	□有形固定資産の円単位の減価償却累計額を合計した計算結果を表示単位・端数処理して記載する。
計附39	個別	数値	資産の種類：(有形固定資産) 計 期末取得価額：39,682百万円	□有形固定資産の円単位の期末取得価額を合計した計算結果を表示単位・端数処理して記載する。
計附40	個別	非数値	区分：無形固定資産 資産の種類：のれん	□前期の附属明細書「無形固定資産」の資産種類または貸借対照表「無形固定資産」の科目名を記載する。
計附41	個別	数値	資産の種類：のれん 期首帳簿価額：一百万円	□前期の附属明細書「無形固定資産（のれん）」の期末帳簿価額を転記する。
計附42	個別	数値	資産の種類：のれん 当期増加額：29百万円	□総勘定元帳（のれん）の借方合計から振替高を控除した取得額と照合する。 □のれん発生に関する取締役会議事録より転記する。
計附43	個別	数値	資産の種類：のれん 当期減少額：一百万円	□総勘定元帳（のれん）の貸方合計から振替高を控除した減少額と照合する。
計附44	個別	数値	資産の種類：のれん 当期償却額：一百万円	□のれん償却計算表と照合する（設例では、期末に発生したと仮定し、当期償却額は計上されていません）。
計附45	個別	数値	資産の種類：のれん 期末帳簿価額：29百万円	□のれん償却計算表と照合する。 □貸借対照表「のれん」金額と照合する。
計附46	個別	数値	資産の種類：のれん 減価償却累計額：一百万円	□のれん償却計算表と照合する（設例では、期末に発生したと仮定しているので、減価償却累計額計上されていません）。
計附47	個別	数値	資産の種類：のれん 期末取得価額：29百万円	□のれん償却計算表と照合する。
計附48	個別	非数値	資産の種類：ソフトウェア	□前期の附属明細書「無形固定資産」の資産種類または貸借対照表「無形固定資産」の科目名を記載する。
計附49	個別	数値	資産の種類：ソフトウェア 期首帳簿価額：一百万円	□前期の附属明細書「無形固定資産（ソフトウェア）」の期末帳簿価額を転記する。
計附50	個別	数値	資産の種類：ソフトウェア 当期増加額：25百万円	□総勘定元帳（ソフトウェア）の借方合計から振替高を控除した取得額と照合する。 □固定資産管理台帳（ソフトウェア：当期増加額）と照合する。

ガイド No.	個別/連結	区分	記載内容	作業内容およびチェック事項
計附51	個別	数値	資産の種類：ソフトウェア 当期減少額：一百万円	□総勘定元帳（ソフトウェア）の貸方合計から振替高を控除した減少額と照合する。 □固定資産管理台帳（ソフトウェア：当期減少額）と照合する。
計附52	個別	数値	資産の種類：ソフトウェア 当期償却額：3百万円	□減価償却総括表と照合する。 □固定資産管理台帳（ソフトウェア：当期減価償却額）と照合する。
計附53	個別	数値	資産の種類：ソフトウェア 期末帳簿価額：21百万円	□固定資産管理台帳（ソフトウェア：期末帳簿価額）と照合する。 □貸借対照表「ソフトウェア」金額と照合する。
計附54	個別	数値	資産の種類：ソフトウェア 減価償却累計額：3百万円	□減価償却総括表と照合する。 □固定資産管理台帳（ソフトウェア：減価償却累計額）と照合する。
計附55	個別	数値	資産の種類：ソフトウェア 期末取得価額：25百万円	□固定資産管理台帳（ソフトウェア：期末取得価額）と照合する。
計附56	個別	数値	資産の種類：（無形固定資産）計 期首帳簿価額：一百万円	□前期の附属明細書「無形固定資産（計）」の期末帳簿価額を転記する。 □無形固定資産の円単位の期首帳簿価額を合計した計算結果を表示単位・端数処理して記載する。
計附57	個別	数値	資産の種類：（無形固定資産）計 当期増加額：54百万円	□無形固定資産の円単位の当期増加額を合計した計算結果を表示単位・端数処理して記載する。
計附58	個別	数値	資産の種類：（無形固定資産）計 当期減少額：一百万円	□無形固定資産の円単位の当期減少額を合計した計算結果を表示単位・端数処理して記載する。
計附59	個別	数値	資産の種類：（無形固定資産）計 当期減価償却額：3百万円	□無形固定資産の円単位の当期減価償却額を合計した計算結果を表示単位・端数処理して記載する。
計附60	個別	数値	資産の種類：（無形固定資産）計 期末帳簿価額：50百万円	□無形固定資産の円単位の期末帳簿価額を合計した計算結果を表示単位・端数処理して記載する。 □貸借対照表「無形固定資産」金額との一致を検証する。
計附61	個別	数値	資産の種類：（無形固定資産）計 減価償却累計額：3百万円	□無形固定資産の円単位の減価償却累計額を合計した計算結果を表示単位・端数処理して記載する。
計附62	個別	数値	資産の種類：（無形固定資産）計 期末取得価額：54百万円	□無形固定資産の円単位の期末取得価額を合計した計算結果を表示単位・端数処理して記載する。
計附63	個別	非数値	（主な増加内容） 工場予定の土地取得	□固定資産総括表（当期増加額）の増加理由・内容と照合する。 □固定資産増加の仕訳伝票と照合する。 □固定資産購入に関する契約書と照合する。 □固定資産購入に関する取締役会議事録と照合する。
計附64	個別	数値	（主な増加内容） 工場予定の土地取得 ：18,000百万円	□同上
計附65	個別	非数値	（主な増加内容） 機械装置の更新に伴う取得	□固定資産総括表（当期増加額）の増加理由・内容と照合する。 □固定資産増加の仕訳伝票と照合する。

ガイド No.	個別/連結	区分	記載内容	作業内容およびチェック事項
				□固定資産購入に関する契約書と照合する。 □固定資産購入に関する取締役会議事録と照合する。
計附66	個別	数値	（主な増加内容） 機械装置の更新に伴う取得 ：1,200百万円	□同上
計附67	個別	非数値	（主な減少内容） 豊島区遊休土地売却に伴う減少	□固定資産総括表（当期減少額）の減少理由・内容と照合する。 □固定資産減少の仕訳伝票と照合する。 □固定資産減少に関する契約書と照合する。 □固定資産減少に関する取締役会議事録と照合する。
計附68	個別	数値	（主な減少内容） 豊島区遊休土地売却に伴う減少 ：5,999百万円	□同上

※ 「取得価額による記載」の場合も、上記と同様の手順により作成します。

＜例1＞建物：期首残高：帳簿価額から取得価額への組替仕訳

　　　　　　　／（建物：期首残高：帳簿価額）　　　4,020,070,000円　　【計附2】
　　　　　　／（建物：期首残高：減価償却累計額）2,029,934,000円①′
（建物：期首残高：取得価額）　　　6,050,004,000円①　【計附2′】

＜例2＞建物：当期増加：帳簿価額から取得価額への組替仕訳＞

　　　　　　　／（建物：当期増加：帳簿価額）　　　50,000,000円　　【計附3】
（建物：当期増加：取得価額）　　　50,000,000円②　【計附3′】

＜例3＞建物：当期減少：帳簿価額から取得価額への組替仕訳

（建物：当期減少：帳簿価額）　　　49,996,000円　　【計附4】
（建物：当期減少：減価償却累計額）　30,004,000円③′
　　　　　　／（建物：当期減少：取得価額）　　　80,000,000円③　【計附4′】

＜例4＞建物：当期減価償却費：帳簿価額から取得価額への組替仕訳

　　　　　　　／（建物：当期償却費：帳簿価額）　　　173,780,000円　　【計附5】
（建物：当期償却費：取得価額）　　　173,780,000円④′【計附7′】

＜例5＞建物：期末残高：帳簿価額から取得価額への組替仕訳

　　　　　　　／（建物：期末残高・帳簿価額）　　　3,846,294,000円　　【計附6】
　　　　　　／（建物：期末残高・減価償却累計額）　2,173,710,000円　　【計附7】
　　　　　　　　　　　　　　　　　　　　　　　　①′－③′＋④′
（建物：期末取得価額）　　　6,020,004,000円　①＋②－③　【計附5′】

3．根拠条文

<会社計算規則>
第145条 各事業年度に係る株式会社の計算書類に係る附属明細書には、次に掲げる事項（公開会社以外の株式会社にあっては、第1号から第3号に掲げる事項）のほか、株式会社の貸借対照表、損益計算書、株主資本等変動計算書及び個別注記表の内容を補足する重要な事項を表示しなければならない。
　一　有形固定資産及び無形固定資産の明細
　　　　　　　　…略…

<計算書類に係る附属明細書のひな型>
（日本公認会計士協会　会計制度委員会研究報告第9号）
（記載上の注意）
1　（1）又は（2）のいずれかの様式により作成する。
2　（1）にあっては、「期首帳簿価額」、「当期増加額」、「当期減少額」及び「期末帳簿価額」の各欄は帳簿価額によって記載し、期末帳簿価額と減価償却累計額の合計額を「期末取得原価」の欄に記載する。
3　（2）にあっては、「期首残高」、「当期増加額」、「当期減少額」及び「期末残高」の各欄は取得原価によって記載し、期末残高から減価償却累計額又は償却累計額を控除した残高を「差引期末帳簿価額」の欄に記載する。
4　有形固定資産若しくは無形固定資産の期末帳簿価額に重要性がない場合には「期首残高」（「期首帳簿価額」）、「当期増加額」、「当期減少額」の各欄の記載を省略した様式により記載することができる。
　　また、有形固定資産の当期増加額及び当期減少額に重要性がない場合又は有形固定資産若しくは無形固定資産の当期増加額及び当期減少額に重要性がない場合には（1）における「期首帳簿価額」又は（2）における「期首残高」、「当期増加額」及び「当期減少額」の各欄の記載を省略した様式により記載することができる。
　　この場合には、その旨を脚注する。
5　「固定資産の減損に係る会計基準の設定に関する意見書」（平成14年8月9日　企業会計審議会）に基づき減損損失を認識した場合には、次のように記載する。
　　貸借対照表上、直接控除形式（減損処理前の取得原価から減損損失を直接控除し、控除後の金額をその後の取得原価とする形式）により表示しているときは、当期の減損損失を「当期減少額」の欄に内書（括弧書）として記載する。
　　貸借対照表上、独立間接控除形式（減価償却を行う有形固定資産に対する減損損失累計額を取得原価から間接控除する形式）により表示しているときは、当期の減損損失は、「当期償却額」の欄に内書（括弧書）として記載し、減損損失累計額については（1）（1）における「期末帳簿価額」又は（2）における「期末残高」の欄の次に「減損損失累計額」の欄を設けて記載することとし、合算間接控除形式（減価償却を行う有形固定資産に対する減損損失累計額を取得原価から間接控除し、減損損失累計額を減価償却累計額に合算して表示する形式）を採用しているときは、（1）における「減価償却累計額」又は（2）における「期末減価償却累計額又は償却累計額」の欄に減損損失累計額を含めて記載する。この場合には、いずれの場合も減損損失累計額が含まれている旨を脚注する。
6　合併、会社分割、事業の譲受け又は譲渡、贈与、災害による廃棄、滅失等の特殊な理由による重要な増減があった場合には、その理由並びに設備等の具体的な内容及び金額を脚注する。
7　上記6以外の重要な増減については、その設備等の具体的な内容及び金額を脚注する。
8　投資その他の資産に減価償却資産が含まれている場合には、当該資産についても記載することが望ましい。この場合には、表題を「有形固定資産及び無形固定資産（投資その他の資産に計上された償却費を含む。）の明細」等に適宜変更する。

2．引当金の明細

1．記載例

2．引当金の明細

区分	期首残高	当期増加額	当期減少額		期末残高
			目的使用	その他	
【計附69】 貸倒引当金	百万円 【計附70】 57	百万円 【計附71】 61	百万円 【計附72】 ―	百万円 【計附73】 57	百万円 【計附74】 61
【計附75】 賞与引当金	【計附76】 80	【計附77】 94	【計附78】 80	【計附79】 ―	【計附80】 94
【計附81】 役員賞与引当金	【計附82】 ―	【計附83】 2	【計附84】 ―	【計附85】 ―	【計附86】 2
【計附87】 退職給付引当金	【計附88】 1,530	【計附89】 105	【計附90】 1	【計附91】 ―	【計附92】 1,635
【計附93】 役員退職慰労引当金	【計附94】 1,568	【計附95】 156	【計附96】 50	【計附97】 ―	【計附98】 1,674

…略…

2．記載項目別作業一覧

ガイド No.	個別 /連結	区分	記載内容	作業内容およびチェック事項
計附69	個別	非数値	2．引当金の明細 区分：貸倒引当金	□期首から期末までに貸倒引当金がない場合を除き、貸倒引当金を記載する。
計附70	個別	数値	区分：貸倒引当金 期首残高：57百万円	□前期の附属明細書（引当金の明細）の「貸倒引当金」の期末帳簿価額を転記する。
計附71	個別	数値	区分：貸倒引当金 当期増加額：61百万円	□総勘定元帳（貸倒引当金）の「貸方合計－振替高」の計算値、「貸倒引当金繰入額」と照合する。 □法人税申告書の別表11(1)個別評価の貸倒引当金、および別表11（1の2）一括評価の貸倒引当金の当期繰入額の合計値と照合する。
計附72	個別	数値	区分：貸倒引当金 当期減少額：目的使用 ：一百万円	□貸倒損失引当処理した仕訳伝票と照合する。 □貸倒処理に関する取締役会議事録と照合する。
計附73	個別	数値	区分：貸倒引当金 当期減少額：その他 ：57百万円	□貸倒損失以外で引当金を取崩処理した仕訳伝票と照合する。 □貸倒損失以外で引当金を取崩処理に関する取締役会議事録と照合する。
計附74	個別	数値	区分：貸倒引当金	□円単位の「期首残高＋当期増加額－目的使用による当期

ガイドNo.	個別/連結	区分	記載内容	作業内容およびチェック事項
			期末残高：61百万円	減少額－その他による当期減少額」の計算結果を表示単位処理して、記載する。 □貸借対照表「流動資産」および「固定資産」の貸倒引当金の合計値と照合する。
計附75	個別	非数値	区分：賞与引当金	□賞与引当金の総勘定元帳がない場合を除き、「賞与引当金」を記載する。
計附76	個別	数値	区分：賞与引当金 期首残高：80百万円	□前期の附属明細書（引当金の明細）の「賞与引当金」の期末帳簿価額を転記する。
計附77	個別	数値	区分：賞与引当金 当期増加額：94百万円	□総勘定元帳（賞与引当金）の「貸方合計－振替高」の計算値、「賞与引当金繰入額」と照合する。 □賞与引当金計算資料と照合する。
計附78	個別	数値	区分：賞与引当金 当期減少額：目的使用 ：80百万円	□賞与支給に伴う賞与引当充当処理伝票と照合する。 □賞与支給に関する稟議書と照合する。
計附79	個別	数値	区分：賞与引当金 当期減少額：その他 ：一百万円	□賞与支給充当以外で引当金を取崩処理した仕訳伝票と照合する。 □賞与支給充当以外で引当金を取崩処理に関する取締役会議事録と照合する。
計附80	個別	数値	区分：賞与引当金 期末残高：94百万円	□円単位の「期首残高＋当期増加額－目的使用による当期減少額－その他による当期減少額」の計算結果を表示単位処理して、記載する。 □貸借対照表「流動負債」の賞与引当金と照合する。
計附81	個別	非数値	区分：役員賞与引当金	□役員賞与引当金の総勘定元帳がない場合を除き、役員賞与引当金を記載する。
計附82	個別	数値	区分：役員賞与引当金 期首残高：一百万円	□前期の附属明細書（引当金の明細）の「役員賞与引当金」の期末帳簿価額を転記する。
計附83	個別	数値	区分：役員賞与引当金 当期増加額：2百万円	□総勘定元帳（役員賞与引当金）の「貸方合計－振替高」の計算値、「役員賞与引当金繰入額」と照合する。 □役員賞与引当金計算資料と照合する。 □附属明細書「販売費及び一般管理費明細」の役員賞与引当金繰入額と照合する。
計附84	個別	数値	区分：役員賞与引当金 当期減少額：目的使用 ：一百万円	□役員賞与支給に伴う役員賞与引当充当処理伝票と照合する。 □役員賞与支給に関する取締役会議事録と照合する。 □株主総会議事録（役員賞与支給）と照合する。
計附85	個別	数値	区分：役員賞与引当金 当期減少額：その他 ：一百万円	□役員賞与支給充当以外で引当金を取崩処理した仕訳伝票と照合する。 □役員賞与支給充当以外で引当金を取崩処理に関する取締役会議事録と照合する。
計附86	個別	数値	区分：役員賞与引当金 期末残高：2百万円	□円単位の「期首残高＋当期増加額－目的使用による当期減少額－その他による当期減少額」の計算結果を表示単位処理して、記載する。 □貸借対照表「流動負債」の役員賞与引当金と照合する。
計附87	個別	非数値	区分：退職給付引当金	□退職給付引当金の総勘定元帳がない場合を除き、退職給付引当金を記載する。

ガイド No.	個別/連結	区分	記載内容	作業内容およびチェック事項
計附88	個別	数値	区分：退職給付引当金 期首残高：1,530百万円	□前期の附属明細書（引当金の明細）の「退職給付引当金」の期末帳簿価額を転記する。
計附89	個別	数値	区分：退職給付引当金 当期増加額：105百万円	□総勘定元帳（退職給付引当金）の「貸方合計－振替高」の計算値、「退職給付引当金繰入額」と照合する。 □退職給付引当金計算資料と照合する。 □附属明細書「販売費及び一般管理費明細」の退職給付引当金繰入額と照合する。
計附90	個別	数値	区分：退職給付引当金 当期減少額：目的使用 ：1百万円	□退職金支給に伴う退職給付引当充当処理伝票と照合する。 □退職金支給に関する稟議書と照合する。 □退職給付引当金計算資料と照合する。
計附91	個別	数値	区分：退職給付引当金 当期減少額：その他 ：―百万円	□退職金支給充当以外で引当金を取崩処理した仕訳伝票と照合する。 □退職金支給充当以外で引当金を取崩処理に関する稟議書と照合する。 □退職給付引当金計算資料と照合する。
計附92	個別	数値	区分：退職給付引当金 期末残高：1,635百万円	□円単位の「期首残高＋当期増加額－目的使用による当期減少額－その他による当期減少額」の計算結果を表示単位処理して、記載する。 □貸借対照表「固定負債」の退職給付引当金と照合する。 □退職給付引当金計算資料と照合する。
計附93	個別	非数値	区分：役員退職慰労引当金	□役員退職慰労引当金の総勘定元帳がない場合を除き、役員退職慰労引当金を記載する。
計附94	個別	数値	区分：役員退職慰労引当金 期首残高：1,568百万円	□前期の附属明細書（引当金の明細）の「役員退職慰労引当金」の期末帳簿価額を転記する。
計附95	個別	数値	区分：役員退職慰労引当金 当期増加額：156百万円	□総勘定元帳（役員退職慰労引当金）の「貸方合計－振替高」の計算値、「役員退職慰労引当金繰入額」と照合 □役員退職慰労引当金計算資料と照合する。 □附属明細書「販売費及び一般管理費明細」の役員退職給付引当金繰入額と照合する。
計附96	個別	数値	区分：役員退職慰労引当金 当期減少額：目的使用 ：50百万円	□役員退職慰労金支給に伴う退職給付引当充当処理伝票と照合する。 □役員退職慰労金支給に関する取締役会議事録と照合する。 □役員退職慰労金支給に関する株主総会議事録と照合する。 □役員退職慰労引当金計算資料と照合する。
計附97	個別	数値	区分：役員退職慰労引当金 当期減少額：その他 ：―百万円	□役員退職慰労金支給充当以外で引当金を取崩処理した仕訳伝票と照合する。 □役員退職慰労金支給充当以外で引当金を取崩処理に関する取締役会議事録と照合する。 □役員退職慰労引当金計算資料と照合する。
計附98	個別	数値	区分：役員退職慰労引当金 期末残高：1,674百万円	□円単位の「期首残高＋当期増加額－目的使用による当期減少額－その他による当期減少額」の計算結果を表示単位処理して、記載する。 □貸借対照表「固定負債」の役員退職慰労引当金と照合する。 □役員退職慰労引当金計算資料と照合する。

3．根拠条文

<会社計算規則>
第145条　各事業年度に係る株式会社の計算書類に係る附属明細書には、次に掲げる事項（公開会社以外の株式会社にあっては、第１号から第３号に掲げる事項）のほか、株式会社の貸借対照表、損益計算書、株主資本等変動計算書及び個別注記表の内容を補足する重要な事項を表示しなければならない。
　　　　　　　　…略…
　二　引当金の明細
　　　　　　　　…略…

<計算書類に係る附属明細書のひな型>
（日本公認会計士協会会計制度委員会研究報告第９号）
（記載上の注意）

1　期首又は期末のいずれかに残高がある場合にのみ作成する。
2　当期増加額と当期減少額は相殺せずに、それぞれ総額で記載する。
3　「当期減少額」の欄のうち、「その他」の欄には、目的使用以外の理由による減少額を記載し、その理由を脚注する。
4　退職給付引当金について、退職給付に関する注記（財務諸表等の用語、様式及び作成方法に関する規則（以下「財務諸表等規則」という。）第８条の13に規定された注記事項に準ずる注記）を個別注記表に記載しているときは、附属明細書にその旨を記載し、その記載を省略することができる。

3．販売費及び一般管理費の明細

1．記載例

3．販売費及び一般管理費の明細

科　　目	金　　額	摘　　要
販売手数料	【計附99】　1,000 百万円	
広告宣伝費	【計附100】　412	
役員報酬	【計附101】　150	
役員賞与引当金繰入額	【計附102】　2	
給与手当及び賞与	【計附103】　1,743	
賞与引当金繰入額	【計附104】　26	
退職給付費用	【計附105】　143	
役員退職慰労引当金繰入額	【計附106】　156	
福利厚生費	【計附107】　243	
旅費交通費	【計附108】　206	
水道光熱費	【計附109】　100	
通信費	【計附110】　237	
消耗品費	【計附111】　164	

賃借料		【計附112】	150	
租税公課		【計附113】	308	
貸倒引当金繰入額		【計附114】	4	
減価償却費		【計附115】	64	
監査法人監査報酬		【計附116】	85	
研究開発費		【計附117】	220	
交際費		【計附118】	196	
その他		【計附119】	80	※
計		【計附120】	5,695	

※には、無償の利益供与が含まれております。【計附121】

2．総勘定科目から会社法計算書類科目への組替表（販売費及び一般管理費関係）作成の例

個別会計（修正後残高試算表）				総勘定科目から会社法計算書類科目への組替仕訳 貸方：（ ）表示	会社法計算書類「附／明：販売費及び一般管理費明細」			
No.	総勘定科目	貸借	修正後残高試算表金額（円）		開示科目名	開示科目金額（円）	ガイドNo.	表示単位金額（百万円・切捨て）
79	販売手数料	借	1,000,000,000	(1,000,000,000) 1,000,000,000	販売手数料	1,000,000,000	計附93	1,000百万円
80	広告宣伝費	借	412,504,000	(412,504,000) 412,504,000	広告宣伝費	412,504,000	計附94	412百万円
81	役員報酬	借	150,504,000	(150,504,000) 150,504,000	役員報酬	150,504,000	計附95	150百万円
82	従業員給与	借	1,463,640,000	(1,463,640,000)				
83	通勤費	借	50,400,000	(50,400,000)				
84	従業員賞与	借	229,000,000	(229,000,000) 1,743,040,000	給与手当及び賞与	1,743,040,000	計附97	1,743百万円
85	賞与引当金繰入額	借	26,000,000	(26,000,000) 26,000,000	賞与引当金繰入額	26,000,000	計附98	26百万円
86	退職給付費用	借	143,365,694	(143,365,694) 143,365,694	退職給付費用	143,365,694	計附99	143百万円
87	役員退職慰労引当金繰入額	借	156,392,000	(156,392,000) 156,392,000	役員退職慰労引当金繰入額	156,392,000	計附100	156百万円
88	福利厚生費	借	243,620,000	(243,620,000) 243,620,000	福利厚生費	243,620,000	計附101	243百万円
89	旅費交通費	借	206,250,000	(206,250,000) 206,250,000	旅費交通費	206,250,000	計附102	206百万円
90	水道光熱費	借	100,000,000	(100,000,000) 100,000,000	水道光熱費	100,000,000	計附103	100百万円

No.	総勘定科目	貸借	修正後残高試算表金額（円）	総勘定科目から会社法計算書類科目への組替仕訳 貸方:( ) 表示	開示科目名	開示科目金額（円）	ガイドNo.	表示単位金額（百万円・切捨て）
91	通信費	借	237,250,000	(237,250,000) 273,250,000	通信費	237,250,000	計附104	237百万円
92	消耗品費	借	164,300,000	(164,300,000) 164,300,000	消耗品費	164,300,00	計附105	164百万円
93	賃借料	借	150,000,000	(150,000,000) 150,000,000	賃借料	150,000,000	計附106	150百万円
94	租税公課	借	308,584,000	(308,584,000) 308,584,000	租税公課	308,584,000	計附107	308百万円
95	貸倒引当金繰入額	借	4,216,000	(4,216,000) 4,216,000	貸倒引当金繰入額	4,216,000	計附108	4百万円
96	減価償却費	借	64,920,000	(64,920,000) 64,920,000	減価償却費	64,920,000	計附109	64百万円
97	監査法人監査報酬	借	85,025,000	(85,025,000) 85,025,000	監査法人監査報酬	85,025,000	計附110	85百万円
98	交際費	借	196,893,000	(196,893,000) 196,893,000	交際費	196,893,000	計附112	196百万円
99	研究開発費	借	220,568,306	(220,568,306) 220,568,306	研究開発費	220,568,306	計附111	220百万円
100	雑費	借	80,313,000	(80,313,000) 80,313,000	その他	80,313,000	計附113	80百万円
101	役員賞与引当金繰入額	借	2,000,000	(2,000,000) 2,000,000	役員賞与引当金繰入額	2,000,000	計附96	2百万円
				5,695,245,000	販売費及び一般管理費	5,695,245,000	計附114	5,695百万円

3．記載項目別作業一覧

ガイドNo.	個別/連結	区分	記載内容	作業内容およびチェック事項
計附99	個別	数値	販売手数料：1,000百万円	□会社法計算書類科目組替表より転記する。 □個別決算短信の損益計算書との整合性をチェックする（上場会社の場合）。
計附100	個別	数値	広告宣伝費：412百万円	□同上
計附101	個別	数値	役員報酬：150百万円	□同上
計附102	個別	数値	役員賞与引当金繰入額：2百万円	□同上
計附103	個別	数値	給与手当及び賞与：1,743百万円	□同上
計附104	個別	数値	賞与引当金繰入額：26百万円	□同上
計附105	個別	数値	退職給付費用：143百万円	□同上
計附106	個別	数値	役員退職慰労引当金繰入額：156百万円	□同上

ガイドNo.	個別/連結	区分	記載内容	作業内容およびチェック事項
計附107	個別	数値	福利厚生費：243百万円	□同上
計附108	個別	数値	旅費交通費：206百万円	□同上
計附109	個別	数値	水道光熱費：100百万円	□同上
計附110	個別	数値	通信費：237百万円	□同上
計附111	個別	数値	消耗品費：164百万円	□同上
計附112	個別	数値	賃借料：150百万円	□同上
計附113	個別	数値	租税公課：308百万円	□同上
計附114	個別	数値	貸倒引当金繰入額：4百万円	□同上
計附115	個別	数値	減価償却費：64百万円	□同上
計附116	個別	数値	監査法人監査報酬：85百万円	□同上
計附117	個別	数値	研究開発費：220百万円	□同上
計附118	個別	数値	交際費：196百万円	□同上
計附119	個別	数値	その他：80百万円	□同上
計附120	個別	数値	計：5,695百万円	□同上 □損益計算書「販売費及び一般管理費」金額と照合する。
計附121	個別	非数値	「※には、無償の利益供与が含まれております。」	□寄付金等の対価性のない費用が含まれている場合に脚注する。 □株主への利益供与にあたるものがないか留意する。

4．根拠条文

＜会社計算規則＞
第145条 各事業年度に係る株式会社の計算書類に係る附属明細書には、次に掲げる事項（公開会社以外の株式会社にあっては、第1号から第3号に掲げる事項）のほか、株式会社の貸借対照表、損益計算書、株主資本等変動計算書及び個別注記表の内容を補足する重要な事項を表示しなければならない。
　　　　　　　　　　　…略…
　三　販売費及び一般管理費の明細

　四　第140条第1項ただし書の規定により省略した事項があるときは、当該事項【関連当事者関係】

＜計算書類に係る附属明細書のひな型＞
（日本公認会計士協会　会計制度委員会研究報告第9号）
（記載上の注意）
　おおむね販売費、一般管理費の順に、その内容を示す適当な科目で記載する。

第VII部
決算公告の作成プロセス

決算公告は、会社の財務状況を広く一般に公開するためにも重要な書類です。決算公告として作成する貸借対照表および損益計算書（大会社の場合）について、作成方法を説明します。

本書では、決算公告の完成までに記入すべき箇所を475箇所と設定しました(ガイドNo.【公告1】～【公告475】)。

以下、その475箇所について、記載例、使用する基礎資料、根拠法令の条文を示しながら作成方法を解説していきます。

1. 作成上のポイント

株式会社は、会社債権者保護の観点から、株主総会終了後、遅滞なく、貸借対照表（大会社の場合は、貸借対照表および損益計算書）を決算公告しなければなりません（会444①）。

ただし、上場会社の場合、決算公告の作成は任意です。

上場会社は、EDINET＜Electronic Disclosure for Investors' NETwork＞（金融庁の金融商品取引法（旧証券取引法）に基づく有価証券報告書等の開示書類に関する電子開示システム）により、有価証券報告書や添付書類としての招集通知が公開されているので、決算公告を省略することができます（会444④）。

▼会社別の公告内容

	有価証券報告書提出会社	大会社 （資本金5億円以上または負債総額200億円以上の株式会社）	その他の株式会社
決算公告の要否	× 不要	○ 必要	○ 必要
決算公告の方法	－	① 官報 ② 日刊紙 ③ 電子公告	① 官報 ② 日刊紙 ③ 電子公告
決算公告要旨の表示単位	－	原則：百万円単位または十億円単位 例外：適切な表示単位	同左
決算公告の内容	－	貸借対照表（または要旨） 損益計算書（または要旨） 個別注記表 　一　継続企業の前提に関する注記 　二　重要な会計方針に係る事項に関する注記 　三　貸借対照表に関する注記 　四　税効果会計に関する注記 　五　関連当事者との取引に関する注記 　六　一株当たり情報に関する注記 　七　重要な後発事象に関する注記	貸借対照表（または要旨） — 個別注記表 　一　継続企業の前提に関する注記 　二　重要な会計方針に係る事項に関する注記 　三　貸借対照表に関する注記 　四　税効果会計に関する注記 　五　関連当事者との取引に関する注記 　六　一株当たり情報に関する注記 　七　重要な後発事象に関する注記 　八　当期純損益金額
会計監査人設置会社である場合の決算公告の記載内容 会計監査人設置会社である場合の決算公告の記載内容		・会計監査人が存在しない旨 ・会計監査人が通知すべき日までに会計監査報告の内容を通知しない場合で、会計監査人の監査を受けたものとみなされた場合におけるその旨	

	・計算書類についての会計監査報告に不適正意見がある場合には、その旨	
－	・計算書類についての会計監査報告が、必要な監査手続が行えない等のために意見差控の場合には、その旨	－

2．記載例

以下、非上場の大会社を前提とした場合で、電子公告以外の官報または日刊新聞紙に掲載する例を記載します。

2－1．貸借対照表の要旨

第12期決算公告【公告1】

【公告2】平成〇9年6月29日
【公告3】東京都中央区日本橋〇丁目〇番〇号
【公告4】株式会社スリー・シー・コンサルティング
【公告5】代表取締役　安田浩一

貸借対照表の要旨
（平成〇9年3月31日現在）　　　　（単位：百万円）

科　　目	金　額	科　　目	金　額
資産の部		負債の部	
流動資産	【公告6】27,147	流動負債	【公告40】28,983
現金及び預金	【公告7】16,430	支払手形	【公告41】472
受取手形	【公告8】3,145	買掛金	【公告42】1,038
売掛金	【公告9】4,147	短期借入金	【公告43】6,500
有価証券	【公告10】10	1年内償還予定社債	【公告44】20,000
関係会社株式	【公告11】10	未払法人税等	【公告45】783
製　品	【公告12】1,615	未払消費税等	【公告46】59
仕掛品	【公告13】91	未払費用	【公告47】23
原材料	【公告14】705	賞与引当金	【公告48】94
前払費用　＊	【公告15】70	役員賞与引当金	【公告49】2
繰延税金資産	【公告16】972	その他の流動負債　＊	【公告50】9
その他の流動資産	【公告17】6	固定負債	【公告51】28,110
貸倒引当金	【公告18】△58	社　債	【公告52】5,000

			転換型新株予約権付社債	【公告53】	4,000
固定資産	【公告19】	35,287	長期借入金	【公告54】	15,100
有形固定資産	【公告20】	32,842	退職給付引当金	【公告55】	1,635
建　　物	【公告21】	3,846	役員退職慰労引当金	【公告56】	1,674
機械装置	【公告22】	1,934	再評価に係る繰延税金負債	【公告57】	700
工具、器具及び備品	【公告23】	61	負ののれん　＊	【公告58】	－
土　　地	【公告24】	27,000	その他固定負債　＊	【公告59】	－
建設仮勘定　＊	【公告25】	－	負債合計	【公告60】	57,093
無形固定資産	【公告26】	50	純資産の部		
のれん	【公告27】	29	株主資本	【公告61】	5,278
ソフトウェア	【公告28】	21	資　本　金	【公告62】	990
投資その他の資産	【公告29】	2,395	新株式申込証拠金　＊	【公告63】	－
投資有価証券	【公告30】	796	資本剰余金	【公告64】	230
関係会社株式	【公告31】	1,028	資本準備金	【公告65】	100
差入保証金	【公告32】	400	その他資本剰余金	【公告66】	130
長期前払費用	【公告33】	30	利益剰余金	【公告67】	4,258
繰延税金資産	【公告34】	34	利益準備金	【公告68】	90
その他の投資資産	【公告35】	109	その他利益剰余金	【公告69】	4,168
貸倒引当金	【公告36】	△3	中間配当積立金	【公告70】	200
繰延資産	【公告37】	823	固定資産圧縮積立金	【公告71】	1,925
開　発　費	【公告38】	823	別途積立金	【公告72】	59
			繰越利益剰余金	【公告73】	1,984
			自己株式	【公告74】	△200
			自己株式申込証拠金　＊	【公告75】	－
			評価・換算差額等	【公告76】	806
			その他の有価証券評価差額金	【公告77】	6
			土地再評価差額金	【公告78】	800
			新株予約権	【公告79】	80
			純資産合計	【公告80】	6,164
資産合計	【公告39】	63,258	負債及び純資産合計	【公告81】	63,258

「＊」は参考のために表示しており、金額がない場合には、表示しません。

2-2. 損益計算書の要旨

損益計算書の要旨
（自平成〇8年4月1日　至平成〇9年3月31日）　　（単位：百万円）

科　　目	金	額		
Ⅰ．売上高			【公告82】	32,361
Ⅱ．売上原価			【公告83】	20,273
売上総利益（売上総損失）			【公告84】	12,087
Ⅲ．販売費及び一般管理費			【公告85】	5,695
営業利益（営業損失）			【公告86】	6,391
Ⅳ．営業外収益			【公告87】	76
Ⅴ．営業外費用			【公告88】	1,300
経常利益（経常損失）			【公告89】	5,168
Ⅵ．特別利益			【公告90】	67
Ⅶ．特別損失			【公告91】	600
税引前当期純利益（税引前当期純損失）			【公告92】	4,636
法人税、住民税及び事業税	【公告93】	2,066		
過年度法人税等追徴額	【公告94】	784		
法人税等調整額	【公告95】	△92	【公告96】	2,758
当期純利益（当期純損失）			【公告97】	1,878

2-3. 個別注記表（要旨ではなく「貸借対照表」を公告する場合）

「要旨」を公告する場合には、注記は不要になります。ただし、貸借対照表の要旨のみを公告する場合には、「当期純利益」の注記だけ必要となります。

継続企業の前提に関する注記〈該当する場合の例〉
　　［個注1（P282）を参照］【公告98】
　　　　　　　　　　　　　　…略…
重要な会計方針に係る事項に関する注記
　　［個注2～個注16（P283～285）を参照］【公告99～公告113】
　　　　　　　　　　　　　　…略…
会計方針の変更
　　［個注17～個注24（P286～287）を参照］【公告114～公告121】

　　　　　　　　　　　　　　　…略…
　表示方法の変更
　　　［個注25～個注26（P288）を参照］【公告122～公告123】
　　　　　　　　　　　　　　　…略…
　貸借対照表関係注記
　　　［個注27～個注45（P289～304）を参照］【公告124～公告142】
　　　　　　　　　　　　　　　…略…
　税効果会計に関する注記
　　　［個注63～個注89（P311～313）を参照］【公告143～公告169】
　　　　　　　　　　　　　　　…略…
　関連当事者との取引に関する注記
　　　［個注110～個注408（P316～P334）を参照］【公告170～公告468】
　　　　　　　　　　　　　　　…略…
※　個別注記表の「関連当事者との取引に関する注記」に関しては、平成18年５月１日以後最初に到来する決算日（事業年度の末日）であって、かつ最初に開催する株主総会に合わせてその内容を通知する場合には、記載が要請されていません。P281で説明したように、平成19年２月決算以降の会計監査人設置会社またはその他公開会社（譲渡制限のない会社）は、「関連当事者との取引に関する注記」の記載が原則通り必要となります。

　１株当たり情報に関する注記
　　　［個注409～個注413（P336）を参照］【公告469～公告473】
　　　　　　　　　　　　　　　…略…
　重要な後発事象に関する注記
　　　［個注414（P338～339）を参照］【公告474】
　　　　　　　　　　　　　　　…略…

▼損益計算書の公告をしない場合

　当期純利益（当期純損失）　　　　1,878百万円【公告475】

3．記載項目別作業一覧

ガイドNo.	個別/連結	区分	記載内容	作業内容およびチェック事項
公告1	個別	数値	第12期決算公告	□当事業年度の招集通知の決算期と照合する。
公告2	個別	数値	平成○9年６月29日	□定時株主総会日以降の早い日程になっているかを確認する。
公告3	個別	非数値	東京都中央区日本橋○丁目○番○号	□登記簿謄本の本店住所と一致していることを確認する。
公告4	個別	非数値	株式会社スリー・シー・コンサルティング	□登記簿謄本の会社名称と一致していることを確認する。
公告5	個別	非数値	代表取締役　安田浩一	□登記簿謄本の代表取締役と一致していることを確認する。

ガイド No.	個別/連結	区分	記載内容	作業内容およびチェック事項
公告6〜公告81	個別	数値	貸借対照表の要旨 流動資産：27,147百万円〜 負債及び純資産合計 ：63,258百万円	□「決算公告科目組替表」より転記する。 □会社法計算書類の貸借対照表（P206〜207）と照合する。
公告82〜公告97	個別	数値	損益計算書の要旨 Ⅰ．売上高 ：32,361百万円〜 当期純利益：1,878百万円	□「決算公告科目組替表」より転記する。 □会社法計算書類の損益計算書（P234）と照合する。
公告98	個別	非数値	個別注記表 継続企業の前提に関する注記 …略…	□会社法計算書類の個別注記表と照合する。 ［個注1（P282）参照］
公告99〜公告123	個別	非数値	重要な会計方針に係る事項に関する注記 …略… 会計方針の変更 …略… 表示方法の変更 …略…	□会社法計算書類の個別注記表と照合する。 ［個注2〜個注26（P283〜288）参照］
公告124〜公告142	個別	数値	貸借対照表に関する注記 …略…	□会社法計算書類の個別注記表と照合する。 ［個注27〜個注45（P289〜304）参照］
公告143〜公告169	個別	数値	税効果会計に関する注記 …略…	□会社法計算書類の個別注記表と照合する。 ［個注63〜個注89（P311〜312）参照］
公告170〜公告468	個別	数値	関連当事者との取引に関する注記 …略… ※ 個別注記表の「関連当事者との取引に関する注記」に関しては、平成18年5月1日以後最初に到来する決算においては、記載が要請されていない。	□会社法計算書類の個別注記表と照合する。 ［個注110〜個注407（P322〜P331）参照］
公告469〜公告473	個別	数値	1株当たり情報に関する注記 …略…	□会社法計算書類の個別注記表と照合する。 ［個注409〜個注413（P336）参照］
公告474	個別	非数値	重要な後発事象に関する注記 …略…	□会社法計算書類の個別注記表と照合する。 ［個注414（P339）参照］
公告475	個別	数値	＜損益計算書の公告をしない場合＞ 当期純利益（当期純損失）1,878百万円	□会社法計算書類の損益計算書の当期純利益と照合する。 ［個計102（P234）参照］

4．根拠条文

<会社法>

第440条（計算書類の公告）　株式会社は、法務省令で定めるところにより、定時株主総会の終結後遅滞なく、貸借対照表（大会社にあっては、貸借対照表及び損益計算書）を公告しなければならない。

2　前項の規定にかかわらず、その公告方法が第939条第1項第1号又は第2号に掲げる方法である株式会社は、前項に規定する貸借対照表の要旨を公告することで足りる。

3　前項の株式会社は、法務省令で定めるところにより、定時株主総会の終結後遅滞なく、第1項に規定する貸借対照表の内容である情報を、定時株主総会の終結の日後5年を経過する日までの間、継続して電磁的方法により不特定多数の者が提供を受けることができる状態に置く措置をとることができる。この場合においては、前二項の規定は、適用しない。

4　証券取引法第24条第1項の規定により有価証券報告書を内閣総理大臣に提出しなければならない株式会社については、前三項の規定は、適用しない。

第939条（会社の公告方法）　会社は、公告方法として、次に掲げる方法のいずれかを定款で定めることができる。
　一　官報に掲載する方法
　二　時事に関する事項を掲載する日刊新聞紙に掲載する方法
　三　電子公告
　　　　　…略…

第976条（過料に処すべき行為）　…略…、取締役、…略…は、次のいずれかに該当する場合には、百万円以下の過料に処する。ただし、その行為について刑を科すべきときは、この限りでない。
　一　この法律の規定による登記をすることを怠ったとき。
　二　この法律の規定による公告若しくは通知をすることを怠ったとき、又は不正の公告若しくは通知をしたとき。
　三　この法律の規定による開示をすることを怠ったとき。
　　　　　…略…

<会社計算規則>

第六編　計算書類の公告等

第一章　計算書類の公告

第164条　株式会社が法第440条第1項の規定による公告（同条第3項の規定による措置を含む。以下この項において同じ。）をする場合には、次に掲げる事項を当該公告において明らかにしなければならない。この場合において、第1号から第7号に掲げる事項は、当該事業年度に係る個別注記表に表示した注記に限るものとする。
　一　継続企業の前提に関する注記
　二　重要な会計方針に係る事項に関する注記
　三　貸借対照表に関する注記
　四　税効果会計に関する注記
　五　関連当事者との取引に関する注記
　六　1株当たり情報に関する注記
　七　重要な後発事象に関する注記
　八　当期純損益金額

2　株式会社が法第440条第1項の規定により損益計算書の公告をする場合における前項の規定の適用については、同項中「次に」とあるのは、「第1号から第7号までに」とする。

3　前項の規定は、株式会社が損益計算書の内容である情報について法第440条第3項に規定する措置をとる場合について準用する。

第二章　計算書類の要旨の公告

第一節　総則

第165条　法第440条第2項の規定により貸借対照表の要旨又は損益計算書の要旨を公告する場合における貸借対照表の要旨及び損益計算書の要旨については、この章の定めるところによる。

第二節　貸借対照表の要旨

第166条（貸借対照表の要旨の区分）　貸借対照表の要旨は、次に掲げる部に区分しなければならない。
　一　資産
　二　負債
　三　純資産

第167条（資産の部）　資産の部は、次に掲げる項目に区分しなければならない。
　一　流動資産
　二　固定資産
　三　繰延資産

2　資産の部の各項目は、適当な項目に細分することができる。

3　公開会社の貸借対照表の要旨における固定資産に係る項目は、次に掲げる項目に区分しなければならない。
　一　有形固定資産
　二　無形固定資産
　三　投資その他の資産

4　公開会社の貸借対照表の要旨における資産の部の各項目は、公開会社の財産の状態を明らかにするため重要な適宜の項目に細分しなければならない。

5 資産の部の各項目は、当該項目に係る資産を示す適当な名称を付さなければならない。

第168条（負債の部）　負債の部は、次に掲げる項目に区分しなければならない。
　一　流動負債
　二　固定負債
2 負債に係る引当金がある場合には、当該引当金については、引当金ごとに、他の負債と区分しなければならない。
3 負債の部の各項目は、適当な項目に細分することができる。
4 公開会社の貸借対照表の要旨における負債の部の各項目は、公開会社の財産の状態を明らかにするため重要な適宜の項目に細分しなければならない。
5 負債の部の各項目は、当該項目に係る負債を示す適当な名称を付さなければならない。

第169条（純資産の部）　純資産の部は、次に掲げる項目に区分しなければならない。
　一　株主資本
　二　評価・換算差額等
　三　新株予約権
2 株主資本に係る項目は、次に掲げる項目に区分しなければならない。この場合において、第6号に掲げる項目は、控除項目とする。
　一　資本金
　二　新株式申込証拠金
　三　資本剰余金
　四　利益剰余金
　五　自己株式
　六　自己株式申込証拠金
3 資本剰余金に係る項目は、次に掲げる項目に区分しなければならない。
　一　資本準備金
　二　その他資本剰余金
4 利益剰余金に係る項目は、次に掲げる項目に区分しなければならない。
　一　利益準備金
　二　その他利益剰余金
5 第3項第2号及び前項第2号に掲げる項目は、適当な名称を付した項目に細分することができる。
6 評価・換算差額等に係る項目は、次に掲げる項目その他適当な名称を付した項目に細分しなければならない。
　一　その他有価証券評価差額金
　二　繰延ヘッジ損益
　三　土地再評価差額金

第170条（貸借対照表の要旨への付記事項）　貸借対照表の要旨には、当期純損益金額を付記しなければならない。ただし、法第440条第2項の規定により損益計算書の要旨を公告する場合は、この限りでない。

第三節　損益計算書の要旨

第171条（損益計算書の要旨の区分）　損益計算書の要旨は、次に掲げる項目に区分しなければならない。
　一　売上高
　二　売上原価
　三　売上総利益金額又は売上総損失金額
　四　販売費及び一般管理費
　五　営業外収益
　六　営業外費用
　七　特別利益
　八　特別損失
2 前項の規定にかかわらず、同項第5号又は第6号に掲げる項目の額が重要でないときは、これらの項目を区分せず、その差額を営業外損益として区分することができる。
3 第1項の規定にかかわらず、同項第7号又は第八号に掲げる項目の額が重要でないときは、これらの項目を区分せず、その差額を特別損益として区分することができる。
4 損益計算書の要旨の各項目は、適当な項目に細分することができる。
5 損益計算書の要旨の各項目は、株式会社の損益の状態を明らかにするため必要があるときは、重要な適宜の項目に細分しなければならない。
6 損益計算書の要旨の各項目は、当該項目に係る利益又は損失を示す適当な名称を付さなければならない。
7 次の各号に掲げる額が存する場合には、当該額は、当該各号に定めるものとして表示しなければならない。ただし、次の各号に掲げる額（第9号及び第10号に掲げる額を除く。）が零未満である場合は、零から当該額を減じて得た額を当該各号に定めるものとして表示しなければならない。
　一　売上総損益金額（零以上の額に限る。）　売上総利益金額
　二　売上総損益金額（零未満の額に限る。）　売上総損失金額
　三　営業損益金額（零以上の額に限る。）　営業利益金額
　四　営業損益金額（零未満の額に限る。）　営業損失金額
　五　経常損益金額（零以上の額に限る。）　経常利益金額
　六　経常損益金額（零未満の額に限る。）　経常損失金額
　七　税引前当期純損益金額（零以上の額に限る。）　税引前当期純利益金額
　八　税引前当期純損益金額（零未満の額に限る。）　税引前当期純損失金額
　九　当該事業年度に係る法人税等　その内容を示す名称を付した項目
　十　法人税等調整額　その内容を示す名称を付した項目
　十一　当期純損益金額（零以上の額に限る。）　当期純利益金額

十二　当期純損益金額（零未満の額に限る。）　当期純損失金額

第四節　雑則

第172条（金額の表示の単位）　貸借対照表の要旨又は損益計算書の要旨に係る事項の金額は、百万円単位又は十億円単位をもって表示するものとする。
2　前項の規定にかかわらず、株式会社の財産又は損益の状態を的確に判断することができなくなるおそれがある場合には、貸借対照表の要旨又は損益計算書の要旨に係る事項の金額は、適切な単位をもって表示しなければならない。

第173条（表示言語）　貸借対照表の要旨又は損益計算書の要旨は、日本語をもって表示するものとする。ただし、その他の言語をもって表示することが不当でない場合は、この限りでない。

第174条（別記事業）　別記事業会社が公告すべき貸借対照表の要旨又は損益計算書の要旨において表示すべき事項については、当該別記事業会社の財産及び損益の状態を明らかにするために必要かつ適切である場合においては、前二節の規定にかかわらず、適切な部又は項目に分けて表示することができる。

第三章　雑則

第175条（貸借対照表等の電磁的方法による公開の方法）　法第440条第3項の規定による措置は、会社法施行規則第222条第1項第1号ロに掲げる方法のうち、インターネットに接続された自動公衆送信装置（公衆の用に供する電気通信回線に接続することにより、その記録媒体のうち自動公衆送信の用に供する部分に記録され、又は当該装置に入力される情報を自動公衆送信する機能を有する装置をいう。）を使用する方法によって行わなければならない。

第176条（不適正意見がある場合等における公告事項）　次の各号のいずれかに該当する場合において、会計監査人設置会社が法第440条第1項又は第2項の規定による公告（同条第3項に規定する措置を含む。以下この条において同じ。）をするときは、当該各号に定める事項を当該公告において明らかにしなければならない。
　一　会計監査人が存しない場合（法第346条第4項の一時会計監査人の職務を行うべき者が存する場合を除く。）　会計監査人が存しない旨
　二　第158条第3項の規定により監査を受けたものとみなされた場合　その旨
　三　当該公告に係る計算書類についての会計監査報告に不適正意見がある場合　その旨
　四　当該公告に係る計算書類についての会計監査報告が第154条第1項第3号に掲げる事項を内容としているものである場合　その旨

●著者紹介

株式会社スリー・シー・コンサルティングは、決算報告パッケージソフト「決算報告エクスプレス（開示決算自動化システム）」の開発・販売、セミナー事業、決算関係アウトソーシング業務、経営コンサルティング業務などを主たる業務として、平成11年に創業されました。「決算報告エクスプレス」を軸として、企業の財務報告にかかる内部統制構築を支援する事業を行っています。

- 資本金350百万円、社員数32名（平成18年12月現在）
- 本社所在地：〒103-0027 東京都中央区日本橋2-1-21 第二東洋ビル8階
  　　　　　　TEL03-3276-3255　FAX03-3276-3256　URL http://www.3cc.co.jp

▶ スリー・シー・コンサルティング　開示統制支援コンサルティングチーム

　　児玉 厚（公認会計士）　　清野英夫　　宇田川和彦（公認会計士）　　髙橋幹夫
　　高橋保行（公認会計士）　　石見隆之（会計士補）　　小島夏香　　町田貴志　　岩木 修

会社法決算書 完全作成ガイド
（かいしゃほうけっさんしょ　かんぜんさくせい）

2006年12月28日　第1刷発行
2007年2月19日　第2刷発行

著　者　スリー・シー・コンサルティング　開示統制支援（かいじとうせいしえん）コンサルティングチーム©

発行者　小 泉 定 裕

発行所　株式会社 清文社

東京都千代田区神田司町2-8-4（吹田屋ビル）
〒101-0048　電話 03(5289)9931　FAX 03(5289)9917

大阪市北区天神橋2丁目北2-6（大和南森町ビル）
〒530-0041　電話 06(6135)4050　FAX 06(6135)4059

URL　http://www.skattsei.co.jp

■本書の内容に関するご質問はファクシミリ（03-5289-9887）でお願いいたします。　　亜細亜印刷株式会社
■著作権法により無断複写複製は禁止されています。落丁本・乱丁本はお取り替えいたします。

ISBN978-4-433-35746-7 C2034